高等职业教育轨道交通新形态一体化系列教材

铁路供电继电保护

主　编　孙淼洋
副主编　张亚红　李　健　邹祥龙
主　审　朱广玉

扫一扫
下载本书课件

视频　课件　授课计划　课程标准
校企合作　题库　新形态一体化教材

西南交通大学出版社
·成　都·

图书在版编目（CIP）数据

铁路供电继电保护 / 孙淼洋主编. —成都：西南交通大学出版社，2021.7（2025.1 重印）
ISBN 978-7-5643-7921-6

Ⅰ. ①铁… Ⅱ. ①孙… Ⅲ. ①电气化铁道－供电装置－继电保护－高等职业教育－教材 Ⅳ. ①U223.6

中国版本图书馆 CIP 数据核字（2020）第 262547 号

铁路供电继电保护

主编　孙淼洋

责任编辑　张少华
封面设计　何东琳设计工作室

出版发行　西南交通大学出版社
（四川省成都市金牛区二环路北一段 111 号
西南交通大学创新大厦 21 楼）
邮政编码　610031
发行部电话　028-87600564　028-87600533
网址　http://www.xnjdcbs.com
印刷　成都蜀雅印务有限公司

成品尺寸　185 mm × 260 mm
印张　17
字数　423 千
版次　2021 年 7 月第 1 版
印次　2025 年 1 月第 2 次
定价　49.00 元
书号　ISBN 978-7-5643-7921-6

课件咨询电话：028-81435775
图书如有印装质量问题　本社负责退换

前　言

伴随着铁路跨越式的发展，继电保护技术、装备也发生了日新月异的变化，对于从事继电保护工作人员的要求也越来越高。我们通过近几年的教学实践思考并结合教学改革的需要，编写了本书。本书立足高职教育的需要，结合铁路供电系统的特点，依照“必须、够用”为原则，具有如下特点：

（1）巧妙处理两种保护。本书在编写过程中，将常规保护与微机保护两部分内容进行有效的整合，借助常规保护知识浅显易懂、保护动作清晰直观的特点来学习微机保护。

（2）淡化理论产生的过程及演变，强调理论知识的结论，重视培养解决实际问题的能力。

本书结合我国铁路供电系统的特点和实践经验，分别介绍了继电保护的基础知识、电网短路故障的电流电压保护、距离保护、自动装置、牵引变压器保护、交流牵引网保护和电容补偿装置保护、铁路电力变、配电所保护配置及整定原则、继电保护事故处理与防范以及状态检修技术等，包括各种保护的原理分析、典型接线和整定计算。

本书共九章，其中第一章、第二章由孙淼洋老师编写；第三章、第六章由张亚红老师编写；第七章、第八章、第九章由李健老师编写；第四章、第五章、附录 1、附录 2 由邹祥龙老师编写。全书由孙淼洋老师统稿。

中国铁路沈阳局集团有限公司锦州供电段朱广玉总工程师担任了本书的主审，并在审阅过程中提出了许多宝贵意见和建议，在此表示衷心感谢！

本书在编写过程中得到了辽宁铁道职业技术学院电气信息学院曹阳教授的大力帮助，在此表示衷心感谢！

限于编者水平有限，编写时间仓促，书中难免存在不妥之处，恳切希望广大读者批评指正。

编　者

2021 年 7 月

扫一扫，下载本书
授课计划和课程标准

目 录

第一章　继电保护的基础知识

第一节　继电保护装置的任务及作用

【知识及能力目标】

1. 了解电力系统的三种状态及事故产生原因；
2. 了解短路故障的危害；
3. 掌握继电保护装置的概念及作用。

一、电力系统的故障及不正常运行状态

电力系统是电能生产、变换、输送、分配和使用的各种电力设备按照一定的技术与经济要求有机组成的一个联合系统。一般将电能通过的设备称为电力系统的一次设备，如发电机、变压器、断路器、母线、输电线路、电动机及其他用电设备等。对一次设备的运行状态进行监视测量、控制和保护的设备，称为电力系统的二次设备。因为电力系统的负荷存在变化，而且电力系统中的某些设备随时都会因绝缘材料的老化、制造中的缺陷、自然灾害等原因出现故障而退出运行，所以为满足时刻变化的负荷用电需求和电力设备安全运行的要求，电力系统的运行状态随时都在变化。

电力系统的运行状态是指电力系统在不同运行条件（如负荷水平、出力配置、系统接线、故障等）下系统与设备的工作状况。根据不同的运行条件，可以将其分为正常状态、不正常状态和故障状态。电力系统运行控制的目的就是通过自动的和人工的控制，使电力系统尽快摆脱不正常状态和故障状态，并能够长时间在正常状态下运行。但是，由于电力系统的组成元件数量多、结构各异、运行情况复杂、覆盖范围广，而且受到自然条件、制造质量、运行维护水平等诸多因素的影响（如雷击、倒塔、鸟兽跨接电气设备，设备设计或制造缺陷，安装、调试、运行维护不当或运行人员误操作等），电力系统的各种元件在运行中不可能一直保持正常状态，会发生各种故障和不正常工作状态。这时，若处理不当，将引起电力系统的事故。最常见、危害最大的故障是各种类型的短路故障。本书中若无特别指出，则所提的故障都默认为金属性短路故障。发生短路故障时会产生下列严重后果：

（1）强大的短路电流产生的电弧使故障设备损坏甚至烧毁；

（2）短路电流流过非故障元件时，引起元件的发热和电动力的作用，会使它们损害或缩短使用寿命；

（3）造成故障点附近的部分地区电压大幅下降，使用户的正常生产遭到破坏或影响产品质量；

（4）破坏电力系统并列运行的稳定性，引起系统震荡，甚至会使整个电力系统瓦解，导致大面积停电。

短路故障包括两相或三相相间短路故障及各种接地短路故障。不同类型的短路故障发生的概率和严重性是不同的，其中三相短路最为危险，单相接地短路最为常见。铁路供电系统中发生最频繁的故障是接触网短路故障，在恶劣天气情况下，一个供电区间一天内能有几十次短路故障。

电力系统正常运行状态遭到破坏，但尚未形成故障，称之为不正常运行状态。如一些设备长期过负荷运行，将引起设备过热，加速绝缘老化，轻者降低设备使用寿命，严重时绝缘击穿，引发短路；而过电压将直接威胁电气设备绝缘，严重的会导致绝缘击穿；系统频率异常将使设备无法发挥最大功效，严重影响系统的正常运行。

不正常工作状态对电力系统和电力设备的影响与其不正常运行时间的长短有关。引起不正常运行的原因很复杂，通常情况下，要求继电保护装置检测到不正常状态后延时自动发出信号通知运行值班人员，以消除不正常工作状态，严重时也可直接自动跳闸，以切除不正常工作的元件。

故障和不正常运行状态都可能在供电系统中引起事故。事故，是指整个系统或其中一部分的正常工作遭到破坏，并造成对用户少送电或电能质量变坏到不能容许的地步，甚至造成人身伤亡和电气设备损坏。电力系统事故的发生，一方面有自然条件的因素，另一方面是由设备设计或制造的缺陷和安装的错误、检修质量不高或运行维护不当引起的。为了避免电力系统事故的发生和扩大，以及维持电力系统运行的稳定性，要求电力系统能在几十毫秒内准确迅速地识别并切除故障，这是无法由运行人员做到的，必须借助于自动装置。同时，电力系统的运行状态也应受到不间断的实时监控，一旦发生不正常运行状态，能及时告警（由值班人员采取措施）或启动自动控制装置（使其恢复正常运行），这些也必须借助于某种自动装置。能够实现上述功能的就是继电保护装置。

二、继电保护装置及其任务

继电保护装置是指装设在电力系统的各个电气设备上，能在指定区域快速准确地对电气元件发生的各种故障或不正常运行情况做出反应，并在规定时间内动作，使断路器跳闸或发出信号的一种有效的反事故自动装置。继电保护装置最初是以机电式继电器为主构成的，现代则已发展成以电子元件或微型计算机或可编程序控制器为主构成。“继电保护”一词泛指继电保护技术或由各种继电保护装置组成的继电保护系统。

继电保护的基本任务是：

（1）自动、有选择性、快速地将故障元件从电力系统中切除，使故障元件损坏程度尽可能降低，并最大限度地保证该系统中非故障部分迅速恢复正常运行。

（2）反映电气元件的不正常运行状态，并依据运行维护的具体条件和设备的承受能力，发出告警信号或延时跳闸。

综上所述，继电保护在电力系统中的主要作用是通过预防事故或缩小事故范围来提高运行的可靠性。继电保护装置是电力系统的重要组成部分。合理配备继电保护装置是保证电力系统安全和可靠运行的重要技术措施之一。在现代化的电力系统中，如果没有继电保护装置，就无法维持电力系统的正常运行。

应该指出，要确保电力系统的安全运行，除了继电保护装置外，还应该装设电力系统安全自动装置。后者是着眼于事故后和系统不正常运行情况的紧急处理，以防止电力系统大面积停电并保证对重要负荷连续供电及恢复电力系统的正常运行。例如自动重合闸、备用电源自动投入、自动切负荷、过负荷控制等。

随着电力系统的扩大，对安全运行的要求也越来越高。为此，还宜配置以各级计算机为中心，用分层控制方式实施的安全监控系统，它能对包括正常运行在内的各种运行状态实施监控，这样能更进一步地确保电力系统的安全运行。

第二节　继电保护装置的基本原理、构成及电磁继电器

【知识及能力目标】

1. 理解继电保护装置的基本原理；
2. 了解继电保护装置的构成；
3. 理解电磁型继电器的分类、作用及其图形符号；
4. 理解继电器动作、返回、动作值、返回值、返回系数的概念；
5. 掌握电流、电压继电器动作值的调节方法。

一、继电保护的基本原理

继电保护为完成所担负的任务，显然应该能够正确地区分系统正常运行与发生故障或不正常运行状态之间的差别，以实现其保护作用。通常可以通过分析电力系统发生故障或不正常状态前后物理量的变化情况作为判断继电保护动作与否的依据。

在电力系统正常运行时，每条线路上都流过由它供电的负荷电流，越靠近电源端的线路负荷电流越大。同时，变电所母线上的电压，一般都在额定电压 ±（5% ~ 10%）的范围内变化，而且靠近于电源端母线上的电压较高。线路始端电压与电流之间的相位角决定于由它供电的负荷的功率因数角和线路的参数。由电压与电流之比值所代表的“测量阻抗”，则是线路始端所感受到的、由负荷所反映出来的一个等效阻抗，其值一般很大。

当系统发生故障时，假定在线路上发生了三相短路，则短路点的电压降低到零，从电源到短路点之间将流过很大的短路电流，各变电所母线上的电压也将在不同程度上有很大的降低，且距短路点越近电压越低。若以 Z_K 表示短路点到变电所 A 母线之间的阻抗，此测量阻抗的大小正比于短路点到变电所 A 母线之间的距离，其值比负荷阻抗小很多。

以上分析可以看出，通常在发生短路以后，总是伴随有电流的增大、电压的降低、线路始端测量阻抗的减小，以及电压与电流之间的相位角的变化。因此利用正常运行与故障时这些基本参数的区别，便可以构成不同原理的继电保护，例如反应电流增大而动作的电流保护；反应电压降低（或升高）而动作的低电压保护（或过电压保护）；反应短路点到保护安装处之间的阻抗减小（及距离）而动作的低阻抗保护（或距离保护）；反应电流与电压间的相位角变化构成的方向保护；反应零序电流分量而动作于接地短路故障的零序电流保护；反应电气元件内部故障与外部故障（包括正常运行情况）时两侧电流相位或功率方向的差别构成的差动保护、高频保护等。采用差动原理构成的保护只能在被保护元件的内部故障时动作，而不反

应外部故障，因而被认为具有绝对的选择性。

近年来，保护装置构成原理也由原来反应系统稳态量的变化（常规保护）发展到反应暂态量的变化（新原理保护），使继电保护装置更能满足电力系统的快速性要求。大部分新原理保护装置由反应工频变化量而构成，仅反应故障时故障分量中的工频成分，目前应用比较多的有工频变化量电流保护、方向保护、阻抗保护等。

除上述反应各种电气量的保护以外，还有根据电气设备的特点实现反应非电量的保护。例如，反应变压器油箱内部的绕组短路时油被分解所产生的气体而构成的瓦斯保护；反应电动机绕组的温度升高而构成的过负荷或过热保护等。

二、继电保护装置的构成

以上的各种原理的保护，可以由一个或若干个继电器连接在一起组成继电保护装置来实现。一般情况下，整套继电保护装置是由测量比较元件，逻辑判断元件和执行输出元件三部分组成的，如图 1-1 所示。

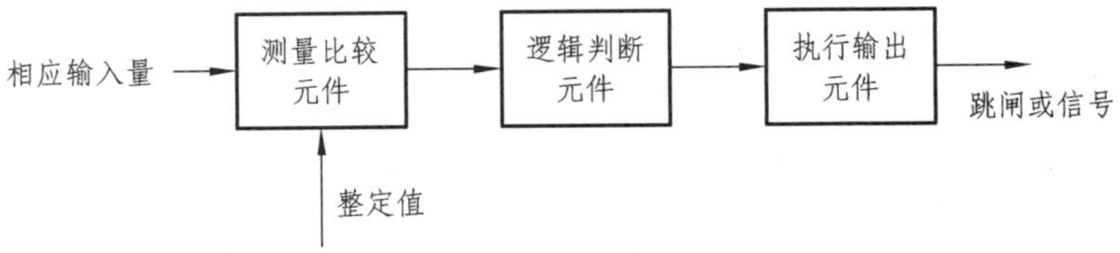

图 1-1　继电保护结构方框图

1. 测量比较元件

该部分是测量一个或几个能反应被保护设备的参数，并与已给定的整定值进行比较，逻辑判断元件根据比较的结果，发出不同信号（正常状态、异常状态或故障状态）。根据需要继电保护装置往往有一个或多个测量比较元件。常用的测量比较元件有电流继电器、电压继电器、阻抗继电器等。在电流保护中，线路电流经电流互感器流入电流继电器中，当电流信号等于或大于电流整定值时，电流继电器动作，通过其接点向下一级处理单元发出使断路器最终跳闸的信号；若电流信号小于整定值，则电流继电器不动作，也不向下级单元发出动作信号。

2. 逻辑判断元件

逻辑判断元件接收测量比较元件传来的信号，根据测量比较元件各输出信号的大小、性质、组合方式出现的顺序、持续时间等，使保护装置按一定的逻辑关系判定故障的类型和位置，最后确定是否应该使断路器跳闸或只发出信号，并将有关命令传给执行部分。逻辑判断元件由时间继电器、中间继电器等构成。在过电流保护中，电流继电器动作信号启动时间继电器，经预定的延时后，时间继电器延时闭合接点闭合，接通执行输出元件。

3. 执行输出元件

执行部分是根据逻辑判断部分元件传送的信号，发出断开断路器的跳闸指令并发出告警信号或不动作，从而完成保护装置所担负的任务。故障的处理通过执行单元来实施。执行单元一般分两类：一类是声、光信号继电器（如电笛、电铃、闪光信号灯等）；另一类是断路器的操作机构的分闸线圈（使断路器分闸）。在过电流保护中，时间继电器的输出接通断路器的跳闸回路，同时信号继电器发出动作信号。

另外，继电保护装置要求有自己独立的交流或直流电源，而且电源功率也因所控制设备的多少而有所增减。

三、电磁继电器

继电器是一种能自动执行断续控制的部件，当输入量达到一定值时，能使其输出的被控制量发生预计的状态变化，如触点的“开”“闭”，输出电平的“高”“低”等，具有对被控电路实现“通”“断”控制的作用。

按工作原理分，继电器可分为电磁型、感应型、整流型和静态型。电磁型、感应型、整流型具有机械可动部分和触点，是机电型继电器；静态型是由电子元件（晶体二极管、三极管等）组成，是静止的，所以称之为静态型继电器。

为了便于初学者理解和掌握关于继电器的一些基本概念，这里介绍一下几种常用的电磁型继电器。

（一）电流继电器、电压继电器

电网发生相间短路时会发生故障相电流突然增大，母线电压突然降低，因此通过检测电流、电压的变化可以判定故障的发生，而这正是电流（压）继电器——故障测量元件的功能。电流（压）继电器是实现电流（压）保护的基本元件。

1. 电流继电器（KA）

电磁型电流继电器结构和表示符号如图 1-2 所示。其线圈导线较粗、匝数少，串接在电流互感器的二次侧，作为电流保护的测量元件，用来判断被保护对象的运行状态。扫描二维码 1-1，可浏览电流继电器实物图。

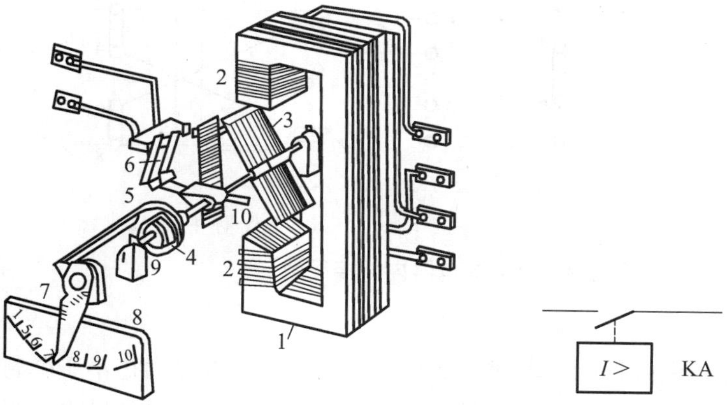

二维码 1-1

（a）原理结构图　　（b）电流继电器图形符号

1—电磁铁；2—线圈；3—Z 形舌片；4—螺旋弹簧；5—动触点；6—静触点；7—整定值调整把手；8—刻度盘；9—轴承；10—止挡。

图 1-2　DL-10 型电流继电器结构及符号

1）动作电流

电磁型电流继电器由铁芯线圈、固定在转轴上的 Z 形舌片、螺旋弹簧和动触点及静触点等构成。当在继电器线圈中通入电流 I_m 时，便在铁芯中产生磁通 Φ，它经由铁芯、空气隙和 Z 形舌片构成闭合回路。Z 形舌片被磁化后，产生电磁力矩 M_e，电磁力矩 M_e 与电流的平方成正比，故与通入线圈中电流的方向无关，为一恒定旋转方向力矩。作用在 Z 形舌片上的力矩，除了 M_e 之外，还有弹簧的反作用力矩 M_s。它的作用是保证正常情况下，使 Z 形舌片保持在原始位置，此时继电器处于未动作状态。当电磁力矩 M_e 足以克服转轴上弹簧的反作用力矩 M_s 时，Z 形舌片产生顺时针转动，被吸向电磁铁，随着弹簧的压缩、电磁铁间气隙的减小，弹簧的应力将增加，即 M_s 将增大。此外，在舌片转动过程中，还存在一个与转动方向相反的摩擦力矩 M_f，它是与电磁铁间气隙大小无关的一个常数。

由此可见，作用在舌片上一共有三种力矩，当满足条件（1.1）时，电流继电器动作，动合触点（亦称常开触点，继电器动作之前处在断开状态，动作时闭合的触点）闭合。

$$M_e \geqslant M_s + M_f \tag{1.1}$$

当通入继电器的电流 I_m 达到某一数值 I_{act} 时，产生的电磁力矩刚好等于弹簧反作用力矩与摩擦力矩之和，是继电器的动作边界，即 $I_m > I_{act}$ 时，继电器就可靠动作。能使继电器动作的最小电流 I_{act} 称为继电器的动作电流。扫描二维码 1-2，可观看继电器动作原理视频。

二维码 1-2

在实际应用中，通常采用以下两种方法来调整电流继电器动作电流的整定值：

（1）改变两个线圈的连接方式。如图 1-3 所示，用连接片可将两个线圈串联或并联。当调整把手处于一定位置，线圈串联时的动作电流是并联时动作电流的 1/2。

（2）旋转调整把手。旋转调整把手，即可改变弹簧力矩。按反时针方向旋转调整把手，弹簧力矩增大，整定值增大；顺时针旋转则相反。

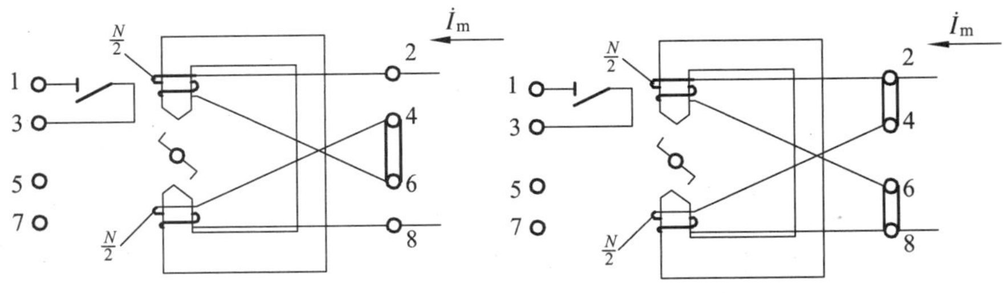

（a）线圈串联　　　　（b）线圈并联

图 1-3　电流继电器内部接线图

2）返回电流

当通入继电器的电流逐渐降低时，电磁力矩也随之降低，当电磁力矩小于弹簧反作用力矩与摩擦力矩之差，即 $M_s > M_e + M_f$ 时，继电器可靠返回。$M_s = M_e + M_f$ 是使继电器返回的边界条件，此时对应的电流值称为返回电流，用 I_{re} 表示。使电流继电器返回的最大电流 I_{re} 称为电流继电器的返回电流。

3）返回系数

返回值与动作值之比，称为继电器的返回系数 K_{re}，它是表征继电器性能的一个很重要参数。对于电流继电器，K_{re} 为返回电流与动作电流之比，即

$$K_{re} = \frac{I_{re}}{I_{act}} \tag{1.2}$$

由以上分析可知，由于空气气隙的变化和摩擦力矩的存在，过电流继电器的返回系数恒小于1。实际应用中，常要求继电器有较高的返回系数，如0.85～0.9。实际中电流继电器采用转动舌片式结构，正是因为这种结构降低了摩擦力矩和减小了空气气隙的变化，从而提高了返回系数。

国产的电磁型电流继电器除有DL-10系列外，还有DL-20C和DL-30系列，它们的结构都是转动舌片式，所不同的是后者采用电工钢代替硅钢片制成铁芯，并改进了触点系统，体积小。

2. 电压继电器（KV）

电压继电器的作用是反应电压的升高（降低）而动作，应用时并接在电压互感器的二次侧。电磁型电压继电器的结构与电流继电器基本相同，只不过电压继电器的线圈导线细、匝数多。

电压继电器有过电压继电器和低电压继电器之分。表示符号如图1-4所示。过电压继电器动作和返回的概念与过电流继电器类似。低电压继电器，设有一对动断触点（亦称常闭触点，继电器线圈不通电或电压低于某定值时处于闭合状态的触点），正常运行时系统电压为额定值，电压互感器二次的额定电压加在低电压继电器上，产生的电磁转矩 M_e 大于轴上弹簧的反作用力矩 M_s 和摩擦力矩 M_f 之和，触点处于断开状态；当发生短路故障时，系统电压下降，产生的电磁转矩 M_e 小于螺旋弹簧产生的反作用力矩 M_s 和摩擦力矩 M_f 之差，其触点闭合，称为低电压继电器的动作。使其动作的最高电压称为低电压继电器的动作电压 U_{act}。故障消失后电压恢复，电压升高到产生的电磁转矩 M_e 大于螺旋弹簧产生的反作用力矩 M_s 和摩擦力矩 M_f 之和，此时，其触点断开，称为低电压继电器的返回。使其返回的最低电压称为低电压继电器的返回电压 U_{re}。返回系数为：

$$K_{re} = \frac{U_{re}}{U_{act}} \tag{1.3}$$

明显看出，低电压继电器的返回系数大于1，通常要求 $K_{re} \leqslant 1.2$。

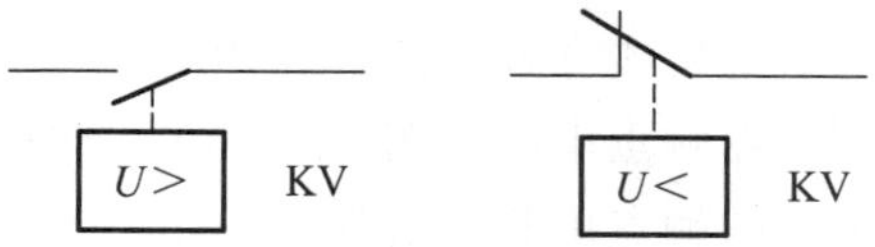

（a）过电压继电器　（b）低电压继电器

图1-4　电压继电器符号

电压继电器动作值的调整通常也采用以下两种方法：

（1）改变两个线圈的连接方式。当两个线圈串联时动作电压值是线圈并联时的2倍。整定值的刻度为两个线圈并联时的动作值。

（2）用调整把手改变弹簧的拉力来平滑调节。在线圈接法一定时，调整把手在最大刻度值时动作电压为最小刻度值时的2倍。

转动舌片式结构的电磁型电流继电器、电压继电器，消耗功率小、结构简单，但触点容量小、不能直接作用于断路器跳闸。

（二）辅助继电器

在继电保护装置中，常常用到一些辅助继电器，如中间继电器、时间继电器、信号继电器等，其作用、功能各不相同。下面分别介绍这三种继电器。

1. 时间继电器（KT）

时间继电器在继电保护装置中作为时间元件，用来获得必要的人为动作延时。对时间继电器的基本要求是动作要准确，而且动作时间不应随操作电压的波动而变化。目前实际应用的时间继电器有机电型与晶体管型。机电型时间继电器包括钟表机械式和微电机式。钟表机械式时间继电器在继电保护中用得最多。

时间继电器一般有一对瞬动转换触点和一对延时主触点。时间继电器的电磁系统不要求有较高的返回系数，因为时间继电器的返回是由保护装置中启动元件的触点将其电压全部撤除来实现的。

为了缩小电磁型时间继电器的尺寸，它的线圈一般不按长期通过电流来设计。因此，当需要长期（超过 30 s）加电压时，应在线圈回路串联一个附加电阻 R，如图 1-5 所示。正常情况下，电阻 R 被短接，继电器启动后，瞬动触点立即断开，将电阻 R 串入线圈回路，用来限制电流，提高继电器的热稳定性。

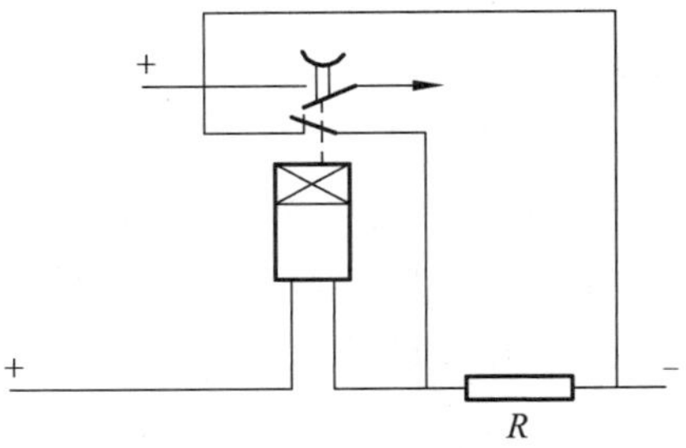

图 1-5 时间继电器的内部接线方式

2. 中间继电器（KM）

中间继电器起中间桥梁作用，与电磁型电流、电压继电器相比，有如下特点：

（1）触点容量大，可直接作用于断路器跳闸；

（2）触点数量多，可控制多个回路；

（3）可实现重动，因而有时称之为重动继电器；

（4）可实现时间继电器难以实现的短延时；

（5）可实现保护装置电流启动、电压保持或电压启动、电流保持。

由于中间继电器具有上述特点，可满足复杂保护和自动装置的需要，因此中间继电器得到了广泛应用。常用中间继电器的接线方式有两种，如图 1-6 所示。图 1-6（a）中，中间继电器 KM 的线圈与电流继电器 KA 触点串联；图 1-6（b）中，中间继电器的线圈输入端与其中一对触点并联后与电流继电器的触点串联起自保持作用。

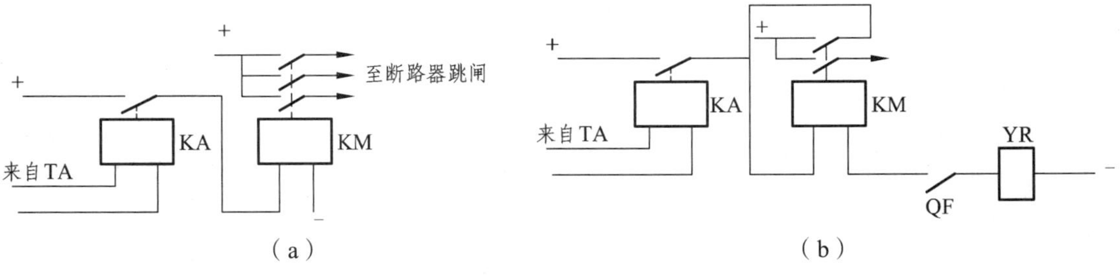

图 1-6 中间继电器的接线方式

3. 信号继电器

信号继电器作为继电保护装置和自动装置动作的信号指示，表示装置所处的状态或接通灯光信号（音响）回路。信号继电器的触点为自保持，应由值班人员手动复归或电动复归。

在继电保护和自动装置中，信号继电器广泛用来作为装置整组或个别元件动作的信号指示器。根据信号继电器所发出的信号，运行维护人员就能很方便地分析事故和统计保护装置正确动作的次数。信号继电器的接线方式通常有两种，电流启动的串联信号继电器，电压启动的并联信号继电器。如图 1-7 所示。

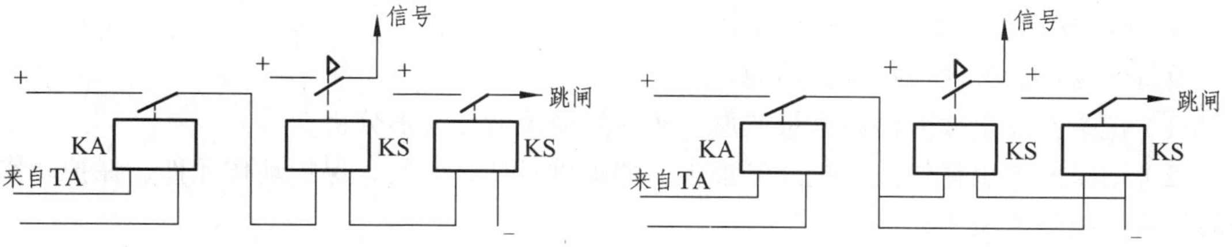

（a）串联接入方式　　（b）并联接入方式

图 1-7　信号继电器的接线方式

第三节　微机保护原理

【知识及能力目标】

1. 了解微机保护的特点；
2. 掌握微机保护的基本构成原理；
3. 理解微机保护的数据采集原理；
4. 理解微机保护的基本软件程序；
5. 掌握提高微机保护可靠性的措施。

微机保护系统是由微机和相应的外围通道、电源等构成的继电保护系统。一台完整的微机型继电保护装置（以下简称为微机保护）的构成包含硬件和软件两部分。硬件指模拟和数字电子电路，由它建立起与微机保护外部系统的电气联系和软件运行的平台；软件指计算机程序，由它按照保护原理和功能的要求对硬件进行控制，有序地完成数据采集、外部信息交换、数字运算和逻辑判断、动作指令执行等各项操作。所有模拟型继电保护装置完全依赖硬件电路来实现保护原理和功能。而微机保护则不然，需要硬件和软件的配合才能实现保护原理和功能，缺一不可。甚至从某种角度上说，软件才真正代表了保护装置的技术内涵和特点。为同一套硬件配上不同的软件，就能构成不同特性的或者不同功能的保护，正是这一优点使微机保护具有超越模拟式继电保护装置的灵活性、开放性和适应性。扫描二维码 1-3，可浏览微机保护实物图。

二维码 1-3

一、微机型继电保护装置的特点

与传统的模拟型继电保护相比，微机保护系统的优越性主要体现在以下几个方面：

1. 改善了继电保护的动作特性和性能

微机型保护的主要动作特性和性能为：

（1）采用数学方程和数字处理方法构成保护的测量元件，其动作特性比其他类型有了很大的改进，可得到模拟型保护不易获得的复杂特性；

（2）它的强记忆功能，能更好地实现故障分量保护等新保护原理；

（3）可引进人工智能和自动控制的新理论、新技术，如自适应原理、状态预测、模糊控制、人工神经网络（ANN）等。

2. 可以方便地扩充其他辅助功能

微机型保护能方便地扩充其功能。

（1）记录并输出故障前后电量波形，实现故障录波与波形分析；

（2）记录并输出详细的系统故障报告，如提供日期、时间、保护动作元件、保护动作时间的先后、故障类型等；

（3）在运行中可随时查阅保护的定值和控制变量；

（4）利用故障记录数据，实现故障定位（如线路故障测距）；

（5）通过计算机网络和通信系统实现与电站监控系统交换信息、远方改变定值或工作模式、远方维护。

3. 工艺结构条件优越

微机型保护工艺结构合理，工艺条件优越。

（1）硬件比较通用，制造容易统一标准；

（2）保护装置体积小，功耗低，从而可减少占用空间，减少 TA 和 TV 的功率消耗，减少工作电源的功率消耗，降低综合投资。

4. 具有较强的自检能力

可用软件方法随时自动检测装置内主要元、部件工况，以及功能软件本身的状态。

5. 可靠性显著提高

（1）数字元件的特性不易受温度变化、电源波动、使用年限的影响，也不易受元件更换的影响；

（2）一旦保护系统某一部分出现故障，微机保护就会立即发出请求维修的报警信号，并闭锁其跳闸电路，从而保证微机保护系统既不误动也不拒动。微机保护系统还可以设计成容错系统，以保证在各种情况下都能正常工作。

6. 使用方便

微机型保护使用方便。

（1）维护调试方便，能缩短维修和调试时间；

（2）可依据运行经验，通过软件方法离线甚至在线改变保护特性和功能。

7. 性价比高

微机硬件技术的发展已使微机保护的成本迅速降低，而传统保护装置的成本却逐年升高。据估计，在功能相同的前提下，多数微机保护的成本起码可以和传统保护装置的成本相当。

在这种情况下，显然微机保护的性价比更高。

二、微机保护的基本构成原理

微机保护的硬件结构框图如图 1-8 所示。微机保护的硬件以数据处理单元为中心，围绕着数据处理单元的是各种外围接口部件。下面分别介绍各部件的功能和特点。这里再次强调，各部件的功能需要在软件的支持下才能实现。

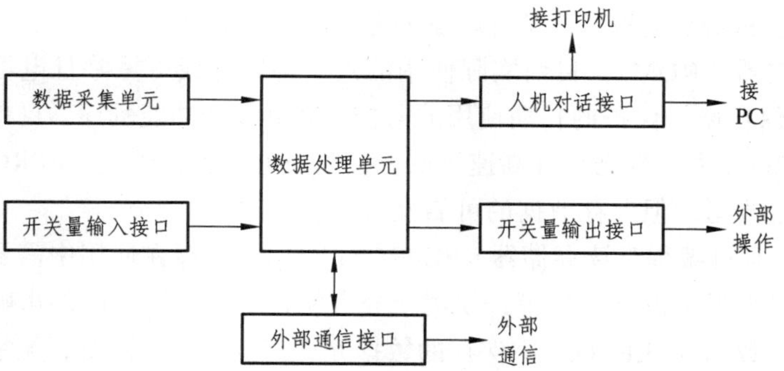

图 1-8　微机保护硬件结构框图

（一）数据处理单元

微机型保护装置的数据处理单元实质上就是微机主系统，它是微机保护装置的核心部分，相当于一台特别设计的专用微型计算机。一般由中央处理器（CPU）、存储器、定时器/计数器及控制电路等部分组成，并通过数据总线、地址总线、控制总线连成一个系统。继电保护程序在数字核心部件内运行，指挥各种外围接口部件运转，完成数字信号处理，实现保护原理。

1. CPU

CPU 是数据处理单元以及整个微机型保护的指挥中枢，其作用是根据预定的软件，利用其算术和逻辑运算能力，对输入信号进行处理、判断，从而完成保护动作与否的决定。计算机程序的运行依赖于 CPU 来实现。因此，CPU 在很大程度上决定了微机型保护系统的技术水平。CPU 的主要技术指标包括字长（用二进制位数表示）、指令的丰富性、运行速度（用典型指令执行时间表示）等。当前应用于微机型保护的 CPU 主要有以下几种类型：

（1）通用微处理器，如 Intel 公司的 80×86 系列、Motorola 公司的 MC863××系列等，其中新一代 32 位 CPU 具有极高的性能。

（2）单片微处理器，其特点是将 CPU 与定时器/计数器及某些输入/输出接口器件集成在一起，特别适于构成紧凑的微机型保护，如 Intel 公司的 8031 系列及其兼容产品、8098、8096 以及 80C196 等。

（3）数字信号处理器（DSP），其主要特点是具有高运算速度、高可靠性、低功耗，以及在指令中能直接提供数字信号处理的相关算法等，特别适于构成高性能的微机型保护。

一般原理复杂、动作迅速的继电保护应选择比较高档的 CPU。

2. 存储器

存储器用来保存程序和数据，它的存储容量和访问时间也会影响整个微机型保护系统的性能。在微机型保护中根据任务性质采用了如下三种不同类型存储器。

（1）随机存取存储器（RAM）。用来暂存需要快速交换的大量临时数据，如数据采集系统提供的数据信息、计算处理过程的中间结果、判定结果和标志等。RAM 中的数据允许高速读取和写入，但在失电后会丢失。目前有一种新的存储器件叫作非易失性随机存储器（NVRAM），它既可以高速读/写，又可以在失电后不丢失数据。

（2）只读存储器（ROM）。目前实际使用的是一种紫外线可擦除且电可编程只读存储器（EPROM），用来保存微机保护的长期使用的监控、继电保护功能程序、自检程序和一些固定不变的数据。EPROM 中的数据允许高速读取，且在失电后不会丢失。EPROM 的内容不能在微机型保护中直接改写，但保存数据的可靠性极高。

（3）电可擦除且可编程只读存储器（EEPROM）。用来保存在使用中需要经常改写的那些控制参数，如微机型保护的整定值等，使用十分方便且不受装置停电的影响，写入后即使装置停电也不会丢失数据。EEPROM 中保存的数据允许高速读取，同时，无须专用设备就可以在使用中在线改写，对于修改整定值比较方便。但也正是因为改写方便，EEPROM 保存数据的可靠性不如 EPROM，因而，不宜用来保存程序；另外 EEPROM 写入数据的速度很慢，也不能用它来代替 RAM。现在还有一种具有类似功能的器件叫作快闪（快擦写）存储器（Flash Memory），它的存储容量更大，且读/写更方便，在微机型保护中不仅可以用来保存整定值；还可以用来保存大量的故障记录数据，以便事后分析事故时使用。

3. 定时器/计数器

定时器/计数器在微机型保护中也是十分重要的器件，它除了为延时动作的保护提供精确计时外，还可以用来提供定时采样触发信号、形成中断控制等。目前，很多 CPU 中已将定时器/计数器集成在其内部。

数据处理单元的控制电路包括地址译码器、地址锁存器、数据缓冲器、中断控制器等，它的作用是保证微机数字电路协调工作。由于这些部分是微机原理的经典内容，请读者参考有关书籍。

（二）数据采集单元

继电保护判断电力系统是否发生故障或处于不正常运行状态所依据的基本电量是模拟电量。一次系统的模拟电量可分为交流电量（包括交流电压和交流电流）、直流电量（包括直流电压和直流电流）以及各种非电量。而微机保护功能处理程序是由实时的数字量信号来实现的。因此，必须通过数据采集单元，将电力传感器输入的模拟电量正确地变换成离散化的数字量输入微机，提供给数据处理单元进行处理。

交流电压和交流电流通常取自于电压互感器和电流互感器，进入微机型保护后即施加于数据采集单元。数据采集单元按信号传递顺序包括以下各部分：电量变换器、前置模拟低通滤波器（ALF）、采样/保持器（S/H）、多路转换器（MPX）、模/数变换器（A/D）。数据采集单元的原理示意框图如图 1-9 所示。

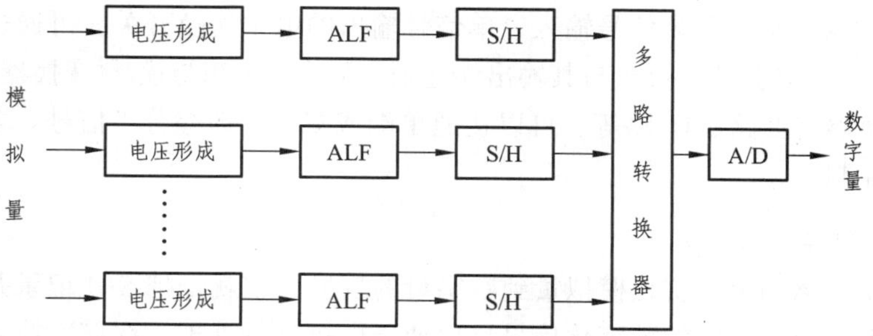

图 1-9 数据采集单元的原理示意框图

1. 电量变换器

电量变换器即电压形成回路，它的作用是将被保护设备的电流互感器和电压互感器的二次电流和二次电压，变化成满足模/数变换器（A/D）量程（一般为 ± 10 V）所需要的电压。电流变换有两种方式：一种是采用电流变换器（UA），其二次侧并联电阻以取得所需电压；另一种是采用电抗变换器（TX）。电压变换常采用电压变换器（UV）。这些变化器都是通过电磁感应将输入一次绕组的电量传变到二次绕组，一次侧和二次侧没有电的联系，即起电气隔离作用。另外这些变换器的一次和二次绕组之间有屏蔽层，对高频电磁干扰有一定的抑制作用。需要说明，继电保护通常需要同时输入多路电压或电流，如三相电压和三相电流，因此，需要配置多路电量变换器。

2. 前置模拟低通滤波器（ALF）

前置模拟低通滤波器（ALF）是一种简单的低通滤波器。它是为满足采样电路正常工作而设置的。根据采样定理，采样频率必须大于被测信号频率的 2 倍，否则采样后不能表征原信号（或不能拟合还原为原信号）。因此，一旦确定被测信号频率和采样频率后，必须用低通滤波器将被测信号内频率高于二分之一倍采样频率的高频谐波成分滤除，以防止频率混叠现象，保证测量运算的准确度。ALF 的输入来自电量变换器，因此，每一路输入通道都需配置一个 ALF。各个 ALF 的输出则与相应的采样/保持器的输入端相连。

3. 采样/保持器（S/H）

模拟量输入信号经电量变换器变换和低通滤波器滤波后，仍为连续变化信号。这种信号输入模/数变化器以前，必须使之变换为离散化的信号。采样/保持器（S/H）能完成对输入模拟信号的采样。所谓采样，就是在某一瞬间记录并保持输入模拟信号在该瞬间的瞬时值，然后送给模/数变换器（A/D）进行模拟量到数字量的变换。如果按固定的时间间隔重复地进行采样操作，就可以将一个在时间上连续变化的模拟信号转换为在时间上离散的模拟信号，即得到按时间顺序排列的相互间保持确定时间间隔的一系列输入信号的瞬时值。当有多路信号输入时，一般要求每一路输入通道配置一个 S/H，并要求对所有通道的 S/H 进行同时刻采样控制，以保证不改变各输入信号相互之间的相位关系。各 S/H 的输出端与多路转换器的输入端相连。

4. 多路转换器（MPX）

由于 A/D 变换器价格较贵，一般微机保护都采取多路通道共用一片 A/D，通过多路转换器（MPX）依序将各 S/H 采样保持器的模拟量由 A/D 变换器变换为数字量输入 CPU 处理。

多路转换器（MPX）是一种多信号输入、单信号输出的电子切换开关，可通过编码控制将多通道输入信号（由 S/H 送来）依次与其输出端连通，而其输出端与模/数变换器的输入端相连。常用的多路转换器有 8 路、16 路等，可以接通单端或双端（即差分）信号。多路开关的接通与断开由外部控制。

5. 模/数变换器（A/D）

模/数变换器（A/D）能实现模拟量到数字量的变换，也就是把 S/H 记录并保持的输入模拟信号的瞬时值变换为相应的数字化信号，以便于微机进行处理、存储、控制和显示。对于多通道信号输入，A/D 变换器在多路转换器的帮助下，可对多个通道的信号依次转换，从而得到所有通道的数字信号。这些数字信号由 CPU 读入数据处理单元的数据存储器，供进一步计算和逻辑处理使用，实现继电保护功能。A/D 变换器的主要技术指标是分辨率、精度和变换速度。

（1）分辨率是反映 A/D 对输入电压信号微小变化的响应能力的一种度量。A/D 变换器分辨率与其输出数据的位数直接相关，因此，通常又用 A/D 变换器的二进制位数来表示其分辨率。在微机型保护中多使用 12 位、14 位或 16 位的 A/D 变换器。位数越大价格越高。

（2）A/D 变换器的精度是指 A/D 变换的结果与实际输入的接近程度，也就是准确度。精度通常用最低有效位（LSB）来表征，即当 A/D 变换结果用二进制数来表示时，其低位端最大可能有几位是不准确的。

（3）A/D 变换器的变换时间指的是进行一次 A/D 变换所需的时间，目前微机型保护中常用的 A/D 变换器的转换时间为几微秒至十几微秒。

计数式电压/频率变换器（VFC）是近年在国内特别是在多 CPU 微机保护获得广泛应用的一种模/数变换器。利用 VFC 构成的数据采集单元应取消低通滤波器、采样保持器和多路转换器。

（三）开关量输入/输出（I/O）接口

开关量是指那些反映“是”或“非”两种状态的逻辑变量，如断路器的“合闸”或“分闸”状态、控制信号的“有”或“无”状态等。继电保护装置常常需要确知开关量的状态才能正确地动作。外部设备一般通过其辅助继电器接点的“闭合”与“断开”来提供开关量状态信号。

1. 开关量输入电路

微机保护输入的开关量包括面板上的切换开关、从装置外面引进的触点（如断路器的位置触点）、由值班人员操作的装置压板等触点。

面板上的开关量可直接引至微机的并行口。一般外部触点与装置的距离较远，通过连线直接引入装置会带来干扰，故采用光电隔离，并用与微机系统相独立的电源。开关量输入电路的作用是，为正确地反映开关量提供输入通道，并在微机保护内外部之间实现电气隔离，以保证内部弱电电子电路的安全和减少外部干扰。由于开关量的状态正好对应于二进制数字的“1”或“0”，所以开关量可作为二进制数字量读入，每一路开关量信号占用二进制数字的一位。

2. 开关量输出接口电路

微机型保护通过开关量输出的状态来控制执行回路、信号回路以及其他回路的继电器的动作。微机保护装置输出的开关量包括面板上显示的信号、故障测距装置的触点输出、保护出口跳闸和发出中央信号的触点输出等。保护装置发出的跳闸命令和中央信号等都采用继电器触点输出的方式，继电器采用与微机系统相独立的电源（不共地）并用光电隔离。

开关量输出接口电路的作用是，为正确地发出开关量操作命令提供输出通道，并在微机型保护内外部之间实现电气隔离，以保证内部弱电电子的安全和减少外部干扰。一个需要注意的问题是，在重要的开关量输出回路，如跳闸回路中，往往采用数字逻辑编码来形成开关量输出信号。这样做的目的是防止因强烈干扰甚至元件损坏，在 CPU 输出回路中出现不确定状态时保护装置发生误动。

（四）人机对话接口

人机对话接口的作用是，建立起微机保护与使用者之间的信息联系，以便对装置进行人工操作、调试和得到反馈信息。继电保护的操作主要包括整定值和控制命令的输入等；而反馈信息主要包括被保护的一次设备是否发生故障、发生何种性质的故障、保护装置是否已发生动作以及保护装置本身是否运行正常等。所有模拟型保护装置的人机联系手段是非常有限的，一般是通过切换开关或电位器进行整定值调整，通过指示灯和信号继电器来反应保护动作情况，通过外接仪表来了解电子电路工作是否正常（只能在装置退出运行后才能进行）。而微机型保护采用智能化人机界面，使人机信息交换功能大为丰富，操作更为方便。微机型保护人机对话接口部件通常包括以下几个部分：

（1）简易键盘，用来修改整定值和输入控制命令，必要时辅之以切换开关；

（2）小型显示屏，通常采用图形化液晶显示屏（LCD），用来实现汉字、数据及图形的显示，在数据处理单元的支持下可提供当前或历史记录的丰富信息，如整定值、控制命令、采样值、测量值、电力系统故障报告（含故障发生的时间、性质、保护动作情况）及保护装置运行状态的报告等；

（3）指示灯，通常采用发光二极管（LED），可对一些非常重要的事件，如保护已动作、装置运行正常、装置故障等提供明显的监视信号；

（4）打印机接口，用来驱动打印机形成文字报告；

（5）调试通信接口，用来在对微机保护进行现场调试时与通用计算机（如笔记本个人电脑）相连，实现视窗化和图形化的高级自动调试功能。

（五）外部通信接口

外部通信接口部件的作用是提供与计算机局域通信网络以及远程通信网络的信息通道。外部通信接口可分为两大类：一类通信接口为实现特殊保护功能的专用通信接口；另一类通信接口为通用计算机网络接口，可与电站计算机局域网以及电力系统计算机远程通信网相连，实现更高一级的管理、控制功能，如数据共享、远方操作及远方维护等。

三、数字信号采集的基本原理

微机保护的基本特征是，由软件对数字信号进行计算和逻辑处理来实现继电保护的原理，而所依据的电力系统的主要电量却是模拟性质的信号，因此，需要通过数字信号采集系统（即上述数据采集单元）将连续的模拟信号转变为离散的数字信号，这个过程称为量化过程。如上所述，量化过程是由采样/保持器（S/H）和模/数变换器（A/D）来完成的。这实际上包含了两个量化子过程：第一步为采样过程，由采样/保持器（S/H）对连续信号按时间取量化，即把时间连续的信号变为时间离散的信号，或者说在一个个等时间间隔的瞬时点上抽取信号的瞬时值；第二步为模/数变换过程，由模/数变换器（A/D）对记录的瞬时值按大小（或幅度）取量化，即把时间上已离散而数值上仍连续的瞬时值按一定的准确度变为数字量，或者说用一个微小的标准单位（即 A/D 的分辨率）来度量一个无限精度的量值（即采样瞬时值），从而得到它所对应的一个有限精度的数字量。显然，选定的标准单位越小，该数字量就能越精确地刻画采样瞬时值。但无论多小，总会有误差，该误差被称为量化误差。这也说明了 A/D 的分辨率越高，量化误差越小。

设输入模拟信号为 $X_A(t)$，现在以确定的时间间隔 T_s 对其连续采样，得到一组代表 $X_A(t)$ 在各采样点瞬时值的采样值序列 $x(n)$，这里

$$x(n)=x(nT_s)=X_A(nT_s) \quad (n=1，2，3，\cdots) \tag{1.4}$$

上述确定的时间间隔 T_s 称为采样周期。采样周期 T_s 的倒数称为采样频率（简称采样率），记为 f_s，即

$$f_s=\frac{1}{T_s} \tag{1.5}$$

采样频率反映了采样速度。在电力系统的实际应用中，如何选择采样频率呢？或者说，对连续信号进行采样应选择多高的采样频率才能保证不丢失原始信号中的信息呢？由直观的经验可感到，若输入模拟信号的频率较高而采样频率很低，采样数据便无法正确地描述原始波形。也就是说，合适的采样频率与输入信号的频率有关。研究表明，无论原始输入信号的频率成分多复杂，保证采样后不丢失其中信息的充分必要条件是，采样频率 f_s 应大于输入信号的最高频率的两倍，即

$$f_s>2f_{max} \tag{1.6}$$

这就是著名的采样定理。

实际应用中，确定采样频率还需考虑以下问题：

（1）电力系统的故障信号中可能包含很高的频率成分，但多数保护原理只需要使用基波和低次谐波成分，为了不对微机型保护的硬件系统提出过高的要求，可以对输入信号先进行模拟低通滤波，降低其最高频率，从而可选取较低的采样频率。前面介绍的前置模拟低通滤波器（ALF）就是为此目的而设置的，通常采用简单的 *RC* 低通滤波器。

（2）实用采样频率通常按保护原理所用信号频率的 4 ~ 10 倍来选择。例如，常用采样频率为 $f_s=600$ Hz（$N=12$）、$f_s=800$ Hz（$N=16$）、$f_s=1\,000$ Hz（$N=20$）及 $f_s=1\,200$ Hz（$N=24$）等。这样选择的主要原因是为了保证计算精度，同时也考虑了数字滤波的性能要求。

另外，由于简单的前置模拟低通滤波器也难于达到很低的截止频率，因而，采样频率不能太低。

四、微机保护装置的基本软件程序

微机保护装置的基本软件程序，由主保护和中断服务程序构成。下面阐述一个简单而典型的结构，即软件程序由主程序和一个采样中断服务程序构成：前者执行对整个系统的监控和实时性要求相对较低的各项辅助功能；后者按采样周期定时中断前者，周期性地执行实时性较高的保护和辅助功能。

（一）微机保护装置软件的主程序

微机保护装置的主程序如图 1-10 所示。由图可见，主程序可看作由上电复位程序和主循环程序两部分组成。

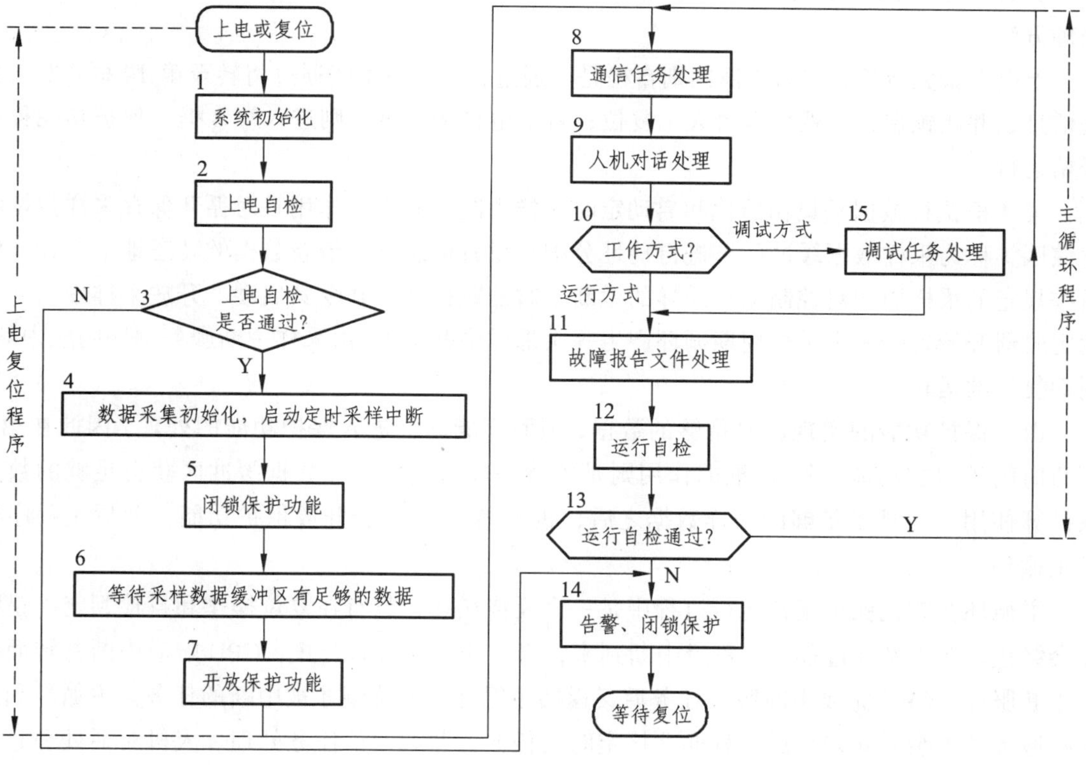

图 1-10　微机保护装置软件的主程序

微机保护装置在合上电源（上电）或硬件复位（复位）后，执行系统初始化。初始化的作用是使整个硬件系统处于正常工作状态。系统初始化又可分为低级初始化和高级初始化：低级初始化任务通常包括与各存储器相应的可用地址空间的设定、输入或输出口的定义、定时器功能的设定、中断控制器的设定以及安全机制等其他功能的设定；高级初始化是指与保护装置各项功能直接有关的初始化，如地址空间的分配、各数据缓冲区的定义、各个控制标志的初设、整定值的换算预加载、各输入输出口的置位或复归等。

然后，程序进入第 2 框，执行上电后的全面自检。

自检是微机保护装置软件对自身硬软件系统工作状态正确性和主要元器件完好性进行自动检查的简称。自检功能主要包括程序的自检、定值的自检、输入通道的自检、输出回路的自检、通信系统的自检、工作电源的自检、数据存储器（如 RAM）的自检、程序存储器（如 EPROM）的自检以及其他关键元器件的自检等。

自检在程序中分为上电自检和运行自检。上电自检是在保护装置上电或复位过程（保护功能程序运行之前）进行的一次性自检，此时有时间进行比较全面的自检，以保证开始执行功能程序时装置处于完好的工作状态。而运行自检是在保护装置运行过程中进行的自检，以便及时发现运行中出现的装置故障。由于保护程序在运行中的大部分时间必须分配给保护功能及其他辅助功能，因此通常在运行自检中需对自检任务进行简化，同时采用分类处理的措施：对于某些快速报警、处理量较小以及必须一次性完成的自检任务应置于中断服务程序中；而对于其他次要且处理量较大的自检任务，则置于主程序中，并采用分时处理方法。

上电自检完成后，在第 3 框判别自检是否通过：若自检不能通过将转至第 14 框，发出警告信息，并闭锁保护，然后等待人工复位；若上电自检通过，则进入第 4 框，保护功能程序开始运行。

第 4 框执行数据采集初始化和启动定时采样中断。其主要作用是对循环保存采样数据的存储区（称为采样数据缓冲区）进行地址分配，设置标志当前最新数据的动态地址指针，然后按规定的采样周期对控制循环采样的中断定时器赋初值，并令其启动，开放采样中断。从此定时器开始每隔一个采样周期循环产生一次采样中断请求，由采样中断服务程序响应中断，周而复始的运转。

由于保护功能的实现需要足够的数据，因而不能马上进入保护功能的处理，因此在第 5 框暂时闭锁保护功能。第 6 框的作用则是等待一段时间使采样数据缓冲区获得足够的数据供计算使用。在具备足够的采样数据之后，进入第 7 框重新开放保护功能，此后主程序进入主循环。

主循环在微机保护正常运行过程中是一个无终循环，只有在复位操作和自检判定出错时才会终止。在主循环过程中，每逢中断到来，当前任务被暂时终止，CPU 响应中断并转而执行中断服务；CPU 完成中断服务任务后又返回主循环，继续刚才被中断的任务。主循环利用中断服务的剩余时间来完成各种非严格定时的任务，譬如通信任务处理、人机对话处理、调试任务处理、故障报告处理以及运行自检等。在主循环中需要逐一执行的各项任务往往都要求得到及时的服务，一个任务不能因执行时间过长而影响其他任务的执行，更不能出现内部死循环。

在主循环中，第 8 框执行通信任务处理，即为信息发送和接收进行数据准备。至于通信的发送和接收数据的操作，需要满足严格的通信速率要求，并且应保证发送数据的及时性和接收数据的完整性，即要求很强的实时性。因此通信的发送和接收操作一般需要根据硬件系统的设计，或者置于中断服务程序中，或者置于专用的通信硬件模块中。

第 9 框执行人机对话处理。关于人机对话处理，不同的硬件配置模式对应不同的处理方式。若采用具备独立 CPU 的专用上层管理插件，此处保护功能插件通过通信与管理插件 CPU 交换数据，那么第 9 框只需完成第 8 框交付的信息处理任务；若没有配置具备独立 CPU 的专用上层管理插件，则需要由保护功能插件的 CPU 对人机对话部件进行管理，此时第 9 框程序应执行如扫描键盘和控制按钮、在显示器上显示数据等任务，同时对各种操作命令进行解释和分类，并按任务类别交给相应的任务处理程序执行。

第 10 框判别微机保护系统当前工作方式，即处于调试方式还是运行方式：若是调试方式，则在第 15 框先执行由第 8 框或第 9 框下达的调试功能任务；若是运行方式，或在执行完毕调试任务后，则进入第 11 框去执行后续任务。

调试功能是指微机保护装置特有的对控制参数进行给定、核对和对自身性能进行辅助测试、调整的功能。继电保护装置新安装或定期检修之后，需要进行项目繁多的调试工作，以保证保护装置的性能指标和状态符合技术要求，如各测量通道的标准、整定值的输入和修改、各项保护特性的测定、出口操作回路的传动检测、通信系统的测试以及保护装置各种辅助功能的调整等。微机保护装置通过智能化调试程序，可以高效可靠地完成调试工作。现代微机保护装置通常还预留了调试通信接口，通过它与通用电脑连接，可实现视窗化、选单化和图形化的高级调试、管理和分析功能。调试功能虽然重要，但在处理某些调试任务过程中可能会影响保护运行安全，这些调试功能只能在微机保护装置退出运行后才能执行。为此微机保护装置设计了两种基本工作方式：运行方式和调试方式，通过开关或键盘操作来进行工作方式的切换。

第 11 框为故障报告文件处理程序。电力（供电）系统发生故障或者微机保护装置自身发生故障，微机保护装置在完成处理任务之后，可自动生成、保存并通过通信网络向变电所微机监控系统提交故障报告。故障报告对于系统事故的追忆和分析，以及对于保护装置自身动作正确性的评估有非常重要的作用。这也是微机保护的优势之一。故障报告中的原始数据是在故障处理过程中由故障处理程序模块等来临时保存的，而故障报告的信息综合、文件生成和转储则由故障报告文件处理程序来完成。

最后在第 12 框和第 13 框执行运行自检功能。若自检判定保护装置出错，则警告、并闭锁保护，然后等待人工复位；若自检通过则继续执行主循环程序。

至此完成了一次主循环的过程，返回到第 8 框，然后周而复始。

（二）微机保护装置软件的采样中断服务程序

微机保护装置的软件系统根据具体设计的不同，可能存在多个中断源，因而相应地有多个不同的中断服务程序，但其中必不可少的是采样中断服务程序。为简化说明，以下考虑一种较为简单的情形，即只有一个定时采样中断源，从而只有一个采样中断服务程序的情形。

采样中断服务程如图 1-11 所示。由图可见，采样中断服务程序并不只是进行周期性的数据采集（即采样和 A/D 变换），通常还需完成通信数据收发、运行自检、调试、启动检测和故障处理等任务。由于中断服务程序是由采样定时器周期性激活的，因此习惯上仍称为采样中断服务程序。

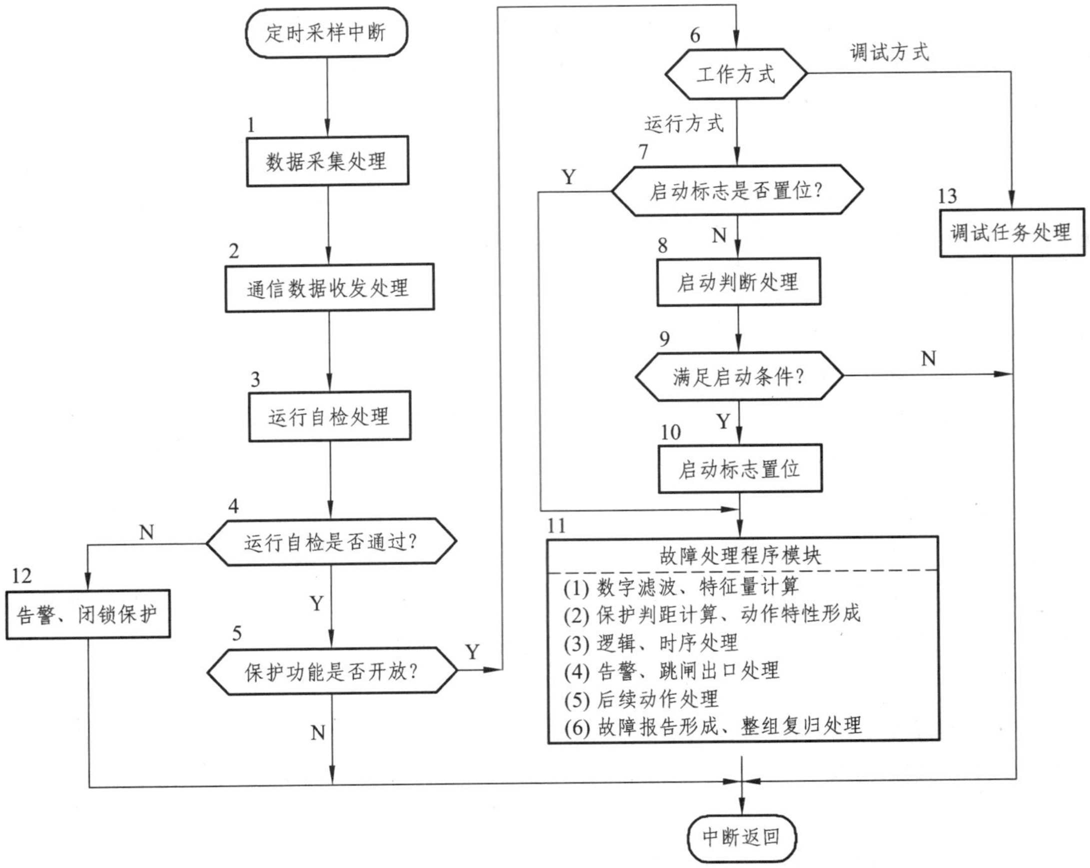

图 1-11　微机保护装置软件的采样中断服务程序

五、提高微机保护可靠性的措施

对微机保护来说，其可靠性通常是指在受到严重干扰情况下，不误动，不拒动，并能不间断地运行，达到技术条件规定的指标。为此，必须在设计、制造、施工和运行维护诸多方面采取有效措施，使微机保护增强抗干扰能力，提高可靠性。

（一）抗电磁干扰的措施

1. 电磁干扰的危害

电磁干扰对微机保护的危害主要有以下几方面：

（1）计算或逻辑关系错误。强干扰可能引起存储在 RAM 中的数据发生改变，或在读、写某数据时，因数据线或地址线受干扰而使数据或地址错误，从而导致计算出错或逻辑紊乱，乃至微机保护误动或拒动。

（2）程序运行出轨。干扰造成误码，使 CPU 不能正确执行指令，最终导致程序运行的正常顺序被破坏而出现卡死现象，不利情况下微机保护将拒动。

（3）元器件和芯片损坏。严重干扰时会导致元器件和芯片损坏，引起微机保护短时停止工作。

2. 电磁干扰的来源和类型

电磁干扰是指除了输入的有用信号以外，所有可能对微机保护装置正常工作造成不利影响的无用电磁信号。电磁干扰有的来自外部环境，有的来自装置内部。外部干扰最常见和严重的是高压系统或直流回路操作、线路雷电感应和短路故障等引起的浪涌干扰。内部干扰主要有杂散电感和电容结合引起的不同信号感应，长线路传输造成的波反射，多点接地造成的电位差等。

微机保护按干扰侵入装置的方式可分为差模干扰和共模干扰。差模干扰一般对微机保护的干扰不大。共模干扰则是发生于保护装置电路一点和接地线之间的干扰，是在信号线与地之间传输。因此，消除微机保护的干扰主要是消除共模干扰。

3. 抗电磁干扰的措施

电磁干扰的形成必须具备干扰源、耦合通道和接收电路三个部分，因此可针对性地采用相应的措施来防止和抑制干扰。抗干扰的最基本措施就是防止干扰进入弱电系统。一方面是通过改进装置的硬件部分，增加其抗干扰能力；另一方面可以从外部环境着手，通过各种屏蔽、隔离措施，切断干扰的传播途径。

（1）滤波电容。在输入电路接线端子外侧与地之间并联滤波电容（0.47 μF），为浪涌电压和高频振荡提供低阻抗入地通道，可抑制共模干扰和差模干扰。对数据采集单元中的低通滤波器，调整运算放大器零点可消除差模干扰。

（2）屏蔽与隔离。为了抑制电磁耦合及静电感应（通过分布电容）耦合形成的干扰，主要采取屏蔽与隔离措施。例如，用铁质材料做成机箱，以实现对电场和磁场的屏蔽；模拟量电流、电压输入回路利用电量变换器隔离，并在一、二次侧绕组间加装屏蔽层接至机箱，以防止外部浪涌电压干扰；对于开关量（或其他出点信号）输入，采用光电隔离措施；高压导体和电缆与二次接线控制电缆平行接近长度较长时，须将二次接线控制电缆用金属管屏蔽，并将金属管接地，以防止差模干扰等。

（3）合理配线和布置插件。为了防止装置内部大电流输入通道和电流线等对弱电回路产生干扰，应将微机保护的核心部分如 CPU、存储器、A/D 变换器和有关地址译码电路集中在一两个插件上，并在布置上远离干扰源。

（4）保护屏的接地措施。微机保护屏内所有的隔离变压器一、二次绕组间应当有良好的屏蔽层，并可靠接地。微机保护装置的箱体必须经试验确定可靠接地；将保护屏底部的漆、铁锈等清除干净以后，将保护屏和底部槽钢用焊接或者螺栓固定的方式可靠连接。微机保护屏之间用不小于 50 mm^2 的多股铜芯线将其底部的接地小铜排相串联，而后接于截面不小于 100 mm^2 的接地铜排上，再将接地铜排与主控室电缆层的接地网可靠连接。

（5）直流电源抗干扰措施。通常微机保护装置的直流电源是采用蓄电池或逆变开关电源，经逆变、稳压和滤波后得到各级稳恒直流电压，由于经过多级变压器隔离和稳压、滤波环节，所以它的稳压能力与干扰效果都比较理想。

采取上述各项抗电磁干扰措施的目的为了尽量减小外部干扰影响，同时这也是微机保护抗干扰能力的重要技术要求。

（二）微机保护硬件采取抑制干扰的措施

目前生产厂家在产品的研制过程中采取了各种优异的抗干扰措施，比如采用 VFC 数据采集系统，使模拟系统和数字系统在电气上完全隔离，大大增强了装置硬件的抗干扰能力。以 WXB-11 型微机保护为例，装置硬件采取的抗干扰措施有：

（1）利用并行总线技术部署多 CPU 插件；

（2）模拟量的输入通道加光耦；

（3）所有的输入、输出加光隔；

（4）引入装置的电源加滤波措施；

（5）增加对 RAM、EPROM 的自检功能；

（6）装置背板的走线采用抗干扰措施。

（三）微机保护软件采取抑制干扰的措施

1. 利用软件自动辨识和处理受干扰的采样数据

采样数据若受干扰而出错会导致保护功能失效。此时可通过软件技术自动辨识并剔除错误数据。

2. 功能执行过程中自校核

自校核是指微机保护在各种功能执行过程中，由软件对重要的数据、命令（如跳闸命令）和保护动作值进行反复校验，以确保免受干扰影响。例如，实时阻抗动作值计算一般采用三取二方式，即三次计算中有两次达到整定值，则判断为正确，再输出跳闸命令。

3. 应用自检程序结合硬件电路进行自检

可对核心部分 CPU、A/D、EPROM、EEPROM、RAM 和译码电路，以及外围出口电路、出口继电器等部分的故障进行检测并报警。

除了上述各种措施以外，通过对元器件的高、低温试验和筛选以减小气象和温度变化对装置的影响，出口电磁继电器采用干簧继电器以抗御震动影响等，也都是提高微机保护可靠性的有效措施。

第四节　对继电保护的基本要求及发展简史

【知识及能力目标】

1. 掌握继电保护的四个基本要求的含义及其之间的辨证关系；
2. 掌握电网继电保护选择原则；
3. 了解继电保护的发展史；
4. 能够判断一套继电保护装置是否满足要求。

一、继电保护装置的基本要求

电力系统各电气元件之间通常用断路器互相连接，每台断路器都装有相应的继电保护装置，短路故障时继电保护可以向断路器发出跳闸脉冲使断路器跳闸。继电保护装置是以各电气元件或线路作为被保护对象的，其切除故障的范围是断路器之间的区段。

为了保证继电保护能确实完成其在电力系统中所承担的任务及作用，有必要对继电保护装置提出一定的要求，但当保护的动作结果不同时，所提出的要求也不相同。对动作于跳闸的继电保护，在技术上应满足四个基本性能要求，即选择性、速动性、灵敏性、可靠性。四个基本要求之间，有的相辅相成，有的互相制约，需要根据具体供电系统运行的主要矛盾和矛盾的主要方面，配置、整定每个电力元件的继电保护。

1. 可靠性

可靠性包括安全性和信赖性，是对继电保护性能的最根本要求。安全性是要求继电保护在不需要它动作时可靠不动作，即不发生误动作。信赖性是要求继电保护在规定的保护范围内发生了应该动作的故障时可靠动作，即不发生拒绝动作。

可靠性主要取决于保护装置本身的质量、保护回路的连接和运行维护水平。不可靠的保护本身就成了事故的根源。因此，可靠性是对继电保护装置的最根本要求。

为提高继电保护的可靠性，应注意以下几点：宜选用尽可能简单的保护方式；装配、施工时，应正确无误，保证质量；此外，合理整定、调试试验、加强运行维护，对于保证其可靠性也具有重要的作用。

继电保护的误动作和拒动作都会给供电系统造成严重危害。然而，提高不误动的安全性措施与提高不拒动的信赖性措施往往是矛盾的。由于电力元件在供电系统中的位置不同，拒动和误动的危害程度也不同，因而提高保护安全性和信赖性的侧重点在不同情况下有所不同。

2. 选择性

作用于跳闸的保护装置的选择性是指电力系统发生故障时，保护装置仅将故障元件从电力系统中切除，非故障元件仍能正常运行，使停电范围尽量缩小。如图 1-12 所示的网络中，当线路 L_4 上 K_2 点发生短路时，按照选择性要求，保护 6 应动作使断路器 QF_6 跳闸，将 L_4 切除，此时若是保护 5 动作将 QF_5 断开，则 L_3、L_4 都将停电，继电保护的这种动作是无选择性的。同理，K_1 点故障时，按照选择性要求，保护 1 和保护 2 应动作，断开 QF_1 和 QF_2，将故障线路 L_1 切除。

如果 K_2 点故障时，而保护 6 或断路器 QF_6 拒动，那么保护 5 应动作，断开 QF_5，将故障切除。这种情况虽然是越级跳闸，但却是尽量缩小了停电范围，限制了故障范围的扩大，因而也认为是有选择性动作。

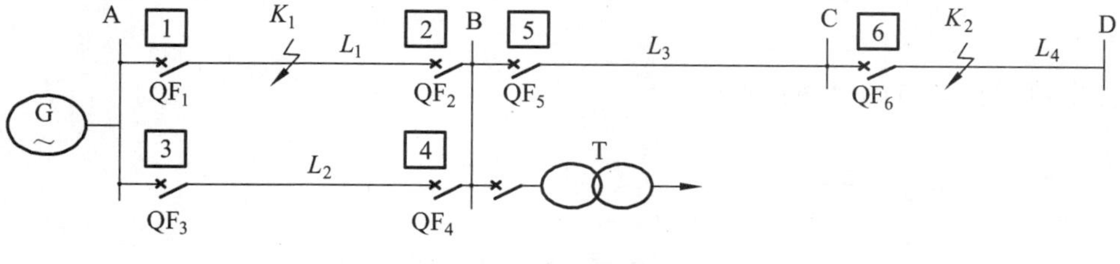

图 1-12　保护选择性动作说明图

实践表明，继电保护装置或断路器都有拒绝动作的可能，因而需要考虑后备保护。实际上，每个电气元件一般都有两种继电保护装置，主保护和后备保护。反应整个保护元件上的故障并能以最短的延时有选择地切除故障的保护称为主保护。比如保护装置 6 就是线路 L_4 的主保护。主保护或其断路器拒绝动作时，用来切除故障的保护称为后备保护。后备保护分近后备和远后备两种。主保护拒绝动作时，由本元件或线路的另一套保护实现后备保护，称为近后备；当主保护或其断路器拒动时，由相邻元件或线路的保护实现后备保护，称为远后备，如保护 5 就是线路 L_4 的远后备。而为补充主保护和后备保护的不足而增设的比较简单的保护称为辅助保护。

运行经验表明，架空线路上发生的短路故障大多数是瞬时性的，线路上的电压消失后，短路会自行消除。因此，在某些条件下，为了加速切除短路，允许采用无选择性的保护，但必须采取相应措施，例如采用自动重合闸或备用电源自动投入装置予以补救。为了保证选择性，对相邻元件有后备作用的保护装置，其灵敏性与动作时间必须与相邻元件的保护相配合。

3. 速动性

电力系统发生故障时，继电保护应当尽快地动作，使与短路点直接有关的断路器跳闸，迅速将故障切除。快速地切除故障可以提高电力系统并列运行的稳定性，减少用户在电压降低情况下的工作时间，限制故障元件的损坏程度，缩小故障的影响范围以及提高自动重合闸装置和备用电源自动投入装置的动作成功率等。

动作迅速而同时又能满足选择性要求的保护装置，一般结构都比较复杂，价格比较贵。因此，应根据电力系统的实际情况，对保护的速动性提出合理的要求。一般情况下，电力系统允许保护装置带有一定的延时切除故障。

故障切除时间 t 等于保护装置的动作时间与断路器的动作时间之和。目前，世界上正式投入运行的保护，一般的快速保护动作时间为 0.06 ~ 0.12 s，最快的可达 0.01 ~ 0.04 s。一般的断路器的动作时间为 0.06 ~ 0.15 s，最快的可达 0.02 ~ 0.06 s。因此，最快切除故障时间为 0.03 ~ 0.1 s。

4. 灵敏性

保护装置的灵敏性是指保护区内发生故障或异常运行状态时，保护装置的反应能力。满足灵敏性要求的保护装置应该是在规定的保护区内发生短路时，不论短路点的位置、短路形式及系统的运行方式如何，都能灵敏反应。保护装置的灵敏性一般用灵敏系数 K_{sen} 来衡量。

对于反应故障时参数增大而动作的保护装置，其灵敏系数是：

$$\text{灵敏系数} = \frac{\text{保护区末端金属性短路时故障参数的最小计算值}}{\text{保护装置的动作参数}} \tag{1.7}$$

例如电流保护装置的灵敏系数：

$$K_{sen} = \frac{I_{k.min}}{I_{ACT}} \tag{1.8}$$

对于反应故障时参数降低而动作的保护装置，其灵敏系数是：

$$\text{灵敏系数} = \frac{\text{保护装置的动作参数}}{\text{保护区末端金属性短路时故障参数的最大计算值}} \tag{1.9}$$

例如，欠电压保护装置的灵敏系数为：

$$K_{sen}=\frac{U_{ACT}}{U_{k.max}} \tag{1.10}$$

因为短路大多情况是非金属性的，而且故障参数在计算时会有一定误差。因此，必须要求 K_{sen} 符合原铁道部颁布的《继电保护和安全自动装置技术规程》(以下简称《规程》)的规定，《规程》对各类短路保护装置的灵敏系数最小值都做了具体要求。

上述是对作用于跳闸的保护装置的基本要求，一般也适用于反映异常运行状态的保护装置。对作用于信号的保护装置其基本要求只有三个，即选择性、灵敏性和可靠性，不要求其快速动作，而是按照选择性要求延时发出信号。

这四个基本要求是评价和研究继电保护性能的基础，它们应同时满足，但是这种满足只能是相对的。因为这四个基本要求之间，既有相互联系紧密的一面，也有相互矛盾的一面。例如，为保证选择性，有时就需要保护动作带上一定的延时，因而速动性较差；为保证灵敏性，有时就允许保护非选择性动作，再由自动重合闸装置来纠正；而为保证速动性和选择性，有时需采用较复杂的保护装置，因而降低了可靠性。因此，在确定继电保护方案时，应从电力系统的实际情况出发，根据被保护元件在电力系统中的作用，分清主次，使以上四个基本要求在所配置的保护中得到最优情况下的统一。相同原理的保护装置在电力系统中的不同位置的元件上如何配置和配合、相同的电力元件在电力系统不同位置安装时如何配置相应的继电保护才能最大限度地发挥被保护电力系统的运行效能，这充分体现着继电保护工作的科学性和继电保护工程实践的技术性。

二、电网继电保护选择原则

电网继电保护的选择原则是：首先应满足继电保护的四项基本要求，即选择性、速动性、灵敏性、可靠性。然后根据各类保护的工作原理、性能并结合电网的电压等级、网络结构及接线方式等特点进行选择，使它们能有机地配合起来，构成完善的电网保护。如果电网保护选择得不合理，继电保护不仅不能保证电力系统的安全稳定运行，反而成为系统不能安全稳定运行的因素。所以，配置合理的保护方案是十分重要的。当选择具体电网的继电保护装置时，在满足保护四项基本要求的前提下，应力求采用简单的保护装置。只有在采用简单的保护不能满足要求时，才考虑采用较为复杂的保护。因为，复杂的保护不仅价格昂贵，运行、维护和调试复杂，而且更主要的是复杂保护所需元件多、接线复杂，这就增加了保护装置本身故障的概率，从而降低了可靠性。运行经验证明，保护装置越简单，可靠性越高。随着现代化科学技术的不断发展，复杂保护装置的可靠性也会日益提高，从而满足系统运行的需要。

以尽可能短的时限切除故障，对维持系统的稳定运行具有重要的意义。因此，输电线路上广泛地采用了瞬时电流或电压速断保护、差动保护、距离保护和高频保护等快速保护装置。选择保护装置的动作时间，应考虑被保护元件的需要以及它在电力系统中的地位，同时还要考虑它与相邻元件保护的特性相配合。保护装置的动作时间必须小于系统运行所提出的容许切除时间。同时又必须大于线路避雷器的放电时间。

保护装置的动作应有选择性，应保证只切除距离故障点最近的断路器，将停电范围控制在最小范围内。为此，保护装置在整定值上要与相邻元件保护的整定参数（如动作电流、动作时限等）相配合，同时能够作为相邻被保护元件的后备保护。对于两端供电或结构更复杂的线路，为保证其动作的选择性，常采用具有方向性的保护装置，如功率方向、方向阻抗等元件构成的保护装置或高频保护装置等。

保护装置的灵敏度，必须满足《规程》的规定。当简单的保护不能满足灵敏度的要求时，就必须采用具有更高灵敏度的保护。

各电压等级的电网保护方式，在《规程》中已做了原则的规定。因此，在选择电网保护方案时，应以《规程》为依据，并结合电网的具体情况全面地予以考虑。

三、继电保护技术发展

继电保护装置按其实现技术可分为机电型、整流型、晶体管型、集成电路型以及微机型等五大类继电保护装置，这实际上也反映了继电保护装置的发展过程。机电型继电保护装置的历史最长，它是基于电磁引力或电磁感应作用产生机械动作的原理制成的。整流型继电保护装置的特点是，将输入电量经不同的输入变换器和 *RLC* 电路形成各种特征量，再经整流电路构成动作量和制动量，驱动灵敏的极化继电器（一种单极性动作的继电器）产生动作。晶体管型和集成电路型继电保护装置都是通过复杂的电子电路来实现保护原理的，与机电型、整流型继电保护装置相比可以实现更为复杂的保护原理和获得更为优良的保护性能。由于集成电路器件较晶体管的性能优越（如集成度高、体积小、功耗低、功能完备、可靠性高等），因此，晶体管型继电保护装置已被集成电路型继电保护装置淘汰。微机型继电保护装置的核心是一台专用的微型计算机，它控制与外部接口的电子电路，将传感器送来的信号变换为数据，然后进行复杂的算术和逻辑运算，对故障做出判断并发出动作指令。微机型继电保护装置不仅能够实现其他种类保护难以实现的保护原理，还可以完成电力自动化需要的各种智能化测量、控制、通信及管理功能，因而是目前最先进的继电保护装置。

机电型、整流型继电保护装置的共同点是，它们的测量信号和动作能量全部来自电力互感器，因此对电力互感器的功率消耗较大，并会影响测量精度和动作速度，但无须再提供另外的工作电源，因而被称为无源型继电保护。晶体管型、集成电路型及微机型继电保护装置的共同点是，它们只需要由电力互感器提供测量信号，因而对电力互感器的功率消耗极小，并提高了测量精度和动作速度，但需要另外提供工作电源（通常来自电站的蓄电池），才能使电子电路正常工作，因而被称为有源型继电保护。机电型、整流型、晶体管型及集成电路型继电保护装置的共同点是，其内部电路直接对模拟电量进行处理，因而被统称为模拟式继电保护装置。微机型继电保护装置则以处理数字信号为特征，因而被称为数字式继电保护装置。

由于历史的原因，目前在电力系统中呈现上述五类继电保护装置并存的局面，但微机型继电保护装置代表了现代继电保护发展的主导方向，它正在快速地取代各种模拟式继电保护装置，并且已经占据了统治地位。

习　题

一、填空题

1. 电力系统相间短路的形式有（　　）短路和（　　）短路，接地短路的形式有（　　）

接地短路和（　　　）接地短路，其中（　　　　　）危害最大，（　　　　　）最为常见。

2. 电力系统发生相间短路时，（　　　）大幅度下降，（　　　）明显增大。

3. 电力系统发生故障时，继电保护装置应（　　　），电力系统出现不正常工作时，继电保护装置一般应（　　　　　　　）。

4. 继电保护装置一般是由（　　　　　　　）、（　　　　　　　）和（　　　　　　）组成。

5. 我国继电保护技术发展先后经历了五个阶段，其发展顺序依次是（　　　　　　　）、（　　　　　　　）、（　　　　　　　）、（　　　　　　）、（　　　　　　　）。

6. 继电器的（　　　　）与（　　　）之比，称为返回系数，能使电流继电器动作的（　　　　　）称为继电器的动作电流，电流继电器的返回系数（　　）1。

7. 继电保护的选择性是指继电保护动作时，只能把（　　　　　）从系统中切除，（　　　　　）继续运行。

8. 电力系统继电保护装置通常应在保证（　　　）的前提下，使其快速动作。电力系统切除故障的时间包括（　　　　　　）时间和（　　　　　　）的时间。

9. 继电保护的灵敏性是指其对（　　　　　　）发生故障或不正常工作状态的（　　　　　）。对于反应故障时参数增大而动作的继电保护，计算继电保护灵敏系数时，应用（　　　）的故障参数进行校验。

10. 继电保护的可靠性是指保护在应动作时（　　　　），不应动作时（　　　　）。

11. 微机保护系统是由（　　　）和（　　　　　　）、（　　　　　　）等构成的继电保护系统。

12. 模拟信号的采样，是指对（　　　　　）按固定的时间间隔取值而得到的（　　　　　），即对连续信号按时间取量化值。

13. 模拟量的低通滤波电路用于滤除模拟信号中的（　　　　　）。

14. 用于完成采样和保持功能的电路称为（　　　　　）。

15.（　　　）指 A/D 转换器对输入模拟量的最小变化的反应能力。

16. 模数转换器的主要技术指标有（　　　　　）、（　　　　　）、（　　　　　）。

二、简答题

1. 电力系统短路可能产生什么后果？

2. 继电保护的基本任务是什么？

3. 后备保护的作用是什么？何谓近后备保护和远后备保护？

4. 利用电力系统正常运行和故障时参数的差别，可以构成哪些不同原理的继电保护？

5. 简述电磁式继电器的基本工作原理。

6. 说明中间继电器的作用。

7. 输入给微处理机的继电保护信号为什么要进行预处理？

8. 什么是采样与采样定理？

9. 简述计算机继电保护的基本原理。

10. 计算机继电保护与传统式继电保护有何不同？

扫一扫，查看第一章
更多习题和习题答案

第二章　电网短路故障的电流电压保护

第一节　电网相间短路的电流电压保护

【知识及能力目标】

1. 掌握电流电压保护的整定计算；
2. 理解各种保护的原理；
3. 掌握各种保护的特点及其原理接线图。

线路相间短路时线路电流增加、母线电压下降，因此可利用短路与正常情况下电流、电压数值上的差别构成继电保护。这种反应电流增大或电压降低而动作的保护就称之为电流电压保护。按照保护装置的后备问题，相间短路的电流电压保护有三种：速断保护、限时速断保护和延时保护。

一、瞬时速断保护

1. 瞬时电流速断保护

按照继电保护速动性的要求，在满足简单、可靠和保证选择性的前提下，保护装置动作切除故障的时间，原则上应越快越好。因此，在各种电气设备上，应首先装设快速动作的继电保护。对于仅反应电流的增大而瞬时动作的电流保护，称为瞬时电流速断保护。

图 2-1 为一单侧电源辐射电网。保护 1、2 分别为线路 L_1 和 L_2 的瞬时电流速断保护，用以切除 AB 间和 BC 间线路的故障。当线路 L_1 上发生短路故障时，保护 1 应能瞬时动作，使断路器跳闸而切除故障；而当线路 L_2 上故障时，保护 2 应能瞬时动作使断路器跳闸而切除故障，而此时保护装置 1 不应动作。

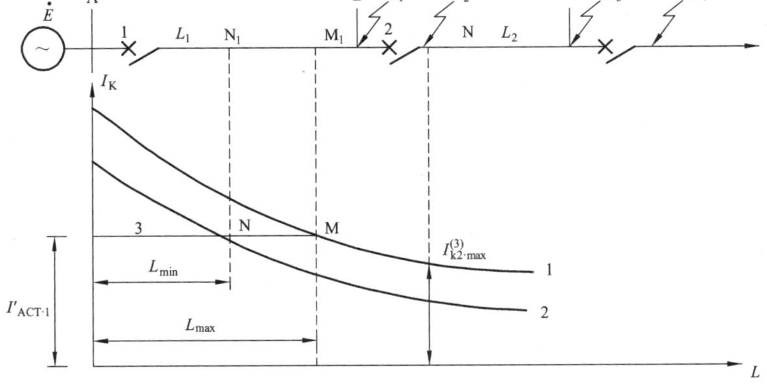

曲线 1—最大运行方式；曲线 2—最小运行方式。

图 2-1　瞬时电流速断保护的工作原理

当系统运行方式一定时，短路电流 I_k 将随距离 l 的增长而减小；当系统运行方式及故障类型改变时，线路任意一点的短路电流 I_k 的大小将随之变化。在最大运行方式下三相短路时，通过保护装置的短路电流最大；而在最小运行方式下两相短路时，通过保护装置的短路电流最小。这两种情况下的短路电流变化曲线如图 2-1 曲线 1 和曲线 2 所示。即曲线 1 代表线路任意一点在最大运行方式下三相短路电流的大小，曲线 2 代表线路任意一点在最小运行方式下两相短路电流的大小。

当线路 L_2 的出口 K_2 点短路时，其最大短路电流为 $I_{k2.max}^{(3)}$。按照选择性的要求，K_2 短路时，应由保护 2 动作，保护 1 不应动作。为防止保护 1 误动，则要求保护 1 的动作电流大于 $I_{k2.max}^{(3)}$。但当线路 L_1 的末端 K_1 点短路时，流过保护 1 的短路电流值与 K_2 点短路时流过保护 1 的短路电流值几乎相等，因此保护 1 也不动作。即保护 1 不能保护线路 L_1 的全长。同样，保护 2 也无法区别 K_3 点和 K_4 点的短路电流，因此保护 2 也不能保护线路 L_2 的全长。

由上述分析可见，为保证选择性，电流速断保护的动作电流应大于相邻线路出口处短路时流过保护装置的最大三相短路电流，而此电流与本线路末端短路时流过保护的最大三相短路电流基本相同，所以电流速断保护的动作电流 $I'_{ACT.1}$ 可按躲过本线路末端短路时流过保护的最大三相短路电流来整定，即

$$I'_{ACT.1} = K'_{REL} I_{k1.max}^{(3)} \tag{2.1}$$

式中 K'_{REL} ——可靠系数，它是考虑短路电流计算误差、继电器动作电流误差、短路电流中非周期分量影响和必要的裕度而引入的大于 1 的系数，一般取 1.2 ~ 1.3；

$I_{k1.max}^{(3)}$ ——线路末端短路时流过保护的最大三相短路电流，A。

图 2-1 中直线 3 所示即为瞬时电流速断保护的动作电流，它与曲线 1 和曲线 2 分别交于 M 点和 N 点，所对应的距离就是该运行方式下瞬时速断保护的保护范围。在此范围外发生的故障，保护不会动作。从图中可以看出，瞬时速断保护不能保护线路的全长，这是它的主要缺点。而且保护装置在最大运行方式下三相短路时的保护范围最大，用 l_{max} 表示。同理可知，系统最小运行方式下两相短路时保护 1 的保护范围最小，用 l_{min} 表示。

瞬时电流速断保护的灵敏系数是用其最小保护范围来衡量的。《规程》规定，最大保护范围不应小于线路全长的 50%，最小保护范围不应小于线路全长的 15% ~ 20%。如果小于此值，瞬时速断保护将失去使用价值。

瞬时电流速断保护简单可靠，动作迅速。在一些双侧电源的线路上，也能有选择性地动作。但是它不能保护线路的全长，保护范围受系统运行方式、故障类型的影响。尤其对于短距离的输电线路，由于线路首端和末端短路时，短路电流数值差别不大，致使它的保护范围可能很小，因而不能采用。但在某些特殊情况下，瞬时电流速断保护也可以保护线路的全长。例如电网的终端线路上用线路-变压器组的接线方式时，可以把线路-变压器组看成一个整体，因此速断保护的动作电流可以按躲过变压器低压侧线路出口短路的条件来整定，从而使瞬时电流速断保护可以保护线路的全长。

瞬时电流速断保护的单相原理接线如图 2-2 所示。它主要由电流继电器 KA、中间继电器 KM 和信号继电器 KS 组成。正常运行时，负荷电流流过线路，经电流互感器降流后流到电流继电器线圈中。由于此电流值小于电流继电器的动作电流，电流继电器不动作，其常开触点是断开的，因此继电保护装置不动作；当线路发生短路故障时，短路电流超过保护装置的

动作电流，电流继电器动作，常开触点闭合，中间继电器启动，其触点闭合后，经串联信号继电器的线圈接通断路器的跳闸线圈 YR，断路器跳闸切除故障。

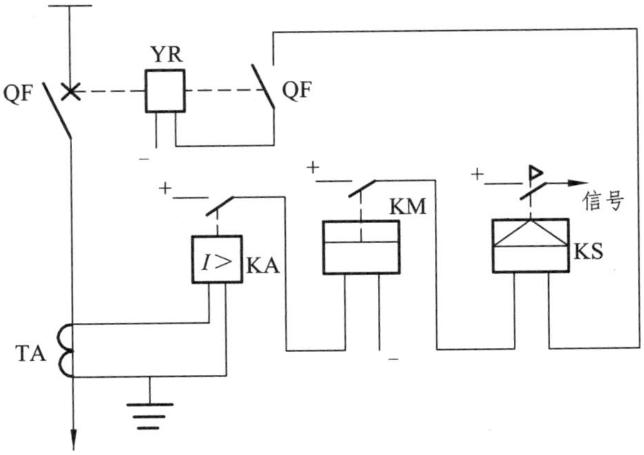

图 2-2　瞬时电流速断保护的单相原理接线图

接线图中所用中间继电器 KM 有两个作用：

（1）利用 KM 的触点接通断路器的跳闸回路。即利用其触点容量大的特点增加电流继电器触点容量。

（2）当线路上装有管型避雷器时，利用 KM 来增加保护装置的固有动作时间，以避免当避雷器对地放电时，引起瞬时电流速断保护的误动作。为此，必须使保护的动作时间躲过避雷器的对地放电时间。避雷器对地放电时间约为 10 ms，也可能延长到 20～30 ms，因此，利用带 0.06～0.08 s 延时动作的中间继电器即可满足这一要求。

2. 电流电压联锁速断保护

当瞬时电流速断保护的灵敏度不能满足要求时，即最小保护范围小于线路全长的 15%时，该保护不宜使用，此时可改进保护方案，即采用电流电压联锁速断保护，以提高瞬时电流速断保护的灵敏度。电流电压联锁速断保护原理接线图如图 2-3 所示。

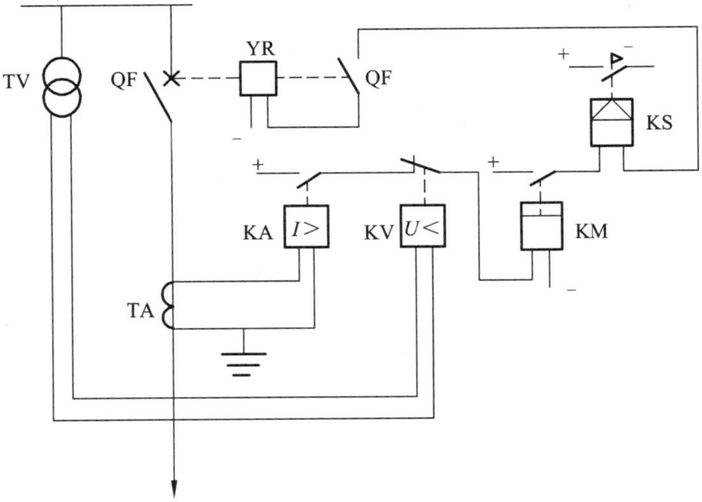

图 2-3　电流电压联锁速断保护

增大瞬时电流速断保护的保护范围需要降低其动作电流值，但降低动作电流值可能导致外部短路时电流测量元件的误动作，这时应该增加一个电压测量元件以保证保护的选择性，即构成电流电压联锁速断保护。当保护处于最大运行方式下线路外部发生短路时，电流测量元件的保护范围可能超过本线路的长度，会发生误动作，从而失去选择性，但此时因母线电压较高而电压元件不会误动作，而两者触头串联，从而保证了保护不会误动作。相反，当保护处于最小运行方式的情况下线路发生短路时，电压测量元件的保护范围可能超过本线路长度而发生误动，但电流测量元件却不会动作，因而也保证了保护的选择性。因此，电流电压联锁速断保护处于最大和最小运行方式下被保护线路外短路时均不会误动作。而该保护的保护范围应由电流元件和电压元件中保护范围最小的元件来确定，即当实际运行方式较整定计算运行方式大时应用电压元件校验保护的灵敏度，当实际运行方式较整定计算运行方式小时应用电流元件校验保护的灵敏度。

值得注意的是，在系统正常运行情况下，当电压互感器 TV 出现二次回路断线使输入至电压测量元件的电压降低（甚至可能为 0）时，有可能导致整套保护无选择性动作。因此，在保护装置中需加装反应电压互感器二次回路断线的断线信号元件，以告知值班人员电压互感器发生了二次回路断线需进行处理。

二、限时电流速断保护

瞬时电流速断保护或电流电压联锁速断保护只能保护线路的一部分，不能保护线路的全长，该线路剩下部分的短路故障必须由其他的保护来切除。为此，可增加一套带时限的电流速断保护，用以切除瞬时电流速断保护范围以外的短路故障。这种带时限的电流速断保护，称为限时电流速断保护。它能以尽可能快的速度，可靠并有选择性的切除本线路上任一处，包括被保护线路末端的相间短路故障。

图 2-4 中线路 L_1、L_2 上分别装有电流速断保护和限时电流速断保护。以线路 L_1 的限时电

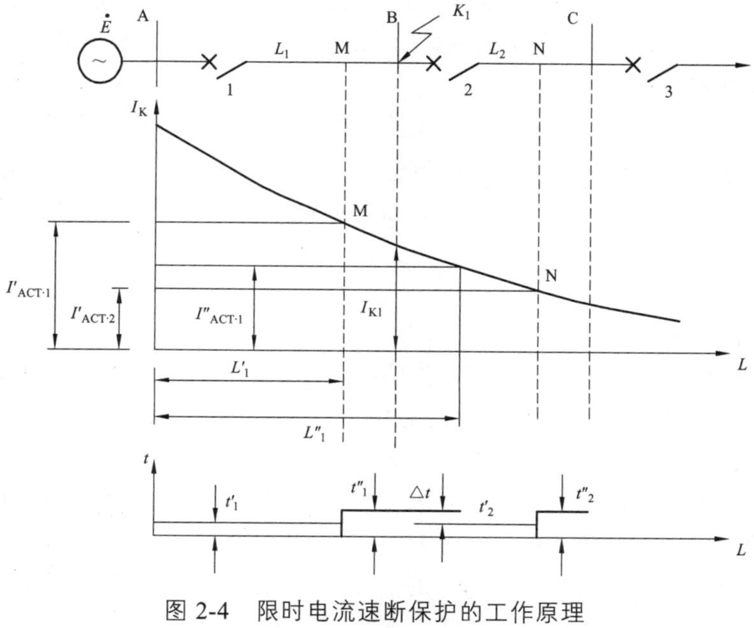

图 2-4　限时电流速断保护的工作原理

流速断保护来说明限时电流速断保护的工作原理。要使其能保护线路 L_1 的全长，即线路 L_1 末端短路时应该可靠地动作，则其动作电流 $I''_{ACT.1}$ 必须小于线路末端的短路电流 I_{K1}，这样当相邻线路 L_2 出口短路时，线路 L_1 的限时电流速断保护也会启动，即保护范围延伸到相邻线路。为保证选择性，L_2 线路短路故障时应由线路 2 的保护装置动作，因此必须给限时电流速断保护增加一定的时限，此时限既能保证选择性又能满足速动性的要求，即尽可能短。鉴于此，可首先考虑使它的保护范围不超出下一条线路瞬时电流速断保护的保护范围，而动作时限则比下一条线路的瞬时电流速断保护高出一个时间段，此时间段以 Δt 表示。

1. 限时电流速断保护的整定计算

（1）动作电流 $I''_{ACT.1}$ 的整定。

现以图 2-4 的保护 1 为例，说明限时电流速断保护动作电流的整定计算方法。

根据以上分析，保护 1 限时电流速断的保护范围不应超过线路 L_2 瞬时电流速断保护范围末端，因此在单侧电源供电的情况下，它的动作电流应大于该点的短路电流，即

$$I''_{ACT.1} = K''_{REL} I'_{ACT.2} \tag{2.2}$$

式中 $I'_{ACT.2}$ ——线路 L_2 瞬时电流速断保护的动作电流；

K''_{REL} ——可靠系数，一般取为 1.1 ~ 1.2。

（2）动作时限的选择。

由以上分析可知，限时电流速断保护的动作时限应比下一条线路瞬时电流速断保护的动作时间延长一个时限级差 Δt，Δt 在保证保护装置之间动作选择性的前提下应尽量小，以降低整个电网保护的时限水平。对于不同型式的断路器及保护装置，Δt 在 0.3 ~ 0.6 s 范围内，一般取 $\Delta t = 0.5$ s。

当故障发生在瞬时电流速断保护范围内时，由瞬时电流瞬断保护动作切除故障；而当故障发生在线路 L_1 的瞬时电流速断保护范围以外时，则由该线路的限时电流保护动作切除故障。由此可见，瞬时电流速断保护和限时电流速断保护配合使用，可以使全线路范围内的短路故障都能在 0.5 s 内动作，使断路器跳闸切除故障。所以这两种保护组合可构成线路的主保护。

（3）灵敏系数 K_{sen} 的校验。

为达到保护线路全长的目的，限时电流速断保护必须在最不利的情况下，即系统在最小运行方式下，线路末端两相短路时（此时流过保护的短路电流最小），具有足够的反应能力，即灵敏度必须满足一定要求。图 2-4 中线路 L_1 的限时电流速断保护的灵敏度的校验公式为

$$K_{sen} = \frac{I^{(2)}_{K1.min}}{I''_{ACT.1}} \tag{2.3}$$

式中 $I^{(2)}_{K1.min}$ ——被保护线路末端 K_1 点发生两相短路时流过保护的最小两相短路电流；

$I''_{ACT.1}$ ——限时电流速断保护的动作电流。

要求 $K_{sen} \geqslant 1.5$，在个别情况下允许为 1.25。

灵敏系数的数值之所以要满足以上要求，是考虑到当线路末端短路时，可能会出现一些不利于保护启动的因素，如短路点存在过渡电阻、实际的短路电流可能小于计算值、保护所用电流互感器具有一定的负误差、继电器的实际启动电流值可能具有正误差等。当实际上存在这些因素时，为使保护仍能可靠地动作，就必须留有一定的裕度。

2. 限时电流速断保护的单相原理接线图

限时电流速断保护的单相原理接线如图 2-5 所示。它与瞬时电流速断保护相似，只是用时间继电器 KT 代替了图 2-2 中的中间继电器 KM，用来获得必要的延时，而且时间继电器接点容量较大，可以直接接通断路器跳闸回路。这样，当电流继电器 KA 动作后，必须经时间继电器的延时，才能动作于断路器跳闸。

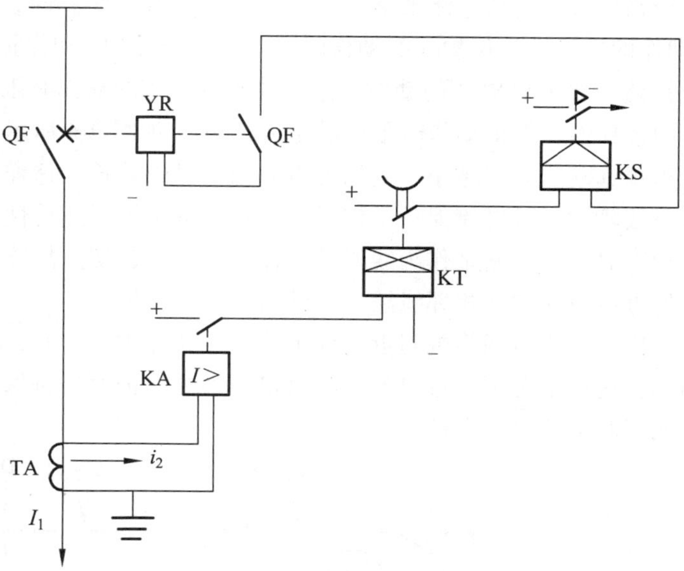

图 2-5　限时电流速断保护的单相原理接线图

三、定时限过电流保护

定时限过电流保护（简称过电流保护）是指其动作电流按躲过最大负荷电流来整定，并用适当的延时来保证选择性的一种电流保护装置。电网正常运行时它不应该动作，而在发生短路时，则能反应电流的增大而动作。要求过电流保护能保护本线路的全长，既作为本线路主保护的近后备保护，同时也作为相邻线路的远后备保护。

1. 过电流保护的整定计算

（1）动作电流的整定。

过电流保护的整定原则是：只有在被保护线路故障时它才启动，在正常运行情况下过电流保护不应动作；外部短路故障被切除后，保护装置应能返回。因此定时限过电流保护动作电流按躲过最大负荷电流整定，并为了保证在电动机较大自启动电流的作用下能够可靠返回，保护装置的返回电流应大于电动机的自启动电流。

过电流保护装置的动作电流 $I'''_{ACT.1}$ 按下式确定：

$$I'''_{ACT.1}=\frac{K'''_{REL}K_{ss}}{K_{RE}}I_{L.max} \tag{2.4}$$

式中　K'''_{REL}——过电流保护的可靠系数，一般为 1.1 ~ 1.2，通常取 1.2；

K_{ss}——自启动系数，其数值由电网具体接线与负荷性质确定，一般取 1.5 ~ 3，但在无高电压大功率电动机时可取为 1；

K_{RE}——过电流保护装置的返回系数，应为 0.85 ~ 0.95，通常取 0.85；

$I_{L.max}$——被保护设备最大负荷电流，A。

（2）确定动作时限。

图 2-6 所示为一单侧电源辐射型电网，线路 L_1 ~ L_3 均装设定时限过电流保护。其动作电流均考虑按躲过本线路的最大负荷电流来整定。当 K_3 点发生相间短路时，短路电流流过保护 1、2、3。为保证动作的选择性，保护 3 的动作时限 t_3 应小于保护 1 和保护 2 的动作时限 t_1、t_2。同理，当 K_2 点短路，要求保护 2 的动作时限 t_2 小于保护 1 的动作时限 t_1。因此，为保证定时限过电流保护的选择性，保护动作时限应满足 $t_1>t_2>t_3$，如图 2-6 所示。可见过电流保护的动作时限是距电源越远动作时限越小，越靠近电源动作时限越长。这样就存在一个问题：当电源附近出现短路故障时，过电流保护动作时间太长而满足不了速动性。因此，在电网中广泛采用电流速断和限时电流速断来作为线路的主保护，以快速切除故障，而利用过电流保护来作为本段线路的近后备保护和相邻线路、元件的远后备保护。

从图中也可以看出，处于电网终端附近的保护装置（如保护 3、4），其过电流保护的动作时限并不长。因此在这种情况下，过电流保护可以作为主保护兼后备保护，而无须再装设瞬时电流速断保护或限时电流速断保护。

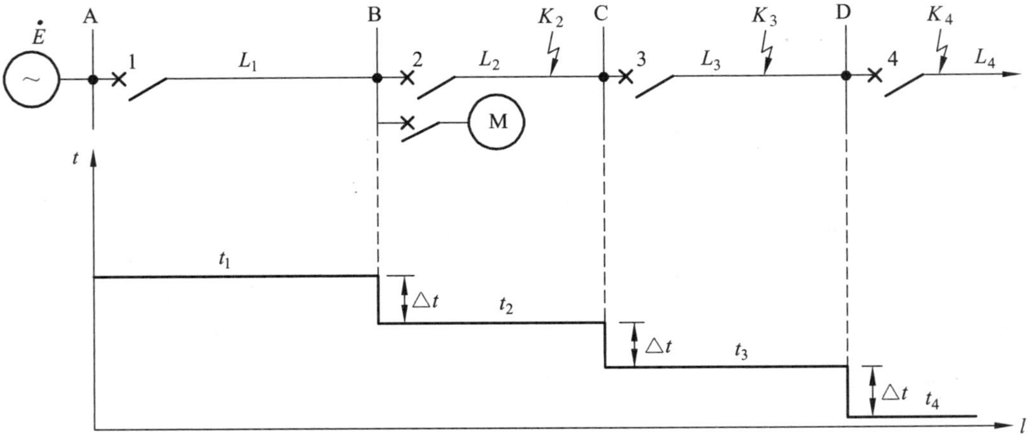

图 2-6　过电流保护的时限特性

过电流保护的时限特性好像一个阶梯，故称为按阶梯性时限特性。相邻两个过电流保护的动作时限差一个 Δt，即

$$t_1^{\text{III}} = t_2^{\text{III}} + \Delta t \tag{2.5}$$

式中　t_1^{III}——本线路定时限过电流保护的动作时间；

t_2^{III}——相邻下一级的定时限过电流保护的动作时间；

Δt——时限级差，在 0.35 ~ 0.6 s 之间，一般取 Δt = 0.5 s。

若本线路的下一级有多条线路时，则过电流保护的动作时间应比下一级线路过电流保护中动作时间最长的高出一个 Δt，即

$$t_n = t_{(n+1)\max} + \Delta t \tag{2.6}$$

（3）校验灵敏度。

为了保证当保护范围内出现任何形式的短路故障时过电流保护都能够灵敏动作，过电流保护装置动作电流确定后必须校验灵敏度。又为了在最不利的情况下保护装置也能动作，必须按最小运行方式下保护范围末端发生金属性短路时两相短路来校验灵敏系数。

定时限过电流保护灵敏系数的校验分两种情况：

① 定时限过电流保护作为本线路的后备保护，即近后备时，灵敏系数计算式为

$$K_{\text{sen}}=\frac{I_{\text{k1.min}}^{(2)}}{I_{\text{ACT.1}}'''}\geqslant 1.3\sim 1.5 \tag{2.7}$$

式中　$I_{\text{k1.min}}^{(2)}$——系统在最小运行方式下，本段线路末端两相短路时，流过保护的最小两相短路电流。

② 定时限过电流保护作为相邻线路的后备保护，即远后备时，灵敏系数计算式为

$$K_{\text{sen}}=\frac{I_{\text{k2.min}}^{(2)}}{I_{\text{ACT.1}}'''}\geqslant 1.2 \tag{2.8}$$

式中　$I_{\text{k2.min}}^{(2)}$——系统在最小运行方式下，相邻线路末端两相短路时，流过保护的最小短路电流。

定时限过电流保护的单相原理接线图与限时电流速断保护相同，只是时间继电器延时时间不同，此处不再赘述。

扫描二维码 2-1，可观看过电流保护动作原理视频。

二维码 2-1

2. 低电压启动过电流保护

过电流保护装置的动作电流是根据线路的最大负荷电流来整定的，因而对于重负荷线路它的动作电流数值较大，灵敏度较低。为此，可以采用适当降低电流继电器动作电流的方法来提高过电流保护装置的灵敏度，而采用低电压继电器进行闭锁，以防止负荷电流较大时保护装置误动作，这样构成的保护装置称为低电压启动的过电流保护。图 2-7 所示为低电压启动的过电流保护单相原理示意图。

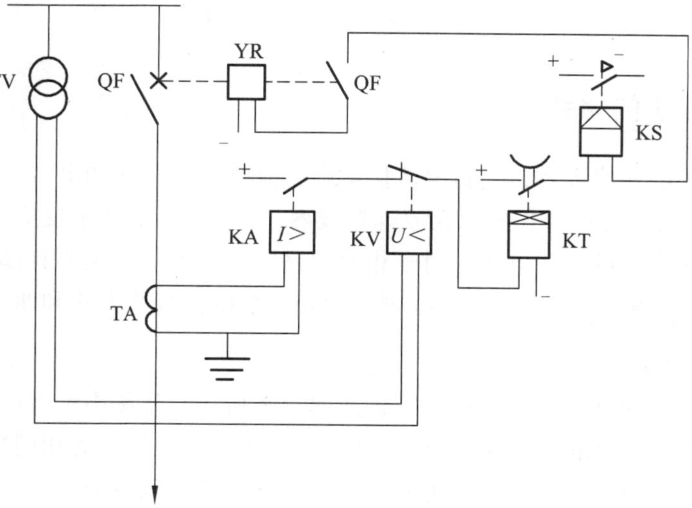

图 2-7　低电压启动的过电流保护单相原理示意图

保护中电流元件的动作电流按被保护线路的额定电流 I_N 来整定，见式（2.9）。低电压启动元件为保证在母线最低工作电压下能返回，其动作电压按式（2.10）来整定。

$$I_{ACT}=\frac{K_{REL}}{K_{RE}}\cdot I_N \qquad (A) \tag{2.9}$$

式中　K_{rel} ——可靠系数，取 1.2；

　　　K_{re} ——返回系数，取 0.85。

$$U_{ACT}=\frac{U_{min}}{K_{RE}K_{REL}} \qquad (V) \tag{2.10}$$

式中　K_{rel}——可靠系数，取 1.2；

　　　K_{re}——返回系数，取 1.2。

低电压启动过流保护的灵敏度 K_s 可按式（1.10）校验，即以保护范围末端短路时母线处最大的剩余电压值 $U_{k.max}$ 来校验，对于主保护应大于等于 1.5，对后备保护应大于等于 1.2。

过电流保护增加低电压启动元件后，在负荷电流较大的情况下，保护装置中的电流元件可能动作，但因为未发生故障，母线电压仍较高，电压元件不动作，因此保护装置不会误动作；只有当电流增大、电压降低到整定值时，即当线路发生短路故障时，电流元件、电压元件都动作，保护装置才能动作于跳闸。

第二节　电网相间短路的阶段式电流保护

【知识及能力目标】

1. 掌握电流保护的接线方式，并能根据需要选择合适的接线方式；

2. 掌握阶段式电流保护展开接线图的绘制及识读方法，能够根据所给原理图绘制展开图，并能正确分析其工作原理；

3. 能够结合上节所学对阶段式电流保护完成整定计算。

一、电流保护的接线方式

所谓电流保护的接线方式，是指电流保护中电流继电器线圈和电流互感器二次绕组之间的连接方式。前面所讲的电流保护单相原理接线图，实际上不能用来反应各种相间短路故障，而应根据需要采用合适的接线方式。对于相间短路的电流保护，主要有以下四种方式：三相三继电器接线方式、两相两继电器接线方式、两相三继电器接线方式和两相电流差接线方式。

1. 三相三继电器接线

三相三继电器接线又称完全星形接线，如图 2-8 所示。从图中可看出无论发生任何形式的相间短路，最少有两个继电器同时动作，因此，完全星形接线作为相间短路保护是可靠的。在中性点直接接地系统中发生单相接地时，故障相的电流继电器会动作。因此，在中性点直接接地系统中，这种接线方式还可兼作接地保护。但实际上，由于单相接地短路大多采用专门的零序电流保护，因此为了上述目的而采用三相完全星形接线方式并不多。这种接线方式用的设备较多，投资较大，所以只用在某些重要元件的保护。例如在牵引变压器的保护中，为提高保护动作的灵敏性和可靠性，采用三相完全星形接线方式。

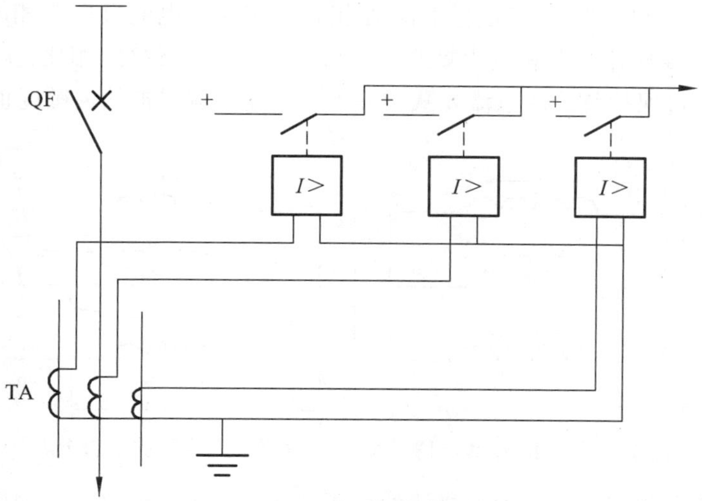

图 2-8　三相三继电器接线方式

2. 两相两继电器接线和两相三继电器接线

两相两继电器接线和两相三继电器接线又称不完全星形接线，如图 2-9 所示。采用不完全星形接线时，电网各处保护装置的电流互感器都应装设在同名的两相，一般装设在 A 相和 C 相。两种接线都能反应各种相间短路，但不能反应中性点直接接地系统中无电流互感器的那一相（B 相）的单相接地短路故障。

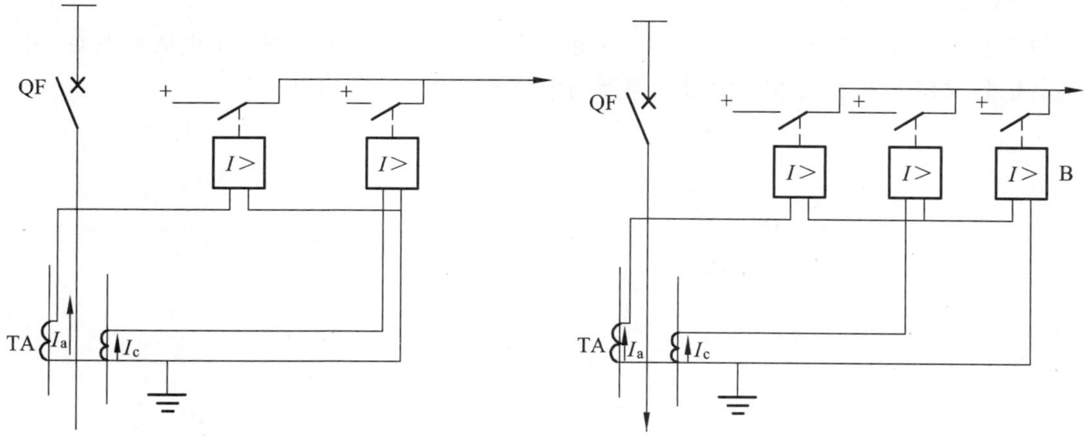

（a）两相两继电器接线　　（b）两相三继电器接线

图 2-9　两相两继电器接线和两相三继电器接线

两相两继电器接线方式能满足相间短路的要求，接线简单，在 10 kV 及以下电压等级的电网中应用很广。但在线路上装有 Y,d 或 D,y 接线的变压器时，若采用这种接线方式，当变压器后面发生某两相短路时，灵敏度将会大大降低。下面以在电力系统中应用较多的 Y,dll 接线的降压变压器为例进行分析。

当变压器的三角形侧发生两相短路而其主保护拒动时，应由后备保护即接于变压器星形侧的过电流保护动作切除故障。

如图 2-10 所示，当在变压器三角形侧发生 a、b 两相短路时，短路电流经由两条并联支路形成回路。其中一条回路的阻抗是第二条回路阻抗的两倍，因而第二条回路的电流也仅为第一条回路的一半。反应到原边后，星形侧 A 相和 C 相中的电流只是 B 相电流的一半。也就是说，Y,dll 接线的变压器后两相发生短路时，和三相完全星形接线相比，两相两继电器不完全星形接线方式流过保护装置的电流要减小一半，因而电流保护的灵敏度也要降低一半。

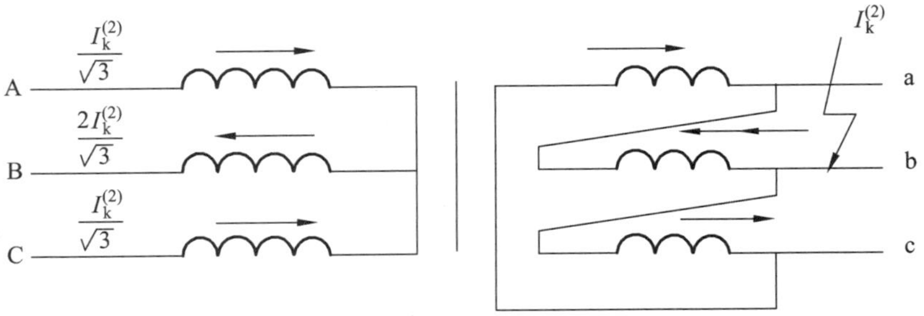

图 2-10　Y,dll 接线的降压变压器后两相短路时的电流分布

因此，在线路上装有 Y,d 或 D,y 接线的变压器，并要求该线路的保护用作该变压器的后备保护时，就不能采用两相两继电器不完全星形接线方式，而应采用两相三继电器不完全星形接线方式。即在两相两继电器不完全星形接线的中性线上再接入一个电流继电器，此时所接入的第三个继电器流过的电流是 A、C 两相的和，能够反应最大相电流值，使保护装置的灵敏度提高了一倍，相当于三相完全星形接线。显然，这种接线既经济，又保证了保护的灵敏度。

3. 两相电流差接线

两相电流差接线如图 2-11 所示。此种接线采用两个电流互感器和一个电流继电器，电流互感器也装设在 A 相和 C 相，流过继电器的电流等于 A、C 两相电流差。

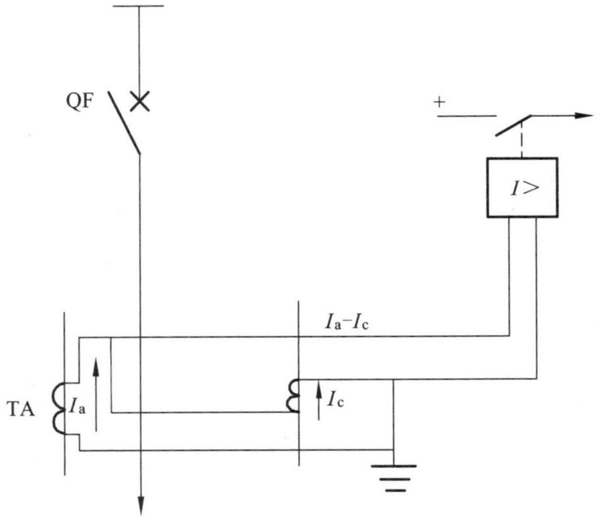

图 2-11　两相电流差接线

此种接线方式虽然简单，但有以下缺点：

（1）灵敏系数低；

（2）在 Y,d 或 D,y 接线的变压器后两相发生短路时，保护可能拒动。

两相电流差接线方式主要用于灵敏系数较易满足的低压线路和电动机保护上。

二、阶段式电流保护的概念及应用

瞬时电流速断保护、限时电流速断保护和过电流保护都是反应电流升高而动作的保护，它们之间的区别主要在于按照不同的原则来确定动作电流。瞬时电流速断保护的动作电流是按照躲开本线路末端的最大短路电流来整定；限时电流速断保护的动作电流是按照躲开下级各相邻元件电流速断保护的最大动作范围来整定；而过电流保护的动作电流则是按照躲开本段线路的最大负荷电流来整定。

瞬时电流速断保护动作时间短、速动性好，但其动作电流较大、不能保护线路全长；限时电流速断保护有较短的动作时限，而且能保护线路全长，却不能作为相邻元件的后备保护；定时限过电流保护的动作电流较前两段小，保护范围大，既能保护本线路的全长又能作为相邻线路/元件的后备保护，但其动作时间较长，速动性差。因此，为保证迅速、可靠而有选择性地切除故障，常常将上述三种保护组合在一起，构成阶段式电流保护，并将瞬时电流速断保护称为电流 I 段，限时电流速断保护称为电流Ⅱ段，过电流保护称为电流Ⅲ段。

实际应用时，电流 I 段、Ⅱ段和Ⅲ段可三者同时使用，也可只采用瞬时电流速断保护加过流保护或由限时电流速断保护加过流保护构成两段式保护。现以图 2-12 所示的网络接线为例加以说明。

电网最末端的保护 4，其动作值和动作时限不必考虑与其他保护配合，因此只装设一种瞬时动作的过电流保护便能满足要求，不必再装设其他保护。过电流保护的动作电流按躲开电动机启动时的最大负荷电流整定，动作时限为装置本身的动作时间，这样速动性和灵敏性均能得到保证。

线路保护 3，在电网的倒数第二级上，首先考虑装设一过电流保护，其动作时限与保护 4 配合，用来做保护 4 的远后备保护。如果在线路 3 上发生的故障没有提出瞬时切除的要求，则在此线路装设一个 0.5 s 动作的过电流保护也是完全允许的；如果要求线路 3 的故障必须快速切除，可再增设一个瞬时电流速断保护，即保护 3 可采用由瞬时电流速断保护和过电流保护共同构成的两段式保护。

线路保护 2，首先同样需要装设一过电流保护，其动作时限与保护 3 配合，用来做本段线路的近后备保护和保护 3 的远后备保护，动作时限为 1 ~ 1.2 s。由于离电源较近，短路电流较大，为满足继电保护的基本要求，必须增设瞬时电流速断保护或同时增设瞬时电流速断保护和限时电流速断保护。因此保护 2 可能是两段式电流保护，也可能是三段式电流保护。

线路保护 1，最靠近电源，线路短路时短路电流最大，因此系统对其保护性能的要求也越高，所以一般都需要装设三段式电流保护。

由上述分析可见，在电网保护配置时，总是从最末端的设备开始，逐级往前推。直到电源本身。在图 2-12 中，按上述分析配置了各元件的保护后，无论电网任何地点发生短路，只要不发生保护或断路器拒动的情况，故障都可以在 0.5 s 以内予以切除。

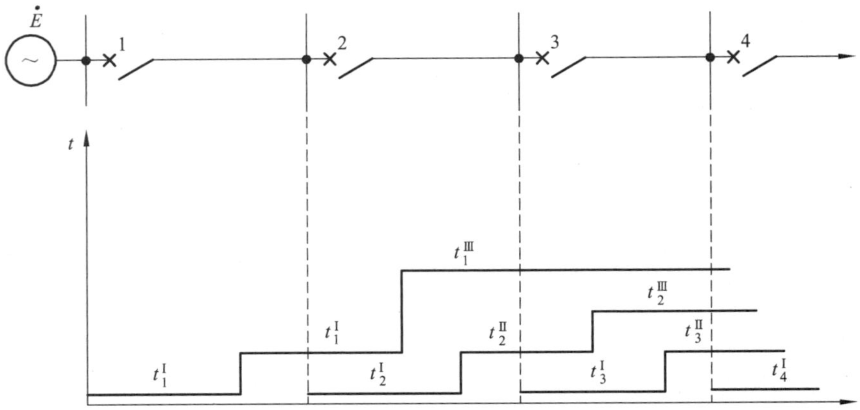

图 2-12 阶段式电流保护的配合及动作时间示意图

使用电流Ⅰ段、Ⅱ段和Ⅲ段组成的阶段式电流保护的主要优点是简单、可靠，并且在一般情况下能够满足快速切除故障的要求，因此在 35 kV 及以下的中、低压线路上得到了广泛应用。其缺点是它受电网的接线及电力系统运行方式变化的影响较大，例如整定值必须按电网的最大运行方式整定，而灵敏度必须用电网的最小运行方式来校验，这就难以满足灵敏系数和保护范围的要求。

三、三段式电流保护的接线图

1. 继电保护装置的接线图

继电保护装置的接线图是制造、安装和运用维修保护装置的依据。因此，熟练的阅读和绘制保护装置接线图，是十分重要的基本技能。

继电保护装置的接线图，通常分为原理接线图、展开接线图和安装接线图等。安装接线图在其他课程里已有详细说明，这里不再介绍。

归总式原理接线图：各电气元件都以完整的图形符号表示，各继电器的触点与线圈都画在一起，与继电保护装置有关的一次设备也画在一起，能够清楚、形象地表明继电保护、信号系统和操作控制等的接线和动作原理。看起来比较直观，能够使人对整套保护装置各元件间的电气联系和动作原理有一个整体的概念。但当元件较多、接线较复杂时，这种接线图绘制、阅读都很麻烦。因而，原理接线图在设计中和现场应用不广泛。

展开图：不画出继电器和其他电器完整的元件，而是将它们的线圈和触点按其所能通过的电流性质分别表示在交流回路和直流回路。对属于同一种类（交流或直流、电流或电压）回路的各个分支、同一分支中的各个元件，都力求按照它们在工作时的动作顺序，从左到右或从上至下依次排列。属于同一元件的线圈和触点用相同的字母符号表示。线圈和触点等两端标注接线端子编号，连接线标注回路编号，图右侧附有文字说明。展开图结构简单，层次分明，便于察看和进行电路分析、检查，因此在生产实际中应用很广。

由原理图画展开图时，将展开图分为交流回路、直流回路的操作电路、直流回路的信号电路三部分来绘制。首先画交流回路，从每一相的电流互感器二次线圈的一个端子开始，经过该相所有电流继电器的线圈和中性线，最后回到该电流互感器二次线圈的另一个端子；直流回路的操作电路绘制时需要确定几个回路，即确定几个“+”和“–”，然后从“+”极开始，将属于同一回路的各个组成部分按电流流经的顺序连接起来，直到“－”极；最后根据信号继电器画出直流回路的信号电路。这样就形成许多“行”，各“行”按动作顺序由上到下排列，组成整个展开图。

2. 三段式电流保护的接线图

由瞬时电流速断保护、限时电流速断保护和定时限过电流保护构成的三段式电流保护的原理接线图和展开图如图 2-13 所示。

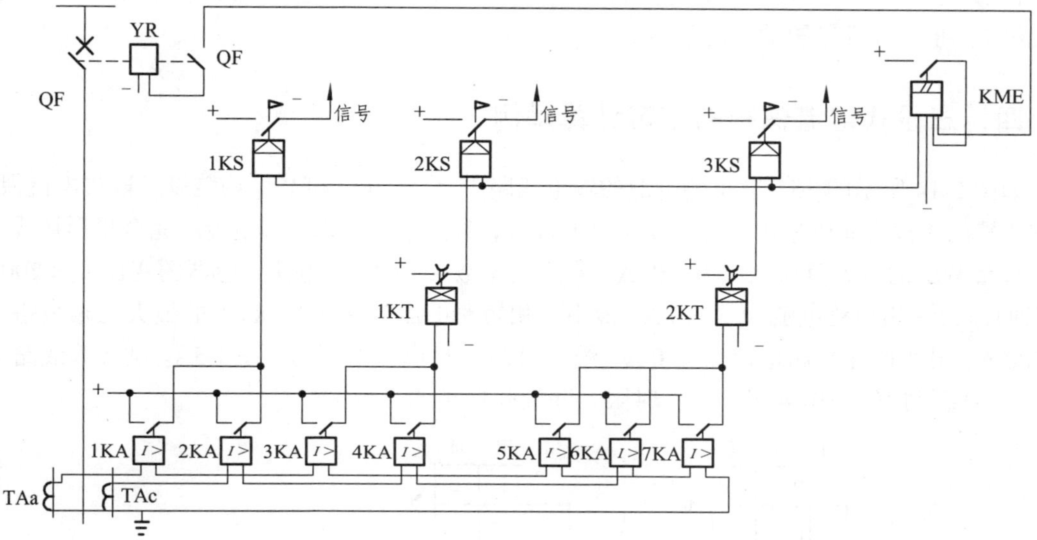

（a）原理接线图

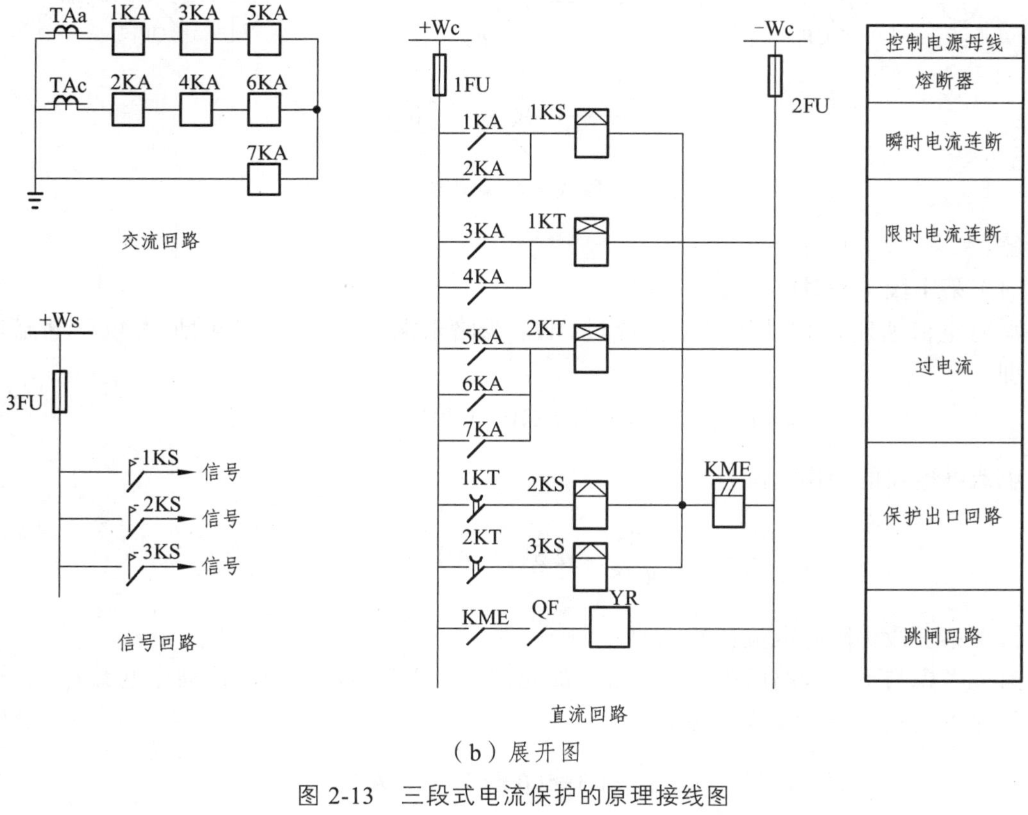

（b）展开图

图 2-13　三段式电流保护的原理接线图

在图 2-13 中保护装置Ⅰ段和Ⅱ段采用的是两相两继电器不完全星形接线，Ⅲ段采用的是两相三继电器不完全星形接线。Ⅰ段即瞬时电流速断保护，由电流继电器 1KA、2KA，中间继电器 KM 和信号继电器 1KS 组成；Ⅱ段即限时电流速断保护，由电流继电器 3KA、4KA，时间继电器 1KT 和信号继电器 2KS 组成；Ⅲ段即过电流保护则由电流继电器 5KA、6KA、7KA，时间继电器 2KT 和信号继电器 3KS 组成。由于各段的动作电流和动作时限整定均不相同，必须分别使用不同的电流继电器和时间继电器，而信号继电器 1KS、2KS 和 3KS 分别用以发出Ⅰ、Ⅱ、Ⅲ段保护动作的信号。

四、三段式电流保护的整定计算举例

如图 2-14 所示的 35 kV 单侧电源的输电线路中，线路 WL_1 和 WL_2 均装设三段式电流保护，保护装置的Ⅰ段、Ⅱ段采用两相不完全星形接线，Ⅲ段采用两相三继电器不完全星形接线。已知：线路 WL_1 的最大负荷电流为 150 A，自启动系数 $K_{ss}=1.5$，电流互感器的变比 $K_i=200/5$，K_1 点的最大三相短路电流为 1 310 A，最小两相短路电流为 927 A，K_2 点的最大三相短路电流为 500 A，最小两相短路电流为 420 A，线路 WL_2 的过电流时限为 $t^{Ⅲ}=1.5$ s。试计算线路 WL_1 三段式电流保护的动作电流、动作时限，并校验保护的灵敏度。

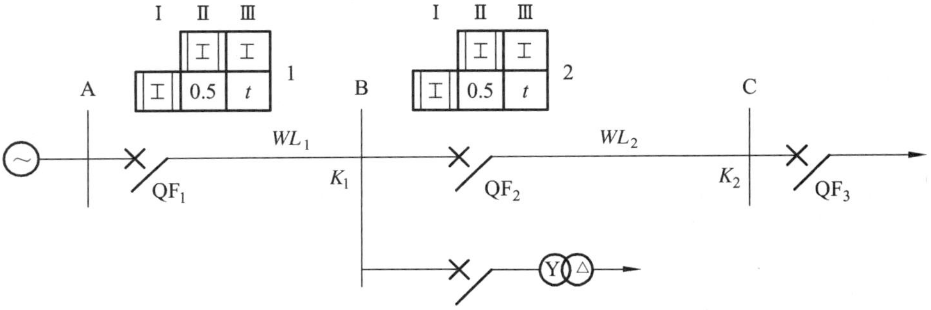

图 2-14　三段式电流保护整定计算举例

解：

（1）第Ⅰ段（瞬时电流速断保护）：

瞬时电流速断保护动作电流按躲过 WL_1 线路末端 K_1 点短路时的最大短路电流来整定，即

$$I'_{ACT.1}=K'_{REL}I^{(3)}_{k1.max}=1.3\times 1\ 310=1\ 703 \quad (A)$$

电流继电器的动作电流为

$$I'_{act.1}=\frac{I'_{ACT.1}}{K_i}=\frac{1\ 703}{200/5}=42.6 \quad (A)$$

（2）第Ⅱ段（限时电流速断保护）：

首先考虑与下一线路的第Ⅰ段配合，故先计算出线路 WL_2 的第Ⅰ段动作电流 $I'_{act.2}$，再计算出线路 WL_1 的第Ⅱ段动作电流 $I''_{act.2}$。

$$I'_{ACT.2}=K'_{REL}I^{(3)}_{k2.max}=1.3\times 500=650 \quad (A)$$

$$I''_{ACT.1}=K''_{REL}I'_{ACT.2}=1.1\times650=715 \quad (A)$$

电流继电器的动作电流为

$$I''_{act.1}=\frac{I''_{ACT.1}}{K_i}=\frac{715}{200/5}=17.9 \quad (A)$$

限时电流速断保护的灵敏系数为

$$K_{sen}=\frac{I^{(2)}_{k1.min}}{I''_{ACT.1}}=\frac{927}{715}=1.3>1.25$$

灵敏系数满足要求。

限时电流速断保护的动作时限选 0.5 s。

（3）第Ⅲ段（定时限过电流保护）：

过电流保护的动作电流为

$$I'''_{ACT.1}=\frac{K'''_{REL}K_{ss}}{K_{RE}}I_{L.max}=\frac{1.2\times1.5}{0.85}\times150\approx318 \quad (A)$$

电流继电器的动作电流为

$$I'''_{act.1}=\frac{I'''_{ACT.1}}{K_i}=\frac{318}{200/5}\approx8 \quad (A)$$

做本线路近后备时的灵敏系数

$$K_{sen}=\frac{I^{(2)}_{K1.min}}{I'''_{ACT}}=\frac{927}{318}=2.9>1.5$$

灵敏系数满足要求。

做相邻下一线路远后备时的灵敏系数

$$K_{sen}=\frac{I^{(2)}_{K2.min}}{I'''_{ACT}}=\frac{420}{318}=1.32>1.2$$

灵敏系数也满足要求。

动作时限应与相邻下一线路的过电流保护的动作时限配合，即

$$t_1^{\mathrm{III}}=t_2^{\mathrm{III}}+\Delta t=1.5\ \mathrm{s}+0.5\ \mathrm{s}=2 \quad (s)$$

第三节　电网相间短路的方向电流保护

【知识及能力目标】

1. 了解方向电流保护的意义及必要性；
2. 理解方向电流保护的原理及功率方向继电器的动作特性；

3. 掌握 90°接线方式，并能够采用 90°接线方式对方向电流保护完成接线。

一、双侧电源网络中短路时功率方向分析

在单侧电源的辐射网中，一般情况下，三段电流保护是可以满足其选择性要求的。但在实际应用中，电力系统往往都是由多个电源组成的复杂网络，如双侧电源辐射网或单侧电源环网的输电线路。在这样的电网中，为切除线路上的故障，线路两侧都装有断路器和相应的保护装置，因此普通三段式电流保护不能保证动作的选择性。如在图 2-15 所示，以采用过电流保护为例，d_1 点短路时，应由保护 2、保护 6 动作跳开断路器切除故障，即要求保护 6 先于保护 1 动作，亦即动作时间关系为 $t_6<t_1$；而 d_2 短路时，应由保护 1、保护 7 动作，即要求保护 1 先于保护 6 动作，亦即动作时间关系为 $t_1<t_6$。显然，这两个要求是无法同时满足的。也就是说，在复杂网络中，过电流保护失去选择性。

同样，如果保护采用的是瞬时电流速断保护，当它们的保护范围外部短路时，只要短路电流超过该保护的动作值，保护装置就会动作，完全失去选择性。

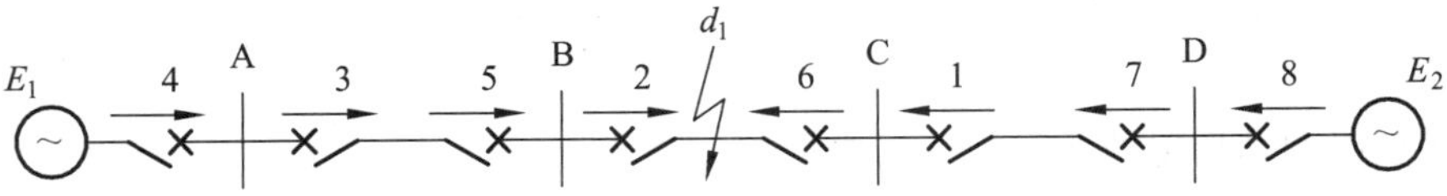

（a）

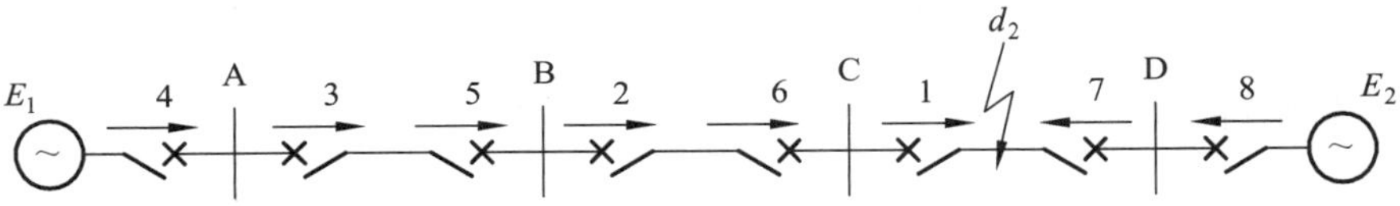

（b）

图 2-15　双侧电源网络中短路时功率方向

从图 2-15 中可以看出，d_1 点短路时，保护 1 的短路功率由线路流向母线，保护 6 的短路功率由母线流向线路；d_2 点短路时，保护 1 的短路功率由母线流向线路，而保护 6 的短路功率由线路流向母线。也就是说，存在这样的规律：凡是流过保护的短路功率是由母线流向线路时（正），保护就应动作；凡是流过保护的短路功率是由线路流向母线时（负），保护就不应动作。而短路点两侧的保护只需要按照单电源的配合方式整定配合，即可满足选择性要求。因此电流保护中如果加装一个可以判别短路功率流动方向的元件，并且当短路功率方向由母线流向线路（正方向）时才动作，然后启动电流保护，便可以快速、有选择性地切除故障，称为方向性电流保护。

二、方向性电流保护原理

方向性电流保护就是在原有电流保护的基础上增加一个方向性元件—功率方向继电器，以保证在反方向故障时把保护闭锁使其不会误动作。现以方向性过电流保护为例进行说明。

图 2-16 所示为方向性过电流保护的单相原理示意图。图中元件 1 即为功率方向继电器。它的触头和电流继电器的触头串联，因此只有当保护装置的正方向发生短路故障时，功率方

向继电器和电流继电器两者都动作以后，才能启动时间继电器，经预定的延时时间后动作于断路器跳闸。

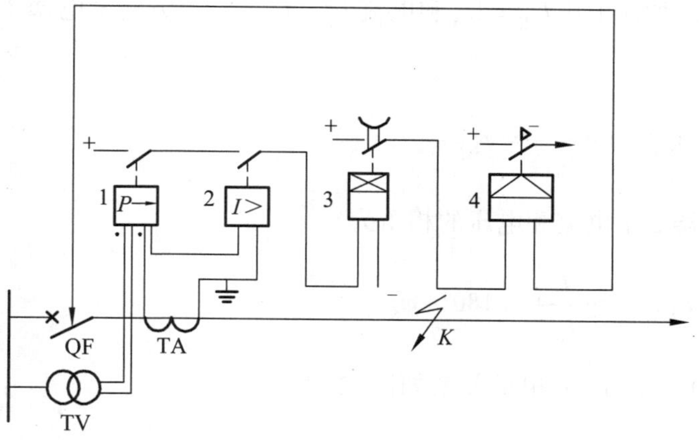

图 2-16　方向性过电流保护的单相原理示意图

三、功率方向继电器

1. 短路时功率方向继电器上电压与电流的相位关系

如图 2-17 所示的网络接线中，当 K 点短路时，加到功率方向继电器 1 的电压 $\dot{U}_K$ 与电流 $\dot{I}_{K1}$ 间的相位角为 $\varphi_k<90°$，φ_K 由线路的阻抗角决定。加到功率方向继电器 2 上的电压 $\dot{U}_K$ 相同，但电流 $\dot{I}_{K2}$ 不是由继电器 2 的对应端流入，而是由其对应端流出。与继电器 1 比较，加到继电器 2 的电压 $\dot{U}_K$ 与电流 $\dot{I}_{K2}$ 之间的相位角为 $\varphi_K+180°$。所以，继电器 1 测量的是正功率，因而动作；继电器 2 测量的是负功率，因而不动作。

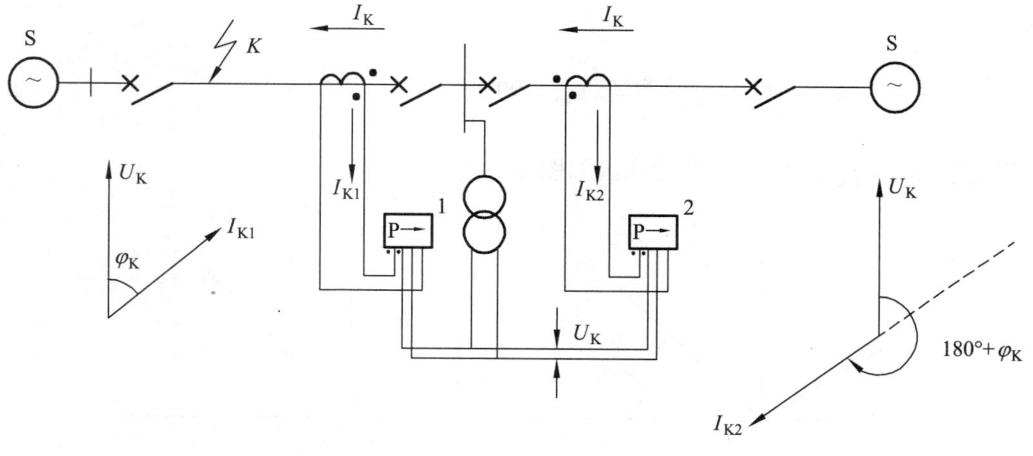

图 2-17　电流与电压的相位关系

当母线另一方向短路时，上述电流与电压的相位关系正好相反。

因此，交流电流与电压的相位关系是判别短路故障方向的主要依据。用来判别功率方向或测定电流、电压间相位角的继电器就称为功率方向继电器，由于它主要反应继电器中电流和电压之间的相位，可采用简单的相位比较方法来实现。

2. 功率方向继电器的动作特性

如图 2-17 所示，当 K 点短路时，即短路发生在功率方向继电器 1 的正方向，对于 A 相的功率方向继电器，加入电压 $\dot{U}_{\mathrm{K}}=\dot{U}_{\mathrm{A}}$ 和电流 $\dot{I}_{\mathrm{K}}=\dot{I}_{\mathrm{A}}$，功率方向继电器 1 中电流和电压的相角为

$$\varphi_{\mathrm{KA}}=\arg\frac{\dot{U}_{\mathrm{A}}}{\dot{I}_{\mathrm{K1A}}}=\varphi_{\mathrm{K1}} \tag{2.11}$$

功率方向继电器 2 中电流和电压的相角为

$$\varphi_{\mathrm{KA}}=\arg\frac{\dot{U}_{\mathrm{A}}}{\dot{I}_{\mathrm{K2A}}}=180^{\circ}+\varphi_{\mathrm{K1}} \tag{2.12}$$

如果取 $\varphi_{\mathrm{K}}=60^{\circ}$，可画出相量关系如图 2-18 所示。

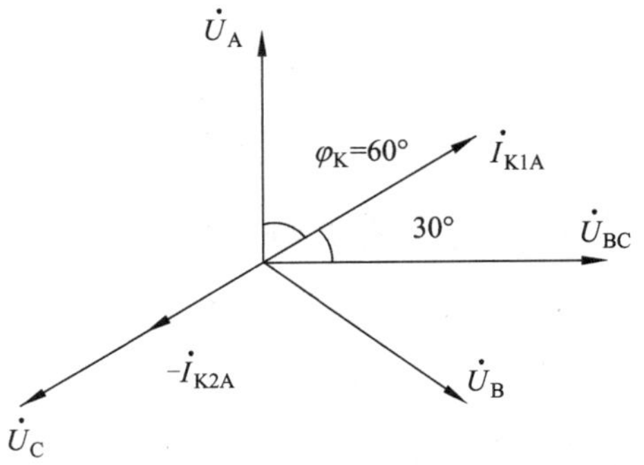

图 2-18 三相短路 $\varphi_{\mathrm{K}}=60^{\circ}$ 时的相量图

一般的功率方向继电器当输入电压和电流的幅值不变时，其输出（转矩或电压）随两者间相位差的大小而改变，输出为最大时的相位差称为继电器的最大灵敏角。为了使继电器动作在最常见的短路故障情况下最灵敏，一般取功率方向继电器最大灵敏角 $\varphi_{\mathrm{sen}}=\varphi_{\mathrm{K}}=60^{\circ}$，同时为了保证当短路点有过渡电阻、线路阻抗角 φ_{K} 在 $0^{\circ}\sim90^{\circ}$ 范围内变化的情况下正方向故障时，继电器都能可靠动作，功率方向继电器动作的角度应该是一个范围。实际应用中，这个范围通常取为 $\varphi_{\mathrm{sen}}\pm90^{\circ}$。此动作特性在复平面上是一条直线，如图 2-19（a）所示，阴影部分为动作区。其动作方程可表示为

$$\varphi_{\mathrm{sen}}-90^{\circ}\leqslant\arg\frac{\dot{U}_{\mathrm{K}}}{\dot{I}_{\mathrm{K}}}=\leqslant\varphi_{\mathrm{sen}}+90^{\circ} \tag{2.13}$$

当选取 $\varphi_{\mathrm{sen}}=\varphi_{\mathrm{K}}=60^{\circ}$ 时，其动作区如图 2-19（a）所示。

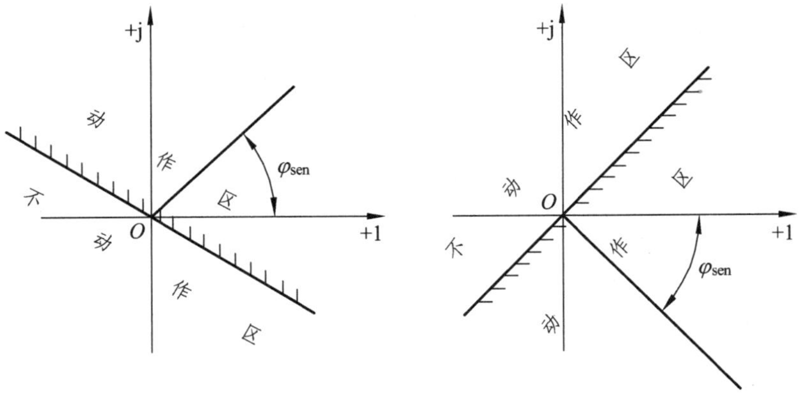

（a）按式（2.13）构成　　（b）按式（2.14）构成

图 2-19 功率方向元件的动作特性

采用这种特性和接线的功率方向继电器时，在其正方向附近短路，故障相对地的电压很低时，功率方向继电器不能动作，称为“电压死区”。为了克服死区，在实际应用中广泛采用非故障相的相间电压作为接入功率方向元件的电压参考相量，以判别故障相电流的相位。例如 A 相的功率方向继电器接入 $\dot{I}_A$ 和电压 $\dot{U}_{BC}$，此时，$\varphi_{KA}=\arg\dfrac{\dot{U}_{BC}}{\dot{I}_A}$，当正方向短路时，$\varphi_{KA}=\varphi_K-90°=-30°$，反方向短路时，$\varphi_{KA}=150°$，相量关系同样如图 2-18 所示。在这种情况下功率方向继电器的最大灵敏角为 $\varphi_{sen}=\varphi_K-90°=-30°$。动作特性如图 2-19（b）所示，动作方程为

$$-\alpha-90°\leqslant\arg\frac{\dot{U}_K}{\dot{I}_K}\leqslant 90°-\alpha \qquad (2.14)$$

α 称为功率方向继电器的内角，$\alpha=90°-\varphi_K$。

如果用功率表示，则为

$$U_K I_K\cos(\varphi_K+\alpha)>0 \qquad (2.15)$$

对于 A 相的功率方向继电器而言，可具体表示为

$$U_{BC} I_A\cos(\varphi_K+\alpha)>0 \qquad (2.16)$$

除了正方向出口附近发生三相短路时，$\dot{U}_{BC}\approx 0$，继电器有很小的电压死区外，在其他任何包含 A 相的不对称短路的情况下，$\dot{I}_A$ 的电流很大，$\dot{U}_{BC}$ 的电压很高，因此继电器不仅没有动作死区，而且动作灵敏度还很高。为了减小和消除三相短路时的死区，可以采用电压记忆回路并尽量提高继电器动作时的灵敏度。

四、相间短路功率方向继电器的接线方式

所谓功率方向继电器的接线方式，就是采用功率方向继电器时，对于三相系统来说，继电器的电流、电压线圈与电流、电压互感器如何连接。

对功率方向继电器来说，主要任务是判断短路功率的方向，因此对功率方向继电器接线方式要求如下：

（1）功率方向继电器动作的方向性：当正方向短路时，不论是两相还是三相短路，功率方向继电器动作，而反方向短路时功率方向继电器都不动作。

（2）功率方向继电器动作的灵敏性：正方向短路时，加入功率方向继电器的电压 $\dot{U}_K$ 和电流 $\dot{I}_K$ 应尽可能大一些，并尽可能使两者之间的相位角 φ_K 接近于最大灵敏角，以使功率方向继电器动作灵敏，消除或减小方向元件的死区。

为了满足以上要求，实际应用中获得广泛使用的是 90°接线方式，所谓 90°接线方式是指在三相对称情况下，当 $\cos\varphi=1$ 时，每个功率方向继电器电压线圈所加的相间电压比电流线圈加入的电流所属相别的相电压滞后 90°，其由此得名。这个定义仅仅是为了称呼的方便，没什么物理意义。如果采用两相接线，取消 B 相即可。

采用 90°接线方式时，将功率方向继电器的电流线圈接入某一相电流，电压线圈接入另

外两相相间电压。图 2-20 所示为三相式过电流功率方向保护 90°接线方式原理接线图。

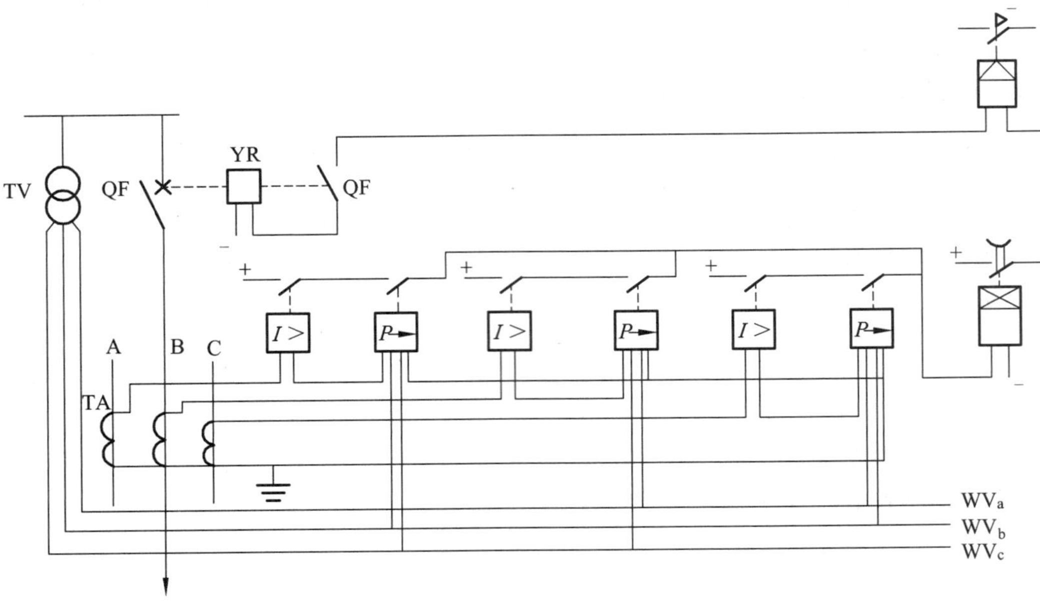

图 2-20　三相式过电流功率方向保护 90°接线方式原理接线图

对于功率方向继电器的接线，必须十分注意继电器电流线圈和电压线圈的极性问题，如果有一个线圈的极性接错，就会造成正方向短路时拒动，反方向短路时误动的后果，从而造成严重故障。

若采用了 90°接线方式，当 $0° < \varphi_K < 90°$ 时，功率方向继电器在各种故障情况下都能动作的条件为 $30° < \varphi_K < 60°$，而用于相间短路的功率方向继电器一般都提供了 $\alpha = 30°$ 和 45°两个内角，满足要求。因此，适当选择继电器的内角，令 $\alpha = 90° - \varphi_K$ 后，当线路上发生任何形式的故障时 90°接线方式都能保证保护动作的方向性。而且，由于加入继电器的是非故障相的相间电压，其数值很高，因此功率方向继电器对各种两相短路都没有死区。所以 90°接线方式的应用较为广泛。

最后指出，在正常运行情况下，位于线路送电侧的功率方向继电器，在负荷电流的作用下，一般都是处于动作状态，其触点是闭合的。

五、方向性电流保护的应用

由以上分析可见，在具有两个以上电源的网络中，在线路两侧的保护中必须加装功率方向元件，组成方向性保护才有可能保证各保护之间动作的选择性。但在继电保护中应用方向元件以后将使接线复杂、投资增加，同时，当保护安装地点附近发生正方向三相短路时，由于母线电压降低至零，方向元件将失去判别的依据，从而导致整套保护装置拒动，方向保护存在动作的“死区”。在应用方向性电流保护时，如果能用电流整定值保证选择性，就不需加方向元件。什么情况下可以取消方向元件，需要根据具体电力系统的整定计算决定。另外，由于有多个电源存在，断路点到电源之间的线路上流过的短路电流大小可能不同，因此上下级保护的整定值配合出现新问题。

1. 电流速断保护可以取消方向元件的情况

在电流速断保护中，本来其保护范围就短，若在系统最小运行方式下发生三相短路，再除去方向继电器的动作死区，则速断保护能够切除的故障范围就更小，甚至没有保护范围。因此，在电流速断保护中，能用电流整定值保证选择性的，尽量不加方向元件；对于线路两端的保护，能在一端保护中加方向元件后满足选择性要求的，不在两端保护中加方向元件。

2. 限时电流速断保护整定时分支电路的影响

对应用于双侧电源网络中的限时电流速断保护，其基本的整定原则仍应与下一级保护的电流速断保护相配合，但需要考虑保护安装地点与短路点之间有电源或线路（通称为分支电路）的影响。

3. 过电流保护装设方向元件的一般方法

过电流保护中，反方向短路一般都很难以电流整定值躲开，而主要决定于动作时限的大小。当一条母线上有多条电源线路时，除动作时限最长的一个过电流保护不需要装方向元件外，其余都要装方向元件。

第四节　中性点直接接地电网的零序电流保护

【知识及能力目标】

1. 了解零序保护的概念和零序分量参数的特点；
2. 掌握零序电流滤过器和零序电压滤过器并理解其工作原理；
3. 掌握零序电流保护的计算方法；
4. 了解变压器中性点接地的原则；
5. 能够在电力系统中对零序电流滤过器和零序电压滤过器正确接线。

我国 110 kV 及以上电压等级的电网，采用中性点直接接地方式，当电网中发生接地故障时，将产生很大的短路电流，所以称这种接地方式的电网为大接地电流电网（又称大接地电流系统）。

运行经验表明，大接地电流电网中，大部分故障是接地短路故障，包括单相接地短路和两相接地短路，尤其以单相接地短路故障居多，基本上达到了短路故障的 60%～70%。针对这类故障，目前广泛采用零序电流保护和零序方向电流保护作为其接地保护。

一、零序保护

1. 零序保护的概念

在电力系统中发生不对称接地短路时，可以利用对称分量的方法将电流和电压分解为正序、负序和零序分量。根据电工原理可以得出以下表达式：

$$\dot{I}_A+\dot{I}_B+\dot{I}_C=3\dot{I}_0 \tag{2.17}$$

$$\dot{U}_A+\dot{U}_B+\dot{U}_C=3\dot{U}_0 \tag{2.18}$$

当大接地电流电网发生金属性单相接地故障时，例如 A 相接地，此时，$\dot{I}_B=\dot{I}_C=0$，$\dot{I}_A=\dot{I}_K\neq0$，$\dot{U}_A\approx0$，$\dot{U}_B\neq0$，$\dot{U}_C\neq0$；将其带入（2.17）和（2.18）得：$3\dot{I}_0=\dot{I}_A=\dot{I}_K$，$3\dot{U}_0\approx\dot{U}_B+\dot{U}_C$。

同理，当电网发生三相或两相短路时，例如 B、C 相间短路时，$\dot{I}_B=-\dot{I}_C$，$\dot{I}_A=0$，$\dot{U}_B=\dot{U}_C=-\dfrac{1}{2}\dot{U}_A$；将其带入（2.17）和（2.18）得：$3\dot{I}_0=0$，$3\dot{U}_0=0$。

用上述分析方法，可以看出，相间短路故障时，无零序电流和零序电压产生，而零序电流和零序电压的出现，表明了电力系统出现了接地短路故障。利用零序电流和零序电压产生即代表发生接地短路的特点构成的保护就称为零序保护，也称作接地保护。

2. 零序分量参数的特点

短路计算的零序等效网络如图 2-21 所示。

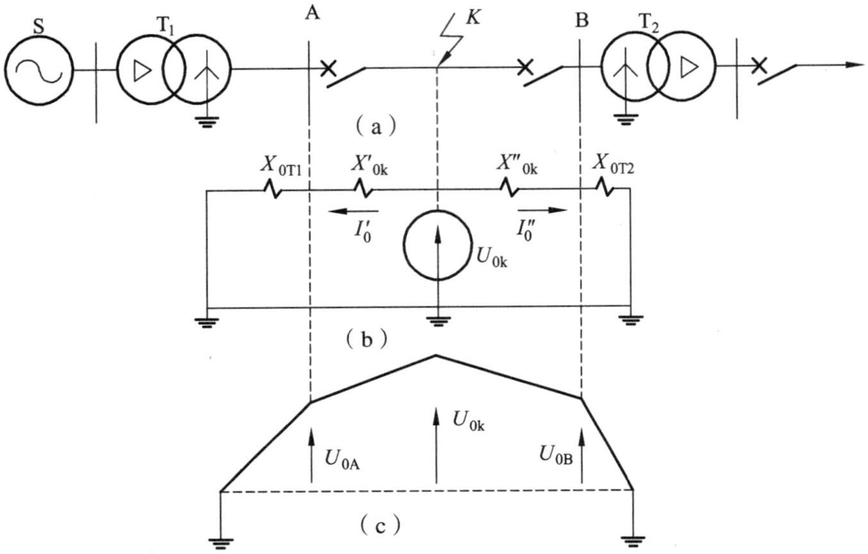

图 2-21　零序等效网络图

零序电流可以看成是在故障点出现一个零序电压 U_{0K} 而产生的，它经过变压器接地的中性点构成回路，方向是由接地短路点流向变压器接地的中性点。零序电流的方向仍采用母线流向故障点为正，而零序电压的方向是线路高于大地的电压为正，如图 2-21（c）中的“↑”所示。

由上述等效网络可见，零序分量的参数具有如下特点：

（1）故障点的零序电压最高，系统中距离故障点越远处的零序电压越低，到变压器中性点接地处，零序电压等于零。中性点零序电压的分布如图 2-21（c）所示，在变电所 A 母线上零序电压为 U_{0A}，变电所 B 母线上零序电压为 U_{0B}。

（2）零序电流的分布，主要决定于送电线路的零序阻抗和中性点接地变压器的零序阻抗，而与电源的数目和位置无关，例如在图 2-21 中，当变压器 T_2 的中性点不接地时，$I''_0=0$。

（3）对于发生故障的线路，两端零序功率的方向与正序功率的方向相反，零序功率方向实际上都是由线路流向母线的，例如由 K 点流向母线 A 和母线 B。

（4）从任一保护安装处的零序电压与电流之间的关系看，由于 A 母线上的零序电压 U_{0A} 实际上是从该点到零序网络中性点之间零序阻抗上的电压降，该处零序电流与零序电压之间的相位差也将由 X_{0T1} 的阻抗角决定，而与被保护线路的零序阻抗及故障点的位置无关。

（5）在电力系统运行方式变化时，如果送电线路和中性点接地的变压器数目不变，则零序阻抗和零序等效网络就是不变的。但此时，系统的正序阻抗和负序阻抗要随着运行方式而变化，正、负序阻抗的变化将引起 U_{K1}、U_{K2}、U_{K0} 之间电压分配的改变，因而间接的影响零序分量的大小。

二、零序电压滤过器

为了利用零序分量构成各种零序保护，首先要将零序分量过滤出来，能够过滤出零序分量的装置称之为零序分量滤过器。零序分量滤过器有零序电压滤过器和零序电流滤过器。用零序电压滤过器即可实现接地短路的零序电压保护。

为了获取零序电压，通常采用如图 2-22（a）所示的三个单相式电压互感器，或图 2-22（b）所示的三相五柱式电压互感器构成零序电压滤过器。电压互感器的一次绕组接成星形接法并将中性点接地，二次绕组接成开口三角形，三相五柱式电压互感器的另一个二次绕组接成星形，以取得相电压和线电压。电压继电器的线圈接在开口三角形的两端，这样加在继电器的电压为

$$\dot{U}_{K} = \dot{U}_{a} + \dot{U}_{b} + \dot{U}_{c} = 3\dot{U}_{0} = \frac{3\dot{U}_{K0}}{K_{u}} \tag{2.19}$$

式中 $\dot{U}_{K}$ ——滤过器安装处母线零序电压在 TV 二次侧的值，即接入电压继电器的电压；

$\dot{U}_{a}$、$\dot{U}_{b}$、$\dot{U}_{c}$ ——电压互感器二次侧的电压；

$\dot{U}_{K0}$ ——滤过器安装处的母线零序电压；

K_{u} ——电压互感器的变压比。

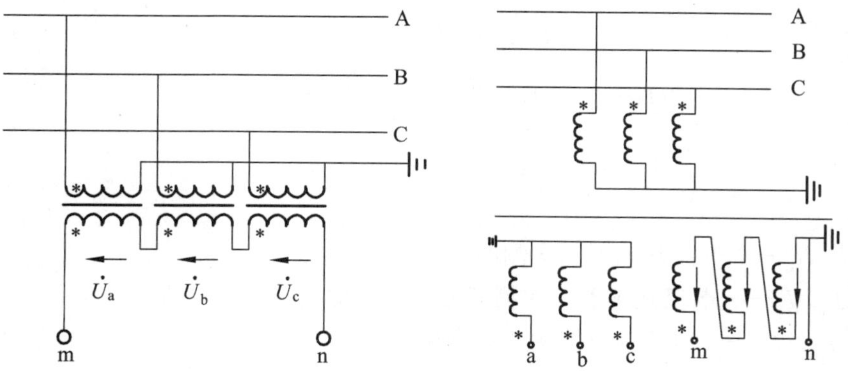

（a）用三个单相式电压互感器　　（b）三相五柱式电压互感器

图 2-22　零序电压滤过器原理图

由式（2.19）可见，接入继电器的电压 $\dot{U}_{K}$ 与母线零序电压 $\dot{U}_{K0}$ 成正比。对于正序或负序电压分量，三相相加为零；对于零序电压分量，三相相加不为零。因此电压互感器二次侧开

口三角形输出端只有 $3\dot{U}_0$ 出现。

由于电压互感器的误差和三相系统对地不完全平衡,因此在正常运行和相间短路故障时，在开口三角形侧也可能有数值不大的零序电压输出，此电压称为不平衡电压。当一次系统中含有三次谐波分量时，由于三相中的三次谐波电压是同相位的，因此在零序电压滤过器的输出端也有三次谐波电压输出。在使用中，反应零序电压的继电器整定值应能够躲过零序电压滤过器输出端可能出现的最大不平衡电压及最大三次谐波电压。

三、零序电流滤过器

所谓零序电流滤过器是指为了使继电器只受零序电流而不受其他分量的作用，需要采用特殊的过滤电路，只让零序电流分量输出，而将其他分量（如额定电流）滤除。

零序电流滤过器，是利用分别接在三相中完全相同的三个电流互感器构成的，如图 2-23 所示。电流互感器的二次侧同极性端并联，反应零序电流的电流继电器的线圈（或零序功率方向继电器的电流线圈）接于并联电路的两端，则继电器流过三相电流之和。对于正序或负序电流分量，三相相加为零；对于零序电流分量，三相相加不为零。因此零序电流滤过器输出端只有零序电流分量 $3\dot{I}_0$ 的出现。

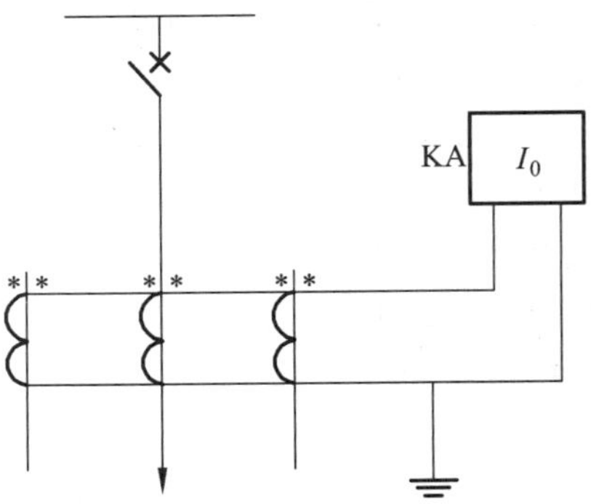

图 2-23　零序电流滤过器

实际上，在零序电流滤过器中，由于三个电流互感器的激磁电流不相等，即使一次侧的电流对称，输出端也会有一定的零序电流存在，称为不平衡电流。不平衡电流等于三个电流互感器激磁电流的向量和。在考虑激磁电流后流经继电器的电流为

$$\begin{aligned}\dot{I}_k &= 3\dot{I}_0 = \dot{I}_a + \dot{I}_b + \dot{I}_c \\ &= \frac{\dot{I}_A - \dot{I}_{eA}}{k_i} + \frac{\dot{I}_B - \dot{I}_{eB}}{k_i} + \frac{\dot{I}_C - \dot{I}_{eC}}{k_i} \\ &= \frac{1}{k_i}[(\dot{I}_A - \dot{I}_{eA}) + (\dot{I}_B - \dot{I}_{eB}) + (\dot{I}_C - \dot{I}_{eC})] \\ &= \frac{1}{k_i}(\dot{I}_A + \dot{I}_B + \dot{I}_C) - \frac{1}{k_i}(\dot{I}_{eA} + \dot{I}_{eB} + \dot{I}_{eC})\end{aligned} \tag{2.20}$$

式中　$\dot{I}_a$、$\dot{I}_b$、$\dot{I}_c$——电流互感器二次侧的电流；

$\dot{I}_A$、$\dot{I}_B$、$\dot{I}_C$——电流互感器一次侧三相电流，即线路三相电流；

$\dot{I}_{eA}$、$\dot{I}_{eB}$、$\dot{I}_{eC}$——电流互感器的三相激磁电流；

k_i——电流互感器的变流比。

由上式可见，零序电流滤过器流入继电器的电流，为零序电流的二次值和不平衡电流两部分，前者是由于系统三相不平衡产生的，后者是由于电流互感器本身三相励磁电流不平衡产生的。在正常情况下，三相电流对称，零序电流为零，不平衡电流也很小。根据测量，不平衡电流一般为 0.01 ~ 0.02 A。但当电网发生相间短路故障时，不平衡电流将可能很大。这

是因为此时电流互感器一次侧流过含有很大直流分量的短路电流，因此电流互感器的铁芯严重饱和，励磁电抗大大减小，励磁电流数十倍或上百倍的增加。由于短路瞬时各短路相的电压相位相差 120°，故短路电流中直流分量的数值各不相同，三个电流互感器铁芯的磁化特性也不完全一样，因而各相饱和程度就有很大的差异，这样三相励磁电流就极不对称，因此不平衡电流也达到最大值。为保证电网发生相间短路故障时，零序电流保护装置不误动作，零序电流保护装置的动作电流应躲过最大不平衡电流。

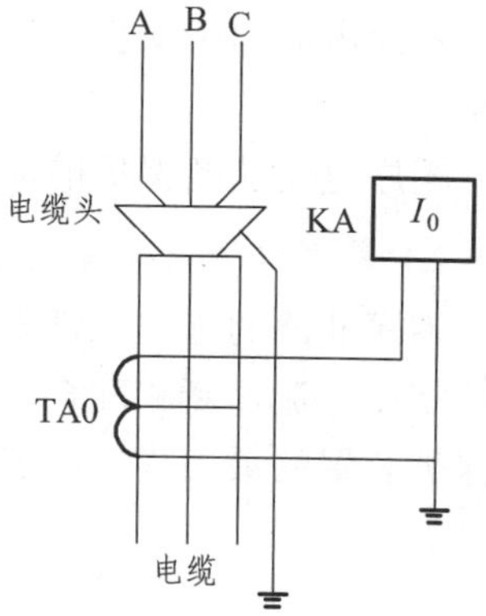

图 2-24　零序电流互感器接线图

上述零序电流滤过器通常应用于架空电力线路，而对于电缆输送电线路，通常采用零序电流互感器来获得系统三相不平衡电流 $3I_0$，如图 2-24 所示。零序电流互感器就套在输电电缆外面，从其铁芯中穿过的电缆就是电流互感器的一次绕组，因此，这个互感器的一次电流就是 $\dot{I}_A+\dot{I}_B+\dot{I}_C$，只当一次侧出现零序电流时，在互感器的二次侧才有相应的 $3I_0$ 输出，故称它为零序电流互感器。和零序电流滤过器相比，采用零序电流互感器的优点主要是没有不平衡电流，同时接线也更简单；缺点是使用场合受限制，只适用于电缆线路。

四、零序电流保护

1. 三段零序电流保护

在单侧电源中性点直接接地系统中，高压输电线路常采用三段零序电流保护，即零序电流速断保护、零序电流限时速断保护和零序过电流保护。其原理与相间电流短路保护是一样的。

1）零序电流速断（零序 I 段）保护

零序电流速断保护的整定原则如下：

（1）躲开下一条线路出口处单相或两相接地短路时可能出现的最大零序电流 $3I_{0\cdot\max}$，即

$$I'_{ACT}=K'_{REL}\cdot 3I_{0\cdot\max}\quad (A) \tag{2.21}$$

式中　K'_{REL}——可靠系数，取 1.2 ~ 1.3。

（2）躲开断路器三相触头不同时合闸时所出现的最大零序电流 $3I_{0\cdot NS}$，即

$$I'_{ACT}=K'_{REL}\cdot 3I_{0\cdot NS}\quad (A) \tag{2.22}$$

式中　K'_{REL}——可靠系数，取 1.1 ~ 1.2。

如果保护装置的动作时间大于断路器三相不同时合闸的时间，则可以不考虑这一条件。

整定值选取其中较大者作为零序 I 段保护装置的动作电流。如果按照条件②整定将使启动电流过大，保护范围缩小，也可采用在合闸时，使零序 I 段带有一个动作延时，以躲开断路器三相触头不同时合闸所出现的最大零序电流，就可以按照条件①来选择整定值。

零序电流速断保护不进行灵敏度校验，其保护范围不应小于被保护线路的全长的 15% ~ 20%。

零序电流速断保护的动作时间，就是相应的电流继电器和中间继电器的固有的动作时间。

2）零序电流限时速断（零序Ⅱ段）保护

零序Ⅱ段的工作原理与相间短路限时电流速断保护一样，动作电流首先考虑和下一条线路的零序电流速断相配合，即按照躲开下一条线路零序Ⅰ段保护范围末端接地短路时，流过本保护装置的最大零序电流整定，即

$$I''_{\mathrm{ACT}} = K''_{\mathrm{REL}} \cdot 3I'_{0\cdot\max} \quad (\mathrm{A}) \tag{2.23}$$

式中 K''_{REL}——可靠系数，一般取 1.1 ~ 1.2；

$3I'_{0\cdot\max}$——下一条线路零序电流速断保护范围末端发生接地短路时，流过本保护装置的最大零序电流。

零序Ⅱ段保护的灵敏系数，应按照本线路末段接地短路时的最小零序电流来校验，并应满足 $K_{\mathrm{sen}} \geqslant 1.5$ 的要求。当由于下一级线路比较短或运行方式变化比较大，而不能满足对灵敏系数的要求时，可以按照躲过下一条线路零序Ⅱ段保护范围末端接地短路时流经本保护装置的最大零序电流来整定，动作时限也要与下一条线路的零序Ⅱ段的动作时限相配合，即时限再抬高一级，取 1 ~ 1.2 s。

$$K_{\mathrm{sen}} = \frac{3I_{0\cdot\min}}{I''_{\mathrm{ACT}}} \tag{2.24}$$

零序Ⅱ段的动作时间应与下一条线路零序Ⅰ段的动作时限相配合，高出 0.5 s。

3）零序过电流（零序Ⅲ段）保护

零序Ⅲ段的保护作用相当于相间短路的过电流保护，在一般情况下是作为后备保护使用的，但在中性点直接接地电网中的终端线路上，它也可以作为主保护使用。

零序Ⅲ段保护装置的整定电流值，原则上是按照躲开下一条线路出口处三相短路时流过继电器的最大不平衡电流 $I_{\mathrm{unb\cdot max}}$ 来整定，即

$$I'''_{\mathrm{ACT}} = K'''_{\mathrm{REL}} \cdot I_{\mathrm{unb\cdot max}} \quad (\mathrm{A}) \tag{2.25}$$

式中 K'''_{REL}——可靠系数，取 1.2 ~ 1.3；

$I_{\mathrm{unb\cdot max}}$——最大不平衡电流。

零序Ⅲ段保护的灵敏系数，应按照相邻元件末端接地短路时，流过本保护的最小零序电流来校验。当作为本线路的后备保护时，要求 $K_{\mathrm{sen}} \geqslant 2.0$；作为下一条线路的后备保护时，要求 $K_{\mathrm{sen}} \geqslant 1.5$。

$$K_{\mathrm{sen}} = \frac{3I_{0\cdot\min}}{I'''_{\mathrm{ACT}}} \tag{2.26}$$

零序Ⅲ段保护的动作时限：因三相线路短路时的最大不平衡电流值较小，按照式（2.25）整定的动作电流值一般都很小，在本电压级网络中发生接地短路时，它都可能启动。为了保证保护的选择性，各保护的动作时限也应按照阶梯原则来确定，如图 2-25 所示。

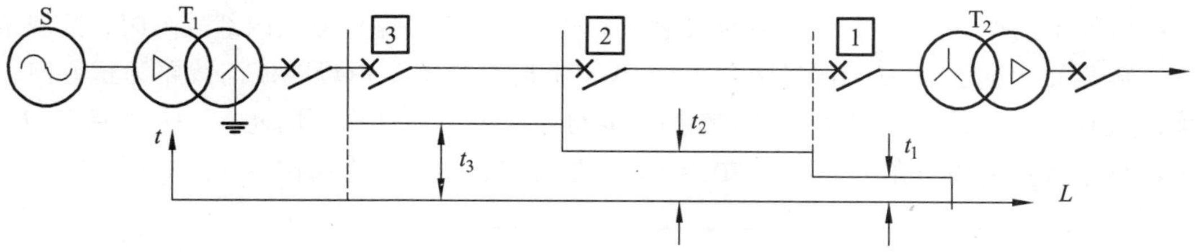

图 2-25　零序Ⅲ段电流保护的时限配合

图 2-25 中，t_1、t_2、t_3分别表示零序电流Ⅲ段保护装置 1、2、3 的动作时限，因为 YN,d 连接的变压器△侧发生任何形式短路故障都不能引起高压侧的零序电流，无须考虑△侧的配合问题，因此零序Ⅲ段保护装置 1 的动作时间 t_1 可以选择为 0 s。t_2 比 t_1 高出一个时间段Δt，t_3 又比 t_2 高出一个时间段Δt。

三段零序电流保护的原理接线如图 2-26 所示。

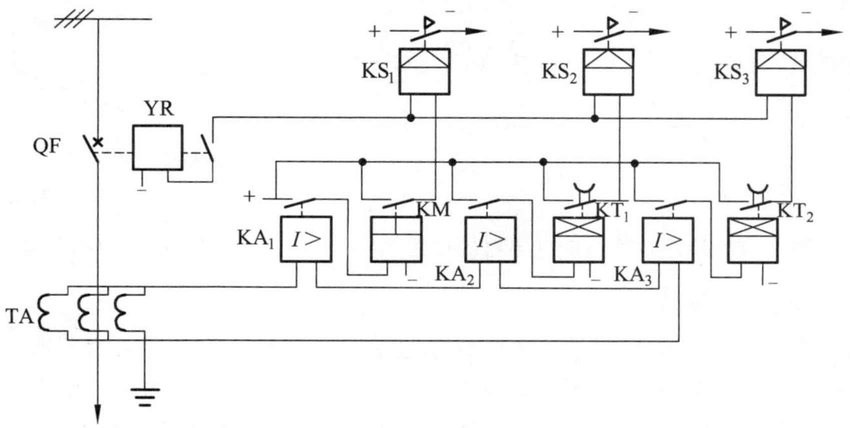

图 2-26　零序Ⅲ段电流保护原理图

2. 方向零序电流保护

如图 2-27 所示的双侧或多侧电源的网络中，电源处的变压器中性点一般都要接地，由于零序电流的实际流向是由故障点流向各个中性点接地的变压器，因此在变压器接地数目比较多的复杂网络中，就需要考虑零序电流保护动作的方向性问题。

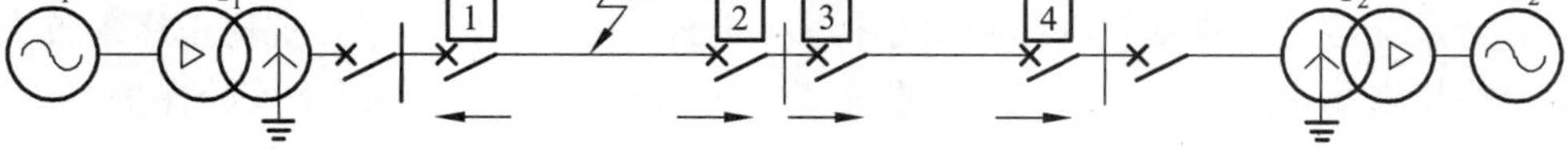

图 2-27　方向元件中电流的方向性

图 2-27 中，当 K 点发生接地短路时，零序电流同时流过保护 2 和保护 3，如果保护 3 的动作时限比保护 2 的相应动作时限短，那么保护 3 将比保护 2 先动作跳闸，形成无选择性动作。因此，必须在零序电流保护上增加功率方向元件，利用正方向和反方向故障时零序功率方向的差别，来闭锁可能误动作的保护，才能保证动作的选择性。

零序功率方向继电器接于零序电压 $3\dot{U}_0$ 和零序电流 $3\dot{I}_0$ 之上，它反应接地短路故障时零序功率的流向。零序功率的方向应该在零序功率由线路流向母线时为正方向，继电器动作；反之，继电器不动作。分析图 2-29 中的相量关系可以看出，当保护范围内部故障时，按规定的电流、电压正方向看，$3\dot{I}_0$ 超前 $3\dot{U}_0$ 95° ~ 110°。此时，电流是由母线流向线路为正方向，但在实际设计方向元件时，零序功率由线路流向母线时继电器动作，因此，$-3\dot{I}_0$ 滞后于 $3\dot{U}_0$ 的角度 ϕ_k 就是线路的阻抗角，一般为 70° ~ 85°，此时继电器应正确动作。

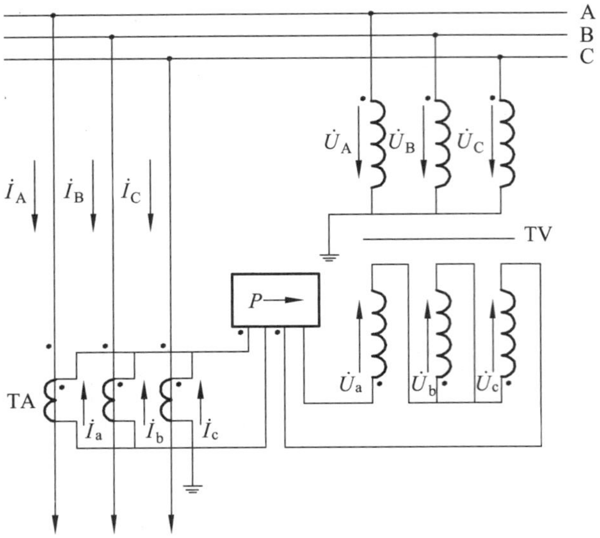

图 2-28　零序功率方向继电器的接线

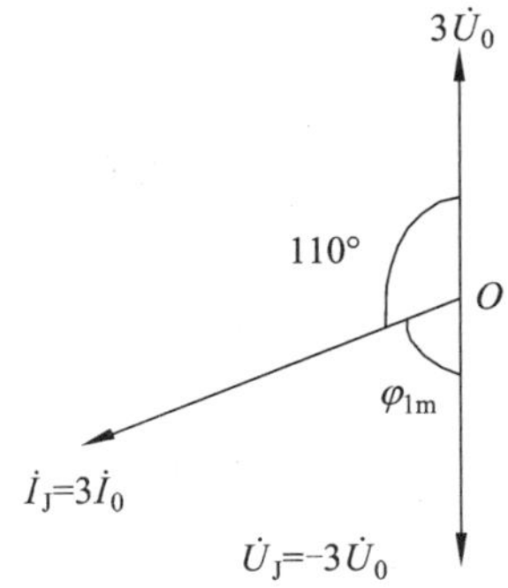

图 2-29　零序功率方向接线相量图

3. 零序电流保护特点

在相间短路电流保护的接线方式中已经学过了，采用了三相星形接线方式，可以实现单相接地短路保护，再单独采用专用的零序电流保护。零序电流保护的优点在于：

（1）相间短路的过电流保护是按照最大负荷电流整定，继电器的启动电流一般为 5 ~ 7 A，而零序过电流保护则按照躲开不平衡电流的原则整定，一般为 2 ~ 3 A。由于发生单相接地短路时，故障相的电流与零序电流 $3I_0$ 相等，因此，零序过电流保护的灵敏度高，且零序过电流保护的动作时限也比相间短路保护要短。尤其对于两侧电源的线路，当线路内部靠近任一侧发生接地短路时，本侧零序 I 段动作跳闸后，对侧零序电流增大可使对侧零序 I 段也相继动作跳闸，因而使总的故障切除时间更加缩短。

（2）相间短路的电流速断和限时电流速断保护受系统运行方式变化的影响很大，而零序电流保护受系统运行方式变化的影响要小得多。此外，由于线路零序阻抗比正序阻抗大得多，故线路始端与末端短路时，零序电流变化显著，曲线较陡，因此零序 I 段的保护范围较大，也较稳定，零序 II 段的灵敏系数也易于满足要求。

（3）当系统中发生某些不正常运行状态（如系统振荡、短时过负荷）时，三相是对称的，相间短路的电流保护均将受它们的影响而可能误动作，因而需要采取必要的措施防止，而零序保护则不受它们的影响。

（4）在 110 kV 及以上的高压和超高压系统中，单相接地故障约占全部故障的 70% ~ 90%，而且其他的故障也往往是由单相接地发展起来的，因此，采用专门的零序保护就具有显著的优势。

当然零序保护也有自身的缺点：

（1）对于短线路或运行方式变化很大的情况，保护往往不能满足系统运行所提出的要求。

（2）随着单相自动重合闸的广泛应用，在重合闸动作的过程中将出现非全相运行状态，再考虑系统两侧的电机发生摇摆，则可能出现较大的零序电流，因而影响零序电流保护的正确工作，此时应从整定计算上予以考虑，或在单相自动重合闸动作过程中使之短路退出运行。

（3）当采用自耦变压器联系两个不同电压等级的网络时，则任一网络的接地短路都将在另一网络中产生零序电流，这将使零序保护的整定配合复杂化，并将增大第III段保护的动作时限。

实际上，在中性点直接接地的电网中，由于零序电流保护简单、经济、可靠，因而取得了广泛的应用。

五、变压器中性点接地的原则

在中性点直接接地系统中，中性点接地变压器的台数、容量以及分布情况，对电网中某一点发生单相接地短路时不同地点的零序电压和零序电流以及不接地变压器中性点的电压值有很大的影响。变压器中性点是否接地，总的原则是：不论发电厂或变电所，首先要根据工频过电压保护的要求来确定；其次要以保持变压器所接母线的零序电抗在运行中变化最小为出发点来考虑，以适应零序电流保护的要求。具体来说，中性点直接接地系统中变压器中性点接地的选择原则如下：

（1）发电厂和变电所低压侧有电源的变压器，中性点都应接地运行，以防止出现不接地系统的工频过电压状态。若之前确定不能接地运行，则应采取其他防止工频过电压的措施。

（2）自耦变压器和分级绝缘的变压器，中性点必须接地运行。若在任何运行方式下都能保持为中性点直接接地系统，分级绝缘的变压器中性点也可以不接地运行。

（3）T 接于线路上的变压器、终端变电所的变压器，中性点以不接地运行为宜。当低压侧有电源时，则应采取防止工频过电压的措施。

（4）中性点接地运行的变压器台数，应使电网各短路点的综合零序电抗与综合正序电抗之比 $X_{0\Sigma}/X_{1\Sigma}$ 小于 3，以使单相接地短路时正常相的工频过电压不超过阀型避雷器的灭弧电压；$X_{0\Sigma}/X_{1\Sigma}$ 还应不大于 1.0 ~ 1.5，以使单相接地短路电流不超过三相短路电流。

（5）所有普通变压器中性点都应经隔离开关接地，以便于电力调度灵活选择接地点。若变压器是按分级绝缘设计而又可能中性点不接地运行，应在中性点装设避雷器保护。

（6）选择变压器中性点接地时，应保证在任何故障形式下，都不应使电网解列成为中性点不接地的系统。

（7）为防止操作过电压，在投运和停运变压器时，操作前必须将该变压器中性点接地，操作完毕后再断开。这种情况不按变压器中性点接地运行考虑。

电气化铁路牵引变电所的主变压器中性点是否接地运行，一般都由电力系统管理部门考虑和决定。在运行中，主变压器中性点接地运行与否，由电力系统调度通知铁路电力调度；铁路电力调度可利用远动装置操作完成，或者命令牵引变电所值班人员具体操作执行。

第五节　中性点非直接接地电网的接地保护

【知识及能力目标】

1. 了解中性点不接地系统单相接地故障的特点；
2. 了解中性点经消弧线圈接地系统中单相接地故障的特点；
3. 掌握单相接地短路保护的几种情况。

在中性点非直接接地电网（小接地电流系统）中发生单相接地时，由于故障点的电流很小，而且三相之间的线电压仍然保持对称，对负荷的供电没有影响，因此，在一般情况下都允许再继续运行 1～2 h，而不必立即跳闸，这也是采用中性点非直接接地运行的主要优点。但是在单相接地以后，其他两相的对地电压要升高 $\sqrt{3}$ 倍。为了防止故障进一步扩大变成两点或多点接地短路，就应及时发出信号，以便运行人员采取措施予以清除。因此在单相接地时，一般只要求继电保护能有选择性的发出信号，而不必跳闸。但当单相接地对人身和设备的安全有危险时，则应动作于跳闸。

中性点非直接接地系统分为中性点不接地系统、中性点经消弧线圈接地系统和中性点经电阻接地系统。

一、中性点不接地系统单相接地故障的特点

中性点不接地系统发生单向接地短路故障的最简单的网络接线如图 2-30 所示，电源和负荷的中性点均不接地。在正常运行情况下，三相对地有相同的电容 C_0，在相电压作用下，每相都有一超前于相电压 90°的电容电流流入大地，而三相电容电流之和等于零，三相的对地电压仍然是对称的相电压，无零序电压和零序电流。假设 A 相发生单相接地，则 A 相对地电压变为零，对地电容被短接，而其他两相对地电压升高为原来的 $\sqrt{3}$ 倍，对地电容电流也相应的增大了 $\sqrt{3}$ 倍，向量关系如图 2-31 所示。

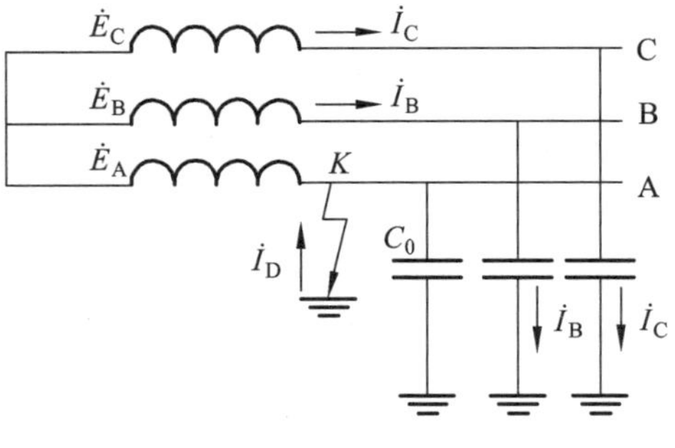

图 2-30　A 相接地时电流电势示意图

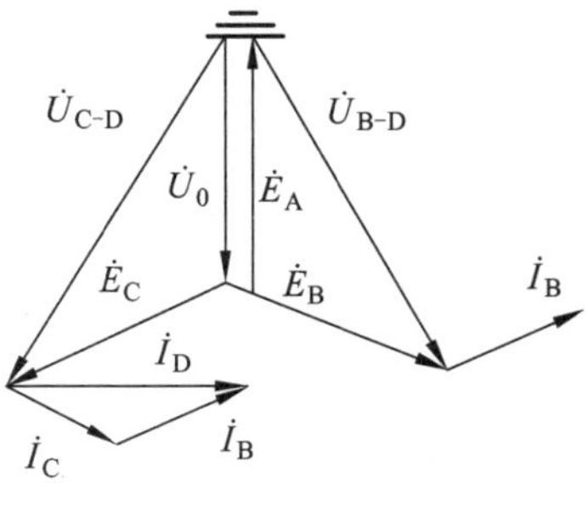

图 2-31　A 相接地时的向量图

在 A 相接地以后，各相电压为

$$\left.\begin{aligned}\dot{U}_{Ak} &= 0\\ \dot{U}_{Bk} &= \dot{E}_B - \dot{E}_A = \sqrt{3}\dot{E}_A e^{-j150^\circ}\\ \dot{U}_{Ck} &= \dot{E}_C - \dot{E}_A = \sqrt{3}\dot{E}_A e^{+j150^\circ}\end{aligned}\right\} \tag{2.27}$$

故障点 K 的零序电压为

$$\dot{U}_{K0}=\frac{1}{3}(\dot{U}_{AK}+\dot{U}_{BK}+\dot{U}_{CK})=-\dot{E}_{A} \tag{2.28}$$

在故障处非故障相中流向故障点的电容电流为

$$\begin{aligned}\dot{I}_{B}&=\dot{U}_{B}j\omega C_{0}\\ \dot{I}_{C}&=\dot{U}_{C}j\omega C_{0}\end{aligned} \tag{2.29}$$

其有效值为

$$I_{B}=I_{C}=\sqrt{3}U_{\varphi}\omega C_{0} \tag{2.30}$$

式中　U_{φ}——相电压有效值。

从图 2-31 可以看出，从接地点流回的电流有效值 $I_{K}=3U_{\varphi}\omega C_{0}$，是正常运行时单相电容电流的三倍。

当电力系统中有多条线路存在时，如图 2-32 所示，每条线路对地均有电容存在，设分别以 C_{0S}、C_{01}、C_{02} 来表示集中对地电容，当线路 2 的 A 相接地后，如果忽略负荷电流和电容电流在线路阻抗上的电压降，则全系统 A 相对地的电压均等于零，因而各元件 A 相对地的电容电流也等于零，同时 B 相和 C 相的对地电压和电容电流也都升高了 $\sqrt{3}$ 倍，仍可按式（2.28）和式（2.30）来表示，其电容电流的分布如图中“→”表示。

在非故障线路 1 上，A 相电流为零，B 相和 C 相中流有本身的电容电流，因此，在线路始端所反应的零序电流为

$$3\dot{I}_{0}=\dot{I}_{B1}+\dot{I}_{C1} \tag{2.31}$$

参照向量图，其有效值为

$$3I_{01}=3U_{\varphi}\omega C_{01} \tag{2.32}$$

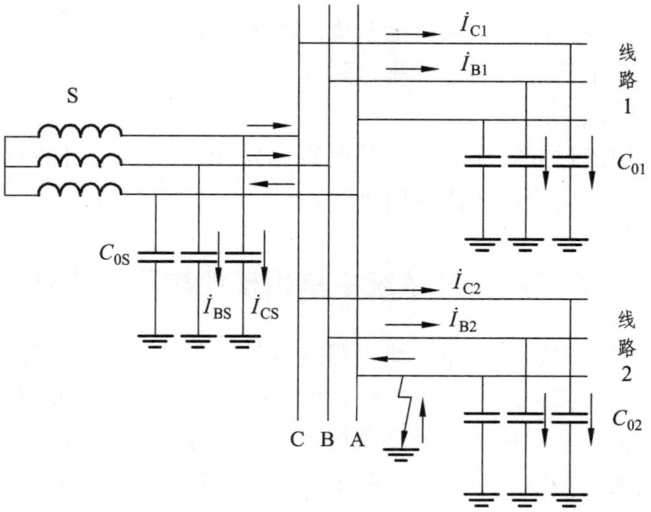

图 2-32　中性点不接地系统 A 相接地时电容电流分布图

即零序电流为线路 1 本身的电容电流，电容性无功功率的方向为由母线流向线路。当电网中的线路很多时，上述结论可适用于每一条非故障的线路。

再来看 A 相发生接地故障的馈电线路 2。在 B 相和 C 相，与非故障的线路一样，也流有它本身的对地电容电流 $\dot{I}_{B2}$ 和 $\dot{I}_{C2}$，而在 A 相的接地故障点要流回全系统 B 相和 C 相的对地电容电流之总和，其值为

$$\dot{I}_K = (\dot{I}_{B1} + \dot{I}_{C1}) + (\dot{I}_{B2} + \dot{I}_{C2}) + (\dot{I}_{BS} + \dot{I}_{CS}) \tag{2.33}$$

其有效值为

$$I_K = 3U_\varphi \omega (C_{01} + C_{02} + C_{0S}) = 3U_\varphi \omega C_{0\Sigma} \tag{2.34}$$

式中　$C_{0\Sigma}$——全系统每相对地电容的总和。

$\dot{I}_K$ 要从 A 相流回电源，故从 A 相流出的电流可表示为 $-\dot{I}_K$。于是，在馈电线路 2 始端所反应的零序电流为

$$3\dot{I}_{02} = \dot{I}_{A2} + \dot{I}_{B2} + \dot{I}_{C2} = -(\dot{I}_{B1} + \dot{I}_{C1} + \dot{I}_{BS} + \dot{I}_{CS}) \tag{2.35}$$

参照向量图所示的关系，其相位比 $3\dot{U}_{k0}$ 滞后 90°，有效值为

$$3I_{02} = 3U_\varphi \omega (C_{0\Sigma} - C_{02}) \tag{2.36}$$

上式表明，在发生接地故障的馈电线路始端所反应的零序电流，为全系统非故障元件（不包括故障线路本身）对地电容电流之总和，数值一般较大。其电容性无功功率的方向为由发生接地故障的馈电线路流向母线。

总结以上分析的结果，可以得出中性点不接地系统发生单相接地后零序分量分布的特点如下：

（1）零序网络由同级电压网络中元件对地的等值电容构成通路，与中性点直接接地系统由接地的中性点构成通路有极大的不同，网络的零序阻抗很大。

（2）在发生单相接地时，相当于在故障点产生了一个其值与故障相发生故障前的相电压大小相等、方向相反的零序电压，从而全系统都将出现零序电压。

（3）在非故障元件中流过的零序电流，其数值等于本身的对地电容电流。电容性无功功率的实际方向为由母线流向线路。

（4）在故障元件中流过的零序电流，其数值为全系统非故障元件对地电容电流之总和。电容性无功功率的实际方向为由线路流向母线。

二、中性点经消弧线圈接地系统中单相接地故障的特点

在中性点不接地系统中发生单相接地短路故障时，在接地点要流过全系统的对地电容电流，若电容电流较大，会在接地点产生电弧，引起弧光过电压，从而使非故障相的对地电压进一步升高，使绝缘损坏，形成两点或多点接地短路，造成停电事故。特别是当周围环境中有可燃性气体时，接地点的电弧有可能引起爆炸。为了解决这一问题，通常在中性点接入一个电感线圈。这样当出现单相接地短路时，在接地点就有一个电感分量的电流通过，此电流和原系统中的电容电流相抵消，可以减小流经故障点的电流，熄灭电弧，所以称此线圈为消

弧线圈。这种系统称为中性点经消弧线圈接地系统。其接线如图 2-33（a）所示。

并非所有的电力系统都需装设消弧线圈，在不同等级电压系统中，当系统中的电容电流超过下过规定的数值才需装设消弧线圈。3～6 kV 电压等级电网为 30 A；10 kV 电压等级电网为 20 A；22～66 kV 电压等级电网为 10 A。

1. 单相接地的稳态特点

当采用消弧线圈后，单相接地时的电流分布将发生很大变化。假定在图 2-33（a）所示网络中，在电源的中性点接入了消弧线圈，当线路 2 上 A 相接地以后，电容电流的大小和分布与不接消弧线圈时是一样的，不同之处是在接地点又增加了一个电感分量的电流 $\dot{I}_L$，因此，从接地点流回的总电流为

$$\dot{I}_K = \dot{I}_L + \dot{I}_{C\Sigma} \tag{2.37}$$

式中　$\dot{I}_{C\Sigma}$——全系统的对地电容电流。

$\dot{I}_L$——消弧线圈的电流，计算方法：$\dot{I}_L = \dfrac{-\dot{E}_A}{j\omega L}$（其中，$L$ 为消弧线圈电感）。

由于 $\dot{I}_{C\Sigma}$ 和 $\dot{I}_L$ 的相位大约相差 180°，因此 $\dot{I}_K$ 将因消弧线圈的补偿而减小。相似地，可以做出它的零序等效网络，如图 2-33（b）所示。

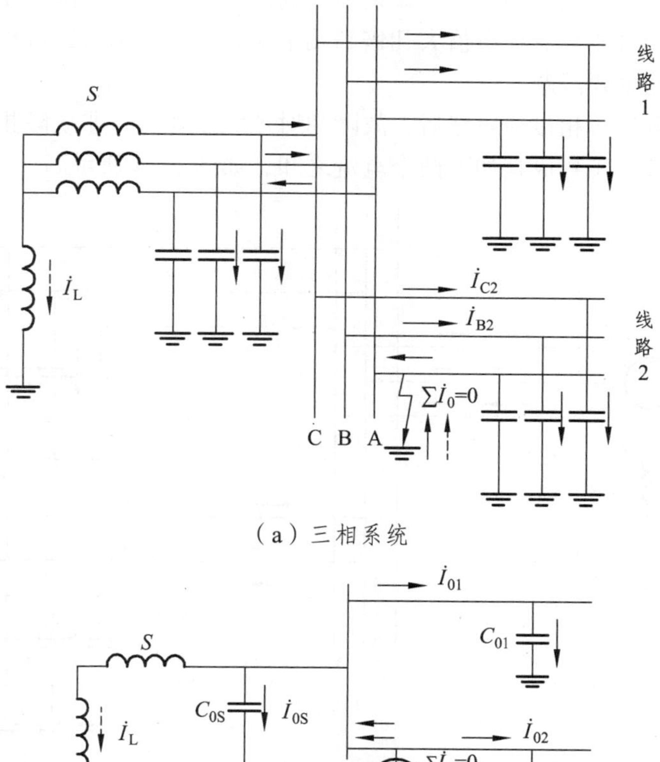

（a）三相系统

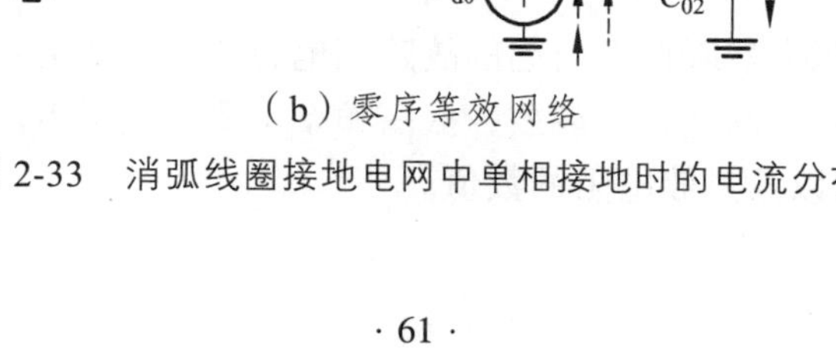

（b）零序等效网络

图 2-33　消弧线圈接地电网中单相接地时的电流分布

根据对电容电流补偿程度的不同，消弧线圈可以有完全补偿、欠补偿及过补偿三种方式。在实际中一般不采用完全补偿、欠补偿，因此这里仅介绍一下过补偿。

过补偿就是使 $I_L>I_{C\Sigma}$，补偿后的残余电流是电感性的。采用这种方法不可能发生串联谐振的过电压问题，因此，在实际中获得了广泛的应用。I_L 大于 $I_{C\Sigma}$ 的程度用过补偿 P 来表示，其关系为

$$P=\frac{I_L-I_{C\Sigma}}{I_{C\Sigma}} \tag{2.38}$$

一般选择过补偿度 $P=5\%\sim10\%$，而不大于 10%。

总结上述分析，可得如下结论：当采用过补偿方式时，流经故障线路的零序电流是流过消弧线圈的零序电流与非故障元件零序电流之差，而电容性无功功率的实际方向仍然是由母线流向线路（实际上是感性无功由线路流向母线），和非故障线路的方向一样。因此，在这种情况下，首先无法利用功率方向的差别来判别故障线路，其次由于过补偿度不大，因此也很难像中性点不接地系统那样，利用零序电流大小的不同来找出故障线路。

2. 单相接地过渡过程的特点

以上讨论的都是在稳态情况下电容电流的分别，其值较小，难于识别故障线路。当采用过补偿方式时，也无法利用功率方向的差别来判别故障线路。当发生单相接地故障时，接地电容电流的暂态分量可能较其稳态值大几倍到几十倍，可否利用暂态过程的特点实现故障选线，是近年来研究的主要课题。

当电力系统中发生单相接地短路后，故障相对地电压降低，非故障相对地电压升高，因此，可以将暂态电容电流看成是如下两个电流之和，如图 2-34 所示。

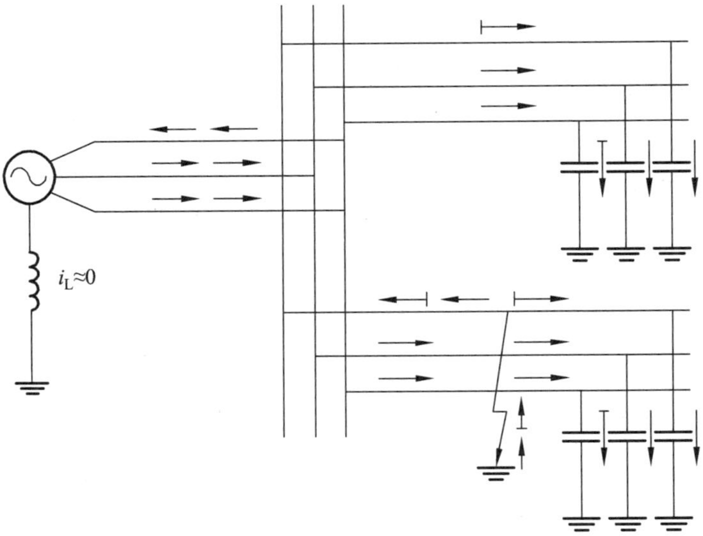

图 2-34　单相接地短路暂态电流分布

（1）由于故障相电压突然降低而引起的故障相电容放电电流通过母线流向故障点，放电电流衰减很快，其振荡频率高达数千赫兹，振荡频率主要决定于电网中线路的参数（R 和 L 的数值）、故障点的位置以及过渡电阻的数值。

（2）由非故障相 A 相电压突然升高而引起的非故障相充电电容电流，此电流在图 2-34 中以“→”表示，它通过电源、故障点构成回路。由于整个流通回路的电感较大，因此，充电电流衰减较慢，振荡频率也较低（仅为数百赫兹）。

一般来说，多数故障是因为绝缘损坏，故障发生在相电压接近于最大值瞬间，因此故障相放电电容电流较非故障相充电电容电流大很多。在同一电力系统中，不论中性点是绝缘还是经消弧线圈接地，在相电压接近于最大值故障的瞬时，其过渡过程是近似相同的。

三、中性点非直接接地系统单相接地短路保护

根据电网接线的具体情况，可利用以下方式来构成单相接地保护。

1. 零序电流保护

利用故障线路零序电流比非故障线路大的特点来实现有选择性地发出信号或动作于跳闸的保护称为零序电流保护。

这种保护一般使用在有条件安装零序电流互感器的线路上（如电缆线路或经电缆引出的架空线路）。当单相接地电流较大，足以克服零序电流滤过器中不平衡电流的影响时，保护装置也可以接于三个电流互感器构成的零序回路中。当某一线路上发生单相接地时，非故障线路上的零序电流为本身的电容电流，为了保证动作的选择性，保护装置的整定电流应大于本线路的电容电流：

$$I_{\mathrm{ACT}} = K_{\mathrm{REL}} \cdot 3U_{\varphi}\omega C_0 \tag{2.39}$$

式中　C_0——被保护线路每相的对地电容；

K_{REL}——可靠系数，一般取 1.5 ~ 2。

零序电流保护的灵敏系数 K_{sen} 按系统最小运行方式下流经被保护线路单相接地时的零序电流来校验，即

$$K_{\mathrm{sen}} = \frac{3U_{\varphi}\omega(C_{0\Sigma} - C_0)}{K_{\mathrm{REL}}3U_{\varphi}\omega C_0} = \frac{C_{0\Sigma} - C_0}{K_{\mathrm{REL}}C_0} \tag{2.40}$$

式中　$C_{0\Sigma}$——全系统各元件每相对地电容之总和，校验时采用系统最小运行方式下的 $C_{0\Sigma}$。

对电缆线路要求 $K_{\mathrm{sen}} \geqslant 1.25$；对架空线路要求 $K_{\mathrm{sen}} \geqslant 1.5$。

采用零序电流互感器，考虑到当线路发生单相接地故障时，接地电流不仅在地中流通，也可能沿着电缆铅皮和钢铠流通。为了防止当保护区外发生单相接地故障时，该电流引起非故障线路零序电流保护误动作；同时，也为了避免电流使故障线路零序电流保护的灵敏度降低，应将电缆端盒与金属支架绝缘，并将电缆端盒的接地线穿过零序电流互感器的铁芯再接地，如图 2-35 所示。

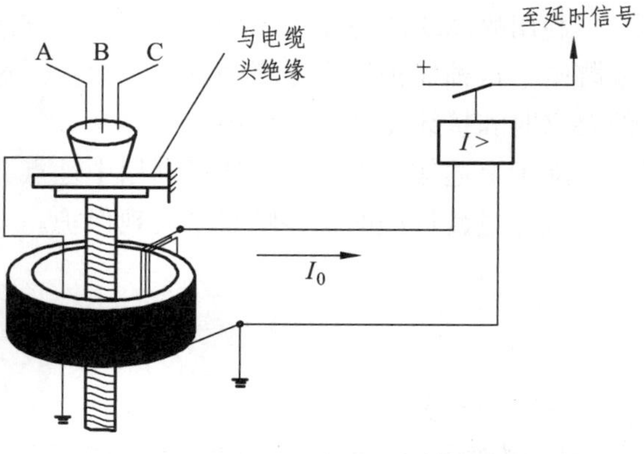

图 2-35　零序电流互感器的安装接线图

由于零序电流保护的一次动作电流很小，所以要求采用灵敏度很高的电流继电器。在机电式继电保护中，采用 DD-11 型接地电流继电器与 LJ 型电缆式零序电流互感器配合使用，一次动作电流可在 5 A 以下。

2. 零序电压保护

在中性点非直接接地系统中，只要本级电压网络中发生单相接地故障，则在同一电压等级的所有发电厂和变电所的母线上，都将出现数值较高的零序电压。利用这一特点，在发电厂和变电所的母线上，一般装设网络单相接地的监视装置，它利用接地后出现的零序电压，带延时动作于信号，表明本级电压网络中出现了单相接地。为此可用一过电压继电器接于电压互感器二次成开口三角形的一侧，如图 2-36 所示。其中接成星形方式的电压互感器二次绕组用来接测量仪表（如电压表、功率表的电压线圈）。

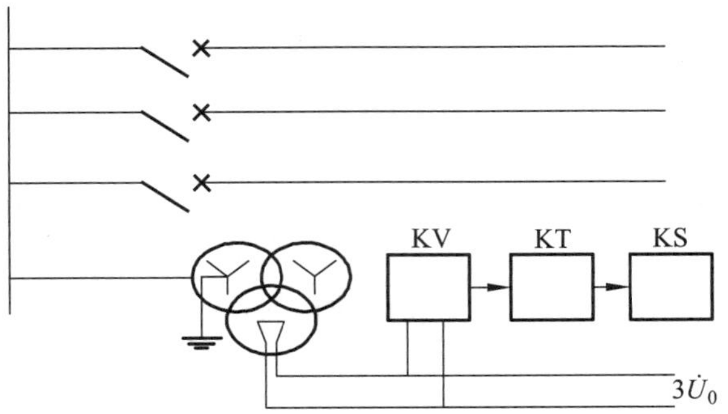

图 2-36 零序电压保护原理接线图

正常运行时，母线三线电压对称，无零序电压，电压继电器不动作。只要本网络中发生单相接地故障，则在同一电压等级的所有发电厂和变电所的母线上，都将出现零序电压，此电压作用于电压继电器动作，发出信号。但是，由于在发生单相接地故障时，全系统都将出现零序电压，零序电压保护装置的动作是没有选择性的，分不清楚是哪条馈电线出现接地故障，要想发现故障是在哪一条线路上，还需要由运行人员依次短时断开每条线路，并继之以自动重合闸，将断开线路投入，当断开某条线路时，零序电压的信号消失，即表明故障是在该线路之上。

3. 零序功率方向保护

利用故障线路与非故障线路零序功率方向不同的特点来实现有选择性地保护作用于信号或跳闸，这种保护称为零序功率方向保护。这种方式使用于零序电流保护不能满足灵敏系数的要求时和接线复杂的网络中。

除了上述保护方式外，还可利用中性点非直接接地电网中单相接地故障时产生的高次谐波或故障过渡过程的某些特点来实现保护。

习　题

一、填空题

1. 瞬时电流速断保护的选择性是靠（　　　　　　　　　　　　　　）获得的，保护范围被限制在（　　　　　）以内，在（　　　　　）运行方式下时保护范围最小。

2. 瞬时电流速断保护的保护范围随（　　　　　　　）和（　　　　　）而变。

3. 本线路限时电流速断保护的保护范围一般不超过相邻下一线路的（　　　　　）保护的保护范围，故只需带（　　　　　）延时即可保证选择性。

4. 定时限过电流保护的动作电流按躲过被保护线路的（　　　　　　）整定的；为使过电流保护在外部故障切除后能可靠地返回，其返回电流应大于（　　　　　）。

5. 为保证选择性，过电流保护的动作时限应按（　　　　　）原则整定，越靠近电源处的保护，时限越（　　　　）。

6. 若装有定时限过电流保护的线路，其末端变电所母线上有三条出线，各自的过电流保护动作时限分别为 1.5 s、0.5 s、1 s，则该线路过电流保护的时限应整定为（　　　）。

7. 线路三段式电流保护中，（　　　　）保护、（　　　　）保护为主保护，（　　　　）保护为后备保护。

8. 采用（　　　　　　　　）继电器进行闭锁，以防止负荷电流较大时保护装置误动作，这样构成的保护装置称为（　　　　　　　　）。

9. 在两相不完全星形接线的中性线上增设一只电流继电器，目的是提高保护的（　　）。

10. 在双电源或多电源的环网中，为实现继电保护装置的选择性应设置（　　　　）。

11. 功率方向继电器接线方式，是指它与（　　　　）和（　　　　　）的接线方式。

12. 有一按 90°接线方式接线的功率方向继电器，当 $\dot{U}_K$ 为 $\dot{U}_{CA}$时，$\dot{I}_K$为（　　　）。

13. 按 90°接线的功率方向继电器，若线路短路阻抗角为 φ_L，则三相短路时 φ_K 为（　）。

14. 双侧电源线路的瞬时电流速断保护为提高灵敏性，方向元件应装在动作电流（　　　）的那一侧。

15. 双侧电源电网中，母线两侧方向过电流保护的方向元件在（　　　）可以省去。

16. 相间短路故障时，无（　　　　）和（　　　　）产生，接地短路故障时，有（　　　　）和（　　　　）产生。

17. 零序电流滤过器通常应用于（　　　　　），电缆输送电线路通常采用（　　　　）来获得系统三相不平衡电流。

18. 在变压器接地数目比较多的复杂网络中，就需要考虑零序电流保护动作的（　　　）问题。

19. 在中性点非直接接地电网中发生单相接地时，一般情况下都允许再继续运行（　）小时，而不必立即跳闸。

20. 发生单相接地后，接地相对地电压变为（　　），而其他两相对地电压升高为（　　　），对地电容电流也相应地（　　　　）。

21. 消弧线圈的作用是（　　　　　　　　　　　　）。

22. 零序电流保护要求采用（　　　　　　）的电流继电器。

二、综合题

1. 简述瞬时电流速断保护的优缺点。

2. 为什么在瞬时电流速断保护装置的接线中要引入中间继电器？

3. 为什么过电流保护的动作电流要考虑返回系数，而瞬时电流速断保护及限时电流速断保护则不考虑？

4. 说明中间继电器、信号继电器及时间继电器在保护装置中的作用。

5. 电流保护的接线方式有哪些？并说明各自的特点及适用场合。

6. 为什么在 Y,dll 接线的变压器上电流保护一般要采用两相三继电器接线方式？

7. 如何计算限时电流速断保护的动作时限、动作电流及灵敏系数？

8. 什么是电流电压联锁速断保护？为什么要采用它？本保护装置中的电流元件有何作用？

9. 三段式电流保护是怎样构成的？画出三段式电流保护各段的保护范围和时限配合特性图。

10. 相间短路保护用功率方向继电器采用 90°接线方式，其优点有哪些？

11. 在如图 2-14 所示的 35 kV 单侧电源辐射型电网中，已知线路的最大负荷电流为 38 A，负荷的自启动系数为 2，电流互感器的变比为 50/5，最大运行方式下 K_1 点三相短路电流 360 A，K_2 点三相短路电流为 150 A；最小运行方式下 K_1 点两相短路电流 280 A，K_2 点两相短路电流 130 A，线路 WL_2 过电流保护的动作时限为 1.5 s。拟定在线路 WL_1 上装设三段式电流保护。试确定：

（1）保护应采用哪种接线方式？

（2）各段保护的动作电流和动作时限。

（3）若线路 WL_1、WL_2 均装有三段式电流保护，当在线路 WL_2 的首端附近发生短路时，有哪些保护启动？应由哪个保护动作跳开哪个断路器？

12. 什么是零序保护？

13. 零序分量参数有什么特点？

14. 画出零序电压滤过器、零序电流滤过器的接线图。

15. 零序电流速断保护需不需要校验灵敏系数，为什么？

16. 中性点不接地系统发生单相接地后零序分量分布有什么特点？

扫一扫，查看第二章更多习题和习题答案

第三章　距离保护

第一节　距离保护的基本原理

【知识及能力目标】

1. 掌握距离保护的概念；
2. 了解采用距离保护的必要性；
3. 掌握距离保护的构成。

电流保护的主要优点是简单、经济及运行可靠。但是由于这种保护整定值的选择、保护范围以及灵敏系数等方面都直接受电网接线方式及系统运行方式的影响，所以，在35 kV及以上电压等级的复杂网络中，其很难实现选择性、灵敏性以及快速性的要求。因此，必须采用性能更加完善的保护装置，距离保护装置就应运而生了。

一、距离保护的概念

距离保护是反应故障点至保护安装点之间距离的一种保护。当供电系统出现短路故障时，短路电流瞬时增大，母线电压同时降低，究其原因就是短接线路将正常负荷切除，而使线路中的阻抗减小。短路电流、母线残压受到系统运行方式的影响发生变化。短路点至保护安装处的阻抗取决于短路点的位置，即取决于短路点至保护安装点的电距离。因此，测量短路点至保护安装点的阻抗可以正确反应短路情况。而输电线路的阻抗与距离又是成正比的，利用这一原理构成的保护就称为距离保护。

二、采用距离保护的必要性

对于牵引供电线路等高压输电线路来说，由于其负荷电流大，输电距离长，用电流保护往往不能满足技术要求，而必须增设距离保护，这是因为距离保护相比于电流保护和电压保护有如下优势：

1. 较高的灵敏性

因为阻抗$Z=\dfrac{U}{I}$，阻抗继电器反映了正常情况与短路时电流、电压值的变化，短路时电流I增大，电压U降低，阻抗Z减小的程度比单纯电压或电流的变化大得多，因此距离保护比在电力线路中单独设置电流保护和电压保护具有更高的灵敏性。

2. 保护范围基本不变

当系统的运行方式发生变化时，短路电流和母线残压都会发生变化，在线路中的电流保护和电压保护范围也会发生变化。例如：最小运行方式下，短路电流减小，电流速断保护要缩短保护范围，过电流保护要降低灵敏度。而短路阻抗取决于短路点至保护安装处的电距离，基本上不受系统运行方式的影响。因此，距离保护的保护范围基本上不受系统运行方式的影响。

3. 迅速动作范围长

距离保护也采用了三段式保护结构。各段保护范围如图 3-1 所示。

一般Ⅰ段保护范围为本线路 AB 长度的 80%～85%，即

$$L_{\mathrm{I}}=(0.8\sim0.85)L_{AB} \tag{3.1}$$

第Ⅱ段保护范围为本线路全长与相邻线路的第Ⅰ段保护范围总长的 85%左右，即

$$L_{\mathrm{II}}=0.85[L_{AB}+(0.8\sim0.85)L_{BC}] \tag{3.2}$$

第Ⅲ段为本线路的近后备保护和下一段线路的远后备保护。

这种时限特性比单一的电流保护的时限特性优越得多。与三段电流保护相比，由于距离保护的保护范围基本上不受系统运行方式的影响，所以距离保护第Ⅰ段的保护范围比电流速断保护范围长，距离Ⅱ段的保护范围比限时电流速断保护范围长，因而距离保护迅速动作范围较大。

虽然距离保护装置存在元件较多、接线复杂、工作可靠性低等缺点，但鉴于距离保护的优点，在 110 kV 长距离输电网络中还是得到了广泛的应用。

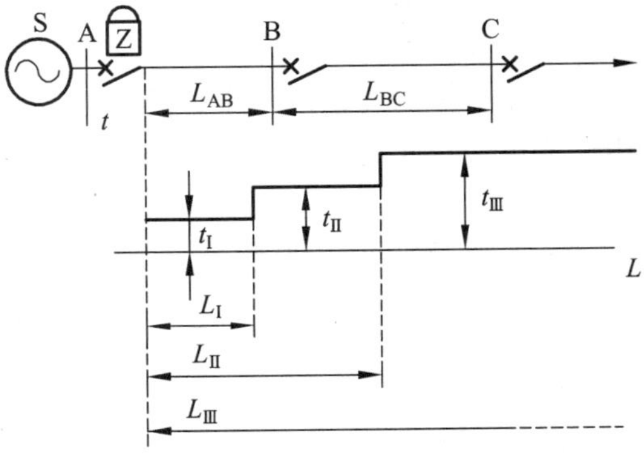

图 3-1 距离保护的范围

三、距离保护的构成部件及其作用

三段式距离保护的其逻辑关系如图 3-2 所示。一般情况下，距离保护装置由以下元件组成：

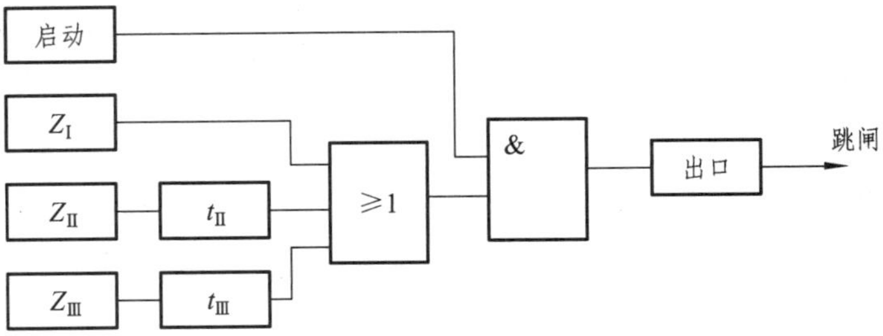

图 3-2 三段式距离保护逻辑框图

1. 启动元件

启动元件的主要作用是在系统发生短路故障的瞬间启动整套保护装置，并和距离元件动作后组成与门，启动出口保护回路动作于跳闸，以提高保护装置的可靠性。启动元件可由过

电流继电器、低阻抗继电器、或反应于负序和零序电流的继电器构成。

2. 距离元件

距离元件的主要作用实际上是测量短路点到保护安装地点之间的距离，也就是保护点到短路点之间的阻抗，所以又叫作阻抗元件。一般 Z_{I} 和 Z_{II} 采用方向阻抗继电器，Z_{III} 采用偏移特性阻抗继电器。

3. 方向元件

方向元件的主要作用是用来判别短路故障的方向，用以保证距离保护动作的方向性，防止反方向时距离保护误动作。现在大部分情况下将方向元件和阻抗元件综合考虑，而采用兼有方向元件功能和阻抗元件功能的方向阻抗继电器。

4. 时间元件

时间元件的主要作用是按照故障点到保护安装地点的远近，根据预定的时限来确定动作的时间，以保证距离保护动作的选择性，通常采用时间继电器。

扫描二维码 3-1，可观看距离保护的基本原理视频。

二维码 3-1

第二节　阻抗继电器

【知识及能力目标】

1. 了解阻抗继电器的作用与基本原理；
2. 理解并掌握各种阻抗继电器的动作特性；
3. 掌握阻抗继电器的精确工作电流与精确工作电压的意义；
4. 能够判断阻抗继电器动作与否；
5. 能够将阻抗继电器正确接于供电系统中。

反应阻抗减小而动作的继电器叫作阻抗继电器，阻抗继电器是通过测量短路时母线剩余电压与短路电流来间接测量短路阻抗而动作的继电器，在使用中通过电流互感器和电压互感器与供电系统连接起来的，图 3-3 所示为单相阻抗继电器与单相电流互感器和电压互感器接线图。

阻抗继电器是距离保护装置的核心元件，它的主要作用是测量短路点到保护安装地点之间的阻抗，并与整定阻抗值进行比较，以确定保护是否应该动作。而距离保护的实质是用整定阻抗与被保护线路的测量阻抗 Z_K 相比较，当短路点在保护范围以外时继电器不动作，当短路点在保护范围内时，继电器动作，所以距离保护又称为低阻抗保护。

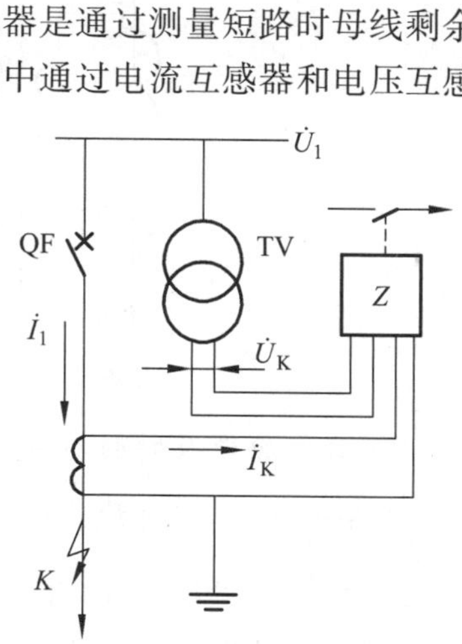

图 3-3　单相阻抗继电器接线图

阻抗继电器按其构成方式可分为单相式和多相式两种。

单相阻抗继电器是指加入继电器的只有一个电压 $\dot{U}_K$（相

电压或线电压）和一个电流 $\dot{I}_K$（相电流或两相电流差）的阻抗继电器，$\dot{U}_K$ 和 $\dot{I}_K$ 的比值成为继电器的测量阻抗 Z_K，即：

$$Z_K = \dot{U}_K / \dot{I}_K \tag{3.3}$$

由于 Z_K 可以写成 $R+jX$ 的复数形式，所以就可以利用复数平面来分析这种继电器的动作特性，并用一定的几何图形把它表示出来。本章的内容只介绍能够用复平面表示的单相式阻抗继电器，包括圆特性阻抗继电器和四边形特性阻抗继电器。

一、圆特性全阻抗继电器

1. 结构分析

整流型阻抗继电器是用比较两个电气量绝对值的原理构成的，而且通常是将被比较的阻抗量等效地转换成电压量，然后进行电压量的比较。图 3-4 所示为全阻抗继电器原理接线图，其中全阻抗继电器包括：中间变压器 UV、电抗变压器 TX，极化继电器 KP。被比较的两个量值 U_K 和 I_K 经过桥式整流后得到它们的绝对值，然后把这两个绝对值按环流式比较电路加到极化继电器 KP 线圈。

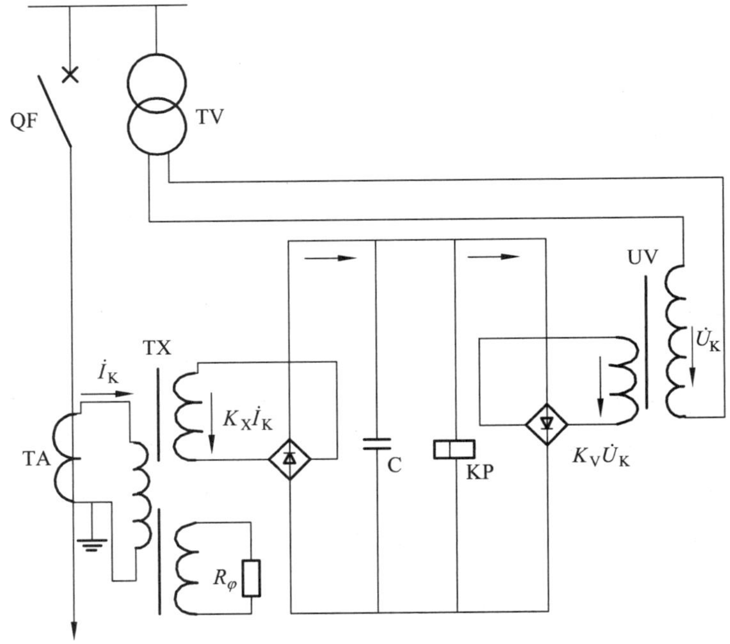

图 3-4　全阻抗继电器原理接线图

2. 动作原理及特性分析

短路电压 $\dot{U}_K$ 在环流式比较电路产生的电压为 $\left|K_V\dot{U}_K\right|$，反极性加于极化继电器 KP 的线圈，是制动量；短路电流 $\dot{I}_K$ 在环流式比较电路产生的电压为 $\left|K_X\dot{I}_K\right|$，正极性加于极化继电器 KP 线圈，是动作量。$K_V$ 为中间变压器 UV 的变换系数，是无量纲实数。K_X 为电抗变压器 TX 的变换系数，是具有阻抗单位的复数。若忽略极化继电器动作时的阻力矩和整流桥二极管的

正向压降不计，则整流型全阻抗继电器的动作条件为

$$\left|K_{\mathrm{X}}\dot{I}_{\mathrm{K}}\right| \geqslant \left|K_{\mathrm{V}}\dot{U}_{\mathrm{K}}\right| \tag{3.4}$$

其测量阻抗为

$$Z_{\mathrm{K}}=\frac{\left|\dot{U}_{\mathrm{K}}\right|}{\left|\dot{I}_{\mathrm{K}}\right|} \leqslant \frac{\left|K_{\mathrm{X}}\right|}{\left|K_{\mathrm{V}}\right|}=Z_{\mathrm{set}}=C \tag{3.5}$$

式中　Z_{set}——整流型全阻抗继电器的整定阻抗。

因为 Z_{set} 是 K_{X} 与 K_{V} 的绝对值之比，当整流型全阻抗继电器整定好之后，K_{X} 与 K_{V} 都是常数，所以 Z_{set} 是常数。

圆特性全阻抗继电器的特性是以继电器安装点为圆心，以整定阻抗 Z_{set} 为半径的圆。如图 3-5 所示。当测量阻抗 Z_{K} 位于圆内时，继电器动作，即圆内为动作区，圆外为非动作区。

从全阻抗继电器的特性可以看出，全阻抗继电器没有方向性，即只要测量阻抗 Z_{K} 的绝对值小于动作阻抗，不论测量阻抗在第几象限，继电器均能动作。由于全阻抗继电器存在这个缺点，因此它的应用受到限制。

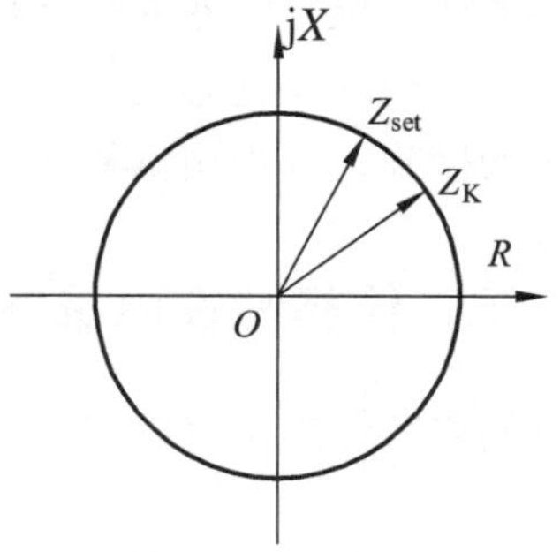

图 3-5　全阻抗继电器动作特性

二、方向阻抗继电器

方向阻抗继电器的特性是以整定阻抗 Z_{set} 为直径并通过坐标原点的一个圆，如图 3-6 所示。圆内为动作区，圆外为非动作区。从图中可以看出，其动作区主要在第一象限，第三象限无动作区。即只有当被保护线路发生短路故障，就是所谓正方向短路时，阻抗继电器动作；当被保护线路反方向发生短路故障时，测量阻抗 Z_{K} 在第三象限，继电器不会动作。

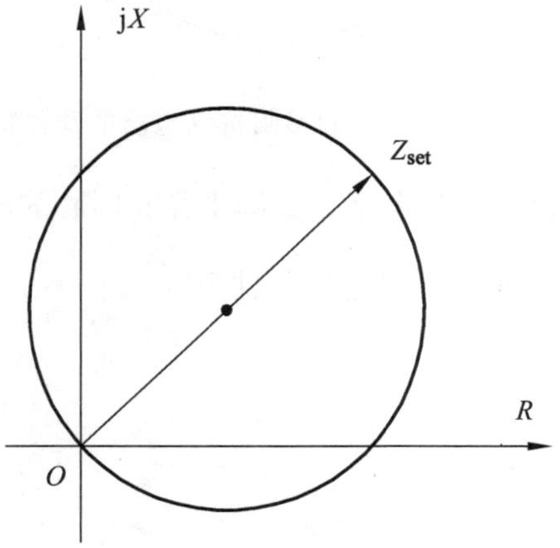

图 3-6　方向阻抗继电器的动作特性

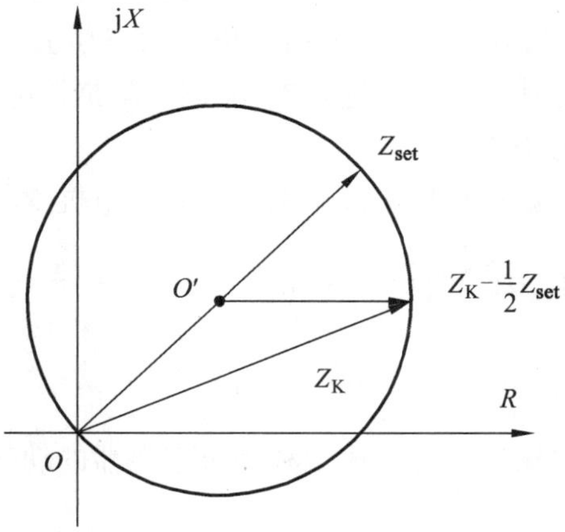

图 3-7　方向阻抗继电器的相量关系

从图 3-7 所示的相量关系中可以看出：图中 O' 为动作圆的圆心，当测量阻抗落于圆内，

即继电器动作时，Z_K 与半径 $oo' = \frac{1}{2}Z_{set}$ 的差的绝对值必小于半径，也即

$$\left|Z_K - \frac{1}{2}Z_{set}\right| \leqslant \left|\frac{1}{2}Z_{set}\right| \tag{3.6}$$

这就是方向阻抗继电器的动作特性。

方向阻抗继电器的动作阻抗是随其相位角 φ 的变化而变化，在通过原点的直径方向上动作阻抗最大，等于圆的直径，此时继电器动作最灵敏，故此相位角称为继电器的最大灵敏角 φ_S，为了保证短路故障时继电器能灵敏动作，通常选 φ_S 接近于线路阻抗角 φ_K，也即加入到阻抗继电器的电压和电流 $\dot{U}_K$ 和 $\dot{I}_K$ 之间的夹角。

方向阻抗继电器的缺点是存在动作死区，即当保护装置附近短路时，测量阻抗 Z_K 接近于零，式（3.6）两边接近相等，继电器有可能不动作。为此实际使用的方向继电器中都有消除死区的措施，或采用偏移阻抗继电器。

三、偏移特性阻抗继电器

偏移特性阻抗继电器的边界不通过原点，所以没有动作死区，故常用作保护装置的启动元件。

偏移阻抗继电器的动作条件与方向阻抗继电器类似。由图 3-8 所示偏移阻抗继电器的动作特性可知：偏移阻抗继电器的动作值在通过原点的直径方向上最大，令其值为 Z_{set}，相位角为 φ_S，通常选 φ_S 的值接近于被保护线路的阻抗角。可见，和方向阻抗继电器一样，偏移阻抗继电器在短路故障时，也能灵敏动作。

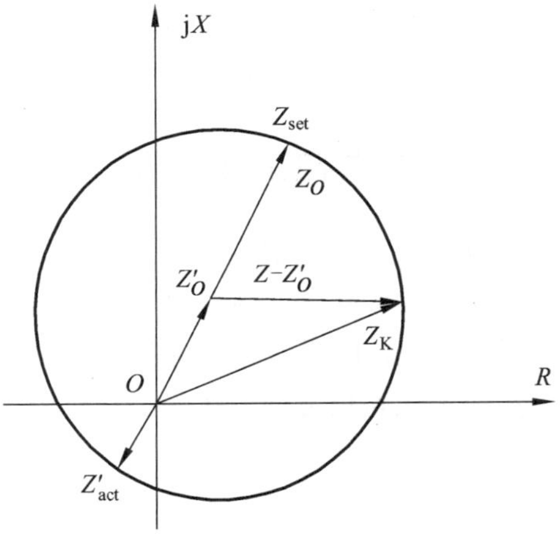

图 3-8　偏移阻抗继电器的动作特性

偏移特性阻抗继电器在反方向上也有一个较小的动作值，设为 Z'_{set}，通常选取 Z'_{set} 的值为 Z_{set} 的 5%～20%，此值称为偏移阻抗继电器的偏移量。例如某些电气化铁路区段引进日本 44 偏移阻抗继电器，其偏移量为 10%。

在偏移特性阻抗继电器的动作阻抗 Z_{set} 和 Z'_{set} 已知的情况下，其圆半径和圆心的向量分别为 $Z_O = \frac{Z_{act} - Z'_{act}}{2}$ 和 $Z'_O = Z_{act} - Z_O = \frac{Z_{act} + Z'_{act}}{2}$，可得偏移圆的边界条件为

$$\left|Z_K - Z'_O\right| = \left|Z_O\right| \tag{3.7}$$

根据上式可构成偏移阻抗继电器的动作特性

$$\left|Z_K - Z'_O\right| < \left|Z_O\right| \tag{3.8}$$

偏移阻抗继电器没有保护死区，且制造简单，通常与方向阻抗继电器配合使用，可使距离保护获得良好的性能。

四、四边形特性阻抗继电器

圆特性阻抗继电器整定值较小时，保护范围受过渡电阻的影响大；而整定值较大时，躲过负荷的能力又差。为此，距离保护中出现了新的测量元件——具有四边形动作特性的阻抗元件。

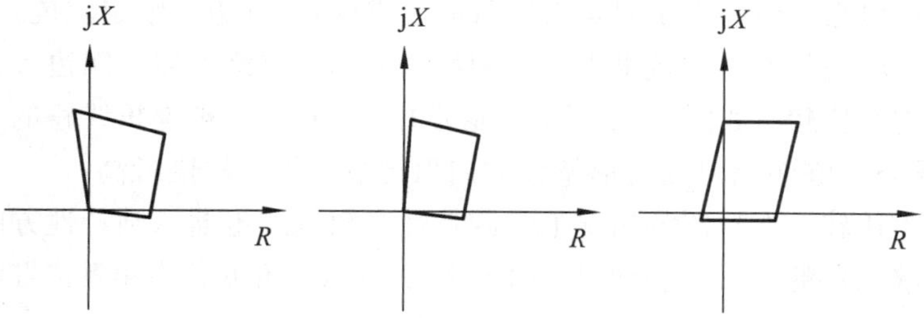

图 3-9　四边形阻抗继电器特性

1. 动作特性

阻抗继电器的四边形特性是指以四边形的四条边为其边界，内部为继电器的动作区，外部为非动作区。四边形的构成一般由两组折线叠加而来，其中一组为两边折线特性，另一组为三边折线特性，如图 3-10 所示。由图 3-9 可以看出，所用折线的特性形状不同，叠加出来的四边形形状就不同。

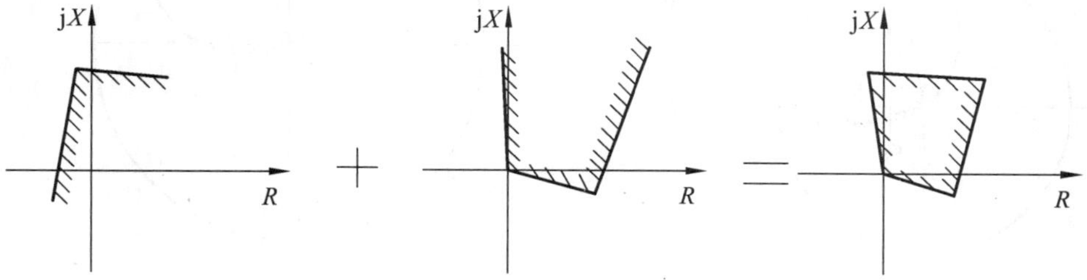

图 3-10　四边形为两组折线之和

图 3-11 中，X_{set} 和 R_{set} 分别为电抗整定值和电阻整定值。α_1 为保证被保护线路出口带过渡电阻短路时阻抗元件不拒动的角，β 为防止在双电源网络中带过渡电阻短路时的阻抗元件误动的角，α_4 为保证区内金属性短路阻抗元件可靠动作的角，α_3 一般取 60°，应小于整定阻抗角 φ_{set}。各角度均为常数，根据实际情况整定。图中四边形阻抗元件的动作特性为

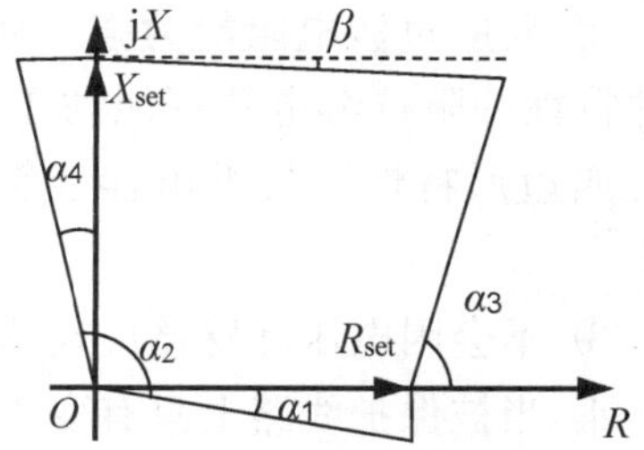

图 3-11　四边形阻抗继电器动作特性

$$\begin{cases} R_K \tan\alpha_1 \leqslant X_K \leqslant X_{set} \\ X_K \cot\alpha_2 \leqslant R_K \leqslant R_{set} + X_{set}\cot\alpha_3 \end{cases} \tag{3.9}$$

式中　R_K——测量电阻；

X_K——测量电抗。

2. 主要优缺点

1）四边形特性阻抗继电器的主要优点

① 具有更高的灵敏度和更强的躲负荷能力。主要原因在于其四边形特性的 *ab* 边和 *bc* 边是分别整定计算的。*bc* 边由最小负荷阻抗确定。而 *ab* 边仅由线路阻抗确定，不受负荷阻抗的制约，完全可以根据线路保护对灵敏系数的要求确定 *ab* 边的整定阻抗。

灵敏度比较：将圆特性全阻抗继电器、圆特性方向阻抗继电器、四边形特性方向阻抗继电器的动作阻抗进行比较，如图 3-12 所示，能够看出，在躲过被保护线路的相同的最小负荷阻抗 $Z_{L\cdot min}$ 的情况下，在短路时四边形特性方向阻抗继电器灵敏度最高。

躲开负荷能力比较：在短路的情况下，圆特性全阻抗继电器、圆特性方向阻抗继电器、四边形特性阻抗继电器的灵敏度相同时，如图 3-13 所示，四边形特性阻抗继电器躲开负荷能力最强。

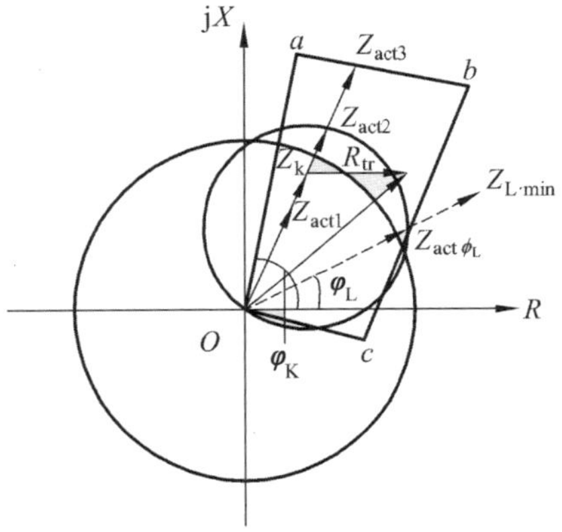

图 3-12　灵敏度比较

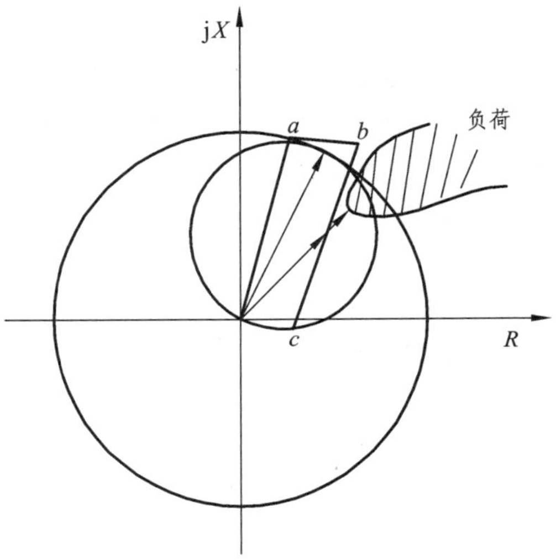

图 3-13　躲负荷能力比较

② 反应过渡电阻能力强。如图 3-12 所示，短路阻抗为 Z_K，如果没有过渡电阻，那么三种特性的阻抗继电器都能动作。如果在短路点有过渡电阻 R_g，其合成阻抗为 Z_K'。这时，只有四边形特性阻抗继电器能够动作，而另外两种阻抗继电器都因 Z_K' 落在动作区外而不动作。

③ 不会因电压互感器出现断线而产生误动作，可省去断线闭锁装置。

④ 当被保护线路上只有变压器励磁涌流时，四边形特性方向阻抗继电器不会误动作。当被保护线路上励磁涌流和负荷电流同时存在且比较大时，四边形特性阻抗继电器仍可能误动作。因此，应采用抵制励磁涌流的措施。

2）四边形方向阻抗继电器的主要缺点

① 比较复杂，用的相量较多，较难掌握，调试比较困难。

② 易受高次谐波干扰而出现误动作或拒动，因此，用于牵引网保护时，必须采取措施将高次谐波滤掉。

五、阻抗继电器的精确工作电流与精确工作电压

阻抗继电器的动作条件是动作电压大于制动电压，而且二者之差应足以克服继电器动作时的阻力矩，在整流型阻抗继电器中，主要是整流型二极管的正向压降。因此当 $U_K = 0$ 时，为了使阻抗继电器动作必须加入一定的电流，以克服极化继电器的阻力矩和整流桥二极管的正向压降，这一电流叫作全阻抗继电器的最小动作电流 $I_{act\cdot min}$，如图 3-14 所示，这时的 $U_K = 0$，$I_{act\cdot min}$ 与 $Z_{act} = 0$ 相对应。

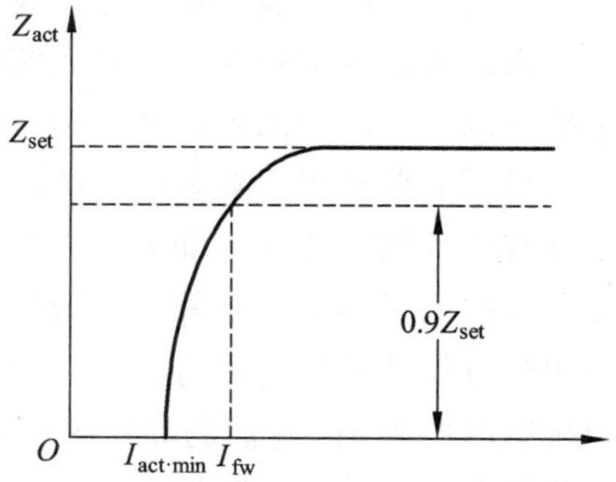

图 3-14　$Z_{act} = f(I_K)$ 关系曲线

当 U_K 增大时，为了使阻抗继电器动作，必须增大 I_K，这就是 I_K 随 Z_{act} 增大而增大的原因。当足够大时，极化继电器阻力矩和整流桥二极管正向压降完全可以忽略。这时，$Z_{act} = Z_{set} =$ 常数。

从图 3-14 的曲线中可以看出，当加入继电器的电流 I_K 小到一定值时，继电器的动作阻抗开始变小，阻抗继电器的实际保护范围缩短。为此必须把动作阻抗的减小限制在一定范围内，一般规定，不得小于 0.9 倍的整定阻抗 Z_{set}，即继电器的动作阻抗在 10% 的误差以内。与 $0.9Z_{set}$ 对应的电流叫作精确工作电流 I_{fw}。当加入全阻抗继电器电流大于精确工作电流时，就能够保证动作阻抗的误差小于 10%。为了保证在发生短路时，距离保护有可靠的动作范围，《设计规范》要求线路末端最小短路电流折算到二次侧后与精确工作电流之比应在 2.0 以上。

精确工作电流与整定阻抗值的乘积，称为阻抗继电器的精确工作电压，用 U_{fw} 来表示，即

$$U_{fw} = I_{fw}\left|Z_{set}\right| \tag{3.10}$$

只有实际的测量电流大于最小精确工作电流、测量电压大于精确工作电压，三段式距离保护才能准确的配合工作，其误差已被考虑在可靠系数中。精确工作电流是衡量阻抗继电器的重要技术指标，其数值越小越好。

测量元件精确工作电流的校验，一般是指对最小精确工作电流的检验。要求在保护区内发生短路时，通入继电器的最小电流不小于最小精确工作电流，并留有一定的裕量，裕量系数不小于 1.5 ~ 2，即

$$\frac{I_{k\cdot min}}{I_{act\cdot min}} > 1.5 \sim 2 \tag{3.11}$$

在阻抗继电器应用于较短线路情况下，由于线路末端短路时测量电压可能较低，需对最小精确工作电压进行校验。线路较长时，一般不用校验精确工作电压。

第三节　距离保护的整定计算

【知识及能力目标】

1. 了解距离保护的特点；

2. 掌握距离保护的整定计算；

3. 能够对所给线路完成进行距离保护设计。

一、距离保护的整定计算

与电流保护类似，距离保护装置也采用阶梯延时配合的三段式配置方式。距离保护的整定计算，就是根据被保护供电系统的实际情况，计算出距离Ⅰ段、Ⅱ段和Ⅲ段测量元件的整定阻抗以及Ⅱ段和Ⅲ段的动作延时。

当距离保护用于双侧电源的电力系统时，为便于配合，一般要求Ⅰ、Ⅱ段的测量元件都要具有明确的方向性，即采用具有方向性的测量元件。第Ⅲ段为后备段，包括对本线路Ⅰ、Ⅱ段保护的近后备、相邻下一级线路保护的远后备和反向母线保护的后备，所以第Ⅲ段通常采用带有偏移特性的测量元件，用较大的延时保证其选择性。以各段测量元件均采用圆特性阻抗继电器为例，它们的动作区域可用图 3-15 表示。在该图中，复平面坐标的方向做了旋转，以使各测量元件整定阻抗方向与线路阻抗方向一致，圆周 1、2、3 分别为线路 A-B 的 A 处保护Ⅰ段、Ⅱ段和Ⅲ段的动作特性圆，4 为线路 B-C 的 B 处保护Ⅰ段的动作特性圆。

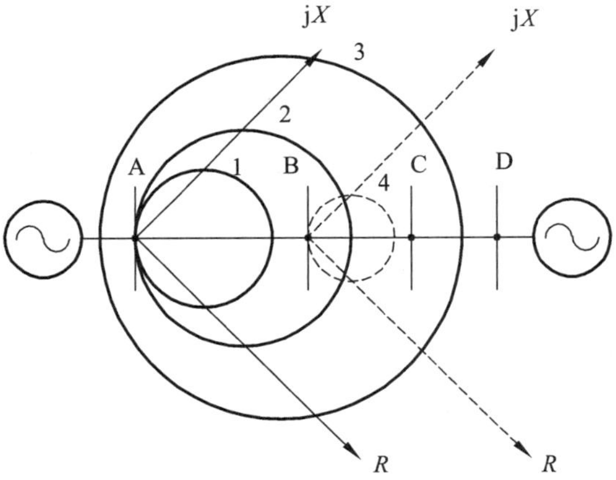

图 3-15　距离保护各段动作区域示意图

1. 距离保护第Ⅰ段的整定计算

距离保护Ⅰ段为无延时的速动段，它应该只反应本线路的故障，下级线路出口发生短路故障时，应可靠不动作。所以其测量元件的整定阻抗，应按照躲开本线路末端短路时的测量阻抗来整定。以图 3-1 的 A 处保护为例，测量元件的整定阻抗为

$$Z_{set}^{I} = K_{REL}^{I} Z_1 L_{AB} \tag{3.12}$$

式中　Z_{set}^{I}——距离Ⅰ段的整定阻抗，Ω；

K_{REL}^{I}——可靠系数，考虑到继电器、互感器误差和参数测量误差等因素，一般取 0.8 ~ 0.85；

Z_1——被保护线路单位长度的阻抗，Ω/km；

L_{AB}——被保护线路的长度，km。

距离保护Ⅰ段不必进行灵敏度校验。

距离保护Ⅰ段不设时间继电器，因此t^{I}为阻抗继电器、出口继电器等固有动作时间，一般不超过0.1 s。

2. 距离保护第Ⅱ段的整定与校验

1）分支电路对测量阻抗的影响

在距离保护Ⅱ段整定时，类同于电流保护，应考虑分支电路对测量阻抗的影响，如图3-16所示。

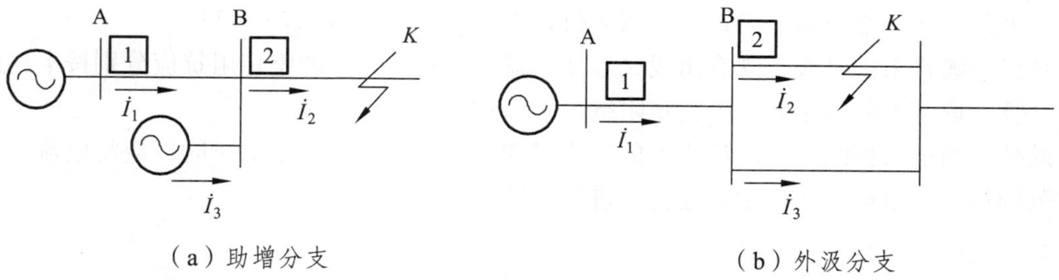

图3-16　分支电路对测量阻抗的影响

当图3-16中的K点发生三相短路时，保护1处的测量阻抗为

$$Z_{\mathrm{m1}}=\frac{\dot{U}_{\mathrm{A}}}{\dot{I}_1}=\frac{\dot{I}_1 Z_{\mathrm{AB}}+\dot{I}_2 Z_{\mathrm{K}}}{\dot{I}_1}=Z_{\mathrm{AB}}+\frac{\dot{I}_2}{\dot{I}_1}Z_{\mathrm{K}}=Z_{\mathrm{AB}}+K_{\mathrm{b}}Z_{\mathrm{K}} \tag{3.13}$$

式中　Z_{AB}——线路AB段的阻抗，Ω；

Z_{K}——母线B与短路点之间线路的阻抗，Ω；

K_{b}——分支系数。

在图3-16（a）的情况下，$K_{\mathrm{b}}=\frac{\dot{I}_2}{\dot{I}_1}=\frac{\dot{I}_1+\dot{I}_3}{\dot{I}_1}=1+\frac{\dot{I}_3}{\dot{I}_1}$，其值大于1，使得保护1测量到的阻抗$Z_{\mathrm{m1}}$大于从A母线处保护1到故障点之间的阻抗$Z_{\mathrm{AB}}+Z_{\mathrm{K}}$。这种使测量阻抗变大的分支，称为助增分支，对应的电流$\dot{I}_3$称为助增电流。

在图3-16（b）的情况下，$K_{\mathrm{b}}=\frac{\dot{I}_2}{\dot{I}_1}=\frac{\dot{I}_1-\dot{I}_3}{\dot{I}_1}=1-\frac{\dot{I}_3}{\dot{I}_1}$，其值小于1，使得保护1测量到的阻抗$Z_{\mathrm{m1}}$小于从A母线处保护1到故障点之间的阻抗$Z_{\mathrm{AB}}+Z_{\mathrm{k}}$。这种使测量阻抗变小的分支，称为外汲分支，对应的电流$\dot{I}_3$称为外汲电流。

2）Ⅱ段的整定阻抗

距离保护Ⅱ段的整定阻抗，应按以下两个原则进行计算：

（1）与相邻线路距离保护Ⅰ段相配合。为了保证在下级线路上发生故障时，上级线路保护处的保护Ⅱ段不至于越级跳闸，其Ⅱ段的动作范围不应该超出保护2的Ⅰ段的动作范围。若保护2的Ⅰ段的整定阻抗为$Z_{\mathrm{set\cdot 2}}^{\mathrm{I}}$，则保护2Ⅱ段的整定阻抗为

$$Z_{\mathrm{set\cdot 1}}^{\mathrm{II}}=K_{\mathrm{REL}}^{\mathrm{II}}(Z_{\mathrm{AB}}+K_{\mathrm{b\cdot min}}Z_{\mathrm{set\cdot 2}}^{\mathrm{I}}) \tag{3.14}$$

式中　$K_{\mathrm{REL}}^{\mathrm{II}}$——可靠系数，考虑到继电器、互感器误差和测量误差等因素，一般取0.8～0.85；

$K_{\mathrm{b\cdot min}}$——分支系数，为确保在各种运行方式下保护1的Ⅱ段范围不超过保护2的Ⅰ段

范围，$K_{b\cdot min}$ 取各种情况下的最小值。

（2）与相邻变压器的快速保护相配合。

当被保护线路的末端母线接有变压器时，距离Ⅱ段应与变压器的快速保护（一般是变压器差动保护）相配合，其动作范围不应超过变压器快速保护的范围。设变压器的阻抗为 Z_t，则距离Ⅱ段的整定值应为

$$Z_{set\cdot1}^{II} = K_{REL}^{II}(Z_{AB} + K_{b\cdot min}Z_t) \tag{3.15}$$

式中　K_{REL}^{II}——可靠系数，考虑变压器阻抗误差较大，一般取 0.7 ~ 0.75。

被保护线路末段母线上既有出线又有变压器时，距离Ⅱ段的整定阻抗应分别按上述两种情况计算，取其中的较小者作为整定阻抗。

此外，当被保护线路末端母线上的出线或变压器采用电流速断保护时，应将电流保护的动作范围换算成阻抗，然后用上述公式进行计算。

3）灵敏度校验

距离保护Ⅱ段，应能保护线路的全长，即对于本线路末端发生的短路故障，应具有足够的灵敏度。考虑到各种误差因素，要求灵敏系数应满足

$$K_{sen} = \frac{Z_{set}^{II}}{Z_{AB}} \geqslant 1.25 \tag{3.16}$$

如果 K_{sen} 不满足要求，则距离保护 1 的Ⅱ段应该与相邻元件的保护Ⅱ段相配合，计算的方法与上面类似。

4）动作延时的整定

距离保护Ⅱ段的动作延时，应比与之配合的相邻元件保护动作延时大一个时间级差Δt，即

$$t_1^{II} = t_2^{(X)} + \Delta t \tag{3.17}$$

式中　$t_2^{(X)}$——与本保护配合的相邻元件保护段（X 为Ⅰ或Ⅱ段）最大的动作延时，s。

时间级差Δt 的选取方法与三段式电流保护中的时间级差选取方法一样。

3. 距离保护第Ⅲ段的整定

1）距离保护Ⅲ段的整定阻抗

距离保护第Ⅲ段的整定阻抗，按以下几个原则计算：

（1）按与相邻下级线路距离保护Ⅱ段或Ⅲ段配合整定。

在与相邻下级线路距离保护Ⅱ段配合时，Ⅲ段的整定阻抗为

$$Z_{set\cdot1}^{III} = K_{REL}^{III}(Z_{AB} + K_{b\cdot min}Z_{set\cdot2}^{II}) \tag{3.18}$$

可靠系数 K_{REL}^{III} 的选取方法与Ⅱ段整定中类似，分支系数 K_b 应取各种情况下的最小值。

如果与相邻下级线路距离保护Ⅱ段配合灵敏系数不满足要求，则应该为与相邻下级线路距离保护的Ⅲ段相配合。

（2）按与相邻下级变压器的电流、电压保护配合整定。

计算公式为

$$Z_{\text{set}\cdot 1}^{\text{Ⅲ}} = K_{\text{REL}}^{\text{Ⅲ}}(Z_{\text{AB}} + K_{\text{b}\cdot\min}Z_{\min}) \tag{3.19}$$

式中　$Z_{\min}$——电流、电压保护的最小保护范围对应的阻抗。

（3）按躲过正常运行时的最小负荷阻抗整定。

当线路上的电流最大且母线电压最低时，负荷阻抗最小，其值为

$$Z_{\text{L}\cdot\min} = \frac{\dot{U}_{\text{L}\cdot\min}}{\dot{I}_{\text{L}\cdot\max}} = \frac{(0.9 \sim 0.95)\dot{U}_{\text{N}}}{\dot{I}_{\text{L}\cdot\max}} \tag{3.20}$$

式中　$\dot{U}_{\text{L}\cdot\min}$——正常运行母线电压的最低值，kV；

$\dot{I}_{\text{L}\cdot\max}$——被保护线路最大负荷电流，kA；

$\dot{U}_{\text{N}}$——母线额定相电压，kV。

考虑到电动机自启动的情况下，保护Ⅲ段必须立即返回的要求，若采用全阻抗特性继电器，则整定值为

$$Z_{\text{set}\cdot 1}^{\text{Ⅲ}} = \frac{K_{\text{REL}}}{K_{\text{SS}}K_{\text{r}}}Z_{\text{L}\cdot\min} \tag{3.21}$$

式中　K_{REL}——可靠系数，一般取 0.8 ~ 0.85；

K_{SS}——电动机自启动系数，取 1.5 ~ 2.5；

K_{r}——阻抗测量元件（欠量动作）的返回系数，取 1.15 ~ 1.25。

若采用方向圆特性阻抗继电器，由躲开的负荷阻抗换算成整定阻抗值，整定阻抗可由下式给出

$$Z_{\text{set}\cdot 1}^{\text{Ⅲ}} = \frac{K_{\text{REL}}Z_{\text{L}\cdot\min}}{K_{\text{SS}}K_{\text{r}}\cos(\varphi_{\text{set}} - \varphi_{\text{L}})} \tag{3.22}$$

式中　φ_{set}——整定阻抗的阻抗角；

φ_{L}——负荷阻抗的阻抗角。

按上述三个原则进行计算，取其中的较小值作为距离Ⅲ段的整定阻抗。

当第Ⅲ段采用偏移特性时，反向动作区的大小通常用偏移率来整定，一般情况下，偏移率为 5%左右。

2）灵敏度校验

距离保护的Ⅲ段，既作为本线路Ⅰ、Ⅱ段保护的近后备保护，又作为相邻下一级线路保护的远后备保护，灵敏度应分别进行校验。

作为近后备保护时，按本线路末端短路校验，计算式为

$$K_{\text{sen(1)}} = \frac{Z_{\text{set}}^{\text{Ⅲ}}}{Z_{\text{AB}}} \geqslant 1.5 \tag{3.23}$$

作为远后备保护时，按相邻线路末端短路校验，计算式为

$$K_{\text{sen(2)}} = \frac{Z_{\text{set}}^{\text{Ⅲ}}}{Z_{\text{AB}} + K_{\text{b}\cdot\max}Z_{\text{下}}} \geqslant 1.2 \tag{3.24}$$

式中　$Z_{下}$ ——相邻设备（线路、变压器等）的阻抗；

$K_{b\cdot max}$——分支系数最大值，以保证在各种运行方式下保护动作的灵敏性。

3）动作延时的整定

距离保护Ⅲ段的动作延时，应比与之配合的相邻设备保护动作延时大一个时间级差Δt，但考虑到距离Ⅲ段一般不经振荡闭锁，其动作延时不应该小于最大的振荡周期。

4. 将整定参数换算到二次侧

在上面的计算中，使用的都是一次系统的参数值，实际应用时，应把这些一次系统参数换算至保护接入的二次系统参数值。设电压互感器 TV 的变比为 K_v，电流互感器 TA 的变比为 K_i，系统的一次参数用下标“(1)”标注，二次参数用下标“(2)”标注，则一、二次测量阻抗之间的关系为

$$Z_{m(1)}=\frac{\dot{U}_{m(1)}}{\dot{I}_{m(1)}}=\frac{K_v\dot{U}_{m(2)}}{K_i\dot{I}_{m(2)}}=\frac{K_v}{Kn_i}Z_{m(2)}$$

或
$$Z_{m(2)}=\frac{K_i}{K_v}Z_{m(1)} \tag{3.25}$$

上述计算中得到的整定阻抗，也可以按照类似的方法换算到二次侧，计算式为

$$Z_{set(2)}=\frac{K_i}{K_v}Z_{set(1)} \tag{3.26}$$

5. 整定计算举例

在图 3-17 所示网络中，各线路均装有距离保护，试对其中保护 1 的相间短路距离保护Ⅰ、Ⅱ、Ⅲ段进行整定计算。已知线路 AB 段的最大负荷电流 $I_{D\cdot max}=350$ A，功率因数 $\cos\varphi_D=0.9$，输电线路阻抗率 $z_1=0.4\ \Omega/\text{km}$，阻抗角 $\varphi_L=70°$，电动机的自启动系数 $K_{SS}=1.5$，正常时母线最低工作电压 $U_{L\cdot min}=0.9U_N$（$U_N=110$ kV）。

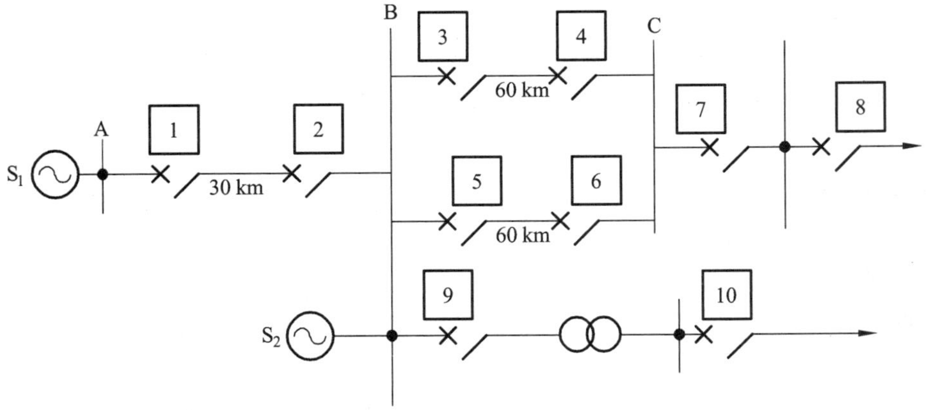

图 3-17　距离保护整定计算实例

解：（1）各线路阻抗值的计算。

AB 段线路的阻抗：$Z_{AB}=0.4\times30=12$（Ω）

BC 段线路的阻抗：$Z_{BC}=0.4\times60=24$（Ω）

变压器的等值阻抗：$Z_{T}=\frac{U_{K}\%}{100}\times\frac{U_{T}^{2}}{S_{T}}=\frac{10.5}{100}\times\frac{115^{2}}{31.5}=44.1$（Ω）

（2）距离Ⅰ段的整定校验。

① 整定阻抗：

$$Z_{set}^{I}=K_{REL}^{I}z_{1}L_{AB}=0.85\times 12=10.2\text{（Ω）}$$

② 动作延时：

$$t_{I}=0\ \text{s}$$

（第Ⅰ段实际动作时间为保护装置固有的动作延时）

（3）距离Ⅱ段的整定校验。

① 整定阻抗：按下列两个条件选择：

a. 与相邻下级最短线路 BC 段的保护 3 的Ⅰ段配合，整定阻抗计算公式：

$$Z_{set\cdot 1}^{II}=K_{REL}^{II}(Z_{AB}+K_{b\cdot min}Z_{set\cdot 2}^{I})$$

其中，$K_{REL}^{I}=0.85$，$K_{REL}^{II}=0.8$，$Z_{set\cdot 2}^{I}=K_{REL}^{I}Z_{BC}=0.85\times 24=20.4$（Ω）。

$K_{b\cdot min}$ 为保护 3 的Ⅰ段末段发生短路时对保护 1 的最小分支系数，如图 3-18 所示，当保护 3 的Ⅰ段末端 K_1 点短路时，分支系数计算如下：

$$K_{b}=\frac{I_{2}}{I_{1}}=\frac{X_{S1}+X_{AB}+X_{S2}}{X_{S2}}\times\frac{(1+0.15)Z_{BC}}{2Z_{BC}}=\left(\frac{X_{S1}+X_{AB}}{X_{S2}}+1\right)\times\frac{1.15}{2}$$

可以看出，为了得出最小的分支系数 $K_{b\cdot min}$，上式中 X_{S1} 应取可能最小值，即应取电源 S_1 的最大运行方式下的等值阻抗 $X_{S1\cdot min}$，而 X_{S2} 应取可能最大值，即应取电源 S_2 的最小运行方式下的最大等值阻抗 $X_{S2\cdot max}$，相邻双回路线路应投入，因而

$$K_{b\cdot min}=\left(\frac{20+12}{30}+1\right)\times\frac{1.15}{2}=1.19$$

带入阻抗整定计算 $Z_{set\cdot 1}^{II}=K_{REL}^{II}(Z_{AB}+K_{b\cdot min}Z_{set\cdot 2}^{I})=0.8\times(12+1.19\times 20.4)=29$（Ω）。

b. 按躲开相邻变压器低压侧出口 K_2 点短路整定（变压器装有差动保护）

$$Z_{set\cdot 1}^{I}=K_{REL}^{II}(Z_{AB}+K_{b\cdot min}Z_{t})$$

此处分支系数 $K_{b\cdot min}$ 为在相邻变压器出口 K_2 点短路时对保护 1 的最小分支系数，由图 3-18 可见

$$K_{b\cdot min}=\frac{X_{S1\cdot min}+Z_{AB}}{X_{S2\cdot max}}+1=\frac{20+12}{30}+1=2.07$$

于是，$Z_{set\cdot 1}^{II}=K_{REL}^{II}(Z_{AB}+K_{b\cdot min}Z_{t})=0.7\times(12+2.07\times 44.1)=72.3$（Ω）。

取以上两个计算值中较小的一个为距离Ⅱ段整定值，即取 $Z_{set\cdot 1}^{II}=29\ \Omega$。

② 灵敏度校验：按本线路末端短路求灵敏系数为

$$K_{sen}=\frac{Z_{set}^{II}}{Z_{AB}}=\frac{29}{12}=2.47>1.25$$

满足要求。

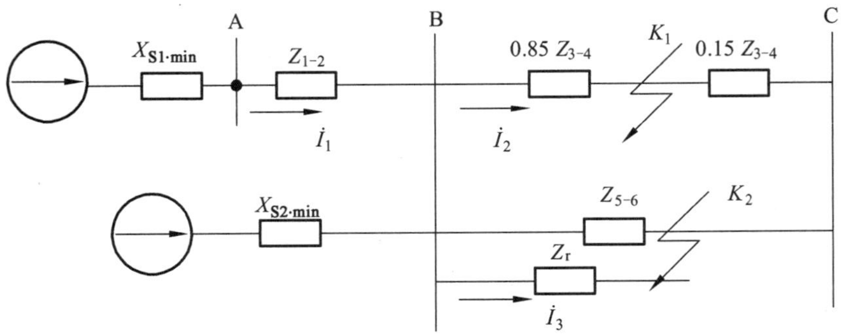

图 3-18　整定距离Ⅱ段时求 $K_{b\cdot min}$ 的等值电路

③ 动作延时，与相邻保护 3 的Ⅰ段配合，则

$$t_1^{Ⅱ} = t_3^{Ⅰ} + \Delta t = 0.5\text{（s）}$$

它能同时满足与相邻保护以及与相邻变压器保护配合的要求。

（4）距离Ⅲ段的整定校验。

① 整定阻抗，按躲开最小负荷阻抗整定

$$Z_{L\cdot min} = \frac{\dot{U}_{L\cdot min}}{\dot{I}_{D\cdot max}} = \frac{0.9\times110}{\sqrt{3}\times0.35} = 163.5\text{（}\Omega\text{）}$$

因为继电器取为相间接线方式的方向阻抗继电器，所以计算公式为

$$Z_{set\cdot1}^{Ⅲ} = \frac{K_{REL}Z_{L\cdot min}}{K_{SS}K_r\cos(\varphi_{set}-\varphi_L)}$$

其中，$K_{REL} = 0.83$，$K_{SS} = 1.5$，$K_r = 1.15$，$\varphi_{set} = 70°$，$\varphi_D = \arccos(0.9) = 25.8°$，于是

$$Z_{set\cdot1}^{Ⅲ} = \frac{K_{REL}Z_{L\cdot min}}{K_{SS}K_r\cos(\varphi_{set}-\varphi_L)} = \frac{0.83\times163.5}{1.15\times1.5\times\cos(70°-25.8°)} = 110.2\text{（}\Omega\text{）}$$

② 灵敏性校验。

a. 本线路末端短路时的灵敏系数为

$$K_{sen(1)} = \frac{Z_{set}^{Ⅲ}}{Z_{AB}} = \frac{110.2}{12} = 9.18 > 1.5$$

满足要求。

b. 相邻元件末端短路时的灵敏系数。图 3-19 所示相邻线路末端短路时的灵敏系数，计算公式为

$$K_{sen(2)} = \frac{Z_{set}^{Ⅲ}}{Z_{AB} + K_{b\cdot max}Z_{下}} \geqslant 1.2$$

取 X_{S1} 的可能最大值为 $X_{S1\cdot max}$，X_{S2} 的可能最小值为 $X_{S2\cdot min}$，而相邻平行线取单回线运行，则

$$K_{b\cdot max}=\frac{I_2}{I_1}=\frac{X_{S1\cdot max}+Z_{AB}}{X_{S2\cdot min}}+1=\frac{25+12}{25}+1=2.48$$

于是

$$K_{sen(2)}=\frac{Z_{set}^{Ⅲ}}{Z_{AB}+K_{b\cdot max}Z_{下}}=\frac{110.2}{12+2.48\times 24}=1.54>1.2$$

满足要求。

相邻变压器低压侧出口 K_2 点短路时的灵敏系数校验计算中，最大分值系数为

$$K_{b\cdot max}=\frac{I_3}{I_1}=\frac{X_{S1\cdot max}+Z_{AB}}{X_{S2\cdot min}}+1=\frac{25+12}{25}+1=2.48$$

于是

$$K_{sen(2)}=\frac{Z_{set}^{Ⅲ}}{Z_{AB}+K_{b\cdot max}Z_{下}}=\frac{110.2}{12+2.48\times 44.1}=0.9<1.2$$

不满足要求。

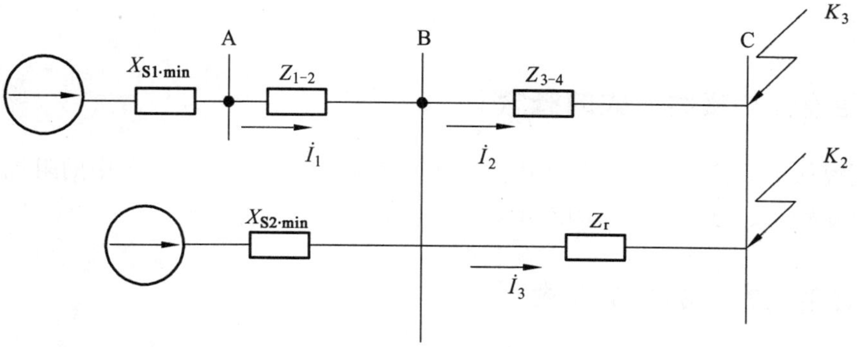

图 3-19　距离保护Ⅲ段灵敏度校验时求 $K_{b\cdot max}$ 的等值电路

③ 动作延时为

$$t_1^{Ⅲ}=t_8^{Ⅲ}+3\Delta t \text{ 或 } t_1^{Ⅲ}=t_{10}^{Ⅲ}+2\Delta t$$

取其中较长者

$$t_1^{Ⅲ}=t_{10}^{Ⅲ}+2\Delta t=1.5+2\times 0.5=2.5\ (\text{s})$$

二、对距离保护的评价

根据上述分析和实际运行经验，对距离保护可以做如下的评价：

（1）由于同时利用了短路时电压、电流的变化特征，通过测量故障阻抗来确定故障所处的范围，保护区稳定，灵敏度高，动作情况受电网运行方式变化的影响小，能够在多侧电源的高压及超高压复杂供电系统中应用，铁路电力牵引供电系统也多用采用距离保护。

（2）由于只利用了线路一侧短路时电压、电流的变化特征，距离保护Ⅰ段的整定范围为

线路全长的 80%～85%，这样在双侧电源线路中，有 30%～40%的区域内故障时，只有一侧的保护能无延时地动作，另一侧保护需经 0.5 s 的延时后跳闸；在 220 kV 及以上电压等级的网络中，有时候不能满足电力系统稳定性对短路切除快速性的要求，因而，还应配备能够全线快速切除故障的纵联保护。

（3）距离保护的阻抗测量原理，除可以应用于输电线路的保护外，还可以应用于发电机、变压器保护中，作为后备保护。

（4）相对于电流、电压保护来说，距离保护的构成、接线和算法都比较复杂，装置自身的可靠性稍差。

第四节　距离保护的接线方式

【知识及能力目标】

1. 了解距离保护接线方式的基本要求；
2. 掌握相间短路阻抗继电器的接线方式；
3. 掌握接地短路阻抗继电器的接线方式；

一、距离保护接线方式的概念

所谓距离保护的接线方式，是指用于三相电力系统的距离保护装置中的阻抗继电器，与相应的电流互感器、电压互感器的连接。

二、对接线方式的基本要求

根据距离保护的工作原理，加入继电器的电压 U 与电流 I 应满足以下要求：

（1）阻抗继电器的测量阻抗 Z_K 正比于短路点到保护安装地点的距离，即 $Z_K \propto L$。

（2）阻抗继电器的测量阻抗 Z_K 应与短路故障类型无关，即保护范围不随故障类型而变化。

三、相间短路阻抗继电器的 0°接线方式

当阻抗继电器加入的电压和电流分别为 $\dot{U}_{AB}$ 和 $\dot{I}_A - \dot{I}_B$ 也即加入阻抗继电器的电压和电流分别为线电压和两相电流差时，称之为“0°接线”。若阻抗继电器加入的电压和电流分别为 $\dot{U}_{AB}$ 和 $\dot{I}_A$ 也即加入阻抗继电器的电压和电流分别为线电压和相电流时，称之为“+30°接线”。对相间短路阻抗继电器 30°接线方式应用很少，本书只介绍 0°接线方式，这是在距离保护中广泛采用的接线方式。根据表 3-1 所示的关系，对各种相间短路时继电器的测量阻抗进行分析。在此，测量阻抗 Z_K 仍用电力系统的一次阻抗表示，也可认为电流互感器和电压互感器的变比 $K_i = K_v = 1$。

表 3-1　阻抗继电器采用不同接线方式时，接入的电压与电流

接线方式	继电器					
	KZ_1		KZ_2		KZ_3	
	$\dot{U}_Z$	$\dot{I}_Z$	$\dot{U}_Z$	$\dot{I}_Z$	$\dot{U}_Z$	$\dot{I}_Z$
0°接线	$\dot{U}_{AB}$	$\dot{I}_A-\dot{I}_B$	$\dot{U}_{BC}$	$\dot{I}_B-\dot{I}_C$	$\dot{U}_{CA}$	$\dot{I}_C-\dot{I}_A$
+30°接线	$\dot{U}_{AB}$	$\dot{I}_A$	$\dot{U}_{BC}$	$\dot{I}_B$	$\dot{U}_{CA}$	$\dot{I}_C$
−30°接线	$\dot{U}_{AB}$	$-\dot{I}_B$	$\dot{U}_{BC}$	$-\dot{I}_C$	$\dot{U}_{CA}$	$\dot{I}_A$

1. 三相短路

如图 3-20 所示，三相短路时，三相仍然是对称的，三个阻抗继电器的工作情况完全相同。设线路单位长度的阻抗为 Z_1，短路点 K 至阻抗继电器的距离为 L，则每相阻抗为 Z_1L，输入到阻抗继电器的电压和电流分别为

$$\begin{aligned}&\dot{U}_K=\dot{U}_{AB}=\dot{U}_A-\dot{U}_B=\dot{I}_AZ_1L-\dot{I}_BZ_1L=(\dot{I}_A-\dot{I}_B)Z_1L\\&\dot{I}_K=\dot{I}_A-\dot{I}_B\end{aligned} \tag{3.27}$$

因此在三相短路时，继电器 KZ_1 的测量阻抗为

$$Z_K=\frac{\dot{U}_K}{\dot{I}_K}=\frac{\dot{U}_{AB}}{\dot{I}_A-\dot{I}_B}=Z_1L \tag{3.28}$$

从式（3.28）看出，在电力系统三相短路时，阻抗继电器的测量阻抗均等于短路点到阻抗继电器之间的阻抗，三个继电器均能动作。

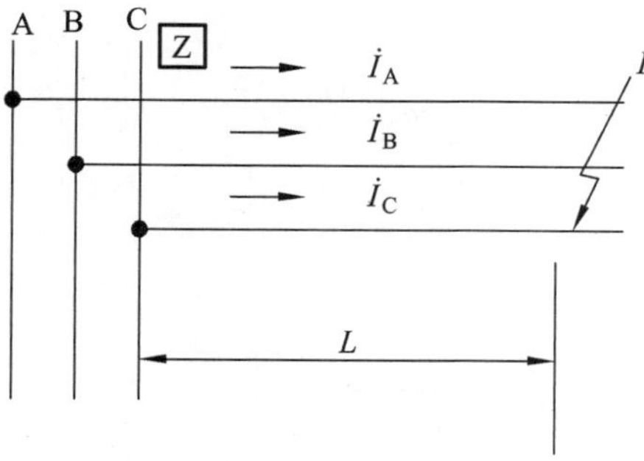

图 3-20　三相短路的情况

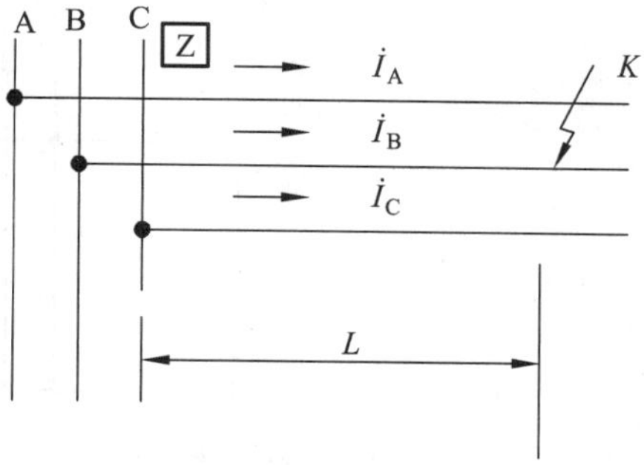

图 3-21　两相短路的情况

2. 两相短路

如图 3-21 所示，以 AB 两相短路为例，则输入到继电器的电压和电流分别为

$$\begin{aligned}&\dot{U}_K=\dot{U}_{AB}=\dot{U}_A-\dot{U}_B=\dot{I}_AZ_1L-\dot{I}_BZ_1L=(\dot{I}_A-\dot{I}_B)Z_1L\\&\dot{I}_K=\dot{I}_A-\dot{I}_B\end{aligned} \tag{3.29}$$

因此在两相短路时，继电器 KZ_1 的测量阻抗为

$$Z_K=\frac{\dot{U}_K}{\dot{I}_K}=\frac{\dot{U}_{AB}}{\dot{I}_A-\dot{I}_B}=Z_1L \tag{3.30}$$

从式（3.30）看出，在电力系统两相短路时，阻抗继电器的测量阻抗均等于短路点到阻抗继电器之间的阻抗，KZ_1能正确动作。

在 A、B 两相短路时，对继电器 KZ_2 和 KZ_3 来说，由于所加电压为非故障相间的电压，数值比 U_{AB} 高，而电流又只有一个故障相的电流，数值比 $\dot{I}_A-\dot{I}_B$ 小，因此其测量阻抗也较大，也就是说它们不能正确地测量保护安装地点到短路点的阻抗，因此不能启动。那么在 B、C 两相短路时，只有 KZ_2 能够正确动作。在 C、A 两相短路时，只有 KZ_3 能够正确动作。由此可见，当两相短路时，只有接入两故障相相间电压与两故障相电流差的阻抗继电器，才能正确地反应短路点至保护装置安装处的距离而动作，其余两个阻抗继电器由于测量阻抗数值很大而不能动作。因此，为了使各种两相短路都得到可靠的保护，用于三相电力系统的距离保护装置需要装设三个阻抗继电器。

3. 中性点直接接地电网中的两相接地短路

如图 3-22 所示，还是以 A、B 两相故障为例，它与两相短路不同之处是地中有电流流回，因此 $\dot{I}_A \neq \dot{I}_B$。此时可以把 A 相和 B 相看成两个“导线—地”的送电线路，彼此间通过互感耦合。设用 Z_L 表示输电线每千米的自感阻抗，Z_M 表示每千米的互感阻抗，那么保护安装地点的故障相电压应为

$$\begin{aligned}\dot{U}_A &= \dot{I}_A Z_L L + \dot{I}_B Z_M L \\ \dot{U}_B &= \dot{I}_B Z_L L + \dot{I}_A Z_M L\end{aligned} \tag{3.31}$$

此时，继电器 KZ_1 的测量阻抗为

$$Z_K = \frac{\dot{U}_K}{\dot{I}_K} = \frac{\dot{U}_{AB}}{\dot{I}_A-\dot{I}_B} = \frac{(\dot{I}_A-\dot{I}_B)(Z_L-Z_M)L}{\dot{I}_A-\dot{I}_B} = (Z_L-Z_M)L = Z_1 L \tag{3.32}$$

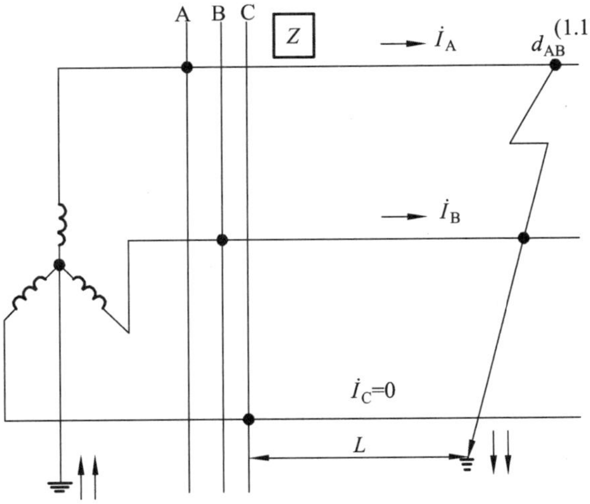

图 3-22　两相接地短路

由上式可见，当发生 A、B 两相接地短路时，KZ_1 的测量阻抗与三相短路时相同，保护能够正确动作。

这种距离保护接线方式，对于被保护线路某一点发生的各种相间短路，至少有一个阻抗继电器的测量阻抗与短路点至保护安装处的距离成正比而正确动作，从而使保护装置能正确

反应各种相间短路，实现保护要求。

四、接地短路阻抗继电器的接线方式

在中性点直接接地的电网中，当零序电流保护不能满足要求时，一般考虑采用接地距离保护，它的主要任务是正确反应这个电网中的接地短路。

在单相接地时，只有故障相的电压降低，电流增大，而任何相间电压都是很高的，因此，从原则上看，应该将故障相的电压和电流加入继电器中。但若如此接线继电器，则不能准确的测量从短路点到保护安装处之间的阻抗，因此实际应用中并不采用。

为了使继电器的测量阻抗在单相接地时不受$\dot{I}_0$影响，应该给阻抗继电器加入如下的电压和电流：

$$\left.\begin{aligned}\dot{U}_Z &= \dot{U}_{\mathrm{A}} \\ \dot{I}_Z &= \dot{I}_{\mathrm{A}} + \dot{I}_0\frac{Z_0 - Z_1}{Z_1} = \dot{I}_{\mathrm{A}} + K3\dot{I}_0\end{aligned}\right\} \tag{3.33}$$

式中，$K = \dfrac{Z_0 - Z_1}{3Z_1}$一般可近似认为零序阻抗角和正序阻抗角相等，因而$K$是一个实数，这样，继电器的测量阻抗将是

$$Z_{\mathrm{K}} = \frac{\dot{U}_Z}{\dot{I}_Z} = \frac{Z_1L(\dot{I}_{\mathrm{A}} + K3\dot{I}_0)}{\dot{I}_{\mathrm{A}} + K3\dot{I}_0} = Z_1L \tag{3.34}$$

它能正确地测量从短路点到保护安装处之间的阻抗，并与相间短路的阻抗继电器所测量的阻抗为同一数值，因此这种接线得到了广泛应用。为了反应任一相的单相接地短路，接地距离保护也必须采用三个阻抗继电器，其接线方式分别为$\dot{U}_{\mathrm{A}}$、$\dot{I}_{\mathrm{A}} + K3\dot{I}_0$；$\dot{U}_{\mathrm{B}}$、$\dot{I}_{\mathrm{B}} + K3\dot{I}_0$；$\dot{U}_{\mathrm{C}}$、$\dot{I}_{\mathrm{C}} + K3\dot{I}_0$。

这种接线方式同样能够反应于两相接地短路和三相短路，此时接于故障相的阻抗继电器的测量阻抗也是Z_1L。

第五节　影响距离保护正确工作的因素和防止措施

【知识及能力目标】

1. 了解影响距离保护的各种因素；
2. 掌握保证距离保护正确工作的各种措施。

在实际运行中的阻抗继电器，会受到各种因素的干扰而引起误动作，为了防止非短路的不正常状态引起距离保护误动作，必须采取必要措施。

一、短路点过渡电阻对距离保护的影响及防止措施

电力系统中的短路一般都不是金属性的，而是在短路点存在过渡电阻。此过渡电阻的存

在，将使距离保护的测量阻抗发生变化，一般情况下是使保护范围缩短，但有时候也会导致距离保护的超范围动作或反方向动作。

1. 短路点过渡电阻的性质

短路点的过渡电阻 R_g 是指当相间短路或接地短路时，短路电流从一相流到另一相或从相导线流入地的途径中所通过的物质的电阻，包括电弧电阻、中间物质的电阻、相导线与地之间的接触电阻、金属杆塔的接地电阻等。在一般情况下，短路初瞬间，电弧电流最大，弧长最短，电弧电阻 R_g 最小。几个周期后，在风吹、空气对流和电动力等作用下，电弧逐渐伸长，弧阻 R_g 有急速增大的趋势。

在相间短路时，过渡电阻主要由电弧电阻构成；在接地短路时，过渡电阻主要由铁塔及其接地电阻构成，其接地电阻与大地的导电率有关。对于跨越山区的高压线路，铁塔的接地电阻可达数十欧姆。

2. 单侧电源线路上过渡电阻的影响

如图 3-23 所示，短路点的过渡电阻 R_g 总是使继电器的测量阻抗增大，使保护范围缩小。

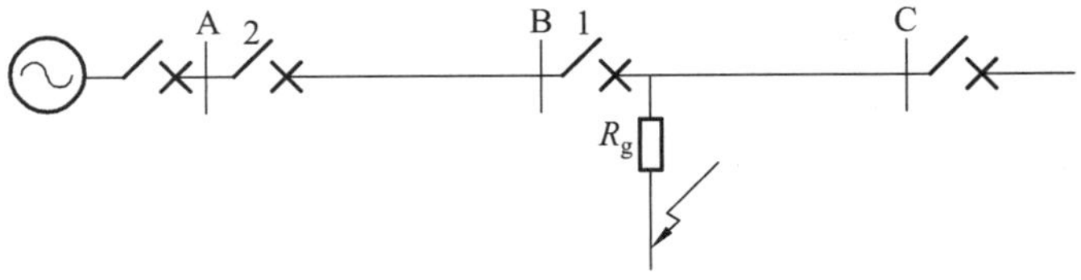

图 3-23　单侧电源线路经过渡电阻 R_g 短路的等效图

然而，由于过渡电阻对不同安装地点的保护影响不同，在某些情况下，可能导致保护无选择性动作。例如，当线路 B、C 的始端经 R_g 短路，则保护 1 的测量阻抗为 $Z_{K1}=R_g$，保护 2 的测量阻抗为 $Z_{K2}=Z_{AB}+R_g$，由图 3-23 可见，由于 Z_{K2} 是 Z_{AB} 与 R_g 的之和，因此数值比没有 R_g 时增大不多，也就是说测量阻抗受 R_g 影响较小。这样当 R_g 较大时，就可能出现 Z_{K1} 已超出保护 1 第 Ⅰ 段整定的特性圆范围，而 Z_{K2} 仍位于保护 2 第 Ⅱ 段整定的特性圆范围以内的情况。此时两个保护将同时以第 Ⅱ 段的时限动作，从而失去了选择性。

由以上分析可见，保护装置距离短路点越近时，受过渡电阻的影响越大；同时保护装置的整定值越小，则相对地受过渡电阻的影响也越大。因此短线路的距离保护应特别注意过渡电阻的影响。

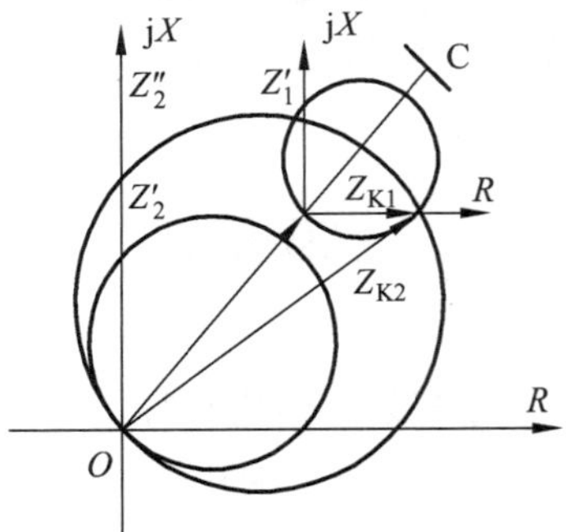

图 3-24　过渡电阻对距离保护影响分析

3. 双侧电源线路上过渡电阻的影响

如图 3-25 所示双侧电源线路上，短路点的过渡电阻还可能使某些保护的测量阻抗减小。

如在线路 BC 的始端经过渡电阻 R_g 三相短路时，$\dot{I}'_K$ 和 $\dot{I}''_K$ 分别为两侧电源供给的短路电流，则流经 R_g 的电流为 $\dot{I}_K=\dot{I}'_K+\dot{I}''_K$，此时变电所 A 和 B 母线上的残余电压为

$$\dot{U}_B = \dot{I}_K R_g \tag{3.35}$$

$$\dot{U}_A = \dot{I}_K R_g + \dot{I}'_K Z_{AB} \tag{3.36}$$

则保护 1 和保护 2 的测量阻抗为

$$Z_{K1} = \frac{\dot{U}_B}{\dot{I}'_K} = \frac{\dot{I}_K}{\dot{I}'_K} R_g = \frac{I_K}{I'_K} R_g e^{j\alpha} \tag{3.37}$$

$$Z_{K2} = \frac{\dot{U}_A}{\dot{I}'_K} = Z_{AB} + \frac{I_K}{I'_K} R_g e^{j\alpha} \tag{3.38}$$

此处 α 表示 $\dot{I}_K$ 超前于 $\dot{I}'_K$ 的角度。当 α 为正时，测量阻抗的电抗部分增大，而当 α 为负时，测量阻抗的电抗部分减小，此时可能引起某些保护的无选择性动作。

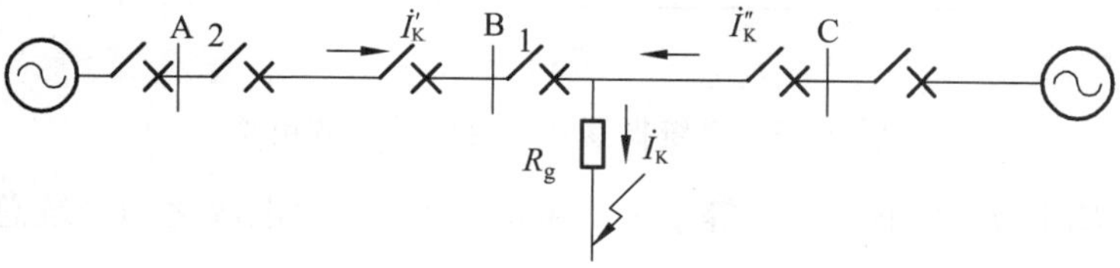

图 3-25　双侧电源线路经过 R_g 短路的接线图

4. 防止过渡电阻影响的措施

（1）采用能容许较大的过渡电阻而不致拒动的阻抗继电器，可防止过渡电阻对继电器工作的影响。例如偏移特性阻抗继电器、四边形特性阻抗继电器等。它们的动作特性沿+R 轴方向的面积大一些，可以在出现较大的过渡电阻时，不至于出现拒动现象。

（2）还可以利用瞬时测定电路来固定测量元件的动作。相间短路时，过渡电阻主要是电弧电阻，其数值在短路瞬间（0.1 ~ 0.15 s）最小，之后电弧拉长，过渡电阻增大。因此可在距离保护的第Ⅱ段采用瞬时测量装置，将短路瞬间的测量阻抗值固定下来，使 R_g 减至最小，即继电器测量到的短路阻抗几乎不含有过渡电阻的存在。瞬时测定电路的原理接线如图 3-26 所示。这种方法只能用于反应相间短路的阻抗继电器。在接地短路情况下，电弧电阻只占过渡电阻的很小部分，这种方法不会起很大作用。

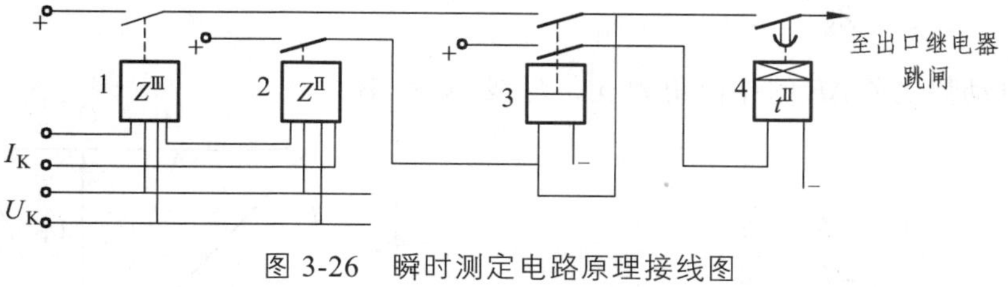

图 3-26　瞬时测定电路原理接线图

二、电力系统振荡对距离保护的影响及防止措施

1. 电力系统振荡时的特性

电力系统由于输电线路输送功率过大，无功功率不足而引起系统电压降低、短路故障切除缓慢或非同步自动重合闸不成功都可能引起系统振荡。

以单相双侧电源供电系统为例来分析电力系统振荡时的电流和电压，如图 3-27 所示。

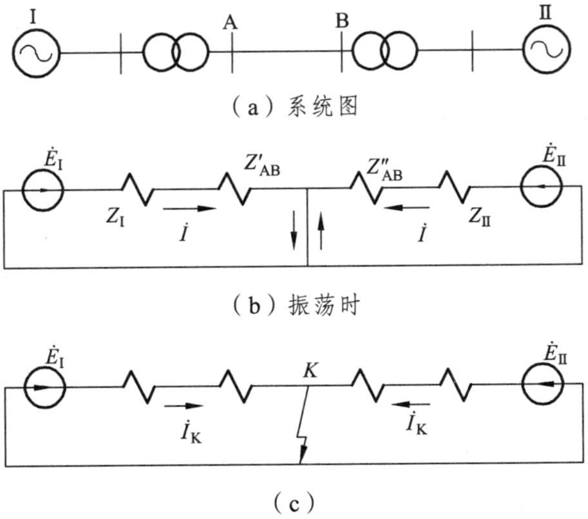

图 3-27　系统振荡和短路时的等效电路

设两侧电源 E_{I} 和 E_{II} 大小相等，等于 E，相角差为 δ，两电源之间系统总阻抗为

$$Z_{\Sigma}=Z_{\text{I}}+Z_{\text{II}}+Z_{AB} \tag{3.39}$$

式中　Z_{I} ——电源Ⅰ的阻抗；

Z_{II} ——电源Ⅱ的阻抗；

Z_{AB} ——母线 A、B 间线路的阻抗。

振荡时，三相对称，不考虑负荷电流，则振荡电流为

$$\dot{I}=\frac{\dot{E}_{\text{I}}-\dot{E}_{\text{II}}}{Z_{\Sigma}}=\frac{\Delta\dot{E}}{Z_{\Sigma}} \tag{3.40}$$

各点电压、电流相量关系如图 3-28 所示，从图中看出 $\Delta E=2E\sin\frac{\delta}{2}$，那么振荡电流的有效值为

$$I=\frac{2E}{Z_{\Sigma}}\sin\frac{\delta}{2} \tag{3-41}$$

电流 $\dot{I}$ 电动势之差 $\Delta\dot{E}$ 的相位角为 φ_e，母线 A 和 B 电压为

$$\begin{aligned}\dot{U}_A&=E_{\text{I}}-\dot{I}Z_{\text{I}}\\ \dot{U}_B&=E_{\text{II}}+\dot{I}Z_{\text{II}}\end{aligned} \tag{3-42}$$

$\dot{U}_0$ 为线路中电压最低点，O 点为系统的振荡中心，$\dot{U}_0$ 的有效值为

$$U_0=E\cos\frac{\delta}{2} \tag{3-43}$$

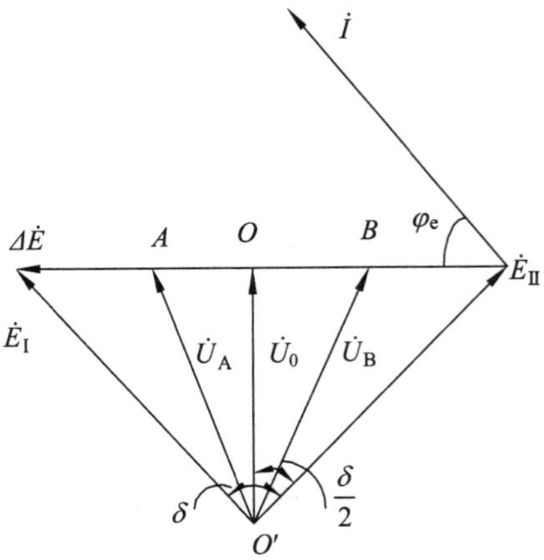

图 3-28　各点电压、电流相量

从上述分析可知，电力系统振荡时，电流、电压都是随着 δ 的变化而变化的。电力系统

的振荡和短路虽有共同点，但也有不同点：

（1）振荡时，电流和各点电压的幅值均作周期性变化，只在$\delta = 180°$时才出现最严重的现象；而短路后的短路电流和电压值，是不变的。此外，振荡时电流和各点电压幅值的变化速度慢，而短路时电流是突然增大的，电压也突然降低，变化速度很快。

（2）振荡时，任一点电流与电压之间的相位关系都随δ的变化而变化；而短路时，电流和电压之间的相位是不变的。

（3）振荡时，三相完全对称，电力系统中没有负序分量；而当短路时，总要长期或瞬间出现负序分量。

2. 电力系统振荡对距离保护的影响

当电力系统中发生同步振荡或异步运行时，各点的电压、电流和功率的幅值和相位都将发生周期性的变化。阻抗继电器输入的测量阻抗也将发生周期性变化。当测量阻抗达到动作区时，距离保护就会发生误动作。因此对距离保护必须考虑电力系统同步振荡或异步运行对其工作的影响。

3. 防止电力系统振荡影响的措施

采用振荡闭锁装置来避免电力系统振荡对距离保护产生的误动作。在电力系统发生振荡时，振荡闭锁装置动作，将距离保护装置闭锁。对振荡闭锁装置的基本要求如下：

（1）当电力系统只发生振荡时，应可靠的将保护闭锁，且振荡不停止，闭锁不解除；

（2）电力系统发生各种类型的短路故障时，距离保护应不被闭锁而能可靠地动作；

（3）在电力系统振荡的过程中发生故障时，保护应能正确的动作；

（4）系统在先故障而后发生振荡时，保护应该有选择性地动作。

根据以分析，振荡闭锁回路从原理上可分为两种，一种是利用负序分量的出现与否来实现；另一种是利用电流、电压或测量阻抗的变化速度的不同来实现。

1）利用负序电流启动的振荡闭锁回路

为了提高保护动作的可靠性，在系统没有故障时，一般距离保护一直处于闭锁状态。当系统发生故障时，短时开放距离保护允许保护出口跳闸成为短时开放。若在开放的时间内阻抗继电器动作，说明故障点位于阻抗继电器的动作范围之内，将故障线路跳开；若在开放时间内阻抗继电器不动作，则说明故障不在保护区内，重新将保护闭锁。启动元件是实现振荡闭锁的关键元件。下面介绍一种负序电流继电器 KAN 作为启动元件，负序电流继电器原理接线如图 3-29 所示。

该装置主要由负序电流滤过器、五次谐波滤过器、负序动作电流整定装置、整流电路、执行继电器等组成。负序电流滤过器由变流器 UA、电抗变压器 TX 和变阻器 R 组成。UA 一次侧有两个线圈 W_1 和 W_2，其匝数比为 3∶1；TX 一次侧有三个线圈 W_1'、W_2'、W_3'，其匝数比为 n∶1∶1（$n<1$），此时 $\dot{U}_2 = \dot{U}_R - \dot{U}_{BC}$。五次谐波滤波器用以消除五次谐波电流的影响；负序动作电流整定装置用来调节负序电流继电器的动作电流；执行继电器用来输出启动信号。

只有负序电流通入负序电流滤过器时，其输出电压 $\dot{U}_2 \approx 2\left|\dot{U}_R\right|$，执行继电器才动作，即负序电流继电器动作。

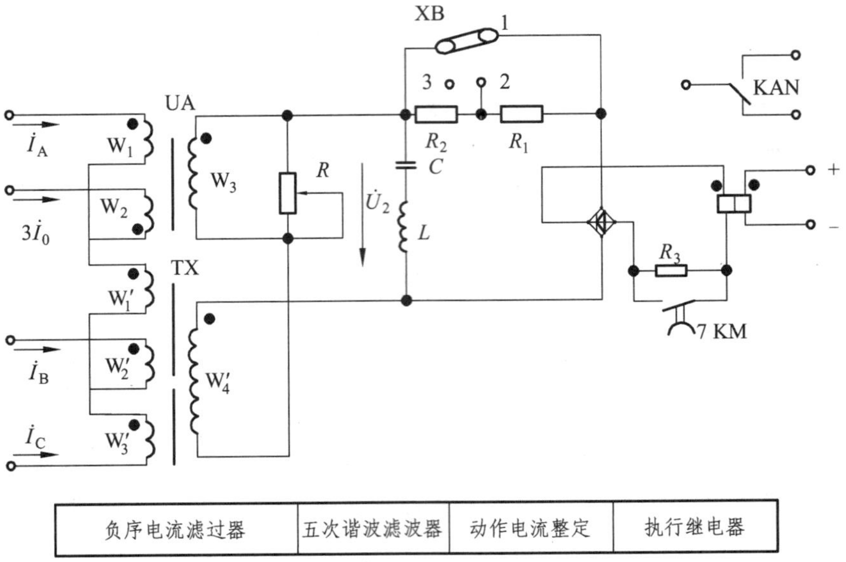

图 3-29　负序电流启动元件原理图

由 KAN 继电器作启动元件构成的振荡闭锁装置原理图如图 3-30 所示。启动元件与整组复归元件在系统正常运行或因静态稳定被破坏时都不会动作，这时双稳态触发器 SW 以及单稳态触发器 DW 都不会动作，保护装置的Ⅰ段和Ⅱ段都被闭锁，无论阻抗继电器本身是否动作，保护都不可能动作跳闸，即不会发生误动。电力系统发生故障时，故障判断的启动元件立即动作，动作信号经双稳态触发器 SW 记忆下来，直至整组复归。SW 输出的信号，又经单稳态触发器 DW，输出时间宽度固定为 T_{DW} 的短脉冲。在 T_{DW} 时间内若阻抗判别元件的Ⅰ段和Ⅱ段动作，则允许保护无延时或有延时动作；若在 T_{DW} 时间内阻抗判别元件的Ⅰ段和Ⅱ段没有动作，保护将闭锁直至满足整组复归条件，准备下次开放保护。

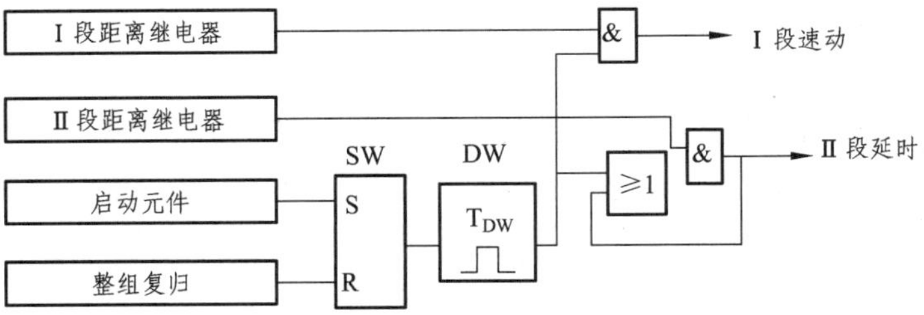

图 3-30　振荡闭锁装置原理图

2）反应测量阻抗变化速度的振荡闭锁回路

在三段式距离保护中，当Ⅰ段、Ⅱ段采用方向阻抗继电器，其Ⅲ段采用偏移特性阻抗继电器时，其整定值的配合存在 $Z_{\mathrm{I}}<Z_{\mathrm{II}}<Z_{\mathrm{III}}$的关系。可利用振荡时各段动作时间不同的特点构成振荡闭锁。

当系统发生振荡且振荡中心位于保护范围以内时，由于测量阻抗逐渐减小，因此 Z_{III}先启动，Z_{II}再启动，最后 Z_{I}启动。因此实现这种振荡闭锁回路的基本原则是：当 $Z_{\mathrm{I}} \sim Z_{\mathrm{III}}$同时启动时，允许 Z_{I}、Z_{II}动作于跳闸；当 Z_{III}先启动，经 t_0 延时后 Z_{II}、Z_{I}才启动时，则把 Z_{I}和 Z_{II}闭锁，不允许它们动作于跳闸。按这种原则构成的振荡闭锁回路结构如图 3-31 所示。

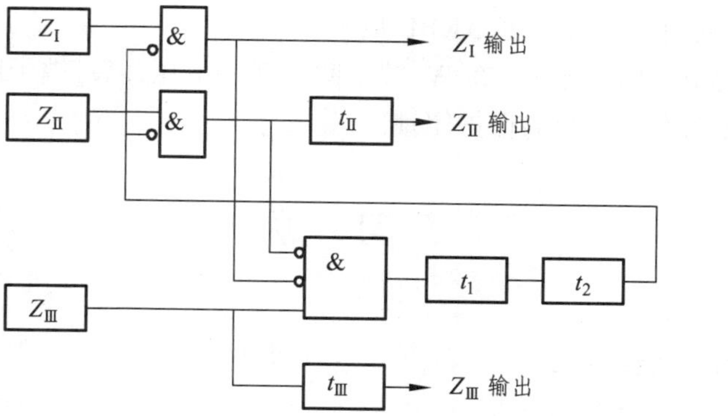

图 3-31 反应测量阻抗变化速度的振荡闭锁回路结构框图

三、电压互感器回路断线对距离保护的影响及防止措施

1. 电压互感器回路断线对距离保护装置的影响

当电压互感器二次回路断线时，距离保护将失去电压，在负荷电流的作用下，阻抗继电器的测量阻抗为零，可能引起距离保护的误动作，为此，必须采用断线闭锁装置。当电压互感器二次回路断线时，断线闭锁装置动作，将距离保护装置闭锁。这样可防止距离保护装置因电压互感器回路断线而引起的误动作。

2. 断线闭锁装置 KBL 原理

1）对断线闭锁装置的要求

在系统正常工作时，KBL 不应动作，以保证距离保护装置不受闭锁；当电力系统发生短路故障时，KBL 不应动作，距离保护装置不受闭锁；当电压互感器回路断线时，KBL 应动作，将距离保护装置闭锁，避免误动作，同时发出断线信号。

2）断线闭锁装置 KBL 的结构

断线闭锁装置 KBL 的原理接线如图 3-32 所示。

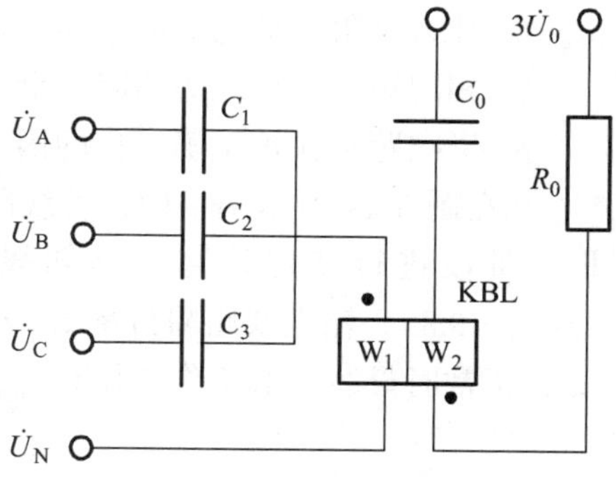

图 3-32 断线闭锁装置 KBL 原理图

KBL 的执行元件是一个瞬时动作的电磁型继电器，它由两个线圈 W_1 和 W_2 构成，按磁平衡原理构成，线圈 W_1 经过三个电容器 C_1、C_2 和 C_3 接到电压互感器的二次回路，线圈 W_2 经电容器 C_0 和电阻 R_0，接到电压互感器二次回路开口三角形侧。

W_1 和 W_2 的匝数比与极性，以及电容、电阻的参数选择关系为：当电力系统中有零序电压时，W_1 和 W_2 产生的零序安匝大小相等，方向相反，即综合磁势为零，KBL 不动作。

3）KBL 动作原理

正常运行时，线圈 W_1、W_2 端子间都没有零序电压，KBL 不动作。

电力系统发生两相或三相短路时，不产生零序分量，所以 W_1、W_2 端子间都没有零序电压，KBL 也不动作。电力系统发生接地故障时，有零序电流和零序电压产生，但 W_1、W_2 线圈匝数和极性选择使得总磁势为零，KBL 也不动作。

电压互感器回路发生断线时，在 W_1 端子间有零序电压，W_2 端子间没有零序电压，综合磁势不为零，KBL 动作，将距离保护闭锁。

习　题

一、填空题

1. 电流保护的主要优点是（　　）、（　　）及（　　），但是它很难实现（　　）、（　　）以及（　　）的要求。

2. 当系统的运行方式发生变化时，（　　）和（　　）都会发生变化。

3. 启动元件可由（　　）、（　　）或（　　）构成。

4. （　　）是距离保护装置的核心元件，它的主要作用是测量（　　）到（　　）之间的阻抗，并与（　　）进行比较，以确定保护是否应该动作。

5. 单相式阻抗继电器又分为（　　）、（　　）和（　　）。

6. 阻抗继电器的动作条件是（　　）。

7. 当距离保护用于双侧电源的电力系统时，一般采用具有（　　）的测量元件。

8. 保护装置距离短路点越近时，受过渡电阻的影响越（　）；同时保护装置的整定值越（　），则相对地受过渡电阻的影响也越（　）。

二、综合题

1. 什么是距离保护？为什么采用距离保护？

2. 距离保护由哪几部分组成？分别起什么作用？

3. 阻抗继电器的作用是什么？基本原理是什么？

4. 简述各种阻抗继电器的动作特性。

5. 距离保护接方式有哪些基本要求？

6. 什么是阻抗继电器的精确工作电流、精确工作电压？它们有什么意义？

7. 相间短路、接地短路阻抗继电器分别采用什么接线方式？

8. 影响距离保护正确工作的因素和防止措施有哪些？

9.在图 3-17 所示网络中，各线路均装有距离保护，试对其中保护 1 的相间短路保护Ⅰ、Ⅱ、Ⅲ段进行整定计算。已知线路 AB 段的最大负荷电流 $I_{D\cdot max}=320$ A，功率因数 $\cos\varphi_D=0.85$，输电线路阻抗率 $z_1=0.38\ \Omega/km$，阻抗角 $\varphi_L=70°$，电动机的自启动系数 $K_{SS}=1.5$，正常时母线最低工作电压 $U_{L\cdot min}=0.9U_N$（$U_N=110$ kV）。

扫一扫，查看第三章
更多习题和习题答案

第四章 自动装置

第一节 三相自动重合闸装置

【知识及能力目标】

1. 了解自动重合闸的作用和影响；
2. 掌握对自动重合闸装置的基本要求；
3. 掌握单、双侧电源线路三相一次重合闸的工作原理；
4. 了解具有故障性质判别能力的智能重合闸；
5. 能够对自动重合闸装置出现的问题进行有效的分析并解决。

一、自动重合闸及对其基本要求

（一）自动重合闸装置作用和影响

电力系统和牵引供电系统的运行经验表明，架空输电线路和接触网中发生的故障很多属于暂时性的，如雷击过电压引起的绝缘子表面闪络、大风时的短时碰线、通过鸟类身体的放电、风筝绳索或树枝在导线上引起的短路等。对于这些故障，当继电保护迅速断开电源后，电弧即可熄灭，故障点的绝缘可恢复，故障即自行消除。这时，若重新合上断路器，往往能恢复供电，提高供电的可靠性。重新合上断路器的工作可由运行人员手动操作进行，但手动操作时停电时间太长。为此通常用自动重合闸装置（简称 ARD）代替运行人员的手动合闸。

采用自动重合闸装置的利害关系分析：

（1）有利之处：采用自动重合闸对于瞬时性故障可迅速恢复正常运行，大大提高了供电可靠性，减少了停电损失，对单侧电源的单回线路尤为明显。对因为继电保护误动、工作人员误碰、断路器操作机构失灵等原因导致的断路器误跳闸可通过自动重合闸补救，从而提高了系统并列运行的稳定性，提高了输电线路的输送容量。

（2）不利的影响：当重合于永久性故障时，它也将带来一些不利的影响，如使电力系统又一次受到故障的冲击，断路器的工作条件变得更加恶劣。油断路器在采用了重合闸以后，其遮断容量也要有不同程度的降低（一般降低到 80%左右）。

由于自动重合闸的本身投资很低，工作可靠，采用自动重合闸后可避免因瞬消性故障停电而造成的损失，因此适用于单侧电源线路的一次重合闸在电力系统和牵引供电系统中获得了广泛的应用。

（二）对自动重合闸装置的基本要求

作为一种安全自动装置，自动重合闸与继电保护装置一样有一系列基本要求。

（1）自动重合闸装置动作时间应尽可能短。动作时间短是为了缩短了停电时间；有一定时限是为了保证在重合时短路点的绝缘以及断路器的灭弧性能恢复，这样能够提高重合闸成功率和设备工作可靠性，而且双侧电源线路的自动重合闸必须保证在两侧的断路器都跳闸以后才能重合。根据运行经验，一般要求动作时间为 0.5 ~ 1.5 s。

（2）自动重合闸装置动作后，应能自动复归，以提高其可靠性。这条在雷雨季节时显得尤其重要。对于 10 kV 及以下电压级别的线路，如无人值班时也可采用手动复归方式。

（3）自动重合闸装置的动作次数必须预先规定，不能无限制地进行多次重合。如一次重合闸应保证重合一次，当遇到永久性故障时再次跳闸后就应不再重合，因为在永久性故障时，多次重合将使系统多次遭受冲击，还可能会使断路器损坏，扩大事故。

（4）在下列情况下，自动重合闸装置不应动作：

① 由运行人员手动操作或通过遥控装置操作使断路器跳闸时。例如检修线路。

② 手动投入断路器而断路器随即被继电保护操作断开时。这表明在合闸前就存在有持续性故障，比如安全地线未拆除或存在隐患等。

（5）自动重合闸的启动方式优先采取由控制开关的位置（合闸）与断路器的实际位置（分闸）不对应原则来启动自动重合闸。对综合重合闸宜用不对应原则和继电保护同时启动方式。

（6）自动重合闸装置应该与继电保护装置配合，加速故障的切除。

自动重合闸与继电保护的关系极为密切。如果自动重合闸与继电保护能很好配合工作，在许多情况下，可以较迅速地切除故障，提高供电的可靠性，对系统安全运行有很重要的作用。

自动重合闸与继电保护的配合方式有两种：一种是前加速，另一种是后加速。自动重合闸前加速保护动作称为前加速。前加速主要用于具有几段线路串联的辐射线路中，仅在靠近电源的一段线路上装设重合闸装置。当线路上发生故障时，靠近电源侧的保护首先无选择性地瞬时动作使断路器跳闸切除故障，而后通过重合闸来纠正这种非选择性动作。对于瞬消性故障来说前加速动作速度快，而且所用设备少，只需一套自动重合闸设备，这是它的优点。但若线路中发生的是永久性故障，第二次切除故障的时间就会很长，而且若此断路器或重合闸拒动，则停电的范围将扩大，甚至在最末一级线路上发生的故障，也可能造成全线路停电，因此应用较少，主要用于 35 kV 以下的网络中。

自动重合闸后加速保护动作称为后加速。采用后加速方式时，必须在每条线路上都装设有继电保护和自动重合闸装置。当其中一条线路上发生故障时，该线路的继电保护装置有选择性地动作将故障切除，然后该线路的自动重合闸装置动作使断路器重新合闸。若是瞬消性故障，则重合成功，恢复正常供电；若是永久性故障，则继电保护瞬时动作将故障再次切除。可以看出后加速中继电保护第一次跳闸是有选择性的，不会扩大事故范围，而且断开永久性故障的时间加快，有利于系统并联运行的稳定性。在重要的高压网络中，一般都不允许保护无选择性地动作，因此后加速方式更加适合。

（7）当断路器处于不正常状态而不允许实现重合闸时，应将重合闸装置可靠闭锁。

二、单侧电源线路的三相一次重合闸

在电力系统和牵引供电系统中，适用于单侧电源线路的三相一次重合闸应用十分广泛。三相一次重合闸的跳、合闸方式为无论本线路发生何种类型的故障，继电保护装置均将三相断路器跳开，重合闸启动，经预定延时（可整定，一般在 0.5 ~ 1.5 s 间）发出重合脉冲，将三相断路器一起合上。若是瞬时性故障，因故障已经消失，重合成功，线路继续运行；若是永久性故障，继电保护再次动作跳开三相，不再重合。

单侧电源线路的三相一次自动重合闸的实现比较简单。因为在单侧电源的线路上，不需要考虑电源间同步的检查问题。而且三相同时跳开，重合不需要区分故障类别和选择故障相。只需要在希望重合时断路器满足允许重合的条件下，经预定的延时，发出一次合闸脉冲。

（一）电磁型三相一次重合闸装置

电磁型三相一次自动重合闸装置通常有启动元件、延时元件、一次合闸脉冲元件和执行元件四部分组成。启动元件的作用是当断路器跳闸之后，使重合闸的延时元件启动；延时元件是为了保证断路器跳开之后，在故障点有足够的去游离时间和断路器及传动机构能准备再次动作的时间；一次合闸脉冲元件用于保证重合闸装置只能重合一次；执行元件则是将重合闸动作信号送至合闸电路和信号回路，使断路器重新合闸，并发出信号让值班人员知道重合闸装置已动作。

现以图 4-1 所示 DH-2A 型三相一次自动重合闸装置为例来说明其工作情况。它是用断路器控制开关 SA 位置与断路器实际位置不对应作为启动自动重合闸的条件。自动重合闸装置主体部分包括电容 C、充电电阻 R_4、放电电阻 R_6、时间继电器 KT 和带有电流自保持串联线圈的中间继电器 KM。扫描二维码 4-1，可观看自动重合闸原理视频。

二维码 4-1

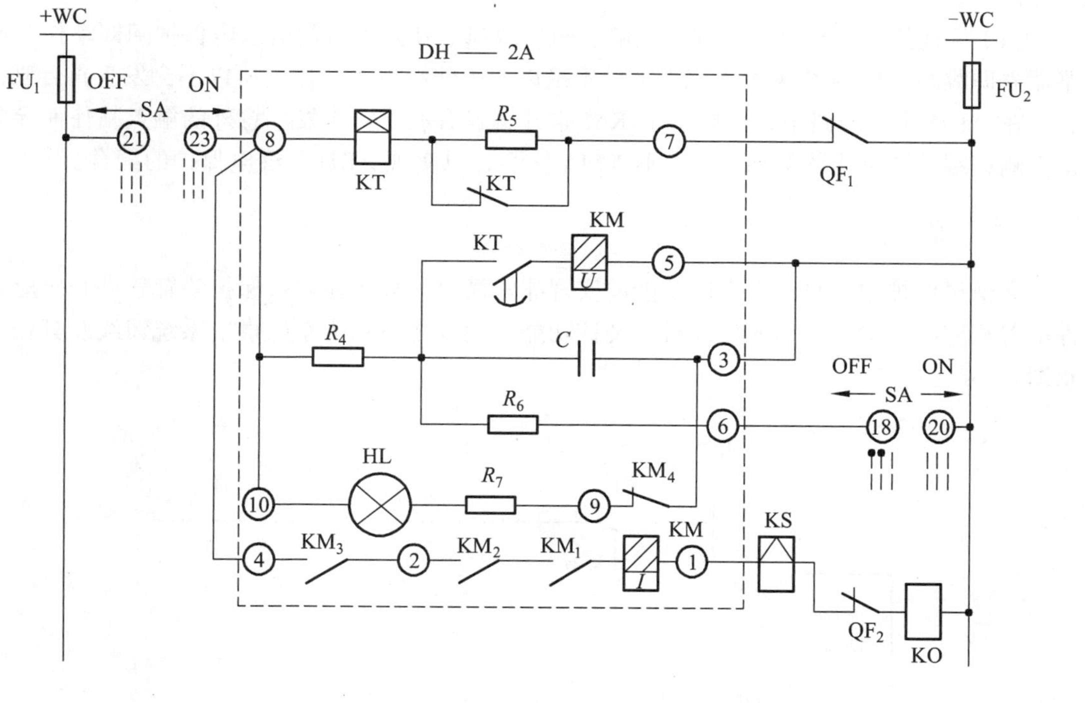

图 4-1　DH-2A 型三相一次自动重合闸装置

（1）正常运行时，断路器 QF 处于合闸状态，其辅助常闭接点 QF_1 断开，KT、KM 线圈不受电。控制开关 SA 在“合后”位置，其触点 21-23 闭合。电容 C 经充电电阻 R_4 而充满电，两端的电压等于电源电压。用于监视中间继电器 KM 和 SA 的触点是否完好的灯光监视回路接通，HL 灯亮。

（2）线路短路保护动作时，SA 在“合后”位置而断路器 QF 实际跳闸，即满足不对应原则，自动重合闸装置启动。KT 线圈受电动作，经过整定的动作时限，KT 延时闭合的常开触点闭合，电容 C 对 KM 电压线圈放电而 KM 动作，KM_1、KM_2、KM_3 常开触点闭合，KM 电流线圈、信号继电器 KS、合闸接触器 KO 线圈串联受电。信号继电器动作，给出 ARD 动作的信号；KO 动作，使断路器 QF 重合闸。中间继电器电流线圈是自保持线圈，只要电压线圈被短时启动，便可保证使中间继电器于合闸过程中一直处于动作状态，从而使断路器可靠合闸。KT 常闭触点的目的是将 R_5 串入 KT 线圈回路，使 KT 线圈不致因较长时间带电而过热。

如果线路上的故障是瞬消性的，自动重合闸成功，则断路器 QF 常闭触点断开，KM、KT 恢复原位，电容 C 继续充电，大约经 15 ~ 25 s 后，C 两端充满电压，即 ARD 自动复归，准备好再次动作。

如果线路上的故障是永久性的，则在断路器合闸后，继电保护将再次动作，使断路器重新跳闸，QF_1 闭合，时间继电器将再次启动，KT 延时常开触点闭合，电容 C 向中间继电器 KM 放电。因为 C 充电时间太短，两端电压较低，不足以使中间继电器 KM 启动，故断路器不能再次重合闸，从而保证了重合闸只动作一次。

（3）手动操作断路器分闸时，SA 触点 21-23 断开，使重合闸回路失去正电源，不可能再次动作于合闸；SA 触点 18-20 闭合，使电容 C 通过放电电阻 R_6 放电，两端电压迅速降低，以确保不会发生重合闸。

（4）手动操作重合闸时，如果线路有短路故障，断路器合闸后继电保护随即动作，使断路器立即跳闸，电容 C 来不及充满电，不足以使中间继电器动作，所以不会发生重合闸。

在 ARD 出口回路中，串联多个 KM 常开触点有利于防止发生意外的触点粘住而导致不良影响；端子 2 可连线至加速继电器 KMA 线圈，以实现 ARD 与继电保护的配合。

（二）微机自动重合闸

在微机保护中，自动重合闸功能的实现非常简单，只要在微机保护装置软件和对应的硬件配置相应的自动重合闸元件即可实现该功能。图 4-2 所示为牵引供电系统馈线及其控制示意图。

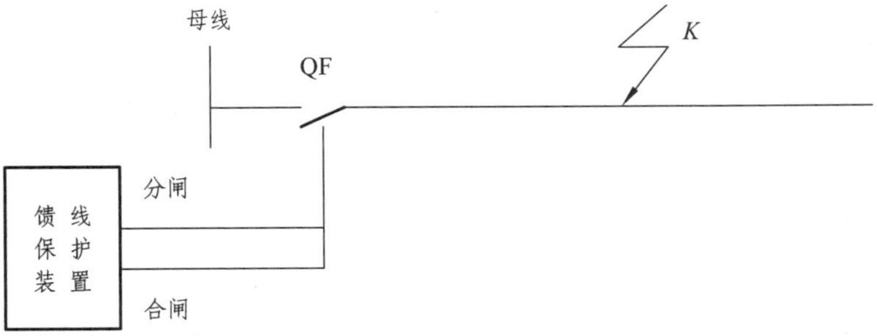

图 4-2　牵引供电系统馈线及其控制示意图

微机自动重合闸装置检测断路器位置信号，当合闸超过一定时间（相当于早期的充电时间，一般整定为 15 ~ 25 s）后，置重合闸允许标志。一旦出现需要重合闸情况，可立刻根据整定要求重合，否则即使发生故障，也不进行重合闸。

如果线路发生的是瞬时性故障，则保护首先动作，通过分闸回路使断路器 QF 断开，然后自动重合发出一次合闸控制信号使断路器合闸；断路器合闸后，因为故障已经消失，继电保护不再动作，重合闸动作成功。经过充电时间以后，整个重合闸回路自动复归，并为下一次的重合闸做好准备。

当线路上存在永久性故障时，在重合闸动作以后，继电保护将再次动作，使断路器 QF 跳闸。由于合闸时间太短，重合闸装置不再发出重合闸命令，即亦为一次重合闸。

用控制开关手动合闸于故障线路时，继电保护动作使断路器跳闸，这时的情况与重合闸重合于永久故障线路的情况类似。由于合闸前断路器是处于分闸状态，微机继电保护装置充电元件不会短时达到充电时间，重合闸允许标志处于“非”状态，不允许重合闸。

（三）牵引供电系统自动重合闸原则

牵引供电系统主要供电方式是单边供电方式，其自动重合闸方式一般为一次重合闸。当线路发生故障时，进行一次重合闸，如果重合闸不成功，后加速保护动作使断路器快速跳闸。如果是永久性故障（重合闸不成功），一般操作人员进行一次强送（可能存在故障的情况，人为送电），如果成功，则正常供电，但仍需要查找故障位置，消除隐患。

在上下行并联运行的分区所，线路发生故障时，必须检测到上下行母线有压方可进行重合闸，由于供电来自变压器同一相位出口馈线，所以不需要检测相角。

三、双侧电源线路的三相一次自动重合闸

在双侧电源的送电线路上实现重合闸时，除应满足在前述提出的各项要求外，还必须满足以下两个要求：

（1）当线路上发生故障时，两侧的保护装置可能以不同时限动作于跳闸，例如在一侧为第 I 段动作，而另一侧为第 II 段动作，此时为了保证故障点电弧的熄灭和绝缘强度的恢复，以使重合闸有可能成功，线路两侧的重合闸必须保证在两侧的断路器都跳闸以后再进行重合。

（2）当线路上发生故障、直接有关的断路器跳闸后，在进行重合闸时要考虑重合闸两侧电源是否同步，以及是否允许非同步合闸。

（一）双侧电源线路自动重合闸主要方式

（1）非同步重合闸方式。即当两侧断路器跳闸以后，不论两侧电源是否同步，不需要任何检查就进行重合闸，期待由系统自动拉入同步。按设计技术规定，使用非同步重合闸方式有两个条件：一是在两侧电源之间的相角差为最大值 180°瞬间合闸时，流过发电机、同步调相机或电力变压器的冲击电流不超过允许值；二是在非同步重合闸所产生的振荡过程中，对重要负荷的影响较小，或者可以采取措施减小其影响。

（2）检查同步重合闸方式。当在两侧电源的线路上不可能采用非同步重合闸时，应该采用检查同步重合闸。即当线路发生短路故障而两侧断路器跳闸后，先让一侧的自动重合闸动

作，使对应的断路器合闸，而另一侧断路器在重合时，应进行同步条件的检查，只有当断路器两侧的电压符合同步条件（幅值相等，滑差角频率ω_s与相角差 δ小到允许范围内）时，才能进行重合。这种合闸方式不会产生很大的冲击电流，合闸后也能很快的拉入同步。

（二）检查同步重合闸方式原理

目前，电气化铁道牵引变电所 110 kV 进线线路上，均采用检查同步重合闸方式，检查同步重合闸方式原理接线图如图 4-3 所示。这种检查同步的重合闸方式，是在单端供电线路重合闸接线的基础上增加附加条件来实现的，在两侧的断路器上，除装设 ARD 外，在线路的两侧均装设了用以检查线路有无电压的低电压继电器 KV 和检查同步的同步检查继电器 KSD。

检无压的低电压继电器 KV 是由一般的低电压继电器完成的，其整定值的选择，应保证在确认两侧断路器均已断开后才允许重合闸动作。根据经验，通常整定为 0.5 倍的额定电压。同步检查继电器 KSD 完成对同步条件的检查，当两侧电源的电压幅值差、频率差和相位差都在一定的允许范围内时，KSD 的常闭触点闭合，允许重合闸启动。

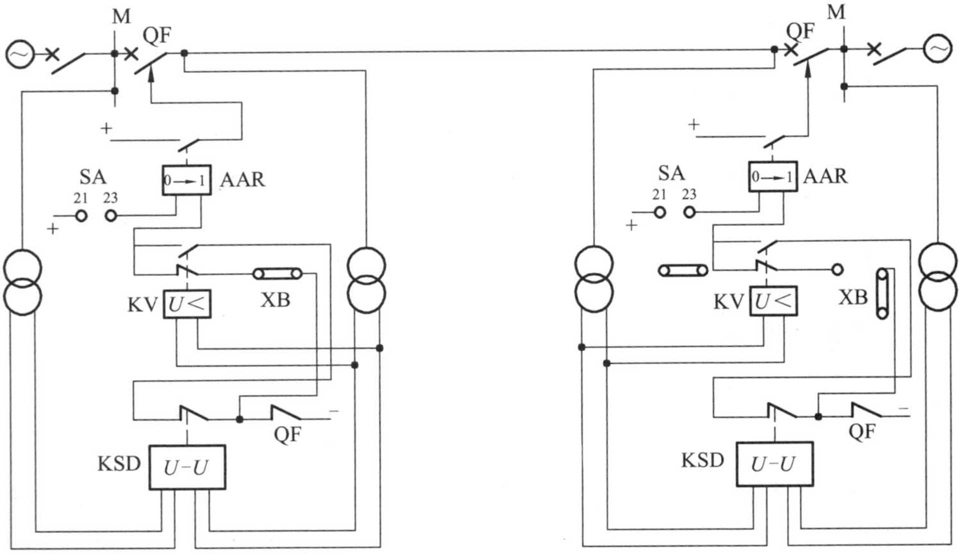

图 4-3 检查同期重合闸方式原理接线图

运行时，线路的一侧（M 侧）低电压继电器 KV 和同步检查继电器 KSD 同时投入，称为“检无压侧”；线路的另一侧（N 侧）只投入同步检查继电器 KSD，称为“检同步侧”。

当线路发生故障、两侧断路器都跳闸以后，线路失去电压，KV 常开触点断开，QF 常闭触点闭合。“检无压”的 M 侧，KV 常闭触点闭合，ARD 启动，经过整定的动作时限，将该侧断路器重新合闸。如果重合致永久性故障，则该侧继电保护装置将再次动作，使断路器第二次跳闸，而后，两侧 ARD 都不启动。如果重合致暂时性故障，则 M 侧断路器重合闸成功，线路恢复电压，KV 常开触点闭合；“检同步”的 N 侧在检查两侧电源符合同步条件后，KSD 常闭触点闭合，ARD 启动，将该侧断路器重新合闸，线路即恢复正常供电。

显而易见，“检无压侧”的断路器，在线路发生持续性短路的情况下，要连续两次切断短路电流。因此，该断路器的工作条件要比“检同步侧”断路器的工作条件恶劣得多。为了解决这个问题，通常在每一侧都必须装设检查线路有无电压的低电压继电器 KV 和检查同步的继电器 KSD，利用连接片定期切换工作方式，以使两侧断路器工作的条件接近相同。

另外，在正常运行情况下，由于某种原因（如保护误动作、误碰跳闸机构等），使任一侧断路器误跳闸时，由于两侧均投入同步检查，所以均能由同步检查继电器启动 ARD 装置将误跳闸断路器重新合闸，以恢复正常运行。

四、具有故障性质判别能力的智能重合闸

自动重合闸是保证系统不间断供电的有效措施之一，在国内外电力系统和牵引供电系统中得到了广泛的应用。目前，由于电力系统和牵引供电系统的自动重合闸大都是盲目进行的，即无论是瞬时性故障还是永久性故障都进行一次重合闸。如果线路故障是瞬时性的，重合闸成功，对系统影响不大；如果故障是永久性的，再次重合不仅会给电气设备带来损坏，对系统造成不必要的二次冲击，甚至会导致系统稳定性的破坏。

电力系统十分重视瞬时性故障与永久性故障识别，智能重合闸的研究是热点之一。随着计算机技术和信号处理技术的不断发展，能够正确识别瞬时性与永久性故障且能在最佳重合时间进行重合操作的智能重合闸已经成为可能。由于牵引供电系统与常规电力系统在线路形式上有很大的不同，所以其故障性质判别具有一定的特殊性。判断故障性质后，当牵引网故障为瞬时性故障时，启动重合闸装置进行一次重合闸；当牵引网故障为永久性故障时，闭锁重合闸。

这里介绍一种故障性质判别方法。识别原理是通过与运行断路器相并联的故障性质判断支路实现对故障性质的判断。如图 4-4（a）所示，故障性质判断支路由一台负荷开关、一个大功率限流电阻和一台电压互感器组成。

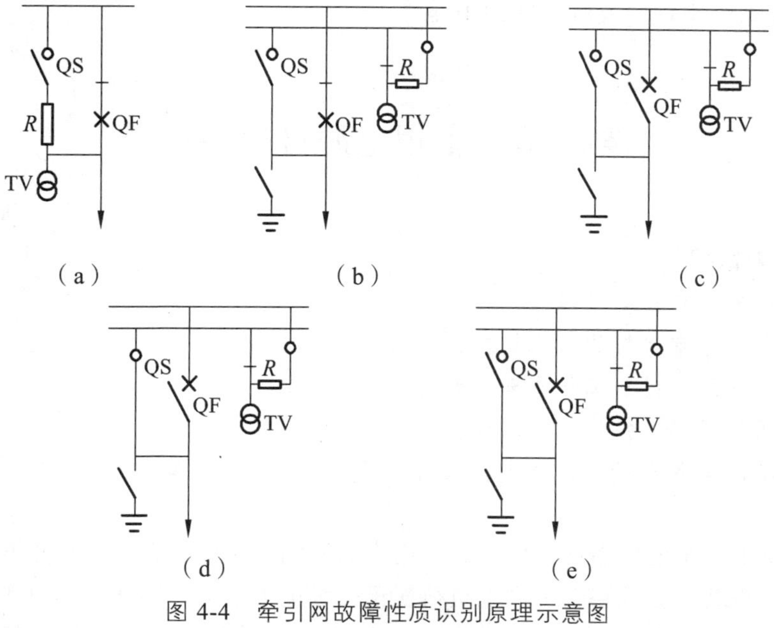

图 4-4　牵引网故障性质识别原理示意图

当牵引网正常运行时，运行断路器 QF 闭合，负荷开关 QS 断开；当牵引网发生短路故障时，运行断路器 QF 断开，负荷开关 QS 闭合，通过电阻 R 向故障点施加电压。若为瞬时性

故障，由于故障点绝缘已经恢复，电压互感器 TV 检测到的电压接近牵引网工作电压；若为永久性故障，电压互感器 TV 检测到的电压较小。

牵引变电所有许多台馈线断路器，若每一台断路器都并联一条检测支路，势必增加牵引变电所主接线的复杂性和占地面积，相应的可靠性也要降低。在具体实施时，基于欧洲高速铁路多采用单相变压器的实际情况，牵引变电所增设一条故障识别辅助母线，工作母线与辅助母线间跨越一条由 25 kΩ的电阻、负荷开关和电动隔离开关组成的支路，电压互感器接在电阻器与电动隔离开关之间，每一断路器上并联一个负荷开关，如图 4-4（b）所示。工作过程如下：

（1）正常情况下，如图 4-4（b）所示，运行断路器 QF 闭合，负荷开关 QS 断开，向牵引馈线供电，电压互感器 TV 检测到的电压接近牵引网工作电压。

（2）接触网发生故障，如图 4-4（c）所示，运行断路器 QF 由馈线保护分闸，QF 分闸后，电压互感器 TV 检测到的电压为牵引网工作电压。

（3）启动器故障性质识别。如图 4-4（d）所示，由 Supervisory Control And Data Acquisition 系统（简称 SCADA，即数据采集与监视控制系统）投入负荷开关 QS，通过工作母线、电阻、负荷开关 QS 向故障点施加电压，通过 SCADA 系统检测电压互感器 TV 电压，若电压较高，例如 90%U_n，表明故障为瞬时性故障；若电压较低，例如 30% U_n，表明故障为永久性故障。若故障为瞬时性故障，通过 SCADA 使负荷开关断开，如图 4-4（e），再通过手动方式确定接触网故障区间，直至找到并修复接触网后，再投入运行断路器 QF，恢复至图 4-4（b）。

该方法原理很简单，实现容易，但是也有一定的缺点。例如增加了牵引变电所主接线的复杂性（辅助母线、负荷开关、隔离开关），相应地降低了牵引变电所的可靠性；故障识别过程借助 SCADA 系统实现，检测周期约 10 s。

第二节　备用电源自投装置

【知识及能力目标】

1. 了解备用电源自投的作用；
2. 掌握对备用电源自投的基本要求；
3. 掌握备用线路自投的工作原理；
4. 掌握备用变压器自投的工作原理；
5. 能够对备用电源自投的故障进行原因分析并找出解决方案。

为了提高供电系统的可靠性，保证重要用户的不间断供电，在电力线路网络系统中广泛采用备用电源自投装置。铁路牵引供电负荷属于一级电力负荷，因此备用电源自投装置也得到了广泛应用。例如牵引变电所中的 110 kV 或 220 kV 进线自投、牵引主变压器自投、AT 供电方式下的自耦变压器自投、开闭所中的进线自投等等。

一、备用电源自投的基本要求

当正常工作的牵引主变压器发生故障时，变压器保护装置中差动保护、非电量保护（如重瓦斯、温度Ⅱ段以及压力释放等）动作，将故障变压器切除，并启动备用电源自投功能，将备用变压器投入运行，以保障牵引供电系统的正常运行。

当正在工作的进线失压后，应将进线切换到备用进线以保障牵引供电系统的正常运行。

通常，备用电源的自投应满足以下要求：

（1）主变自投采用保护装置启动方式，即只有在变压器本身故障或变压器两侧断路器处于非正常运行状态（如 SF_6 断路器压力异常等），无法保障变压器安全运行的情况下，备用自投装置使断路器分闸的同时，发出变压器自投指令。这种启动方式既能区别故障的性质，又能保证在变压器外部故障时自投装置不会误动作；备用线路自投通常采用失压检出方式，即当线路失压时，自投装置启动。但为了防止抽压装置二次回路断线造成的误动作，通常需要利用测量 110 kV 母线有无电压的方式实行闭锁。即只有当线路和母线同时失压后，自投装置才允许启动。

（2）当运行变压器故障或需要检修时，只有在备用变压器正常情况下，且变压器高低压侧的断路器处于分闸状态时，才允许备用电源自投装置将备用变压器投入运行，否则将失去自投的意义。

（3）备用变压器的自动投入时间应尽量短，即在发出故障跳闸命令的同时，不经延时发出备用自投命令。但备用电源线路的自投启动时间应大于自动重合闸的全部时间，因为当线路故障失压后，线路自动重合闸将启动，并有可能重合成功，因此该延时的时限应满足与电力系统继电保护、自动重合闸动作时限配合的需要。但断路器和隔离开关的动作顺序应严格遵照“断路器先分后合，隔离开关先合后分”的原则。

（4）当主变压器检修时，应将备用电源自投撤除；备用线路的一侧的电压互感器、避雷器检修时，线路备投应该撤除，但该侧的主变检修时，备用自投装置应能继续工作。

（5）在满足自动投入基本要求的情况下，备用自投线路应力求简单，元件的选择也应力求性能稳定可靠，以提高装置工作的可靠性。

（6）备用电源进线和备用变压器自动投入装置应只动作一次，并且应在备用电源进线自动投入后尽快返回。这是为了防止备用变压器万一有异常情况时多次投入而使故障扩大。

二、牵引变电所备用电源

目前牵引变电所主接线广泛采用双 T 接线，如图 4-5 所示。为了提高牵引供电系统的可靠性，牵引变电所采用两路进线，其中一路运行，另一路备用；两台牵引变压器，其中一台运行，另一备用。

在图 4-5 中，TV_1 和 TV_2 为进线电压互感器，其目的是检测两路进线是否有压。TV_3 和 TV_4 为高压侧电压互感器，用于检测高压侧母线电压。TV_5 和 TV_6 为低压侧电压互感器，用于检测低压侧 α 相和 β 相电压。为了满足备用线路自投的要求，两回进线隔离开关 1QS、2QS 以及跨桥隔离开关 5QS 均采用电动操作机构。在正常运行时，图中的手动隔离开关均处于合位。

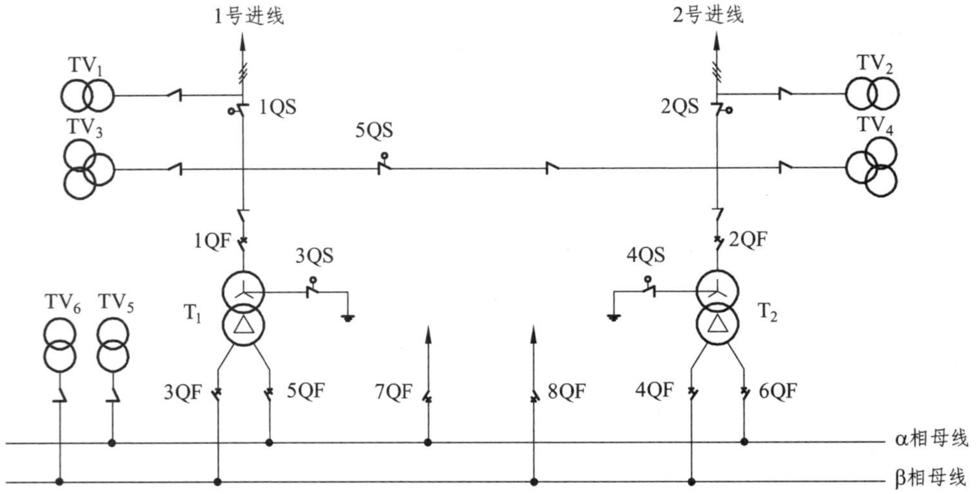

图 4-5　牵引变电所主接线图

为了提高牵引供电系统的可靠性，牵引变电所的牵引主变压器均采用 100%固定备用方式，即牵引变电所安装两台牵引变压器，每一台的容量足以承担该所应该承担的全部负荷。正常运行时，只有一台变压器运行，另一台处于备用状态；当运行变压器故障或需要检修时，另一台投入运行。为了缩短故障时两台变压器的投切时间，保证供电的连续性，在牵引变电所设置主变自投。当运行变压器故障时，保护装置将故障变压器切除后，主变自投装置迅速将备用变压器投入运行。

为了提高牵引供电系统的可靠性，牵引变电所进线采用 100%备用方式，即设置两路独立进线，一路运行，另一路备用。正常运行时，只有一路进线工作，另一路处于备用状态；当正在工作的进线失压时，应通过所设置进线自投装置将工作进线切换到备用进线，以保障牵引供电的连续性。

1. 进线失压、进线有压的判据

进线失压、进线有压的判断与牵引变电所主接线、电压互感器的配置和其安装位置有关。当进线失压后，主变高低压侧母线将失压，即当检测到主变高低侧无压时，应将运行变压器退出，因此，在主变保护装置中设失压保护。根据图 4-5 牵引变电所主接线图，主变失压判据为

$$\left.\begin{aligned}&\max(U_{UV}、U_{VW}、U_{WU})<U_{set}\\&\max(U_{\alpha}、U_{\beta})<U_{set}\end{aligned}\right\} \tag{4.1}$$

式中，U_{set}为进线失压整定值，一般按额定电压的 50%～60%整定；U_{UV}、U_{VW}、U_{WU}为通过电压互感器 TV$_3$（或者 TV$_4$）检测到的主变高压侧线电压；U_{α}、U_{β}分别为通过电压互感器 TV$_5$、TV$_6$检测到的主变低压侧 α 相和β相电压。为了防止进线失压的误判，应带一定的延时，其时限与电力系统线路重合闸时限相配合，即应大于电力系统线路重合闸时间，当再次判断为进线失压后才采用备用自投措施。

当通过进线电压互感器（TV$_1$或者 TV$_2$）检测到的电压 U 满足公式（4.2）时，判断为进线电压有压，此为进线有压判据。

$$U \geqslant U_{set} \tag{4.2}$$

式中，U_{set}为进线有压整定值，一般为额定电压的 80%整定。

2. 备用线路、备用变压器自投的基本原理

如图 4-5 牵引变电所主接线图所示，变电所正常运行时，进线隔离开关 1QS 和 2QS 中只有一台合闸，牵引主变压器 T_1 和 T_2 中只有一台运行，因此共有四种运行方式，即两种直供运行方式和两种曲供电方式。中性点接地隔离开关 3QS、4QS 采用电动操作机构，目的是便于与变压器原边断路器联动，在变压器空载投切的瞬间，其中性点可以直接接地，以减小空载投切操作过电压对变压器的影响。

1）直供供电方式

运行方式一：1QS、1QF、3QF 和 5QF 处于和合位，而 2QS、2QF、4QF 和 6QF 处于分位，同时跨桥隔离开关 5QS 处于分位，形成 1 号进线直接给 T_1 主变送电，完成直供供电。

运行方式二：2QS、2QF、4QF 和 6QF 处于和合位，而 1QS、1QF、3QF 和 5QF 处于分位，同时跨桥隔离开关 5QS 处于分位，形成 2 号进线直接给 T_2 主变送电，完成直供供电。

2）曲供电方式

运行方式三：1QS、2QF、4QF 和 6QF 处于和合位，而 2QS、1QF、3QF 和 5QF 处于分位，同时跨桥隔离开关 5QS 处于合位，形成 1 号进线通过 5QS 跨桥隔离开关给 T_2 主变送电，由 T_2 主变给母线供电，完成曲供供电。

运行方式四：2QS、1QF、3QF 和 5QF 处于和合位，而 1QS、2QF、4QF 和 6QF 处于分位，同时跨桥隔离开关 5QS 处于合位，形成 2 号进线通过 5QS 跨桥隔离开关给 T_1 主变送电，由 T_1 主变给母线供电，完成曲供供电。

当电源进线或运行变压器出现故障或检修时，备用自投装置启动，将备用电源进线或备用变压器投入，此时将改变变电所的运行方式。注意备用变压器投入时，进线隔离开关不进行切换。这意味着变电所的供电方式要改变，即由直供改为曲供，或由曲供改为直供，因此，母线联络开关要配合动作。例如原由 1 号进线向主变 T_1 供电（直供），故障后改为由 2 号进线向备用变压器 T_2 供电（曲供）。

三、备用线路自投

上面已经介绍了几种运行方式，主要分为直供和曲供两种情况，而进线自投过程也主要根据这两种情况有所不同，这里分别以 1 号进线带 T_1 主变运行时 1 号进线故障和 1 号进线带 T_2 主变运行 1 号进线故障为例进行分析，说明自投电路的工作原理。

1. 1 号进线带 T_1 主变运行时，1 号进线故障时的进线自投

1 号进线带 T_1 主变运行，即运行方式一，是一种直供方式。现假定当 1 号进线运行中出现故障失压时，应该切换到 2 号进线。如果允许曲供供电方式，则转换为 2 号进线带 T_1 主变运行，由直供改为曲供，即运行方式四；如果不允许曲供供电方式，则转换为 2 号进线带 T_2

主变运行，即运行方式二。

1 号进线带 T_1 主变运行时，1 号进线故障的进线自投流程：

（1）确认 T_1 主变高低压侧断路器 1QF、3QF 和 5QF 是否处于分位，如果不在分位，则分 1QF、3QF 和 5QF，分闸成功则继续，否则结束；

（2）当 27.5 kV 母线上有并联电容补偿装置时，确认α 相、β 相并联电容补偿装置断路器 7QF、8QF 是否处于分位，如果不在分位，则分 7QF 和 8QF，分闸成功则继续，否则结束；

（3）分 1 号进线隔离开关 1QS，如果分闸成功则继续，否则结束；

（4）检测 2 号进线是否有压（通过 TV_2），如果 2 号进线有压，则合 2 号进线隔离开关 2QS，合闸成功则继续，否则结束；

（5）如果允许曲供运行方式，则继续，否则执行本运行方式的流程（11）；

（6）合跨桥隔离开关 5QS，合闸成功则继续，否则结束；

（7）合 T_1 主变高低压侧中性点隔离开关 3QS，合闸成功则继续，否则结束；

（8）合 T_1 主变高低压侧断路器 1QF，合闸成功则继续，否则结束；

（9）合 T_1 主变高低压侧断路器 3QF、5QF，合闸成功则继续，否则结束；

（10）分 T_1 主变高低压侧中性点隔离开关 3QS，自投结束；

（11）合 T_2 主变高低压侧中性点隔离开关 4QS，合闸成功则继续，否则结束；

（12）合 T_2 主变高低压侧断路器 2QF，合闸成功则继续，否则结束；

（13）合 T_2 主变高低压侧断路器 4QF、6QF，合闸成功则继续，否则结束；

（14）分 T_2 主变高低压侧中性点隔离开关 4QS，自投结束。

2. 1 号进线带 T_2 主变运行，1 号进线故障时的进线自投

1 号进线带 T_2 主变运行，即运行方式三，是一种曲供方式。现假定当 1 号进线运行中出现故障失压时，应该切换到 2 号进线，则转换为 2 号进线带 T_2 主变运行，由曲供改为直供，即运行方式二。

1 号进线带 T_2 主变运行时，1 号进线故障时的自投流程:

（1）确认 T_2 主变高低压侧断路器 2QF、4QF 和 6QF 是否处于分位，如果不在分位，则分 2QF、4QF 和 6QF，分闸成功则继续，否则结束；

（2）当 27.5 kV 母线上有并联电容补偿装置时，确认α相、β相并联电容补偿装置断路器 7QF、8QF 是否处于分位，如果不在分位，则分 7QF 和 8QF，分闸成功则继续，否则结束。

（3）分跨桥隔离开关 5QS，如果分闸成功则继续，否则结束；

（4）分 1 号进线隔离开关 1QS，如果分闸成功则继续，否则结束；

（5）检测 2 号进线是否有压（通过 TV_2），如果 2 号进线有压，则合 2 号进线隔离开关 2QS，合闸成功则继续，否则结束；

（6）合 T_2 主变高低压侧中性点隔离开关 4QS，合闸成功则继续，否则结束；

（7）合 T_2 主变高低压侧断路器 2QF，合闸成功则继续，否则结束；

（8）合 T_2 主变高低压侧断路器 4QF、6QF，合闸成功则继续，否则结束；

（9）分 T_2 主变高低压侧中性点隔离开关 4QS，自投结束。

四、备用变压器自投

备用变压器自投流程与备用线路自投流程相类似，这里分别以运行方式一下的 T_1 故障，和运行方式三下的 T_2 故障为例进行分析，说明备用变压器自投电路的工作流程。运行方式二和运行方式四下的主变自投与之相类似，这里不一一分析。

1. 1 号进线带 T_1 主变运行时，T_1 主变故障时的备用变压器自投

1 号进线带 T_1 主变运行，当 T_1 故障时，其保护装置动作使 T_1 两侧断路器跳闸，T_1 退出运行，应该切换到 T_2 主变供电。如果允许曲供供电方式，则转换为 1 号进线带 T_2 主变运行，由直供改为曲供，即运行方式三；如果不允许曲供供电方式，则转换为 2 号进线带 T_2 主变运行，即运行方式二。

1 号进线带 T_1 主变运行时，T_1 主变故障时的备用变压器自投流程：

（1）确认 T_1 主变高低侧断路器 1QF、3QF 和 5QF 是否处于分位，如果不在分位，则分 1QF、3QF 和 5QF，分闸成功则继续，否则结束；

（2）当 27.5 kV 母线上有并联电容补偿装置时，确认α相和β相并联电容补偿装置短路器 7QF、8QF 是否处于分位，如果不在分位，则分 7QF、8QF，分闸成功则继续，否则结束；

（3）如果允许曲供供电运行方式，则继续，否则执行本运行方式的流程（9）；

（4）合跨桥隔离开关 5QS，合闸成功则继续，否则结束；

（5）合 T_2 主变高压侧中性点隔离开关 4QS，合闸成功则继续，否则结束；

（6）合 T_2 主变高压侧短路器 2QF，合闸成功则继续，否则结束；

（7）合 T_2 主变低压侧短路器 4QF、6QF，合闸成功则继续，否则结束；

（8）分 T_2 主变高压侧中性点隔离开关 4QS，自投结束；

（9）分 1 号进线隔离开关 1QS，如果分闸成功则继续，否则结束；

（10）检测 2 号进线是否有压（通过 TV_2），如果 2 号进线有压，则合 2 号进线隔离开关 2QS，合闸成功则继续，否则结束；

（11）合 T_2 主变高压侧中性点隔离开关 4QS，合闸成功则继续，否则结束；

（12）合 T_2 主变高压侧短路器 2QF，合闸成功则继续，否则结束；

（13）合 T_2 主变低压侧短路器 4QF、6QF，合闸成功则继续，否则结束；

（14）分 T_2 主变高压侧中性点隔离开关 4QS，自投结束。

2. 1 号进线带 T_2 主变运行时，T_2 主变故障时的备用变压器自投

1 号进线带 T_1 主变运行，当 T_2 故障时，其保护装置动作使 T_2 两侧断路器跳闸，T_2 退出运行，应该切换到 T_1 主变供电。即自投后为 1 号进线带 T_1 主变运行，即运行方式一。

1 号进线带 T_2 主变运行时，T_2 主变故障时的备用变压器自投的自投流程：

（1）确认 T_2 主变高低侧断路器 2QF、4QF 和 6QF 是否处于分位，如果不在分位，则分 2QF、4QF 和 6QF，分闸成功则继续，否则结束；

（2）当 27.5 kV 母线上有并联电容补偿装置时，确认α相和β相并联电容补偿装置短路器 7QF、8QF 是否处于分位，如果不在分位，则分 7QF、8QF，分闸成功则继续，否则结束；

（3）分跨桥隔离开关 5QS，分闸成功则继续，否则结束；

（4）合 T_1 主变高压侧中性点隔离开关 3QS，合闸成功则继续，否则结束；

（5）合 T_1 主变高压侧短路器 1QF，合闸成功则继续，否则结束；

（6）合 T_1 主变低压侧短路器 3QF、5QF，合闸成功则继续，否则结束；

（7）分 T_1 主变高压侧中性点隔离开关 3QS，自投结束。

在“双 T”接线的牵引变电所中，各种运行方式下都能使用备用自投装置，但为了缩短停电时间和简化操作过程，最好根据不同的电源进线条件选择下列运行方式：

（1）当两路电源进线为一主一备（只有当主电源发生故障或停电检修时，才允许投入备用电源）时，使 5QS 处于合闸位置，备用电源进线隔离开关处于分闸位置。

（2）当两路电源进线都为主用电源（根据需要可任选一路作为工作电源）时，使 5QS 处于分闸位置，备用电源进线隔离开关处于合闸位置。

第三节　故障测距装置

【知识及能力目标】

1. 了解故障测距装置的作用及类型；
2. 了解 AT 供电系统牵引网故障测距新型原理；
3. 掌握一般牵引网故障测距原理；
4. 掌握 AT 中性点吸上电流比测距原理；
5. 掌握故障测距系统构成框图。

一、线路故障测距的基本概念

1. 线路故障测距装置的作用

输电线路是供电系统的一个重要组成部分。当输电线路发生短路故障时，靠人力查找短路故障点，不但要耗费大量工时，面临许多困难，而且要延长故障停电的时间。采用线路故障测距装置，能够有效地解决这个问题。

对于牵引供电系统，当接触网发生短路和接地故障时，除了应有动作可靠的继电保护和自动装置外，为了尽快查找到故障点，缩短故障抢修时间，国外高速铁路一般都配置接触网故障点测距与实时录波功能，有的牵引变电所单独配置故障点测距与实时录波装置，有的将故障点测距与实时录波功能集成于微机型保护装置中。

在牵引供电系统中，对于直接供电方式和 BT 供电方式，故障点测距原理国内外无一例外地采用了电抗法或阻抗法；对于 AT 供电方式，日本采用的故障点测距原理为“AT 中性点吸上电流比”原理。随着我国电气化铁路供电方式的多样化，各种测距原理应运而生，以满足现场需要。

2. 线路故障测距装置的类型

1）脉冲探测式故障测距装置

在线路的一端送入一个脉冲电磁波，并以等速度 v 向另一端传播。当线路存在短路故障点时，将产生反射波（因为故障点的波阻抗显著改变）。通过检测反射波的返回时间 t_X，就可以判定短路故障点的距离。原理示意图如图 4-6 所示。

脉冲探测式线路故障测距装置，不受工频参数和运行方式影响，但要求装设阻波器。

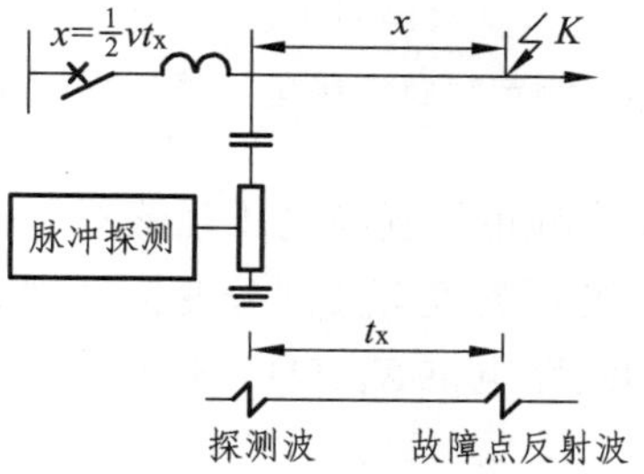

图 4-6　脉冲探测式故障测距装置

2）冲击波收信式故障测距装置

由线路故障点 K 向 M、N 两侧发射冲击波，在 N 侧收到的冲击波再向 M 侧传送，则 M 侧收到故障点 K 以及由故障点 K 经 N 侧传到 M 侧的两种波。测得这两种波的时间差，即可测得故障点距离。原理说明如图 4-7 所示。

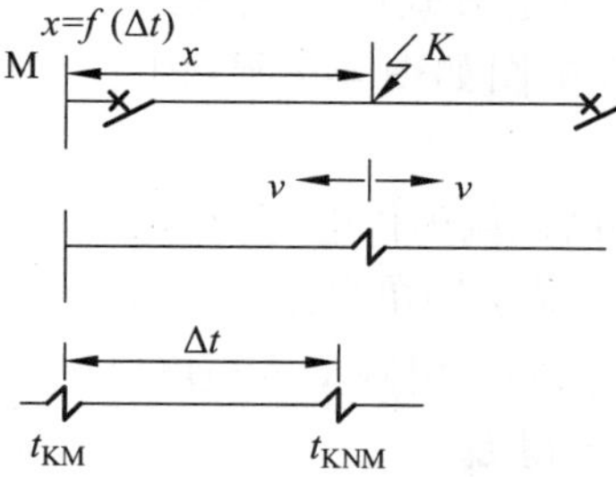

图 4-7　冲击波收信式故障测距装置

3）测定短路工频电抗式故障测距装置

在线路发生短路故障时，短路阻抗 $Z_K = R_K+jX_K$，其中电阻值 R_K 不可避免地含有故障点过渡电阻的成分，受随机因素影响较大。而电阻抗 X_K 基本上不受运行方式、故障电流大小及其他随机因素的影响。因此，以短路电抗值 X_K 表示故障点距离 L_K。原理说明如图 4-8 所示。

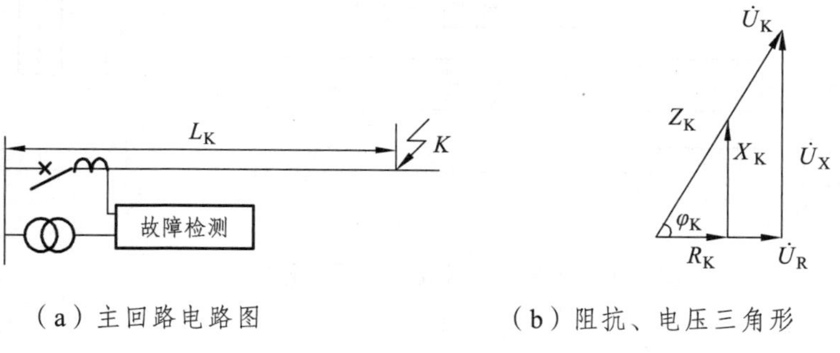

（a）主回路电路图　　（b）阻抗、电压三角形

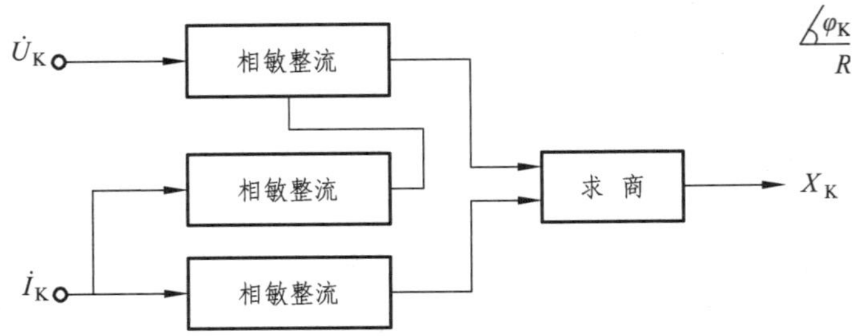

（c）故障测距装置方框图

图 4-8　测定短路工频电抗式故障测距装置

当线路发生短路故障时，故障测距装置经电压互感器 TV 送入母线电压 $\dot{U}_K$，经电流互感器 TA 送入短路电流 $\dot{I}_K$，经故障测距装置有关部分变换处理后得到电抗电压降 U_X、电流 I_K，然后求商得短路故障点至母线的线路电抗 $X_K(\Omega)$，短路故障点距离为

$$L_K = \frac{X_K}{x} \quad (\text{km}) \tag{4.3}$$

式中　x——线路单位距离电抗值，Ω/km。

二、一般牵引网故障测距原理

在我国，直接供电方式和 BT 供电方式电气化铁路采用的牵引网故障测距装置，就是测量工频电抗式的。其结构原理方框图如图 4-9 所示（比例放大电路、电源电路等图中未画出）。

对于直接供电方式的单线牵引网，认为供电臂内阻抗参数均匀分布，则短路故障点距离 L_K、短路故障点至母线的电抗 X_K 与牵引网单位距离电抗 x 三者的关系就如公式（4.3）所示，特性图见图 4-10（b）。通常一定结构的牵引网单位距离电抗 x 是一定的，牵引网故障测距装置测得 X_K 以后，即可按式（4.3）求得 L_K。

对于 BT 供电方式的单线牵引网，如图 4-10（a）所示，由于 BT 漏抗为集中参数，所以短路故障测量电抗 X_K 与故障点距离 L_K 呈分段线性关系，如图 4-10（b）所示。根据图中曲线，故障点距离 L_K 的表达式为

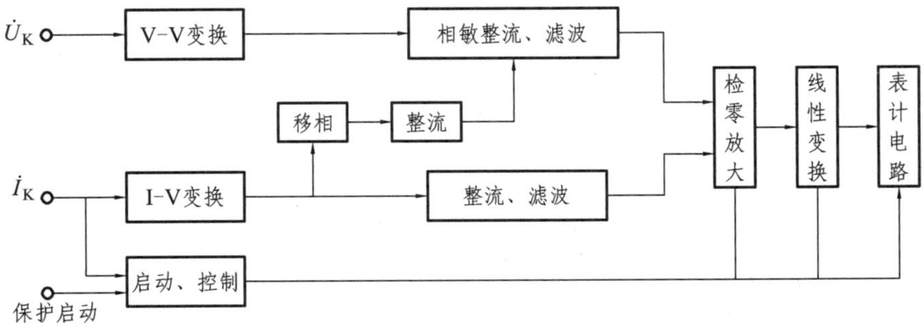

图 4-9　一般牵引网故障测距装置原理方框图

$$L_K = \frac{(X_K - \sum_{1}^{n} X_{BT}/2)}{x} \tag{4.4}$$

式中　n——牵引网在 L_K 范围内的 BT 台数；

X_{BT}——每台 BT 漏抗。

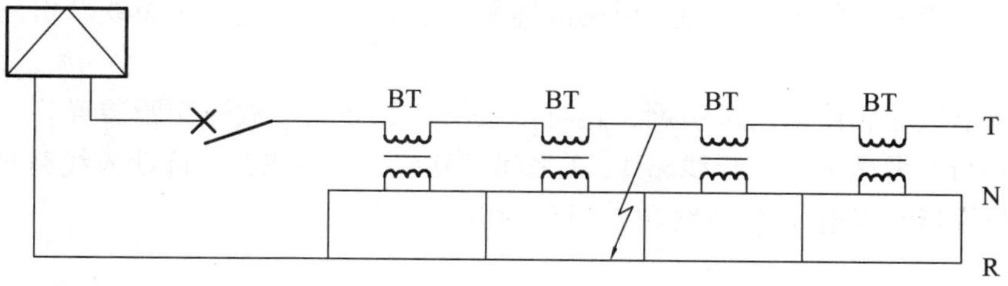

（a）

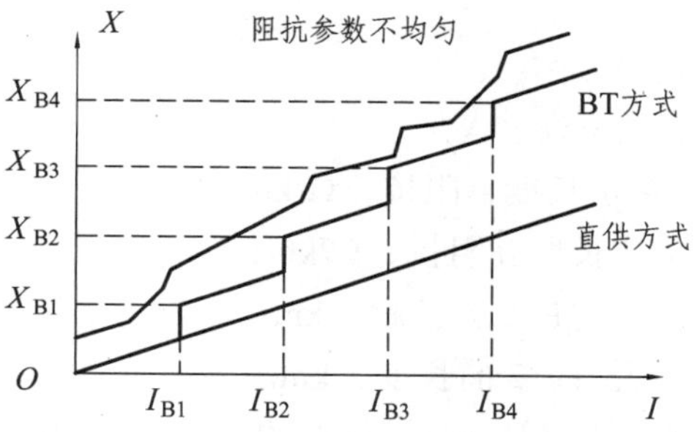

（b）

图 4-10　BT 牵引网以及直供和 BT 牵引网的 *X-I* 特征

然而，无论是直接供电方式，还是 BT 供电方式，由于接触网结构、线路结构沿线的变化、变电所出口处可能安装抗雷线圈、串联电容补偿装置等，供电臂内牵引网单位长度阻抗不可能均匀分布，且电抗—距离曲线不一定通过原点。因此，在实际构成牵引网故障测距装置时，根据实际供电臂情况，将电抗—距离特性按图 4-10（b）所示进行分段线性化处理，以消除用公式（4.3）和公式（4.4）计算存在的误差。

为了保护在双线单边并联供电情况下牵引网故障测距装置启动的选择性和测量的准确性，牵引网馈线保护 I 阻抗元件瞬时启动故障测距装置启动继电器 KFS，Ⅱ段阻抗元件必须经过延时（0.3±0.05）s 再启动 KFS。

如图 4-11 所示，K_1 为 1#馈线Ⅰ段阻抗元件保护范围内的短路点，K_2 为 1#馈线Ⅱ段阻抗元件保护范围内的短路点，同时 K_1、K_2 又在 2#馈线Ⅱ段阻抗元件保护范围内。当 K_1 点短路时，1#馈线Ⅰ段阻抗元件瞬时启动 KFS；当 K_2 点短路时，1#、2#馈线Ⅱ段阻抗元件延时 0.3 s 启动 KFS。无论 K_1 点还是 K_2 点短路，分区所断路器 3QF 都以小于 0.3 s 的时限跳开，2#馈线Ⅱ段阻抗元件尚未启动 KFS 即返回。这样就保证了测量故障点的选择性。

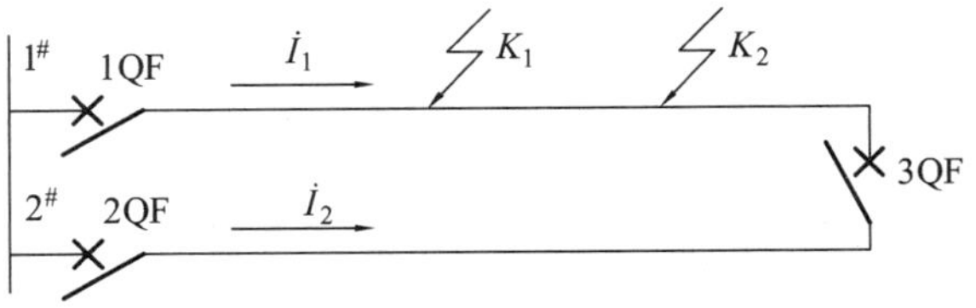

图 4-11 双边单线并联供电示意图

可见，一般测量工频电抗式的牵引网故障测距装置，不仅适用于单线牵引网，而且可用于双线牵引网。

对于双线单边并联供电的牵引网，还可以按下述原理构成故障测距装置。

仍见图 4-11，考虑下、上行线路 1、2 之间的互感，并将 BT 漏抗计入线路自阻抗中，则可写出在短路故障时对应于 I_N 回路和 $\dot{I}_2$ 回路的电压方程式如下：

$$\left.\begin{aligned}\dot{U}&=(\dot{I}_1z_1+\dot{I}_2z_m)L_K\\ \dot{U}&=(\dot{I}_2z_2+\dot{I}_1z_m)L_K+\dot{I}_2(z_2-z_{12})(L_2-L_K)+\dot{I}_2(z_1-z_m)(L_1-L_K)\end{aligned}\right\}\qquad(4.5)$$

式中 $\dot{U}$ ——牵引母线电压，V；

$\dot{I}_1$、$\dot{I}_2$ ——线路 1、2 的电流，A；

z_1、z_2 ——线路 1、2 单位长度自阻抗，Ω/km；

z_m ——线路 1、2 间单位长度互阻抗，Ω/km；

L_K ——短路故障点 K 至 1QF 线路长度，km；

L_1、L_2 ——供电臂内线路 1、2 的长度，km。

如果线路 1、2 单位长度阻抗相等，且沿线路均匀分布，则故障点两侧 BT 漏抗与对应距离成比例分配，则由式（4.5）可以得到双线单边并联供电牵引网的故障点测距表达式为

$$L_K=\frac{I_2}{I_1+I_2}(L_1+L_2)\quad(\text{km})\qquad(4.6)$$

当线路阻抗参数不均匀时，公式（4.5）无法直接求解，在实际构成牵引网故障点测距装置时，通常采用分段线性化折线模型来解决这个问题，即将电抗—距离曲线按线路阻抗参数变化情况分成若干折线段，在每个折线段内电抗 X 与距离 L 呈线性关系，再按式（4.5）求解。

三、AT 供电系统牵引网故障测距原理

上面介绍的测量工频电抗型牵引网故障测距装置适用于直接供电方式和 BT 供电方式。如果把它应用于 AT 供电方式，就会出现较大的理论误差。这是因为 AT 供电系统的牵引网电抗—距离特性为一条弓形曲线，如图 4-12 所示。如果测量工频电抗值为 10 Ω，对应可得到 19.9 km、21.7 km、23.3 km 三个不同的距离点。因此，在 AT 供电方式下，电抗型牵引网故障测距装置不能尽快发现故障点。于是，日本在 20 世纪 60 年代末研制的吸上电流比型 AT 牵引网故障测距装置得到了广泛应用。

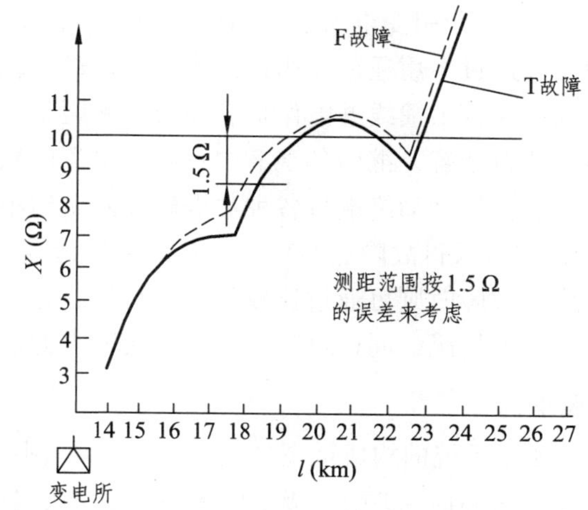

图 4-12　AT 供电方式牵引网的电流-距离特性曲线

1. AT 中性点吸上电流比测距原理

在单线 AT 供电系统的牵引网中，当 T-R 间发生短路故障时，如图 4-13 所示，故障点 K 邻近的两台 AT 中点吸上电流值与故障点至两台 AT 的距离成比例。设图 4-13 中故障点 K 短路电流 $I_K = I_n + I_{n+1}$，其中 I_n、I_{n+1} 分别为 AT_n、AT_{n+1} 的中点吸上电流，AT_n 和 AT_{n+1} 之间距离为 D，牵引变电所（SS）至 AT_n 和故障点 K 的距离分别为 L_n 和 L，则

$$L = L_n + \frac{H - Q_1}{1-(Q_1 + Q_2)} \cdot D \quad \text{(km)} \tag{4.7}$$

式中　H——理想情况下 AT_n 中点吸上电流占 I_K 的比值，且有

$$H = \frac{I_{n+1}}{I_n + I_{n+1}}; \tag{4.8}$$

Q_1、Q_2——与 AT 之间距离大小、钢轨漏导、AT 漏抗、馈线长短、钢轨连接导电情况等因素有关的系数（对双线取平均值为 0.05～0.1）。

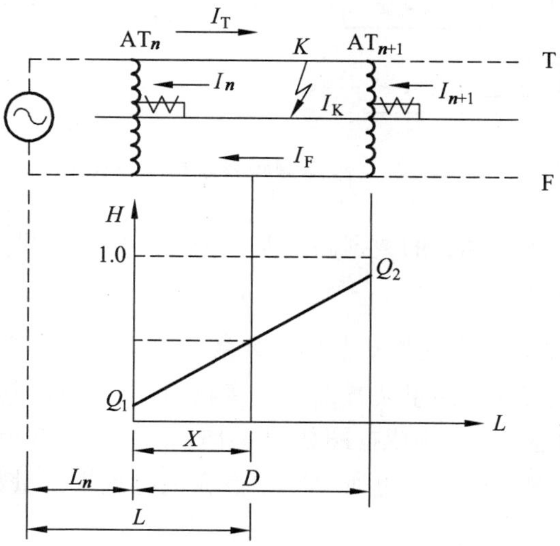

图 4-13　AT 中点吸上电流情况

AT 供电系统中各供电装置（牵引变电所、开闭所、分区所、AT 所）的 AT 中点都设有吸上电流的数字测量装置，并通过专用通道互相连接成数字传输系统，与牵引变电所远动微机终端接口。当供电臂内故障时，由馈线继电保护启动故障测距系统，并由中继继电装置将启动信号传送到各 AT 数字测量装置，继而各 AT 中点吸上电流的数字信号被依次传送到牵引变电所，并由牵引变电所的微机远动终端将各种数据转发到调度中心。最后调度中心计算机按公式（4.7）计算比较，即可求得故障点距离，并打印输出计算结果。

在双线 AT 供电系统中，故障时则可通过比较上、下行线路各 AT 中点吸上电流值的大小，并根据馈线继电保护动作的情况，同样可判断、确定故障点的位置。

2. 故障测距系统构成框图

单线 AT 供电方式故障测距系统的构成框图如图 4-14 所示。图中各供电装置 AT 中点与钢轨之间设有电流互感器 TA，故障时 AT 中点吸上电流由 TA 二次绕组输入到测量转换装置。各 AT 之间的专用通道为 LL，牵引变电所微机远动终端与调度中心计算机的联系由远动系统通道 YL 承担。

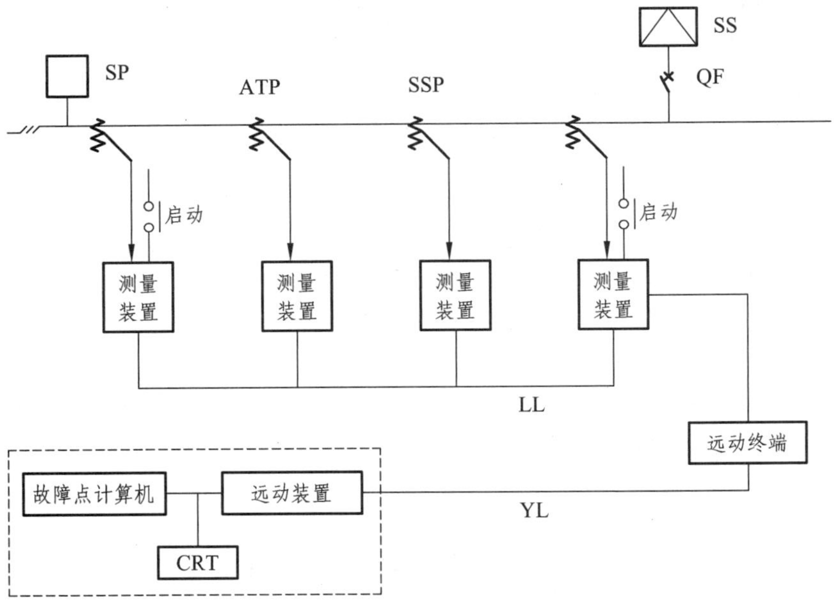

图 4-14　故障测距系统构成框图

故障测距系统各供电装置 AT 的数据测量及其传输装置，按供电装置本身功能和设备而有所不同，主要有下列两种类型。

1）具有微机远动终端的牵引变电所故障测距装置

牵引变电所故障测距装置由测量装置部分、接收与发送装置部分、中继继电装置等环节组成，并与各传输通道相连接。其构成框图如图 4-15（a）所示。各组成部分的主要功能如下：

（1）测量装置部分：测量牵引变电所 AT 中点吸上电流模拟量数值，并将其转换为数字信号。

（2）接收与发送装置部分：前者接收故障和试验启动信号，同时接收各 AT 测量装置部分传送的数字信号并以 BCD 代码存储;后者则按时分制依次将接收装置部分接收到的数字信号，用 8 位 BCD 代码直接传送到牵引变电所微机远动终端，经远动系统重新编码后再转发至调度中心。

（3）中继继电装置（多种类型）：接收和传送继电保护动作的启动信号，并把测量装置输出的串行码提高码元强度至 30 ~ 60 V,以便向通道传送测量到的 AT 中点吸上电流数字信号。

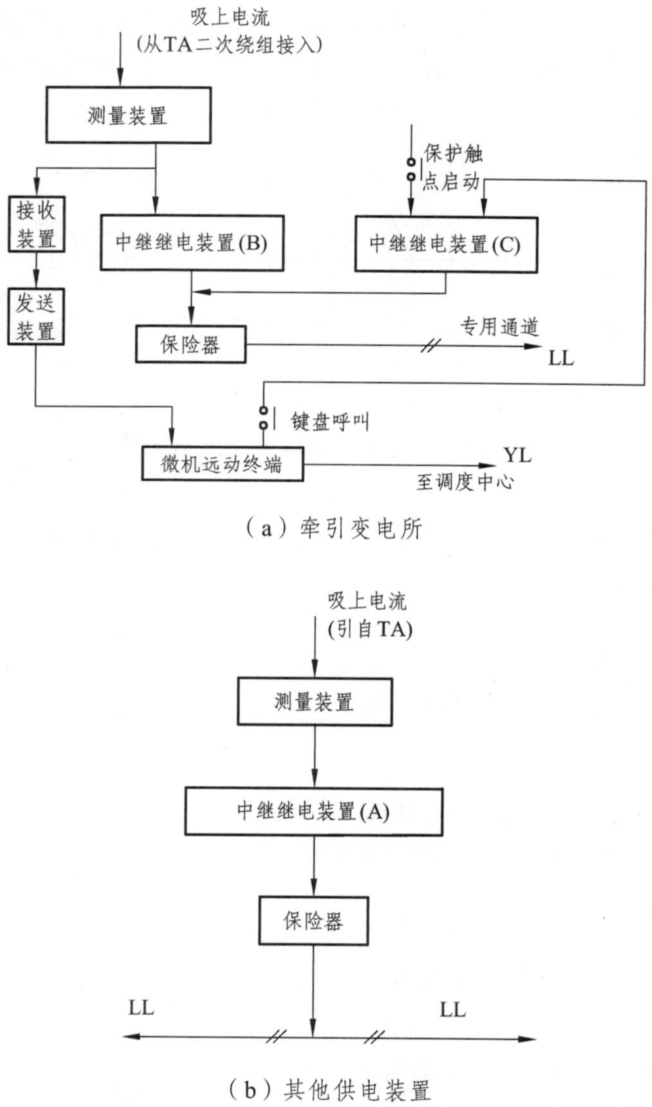

图 4-15　变电所与其他供电设备中的故障测距装置

2）其他供电设备的 AT 供电方式故障测距装置组成环节

开闭所（SSP）、分区所（SP）和 AT 所（ATP）等供电设备中的 AT 供电方式故障测距装置，仅设有测量装置部分和中继继电装置等环节，其构成框图如图 4-15（b）所示。各环节的功能与上述相同，但中继继电装置所接收的启动信号是由专用通道从牵引变电所中继继电装置传送而来。

通过式（4.6）和式（4.7）可以看出，由该原理构成的牵引网故障测距装置存在一定的缺点，主要表现就是故障测距靠利用故障点两侧 AT 中点吸上电流计算来实现。为了保证故障点两侧 AT 吸上电流的采集同步，必须在每台 AT 处都设置一套数据采集与发送装置，必须敷设专用的传输数据和控制信号通道。这就使该装置不仅一次投资增大，而且原理适应性较差，工作可靠性降低。

3. AT 供电系统牵引网故障测距新型原理

尽管 AT 供电系统牵引网正常情况下运行方式很多，若单纯从故障测距角度对诸多运行方式分类，可以归结为三种典型的运行方式，即双线运行方式、单线运行方式和 V 停反运行方式。下面分别针对这三种运行方式讨论故障测距问题。

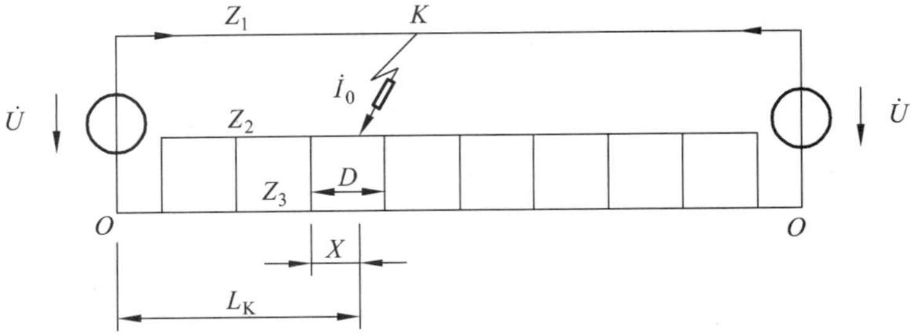

图 4-16　双线 AT 牵引网及其等效电路

1）双线运行方式

双线单边并联供电的 AT 牵引网及其等效电路分别如图 4-16 所示。

根据上述等效电路，可写出

$$\left.\begin{aligned}\dot{U}&=\dot{I}_1 z_1 L_K+\dot{U}_{KO}\\ \dot{U}&=\dot{I}_2 z_1(L_1+L_2-L_K)+\dot{U}_{KO}\end{aligned}\right\} \tag{4.9}$$

由公式（4.9）可得

$$L_K=\frac{I_2}{I_1+I_2}(L_1+L_2)\quad (\text{km}) \tag{4.10}$$

式中　L_K——故障点距离，km；

L_1、L_2——供电臂内上、下行线路上度，km；

I_1、I_2——下、上行馈线电流，A；

z_1——线路单位长度自阻抗，Ω/km；

$\dot{U}$——牵引母线电压，V；

$\dot{U}_{KO}$——故障点 K 与电源（下端）O 之间的电压降，V。

考虑线路阻抗参数不均匀和下、上线路间互感等，在公式（4.10）基础上增加一个修正项 Δl，变成下式

$$L_K=\frac{I_2}{I_1+I_2}(L_1+L_2)+\Delta l\quad (\text{km}) \tag{4.11}$$

式中，修正项 Δl（km）考虑了各种因素对故障测距精度的影响。

2）单线运行方式

定义吸馈电流比 Q 为故障测距装置安装处 AT 中点吸上电流 $\dot{I}_{RO}$ 与馈线电流 $\dot{I}$ 之比，即 $\dot{Q}=\dfrac{\dot{I}_{RO}}{\dot{I}}$；定义反向测量阻抗 Z_{m2} 为故障测距装置安装处 T-R 间电压 $\dot{U}_{TR2}$ 与 AT 中点吸上电流 $\dot{I}_{R2}$ 之比，即可 $\dot{Z}_{m2}=\dot{U}_{TR2}/\dot{I}_{R2}$。

单线运行方式 AT 供电系统牵引网吸馈电流比 Q 特性、电抗 X_m 特性和反向测量电抗 X_{m2} 特性如图 4-17 所示。牵引网的五种故障类型可以归纳为 T 型（包括 T-R、T-P 故障）、F 型（包括 F-R、F-P 故障）、T-F 型三种。吸馈电流比 Q 特性为三条分段直线，反向测量电抗 X_{m2} 在一定区段内与故障点距离呈一一对应关系。对图 4-17 所示两个 AT 段的 AT 牵引网，将其划分为三个区段，Ⅰ区和Ⅱ$_1$区的故障点测距由首段（SS 端或 SSP 端）的吸馈电流比 Q 特性和电抗 X_m 特性实现；Ⅱ$_2$区的故障点测距由末端（SSP 端或 SP 端）反向测量电抗 X_{m2} 特性实现。

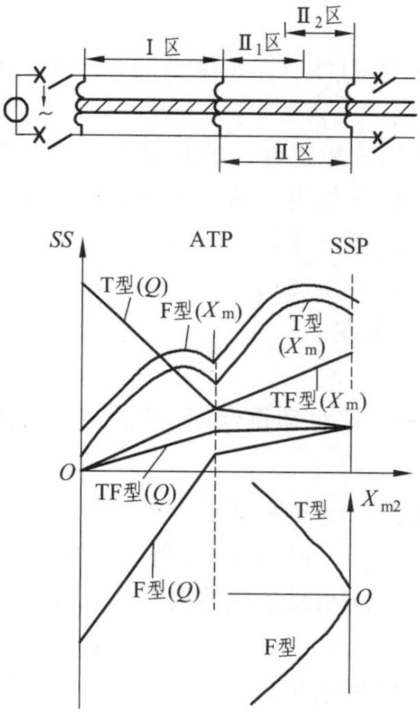

图 4-17　*Q-l* 和 *X-l* 特性

3）V 停反行运行方式

V 停反行运行方式实际上是一种特殊的单线运行方式，其故障测距问题可以归结为图 4-18（a）、（b）两种情况。

对于图 4-18（a），吸馈电流比 Q 特性为：T 型故障 $Q=2e^{j0}$；F 型故障 $Q=2e^{j180°}$；T-F 型故障 $Q=0$。从图中 4-18（a）可以看出，其电抗 X_m 特性为三条斜率不同的直线。显然，可以利用吸馈电流比 Q 特性判断故障类型，利用电抗（X_m）法原理实现故障点测距。

对于图 4-18（b），故障点 K_1 的测距方法与图 4-17 所示单线运行方式 AT 牵引网Ⅰ区的测距方法相同；故障点 K_2 的测距方法，因吸馈电流比 $Q=0$，先利用 Q 特性与电抗的匹配关系判断故障属于该运行方式，因其电抗 X_m 特性为三条直线，可利用电抗法实现故障点测距。

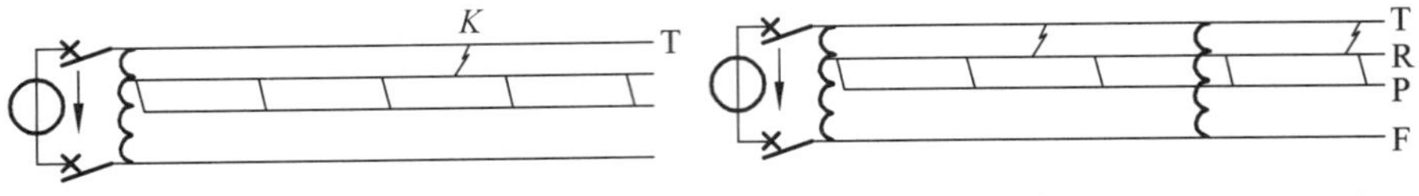

图 4-18　V 停反行运行方式测距模型

综上所述，AT 供电系统牵引网故障测距新型原理，仅需在变电所、开闭所和分区所三处安装牵引网故障测距装置，且三处故障测距装置工作完全独立，各自仅需利用当地信息就可以实现各自承担区段的故障点测距。但精确的故障点测距，因涉及运行方式、故障类型识别和复杂的计算，所以需由微机实现。

习　题

一、填空题

1. 目前在系统中，自动重合闸与继电保护配合的方式主要有两种，即（　　　　　　）和（　　　　　　）。

2. （　　　　　）装置是将因故障跳开后的断路器按需要自动投入的一种自动装置，在线路上发生暂时性故障时，迅速恢复供电，从而可提高供电的（　　　　　　）。

3. 自动重合闸启动后，需经一定时间再重合，这是保护装置（　　　　　　），断路器操作机构（　　　　　　），故障点去游离后（　　　　　　　　）恢复所必需的。

4. 重合闸前加速保护广泛应用在（　　　　　　　　　　　），而重合闸后加速保护主要用于（　　　　　　　　　　　　）。

5. 单侧电源线路上装有三相一次自动重合闸，当发生永久性故障时，断路器将（　　　）切断短路电流。

6. 检查同步自动重合闸，为使两端断路器工作条件均等，应定期（　　　　　　　　　　）。

7. 主变自投采用（　　　　　　）启动方式，备用线路自投通常采用（　　　　　　　）方式。但为了防止抽压装置二次回路断线造成的误动作，通常需要利用（　　　　　）实行闭锁。

8. 当主变压器检修时，应将备用电源自投（　　　　　）；备用线路的一侧的电压互感器、避雷器检修时，线路备投应该（　　　　），但该侧的主变检修时，备用自投装置应能（　　　　　）。

9. 为了提高牵引供电系统的可靠性，牵引变电所的牵引主变压器均采用（　　　　　　）备用方式。

10. 采用（　　　　　　　），能够有效地解决耗费工时、延长故障停电的时间的问题。

11. 在牵引供电系统中，对于直接供电方式和 BT 供电方式，故障点测距原理一般采用（　　　）。

12. 对于 AT 供电方式，日本采用的故障点测距原理为（　　　　　　　　　　）原理。

13. 脉冲探测式线路故障测距装置，不受（　　　　）和（　　　　）影响，但要求装设阻波器。

14. AT 供电系统的牵引网电抗-距离特性为一条（　　　　）。

二、综合题

1. 输电线路及牵引网为什么要装设自动重合闸装置？对自动重合闸有哪些基本要求？

2. 利用电容器放电原理构成的重合闸装置为什么只能重合一次？为什么手动操作跳闸时不重合？

3. 值班人员能否任意改变检查同期重合闸和检查无电压重合闸的运行方式？为什么？

4. 牵引变电所的备用电源自投的作用是什么？共有几种运行方式，简要说明每种工作方式下的自投动作逻辑。

5. 按照图 4-5 说明 2 号进线带 T_2 主变运行，2 号进线故障时的进线自投工作原理。

6. 故障测距装置有什么作用？都有哪些类型？

7. 画出一般牵引网故障测距装置原理方框图。

8. AT 供电系统牵引网故障测距新型原理有哪些？

9. 根据检查同步重合闸的原理图，试分析下列问题：

（1）线路发生瞬时性故障时动作原理；

（2）线路发生永久性故障时动作原理；

（3）线路无压侧断路器因误碰跳闸后的工作原理。

扫一扫，查看第四章
更多习题和习题答案

第五章　牵引变压器保护

如图 5-1 所示是电气化铁道牵引供电系统示意图，该系统由高压输电线、牵引变电所、牵引网、分区所、开闭所等组成。牵引变电所将电力系统输电线路的电压从 110 kV（220 kV）降到 27.5 kV，经馈电线将电能送至接触网；接触网沿铁路上空架设，电力机车升弓后便可从其获得电能，用以牵引列车。牵引变电所所在地的接触网设有分相绝缘装置，两相邻牵引变电所之间设有分区所（又称分区亭），接触网在此也相应设有分相绝缘装置。牵引变电所至分区所之间的接触网（含馈电线）称供电臂。接触网、钢轨回路（包括大地）、馈电线和回流线统称为接触网。牵引供电构成的回路是：牵引变电所—馈电线—接触网—电力机车—钢轨和大地—回流线—牵引变电所。

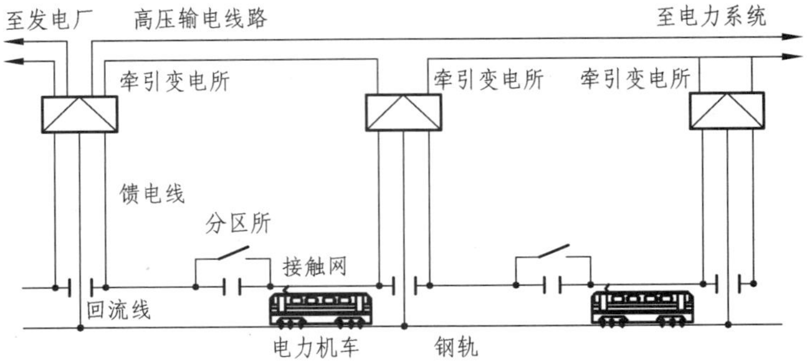

图 5-1　电气化铁道牵引供电系统示意图

牵引变电所中，一般安装两台（或两组）牵引变压器。正常情况下，一台（或一组）变压器运行，另一台（或一组）作为固定备用。牵引变压器是牵引变电所最重要的设备，它的故障将直接影响到牵引供电系统的安全运行。为此，牵引变压器通常采用多种保护方式，以构成最完善的保护。

第一节　牵引变压器运行状态分析及保护配置方案

【知识及能力目标】

1. 了解牵引变压器的运行状态；
2. 掌握牵引变压器的保护配置方案及各种保护的作用。

一、牵引变压器运行状态分析

牵引变压器存在正常运行、短路故障、不正常运行、空载合闸几种状态。分析牵引变压器的运行状态是为了更好地研究继电保护装置的构成及其整定计算。

1. 牵引变压器的正常运行

变压器的正常运行是变压器最常见的也是我们最希望的一种运行方式。

2. 牵引变压器的短路故障

变压器的故障可以分为油箱内和油箱外两种故障。油箱内的故障包括绕组的相间短路、接地短路、匝间短路以及铁芯的烧损等。油箱内发生故障时产生的电弧，不仅会损坏绕组的绝缘、烧毁铁芯，而且由于绝缘材料和变压器油受热分解会产生大量的气体，有可能引起变压器油箱的爆炸；油箱外的故障，主要是指套管和引出线上发生的相间短路故障以及接地短路故障。当发生油箱外短路故障时，将导致供电电压严重降低并导致变压器线圈过热，加速线圈绝缘老化。对于变压器发生的各种故障，保护装置应尽快将变压器切除。实践表明，变压器套管和引出线上的相间短路、接地短路和绕组的匝间短路是比较常见的故障形式，而变压器油箱内发生相间短路故障的情况比较少。

3. 牵引变压器的不正常运行状态

牵引变压器的不正常运行状态包括变压器过负荷运行、变压器外部负荷侧短路故障引起的线圈过电流、风扇故障或漏油等原因引起冷却能力的下降等等。这些不正常运行状态的出现，将引起变压器线圈与铁芯过热，加速绝缘老化。变压器处于不正常运行状态时，继电保护应根据其严重程度，发出告警信号，使运行人员及时发现并采取相应的措施，以确保变压器的安全。

4. 牵引变压器的空载合闸

牵引变电所建成投运、变压器检修后投运及采用固定备用方式的运行变压器故障后备用变压器的投入，均进行空载合闸。当变压器空载合闸以及外部故障被切除时，保护装置不应动作。

变压器空载合闸时，产生较大的冲击性励磁电流，简称为励磁涌流。励磁涌流只流过变压器电源侧的绕组，其大小与变压器合闸瞬间电源电压的初相角及铁芯中的剩磁大小有关，严重时可达变压器额定电流的 6～8 倍。另外励磁涌流的波形波宽较窄，且有很大的间断区（80°电角度以上），并含有大量的二次谐波电流分量和衰减性直流分量（非周期分量）。

二、牵引变压器的保护配置方案

牵引变压器在牵引供电系统中具有十分重要的作用，由于它是静止设备，故障机会比较少，但在实际运行中仍有可能会发生危害特别严重的短路故障，因此必须对牵引变压器设置性能完善的保护装置。

牵引变压器一般应设置如下保护：

1. 主保护

主保护由瓦斯保护和差动保护构成，用于反应变压器上的短路故障。

瓦斯保护用于保护变压器油箱内的各种短路故障（例如绕组轻微的匝间短路、铁芯烧损等），但像变压器绝缘子闪络等油箱外面的故障，瓦斯保护不能反应。

牵引变压器的差动保护一般包括二次谐波闭锁的比率差动保护和差动速断保护，用于保护变压器绕组、套管及引出线上的短路故障。

主保护为瞬时动作，且动作后变压器各侧断路器均跳闸，使变压器退出运行。

2. 后备保护

当主要保护拒动时，由后备保护经一定延时后动作，使变压器退出运行。

1）低电压启动过电流保护

低电压启动过电流保护分别装设在牵引变压器的高压侧和低压侧。高压侧低电压启动过电流保护是作为变压器差动保护和馈线保护的后备保护，低压侧低电压启动过电流保护主要是为了保护牵引变压器外部短路故障引起的变压器过电流，作为 27.5 kV 母线短路故障的保护和牵引网短路故障的后备保护。对于牵引变压器，由于过电流保护往往不能满足灵敏度要求，所以采用低电压启动过电流保护。

2）零序过电流保护

零序过电流保护通常用作变压器高压侧接地短路故障及相邻原件（电源进线）接地短路故障的后备保护。

3）低压侧过电压保护

牵引变压器低压侧过电压保护可以保护变压器对抗接触网系统带来的不允许过电压，例如几辆机车同时反馈电能带来的过电压。

4）高压侧低电压保护

牵引变压器高压侧应设置低电压保护，以保护变压器对抗压降，并作为高阻抗故障的后备保护。

5）过负荷保护

牵引变压器的不正常工作状态包括过负荷运行，对此应配置反时限过负荷保护用于监视变压器的过负荷运行，设于变压器高压侧重负荷相上，保护动作后发出“变压器过负荷信号”。

3. 辅助保护

辅助保护包括变压器的过热保护和轻瓦斯保护。保护动作后，一般只发出相应的信号。

第二节　牵引变压器的瓦斯保护

【知识及能力目标】

1. 掌握瓦斯保护的接线及整定；
2. 理解瓦斯保护的动作原理；
3. 了解瓦斯保护作用及特点。

一、瓦斯保护的作用

当油浸式变压器油箱内发生短路故障时，短路点处的高温电弧引起变压器油气化，产生瓦斯气体并形成油气流。把利用油气流流速来检出变压器油箱内短路故障的装置，称为瓦斯保护装置。它是反映油浸式变压器油箱内短路故障最有效的一种保护装置，也是变压器铁芯烧损的唯一保护。瓦斯保护在变压器箱体内部故障时，有着独特的、其他保护所不具备的优点，如绕组匝间短路时，将在短路的线匝内产生环流，使绕组和铁芯局部发热，造成绝缘老化甚至损坏，最终发展为各种严重的短路故障。这时变压器箱体外电路中，因绕组匝间短路产生的电流值不足以使其他保护动作，只有瓦斯保护能够灵敏动作发出信号或跳闸。所以变压器的瓦斯保护是不能被取代的变压器内部故障主要保护装置。

二、瓦斯继电器的安装

瓦斯保护装置主要由瓦斯继电器、信号继电器、保护出口继电器等构成，其中瓦斯继电器是瓦斯保护的主要元件。瓦斯继电器安装位置如图 5-2 所示，安装在变压器油箱与油枕的连接管道上。在安装带有瓦斯继电器的变压器时，变压器顶盖沿瓦斯继电器的方向应有 1%～1.5%的升高坡度，连接管朝油枕方向应有 2%～4%的升高坡度，这是为了使变压器内的气体往瓦斯继电器内跑，以提高灵敏度。而且瓦斯继电器上的红色箭头也应由油箱指向油枕。

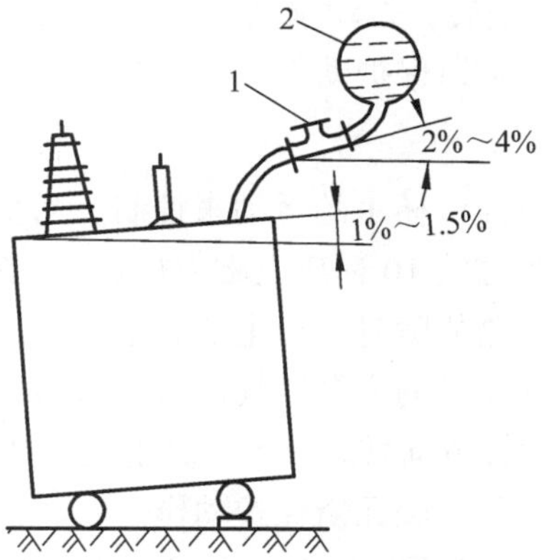

1—瓦斯继电器；2—油枕。

图 5-2　瓦斯继电器安装位置示意图

三、瓦斯继电器的结构和动作原理

1. 瓦斯继电器的结构

目前，瓦斯保护使用的瓦斯继电器主要是开口杯式的，其结构见图 5-3。它有两对出口接点，一对为重瓦斯接点，反应变压器邮箱内的严重故障，用于断路器的跳闸；另一对接点为轻瓦斯接点，反应变压器油箱内的不正常或轻微故障，用于发出信号。

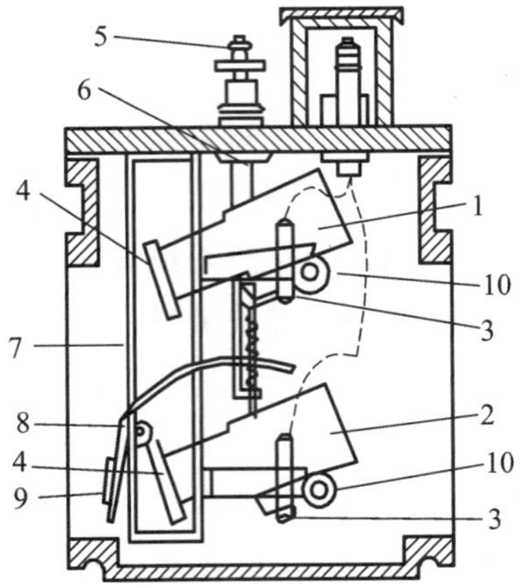

1—上开口杯；2—下开口杯；3—磁力接点；4—平衡锤；5—放气门；6—探针；
7—支架；8—挡板；9—进油挡板；10—永久磁铁。

图 5-3　开口杯式的瓦斯继电器结构图

2. 瓦斯继电器的动作原理

1）重瓦斯保护动作

重瓦斯“跳闸”接点由下部开口杯 2 的运动来控制。

变压器正常运行时，下开口杯浸于油内，通过调整平衡锤 4 的位置，使固定在开口杯上的永久磁铁 10 远离下部磁力接点 3，使接点断开。

当变压器油箱内发生严重短路故障时，油箱内产生的油气流由进油挡板 9 进入，冲击挡板 8，推动开口杯沿顺时针方向偏转，带动永久磁铁 10 靠近磁力接点 3，磁力接点闭合，由此发出断路器跳闸命令，称为重瓦斯保护动作。

2）轻瓦斯保护动作

轻瓦斯“信号”接点由上部开口杯 1 的运动来控制，当变压器正常运行时，上开口杯处于较高位置，固定在其上的永久磁铁 10 远离上磁力接点 3，接点断开。

当变压器油箱内发生轻微短路故障时，产生的少量气体（轻瓦斯）由油箱进入瓦斯继电器中，并聚集在其上部。随着气体量的增多，气体压力增加，迫使油面下降，上开口杯 1 逐渐露出油面，因失去平衡而顺时针方向转动，带动其上的永久磁铁 10 靠近上磁力接点 3，接点闭合，发出轻瓦斯动作信号，称为轻瓦斯保护动作。

同理，当变压器油箱漏油比较严重时，也会出现上述相似的过程，引起轻、重瓦斯保护动作。扫描二维码 5-1，可观看瓦斯继电器的动作原理视频。

二维码 5-1

四、瓦斯保护装置的接线及工作原理

瓦斯保护装置的接线如图 5-4 所示。KG 为气体继电器，轻瓦斯动作时，上触点 KG1 闭合，接通 1KS，发出轻瓦斯信号。重瓦斯动作时，下触点 KG2 闭合，由 2KS 发出重瓦斯信号，并通过 KM 继电器接通 1YR、2YR 跳闸线圈，使变压器两侧的断路器跳闸。KM 继电器通过其常开触点以及按钮 SB 使其电流线圈自保持。由于重瓦斯保护是按油流的流速大小动作的，而油流的流速在故障中往往是不稳定的，考虑到瓦斯继电器的下触点在不稳定的油流的冲击下可能会发生抖动或短时闭合的情况，所以重瓦斯动作后必须有自保持回路，以保证有足够的时间使断路器可靠跳闸。为此，中间继电器 KM 采用了具有串联自保持作用的电流线圈。跳闸完成后，由断路器的辅助常开触点将自保持回路切断。

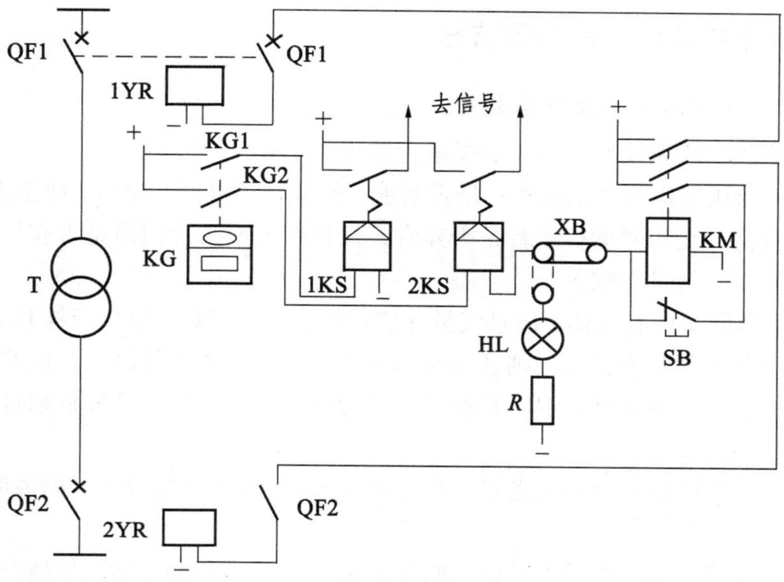

图 5-4　瓦斯保护装置的接线原理图

而且因为瓦斯保护是根据气体量和油流速度而动作，所以瓦斯保护不仅在变压器箱体内部发生故障和危险非正常情况时动作，而且由于其他原因造成变压器箱体内部出现空气冲击油的流动时也会动作。例如在变压器充油或检修后重新灌油时，空气可能进入油箱内部，当变压器带负荷投入运行后，油温逐步上升，油中的空气随之受热上升进入瓦斯继电器，可能使轻瓦斯保护动作，当流速较大时重瓦斯保护也可能动作跳闸，使变压器退出运行。为防止这种误动，采用切换片将重瓦斯保护切换至作用于信号，直至不再有空气逸出为止，大约需要两至三天。必须注意，在瓦斯继电器试验时也应切换至信号。切换片是用来将重瓦斯保护切换到只发信号的位置。

瓦斯保护的优点：接线、安装简单，经济、灵敏度高，能反应变压器油箱内部的一切故障。当有大量气体产生时动作迅速。

瓦斯保护的缺点：不能反应变压器油箱外部套管和引出线上的故障，而且抵抗外界干扰的性能较差，例如剧烈的震动就容易误动作。

五、瓦斯保护的整定

1. 轻瓦斯触点动作的整定

改变开口杯侧平衡锤的位置，可在 250～300 cm^3 的范围内调节信号触点动作的气体体积，一般正常整定值为 250 cm^3。

2. 重瓦斯触点动作的整定

调整挡板位置，可在 0.6～1.5 m/s 范围内调整跳闸触点动作的油速，一般出厂时调节在 1.2 m/s。

六、瓦斯保护动作后的处理方法

1. 运行中变压器轻瓦斯动作后处理

（1）汇报值长，联系检修人员，加强运行监视。

（2）立即对变压器进行外部检查：是否漏油，油位是否过低，油温、绕组温度是否升高，变压器是否过负荷，变压器运行声音是否异常，保护装置或二次回路是否有故障，瓦斯继电器是否有气体并判断气量和颜色。

（3）若瓦斯继电器内有气体，记录气量并鉴定颜色是否可燃，取样气样和油样色谱分析。

（4）若色谱分析判断为空气，则变压器仍可运行；若气体为可燃的，说明变压器故障，必须停止运行；若气体不可燃，但不是空气，进行严密监视，如色谱分析超过正常值，经判断变压器故障，则停止运行。

（5）必要时还可以检查油的闪光点，若闪光点较过去降低 5℃以上，则说明变压器故障，必须停止运行。

（6）注意瓦斯信号发出的间隔时间，如逐次缩短，则 表示变压器可能跳闸，此时禁止将瓦斯保护停用或改投信号，并汇报值长。

2. 运行中变压器重瓦斯动作或轻、重瓦斯同时动作的处理

（1）汇报值长，联系检修。

（2）检查变压器差动保护、速断保护或其他动作于跳闸的后备保护是否同时动作。

（3）检查瓦斯保护是否正确动作，保护装置、二次回路有无故障，判断是否由于区外故障引起误动。

（4）检查油位、油温、绕组温度、防爆门、套管、焊缝是否异常。

（5）通知检修采集油样与气样进行分析，已鉴定变压器内部是否故障。

（6）在重瓦斯保护的动作原因未查清前，不得合闸送电。

第三节　牵引变压器的差动保护

【知识及能力目标】

1. 掌握差动保护的构成及整定计算；
2. 理解差动保护的原理；
3. 掌握减小或消除不平衡电流的措施。

普速铁路牵引变压器的容量一般为 20 ~ 40 MV · A，客运专线牵引变压器的容量可达 60 ~ 80 MV · A，因此按照规定，牵引变压器应配置差动保护作为其主保护之一。差动保护主

要用来保护牵引变压器内部、套管以及引出线上的相间短路，同时也可以保护绕组单相层间短路和接地短路。

一、变压器差动保护的基本原理

以双绕组单相变压器为例，其差动保护的原理接线图如图 5-5 所示。$\dot{I}_1$、$\dot{I}_2$ 分别表示变压器高压侧和低压侧的一次电流，$\dot{I}_1'$、$\dot{I}_2'$ 分别为经相应电流互感器转变后的二次电流。

图 5-5 中，流入继电器的电流，即差动电流

$$\dot{I}_{\mathrm{d}} = \dot{I}_1' - \dot{I}_2' \tag{5.1}$$

差动保护的动作判据为

$$I_{\mathrm{d}} = \left|\dot{I}_1' - \dot{I}_2'\right| \geqslant I_{\mathrm{set}} \tag{5.2}$$

式中，I_{set} 为差动保护的动作电流。

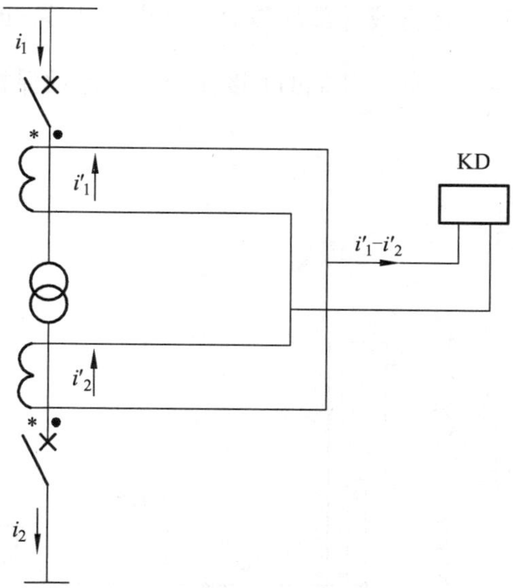

图 5-5　双绕组单相变压器差动保护的原理接线图

设高、低侧电流互感器变比分别为 K_{i1}、K_{i2}，式（5.2）可表示为

$$\dot{I}_{\mathrm{d}} = \frac{\dot{I}_1}{K_{\mathrm{i1}}} - \frac{\dot{I}_2}{K_{\mathrm{i2}}} \tag{5.3}$$

在正常或保护范围外部发生短路时，要保证差动保护可靠不动作，应使 $\dot{I}_{\mathrm{d}} = 0$。设变压器变比为 $K_{\mathrm{T}} = \dfrac{U_1}{U_2}$，忽略变压器的励磁电流，在变压器正常运行或保护范围外部故障时，变压器高、低压侧电流满足

$$K_{\mathrm{T}}\dot{I}_1 = \dot{I}_2 \tag{5.4}$$

将式（5.4）带入式（5.3）并使之为零，得到两侧电流互感器变比的关系方程

$$\frac{K_{i2}}{K_{i1}} = K_T \tag{5.5}$$

当两侧电流互感器变比满足式（5.5）时，在变压器正常运行或保护区外故障时，差动电流为零，差动保护不会动作。如果变压器引出线、套管及内部发生短路故障，式（5.4）不成立，流入差动继电器的差动电流也就不再为零。若差动电流大于预设的动作电流值，差动保护就能迅速动作。

对于 Y/△接线的三相变压器，△侧出线电流为变压器绕组电流之差，从而造成了变压器两侧电流的相位也存在差异。以 Y,d11 接线变压器为例，△侧电流超前 Y 侧电流 30°，如果 Y,d11 变压器直接采用图 5-5 所示的差动保护接线方式，则在变压器正常运行或保护范围外部发生短路故障时，仍会有很大的差动电流流入继电器。

如果 Y 侧的电流互感器采用△形接线，△侧的电流互感器采用 Y 形接线，则可以使变压器两侧对应电流的相位一致。

但是，电流互感器二次线圈接成△形以后，流向差动继电器的电流 I_d 是电流互感器二次线圈电流的 $\sqrt{3}$ 倍，为保证正常运行或外部故障时差动电流为零，即流向差动继电器的电流 $\dot{I}_1'$ 与 $\dot{I}_2'$ 相等，即要求 $\frac{\dot{I}_1}{K_{i1}}\sqrt{3} = \frac{\dot{I}_2}{K_{i2}}$，即三相 Y,d11 接线变压器差动保护用的电流互感器电流比应满足下式：

$$\frac{K_{i2}}{K_{i1}} = \frac{K_T}{\sqrt{3}} \tag{5.6}$$

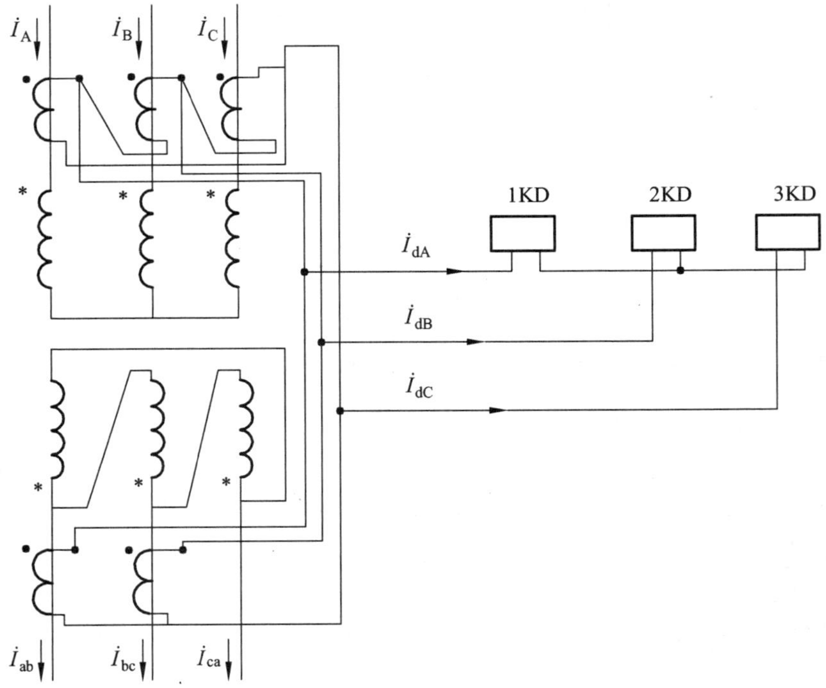

图 5-6　Y,d11 接线的牵引变压器差动保护所采用的接线方式

对于 Y,d11 接线的牵引变压器，△侧仅有两相装设电流互感器，图 5-6 为常规式差动保

护所采用的接线方式。电流互感器实际上应装设在断路器与母线之间，这样可以扩大保护范围，而习惯上将差动保护装置的电流互感器绘于断路器与变压器之间。在微机式差动保护中，各相电流的相位和变比可以很方便地由微机软件实现，Y,d 接线三相变压器的两侧电流互感器可以都采用 Y 形接线方式。

二、变压器差动保护的特点

实际上，由于电流互感器的误差、变压器的接线方式及励磁涌流等因素的影响，变压器差动保护在正常运行及外部故障时流入到差动继电器中的电流并不为零，而是有一定的电流，这个电流叫作不平衡电流，用 I_{unb} 表示。如果不采取措施克服其影响，将引起差动保护误动作。而且 I_{unb} 越大，差动继电器的动作电流也越大，差动保护的灵敏度就越低。因此，要提高变压器差动保护的灵敏度，关键问题是减小或消除不平衡电流的影响。

变压器差动保护最明显的特点是产生不平衡电流的因素很多。现分别对其产生原因及消除或减小其影响的措施进行分析。

1. 变压器的励磁涌流

变压器励磁电流只流过电源侧的绕组，因此，励磁电流是差动回路的不平衡电流。变压器正常运行时，励磁电流很小，为额定电流的 3%～5%，外部短路时，由于电压降低，励磁电流更小，所以，此不平衡电流对差动保护的影响可以忽略不计。当变压器空载投入或外部短路故障切除后在电压恢复过程中，励磁电流很大，电流可达到额定电流的 6～8 倍，即励磁涌流。由于励磁涌流数值可能很大，所以差动保护在励磁涌流的冲击下可能误动作，因此必须采取措施加以克服。而通过提高差动保护的动作电流来躲过励磁涌流，将大大降低保护的灵敏度，使差动保护范围缩小；采用增加时限来躲过涌流的高峰方法又丢掉了差动保护速动的优越性，因此一般都不采用。

传统的模拟式差动保护广泛采用的办法是采用具有速饱和变流器或带短路线圈的速饱和变流器的差动继电器来构成差动保护。速饱和变流器容易传变周期分量，而不易传变非周期分量到二次侧。当外部故障时，故障电流所含的非周期分量能使速饱和变流器的铁芯很快地单方面饱和，传变性能变坏，不平衡电流也就难于传变到继电器的差动线圈上，保证差动保护不会误动；内部故障时，速饱和变流器一次线圈电流的非周期性分量很快衰减完毕，此后通过的完全是周期性的短路电流，所以故障电流容易传变到继电器的差动线圈上，使继电器能灵敏地动作。但是，采用速饱和变流器的差动保护动作电流大、灵敏度低，并且在变压器内部故障时，会延缓保护的动作，已逐渐被淘汰。

随着微机式差动保护的大量应用，差动继电器可以采用更丰富的手段来鉴别励磁涌流。目前，我国铁路供电系统广泛采用的是二次谐波闭锁原理。二次谐波闭锁原理是根据励磁涌流中含有大量二次谐波分量而内部故障电流中二次谐波含量很低的特点，当检测到差动电流中二次谐波含量大于整定值时就将差动继电器闭锁，以防止励磁涌流引起的误动。二次谐波闭锁元件的判断依据为

$$I_{d2} \geqslant K_{2.set} I_{d1} \tag{5.7}$$

式中　I_{d1}、I_{d2} ——差动电流的基波分量和二次谐波分量；

$K_{2.set}$ ——二次谐波闭锁系数，通常的整定范围为 15% ~ 20%。

对于三相变压器的二次谐波闭锁，目前广泛采用“三相或门闭锁”方案，即三相差动电流中任一相的二次谐波含量满足式（5.7），就将三相差动继电器全部闭锁。这样做是为了防止某一相励磁涌流的二次谐波含量小于整定值，导致差动保护误动。

二次谐波闭锁原理简单明了且容易实现，因此目前国内外实际投入运行的变压器保护广泛采用该原理作为励磁涌流的闭锁判据。但是，二次谐波闭锁原理也存在缺点，在某些情况下会导致差动保护延时动作或误动。比如当带故障的三相变压器空载合闸时，故障相为故障电流，非故障相可能产生励磁涌流，“三相或门闭锁”方案将使差动保护延时动作；当变压器内部发生严重故障时，电流互感器可能饱和，从而导致故障电流中含有较大的二次谐波分量，则二次谐波闭锁的具有比率制动特性的差动保护也将被闭锁，一直等到暂态短路电流衰竭（变化）到一定程度后差动保护才能动作，因此差动保护的动作时间可能会长达数百毫秒甚至数秒；随着远距离输电的发展和电容补偿装置的投入，变压器内部故障时暂态电流会产生较大的二次谐波，可能引起差动保护延时动作；现代变压器为充分利用铁芯材料传输电能，铁芯饱和点提前，在剩磁系数较大时，涌流中二次谐波含量会变得很低，导致二次谐波闭锁的差动保护容易误动。

如何鉴别励磁涌流以防止保护误动是变压器差动保护的关键问题，除了二次谐波闭锁原理外，还有许多其他鉴别方法，如间断角原理、波形对称原理、磁通特性原理等，目前有些已经投入实践。

2. 变压器各侧电流互感器标准化的变比与计算值不同产生的不平衡电流

变压器两侧的电流互感器都是根据产品目录选取的标准变比，其规格种类是有限的。变压器的变比也是有标准的，三者的关系很难完全满足等式要求。而且此不平衡电流是随一次电流的增大而增大的，外部短路时有较大的短路电流穿越变压器，因而产生的不平衡电流也较大。

对于模拟式纵差动保护装置，通常采用两种方法进行补偿。一是采用自耦变流器进行补偿。在电流互感器一侧（对三绕组变压器应在两侧）装设自耦变流器。将电流互感器的输出端接到自耦变流器的输入端，改变自耦变流器的变比，正常运行时，可使流入差动继电器的电流为 0 或接近于 0。另一种是在速饱和变流器的一次侧加平衡绕组进行补偿，使在正常运行或外部故障时，速饱和变流器铁芯内的总磁通等于 0，故在速饱和变流器二次线圈没有感应电动势和电流时，差动继电器也就不会因这一部分不平衡电流而误动。

采用这种补偿方式时，由于速饱和变流器平衡绕组的匝数只能是整数，因此，选用的整定匝数与计算匝数不一定完全一致。故仍有一部分不平衡电流流入差动继电器中，其值虽已大为减小，但整定计算时仍应考虑进去。

对于微机式差动保护装置，由计算机软件进行简单的计算就能实现补偿。

3. 变压器各侧电流互感器的型号和特性不同产生的不平衡电流

由于励磁电流的存在，电流互感器的二次电流无法完全传变一次电流的相位和幅值，因此会产生幅值误差和相位误差。而且变压器两侧的电流互感器的型号和磁化特性无法完全相同，造成了比线路差动保护更大的不平衡电流。最严重的状况是外部短路时，短路电流使一侧电流互感器饱和，而另一侧电流互感器不饱和，按 10%误差曲线选择的电流互感器，最大不平衡电流可达外部最大短路电流的 10%。因此应尽可能使用型号、性能完全相同的电流互感器，使得两侧电流互感器的磁化曲线相同，以减小不平衡电流。另外，减小电流互感器的二次负载并使各侧二次负载相同，能够减少铁芯的饱和程度，相应的也减少了不平衡电流。减少二次负载的方法，除了减少二次电缆的电阻外，还可以增大电流互感器的变比 K_i。二次阻抗折算到一次侧的等效阻抗为 Z_2/K_{2i}。若采用二次侧额定电流为 1 A 的电流互感器，等效阻抗只有额定电流为 5 A 的 1/25。

4. 由变压器带负荷调节分接头产生的不平衡电流

电力系统中经常采用带负荷调压的变压器，利用改变变压器分接头的位置来保持系统的运行电压。而改变分接头的位置，实际上就是改变变压器的变比 K_T。由于电流互感器的变比选定后不可能根据运行方式进行调整，只能根据变压器分接头未调整时的变比进行选择。因此，由于改变分接头的位置产生的最大不平衡电流为

$$I_{unb\cdot max} = \Delta U I_{k\cdot max} \tag{5.8}$$

式中 ΔU——由变压器分接头改变引起的相对误差；

$I_{unb\cdot max}$——由于改变分接头的位置产生的最大不平衡电流；

$I_{k\cdot max}$——外部短路故障时最大短路电流。

考虑到电压可以正负两个方向进行调整，一般ΔU 可取调整范围的一半。

三、牵引变压器差动保护构成及整定计算

牵引变压器差动保护一般由比率差动保护和差动速断保护两个元件组成，其动作特性如图 5-7 所示。

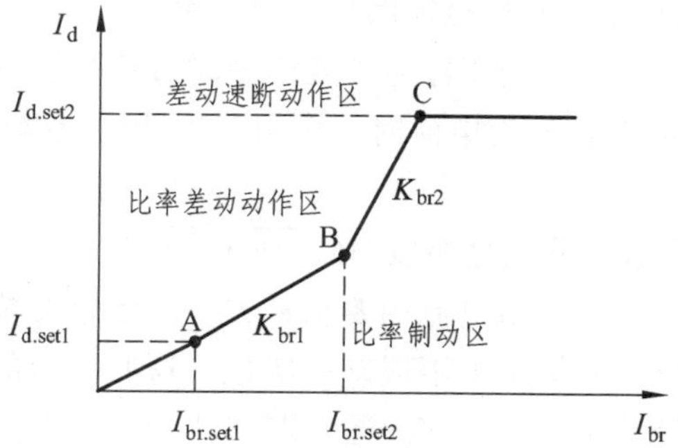

图 5-7 变压器差动保护的动作特性

1. 比率差动保护

由不平衡电流的分析可知，电流互感器传变产生的不平衡电流与变压器外部故障时的穿越电流有关。穿越电流越大，不平衡电流也就越大。如果按照躲过最大外部故障时的不平衡电流来整定动作电流，将会使差动保护的灵敏度降低。因此，差动继电器中引入一个能够反应变压器穿越电流大小的制动电流，继电器动作电流的大小可以根据制动电流的大小自动调整，进而能够提高差动保护的灵敏度。这一差动保护又称为比率制动的差动保护或简称为比率差动保护。它的动作值随着外部短路电流的增大而自动增大。

制动电流 I_{br} 一般定义为

$$I_{br}=\frac{1}{2}\left|\dot{I}_1'+\dot{I}_2'\right| \tag{5.9}$$

比率差动保护的制动特性由三个线段组成，见图 5-7。第一段为水平线，用来躲过变压器正常运行时的不平衡电流。第二段 AB 为斜线，用来躲过电流互感器未饱和时的不平衡电流，其反方向延长线通过原点。第三段 BC 也是斜线，用来躲过电流互感器饱和产生的不平衡电流。根据图 5-7，比率差动保护的动作判据可表示为

$$\left.\begin{array}{ll} I_d \geqslant I_{d.set1} & (I_{br}\leqslant I_{br.set1}) \\ I_d - K_{br1}(I_{br}-I_{br.set1}) \geqslant I_{d.set1} & (I_{br.set1}<I_{br}\leqslant I_{br.set2}) \\ I_d - K_{br1}(I_{br.set2}-I_{br.set1})-K_{br2}(I_{br}-I_{br.set2}) \geqslant I_{d.set1} & (I_{br}\leqslant I_{br.set2}) \end{array}\right\} \tag{5.10}$$

式中，$I_{d.set1}$ 表示比率差动保护的最小动作电流，由变压器正常运行时的不平衡电流决定。

$$I_{d.set1}=K_{rel}I_{dsq}=K_{rel}(\Delta f+\Delta u+0.1K_{st})I_{L.max} \tag{5.11}$$

式中 K_{REL}——可靠系数，取 1.3；

Δf ——由于电流互感器计算变比和实际变比不一致引起的相对误差，单相变压按式 $\Delta f=\left|1-\frac{K_{i1}}{K_{i2}}K_T\right|$ 计算，Y,d11 接线三相变压器按式 $\Delta f=\left|1-\frac{K_{i1}}{\sqrt{3}K_{i2}}K_T\right|$ 计算；当采用中间变流器进行补偿时，取补偿后剩余的相对误差；

Δu——由于变压器分接头改变引起的相对误差，一般可取调压范围的一半；

K_{st}——电流互感器的同型系数，同型时取为 0.5，不同型时取 1。

$I_{L.max}$——变压器正常运行时计算侧的最大负荷电流。

由于牵引负荷的特殊性，牵引变压器经常处于短时过负荷运行状态。按照牵引供电操作规程，当牵引供电负荷达到 3 倍额定电流时，牵引变压器还应继续运行 2 min，所以牵引变压器的 $I_{d.set1}$ 一般较大。

K_{br1}、K_{br2} 表示制动系数，分别是两段斜线 $\overline{AB}$ 和 $\overline{BC}$ 的斜率，K_{br1} 的整定计算必须考虑不平衡电流的影响和差动保护对流出电流的要求；K_{br2} 的整定要按照差动保护在外部故障电流很大且含有大量非周期分量的情况下不误动来考虑。这些参数的精确计算往往比较困难，在实际应用中一般由运行经验来确定。K_{br1} 通常取 0.3 ~ 0.5，K_{br2} 可以整定的较大，一般取 0.5 ~ 0.7。

$I_{br.set1}$、$I_{br.set2}$ 表示制动电流整定值。$I_{br.set1}$ 是 A 点的横坐标，线段 AB 反向延长线经过原点，所以一旦 K_{br1} 和 $I_{d.set1}$ 确定，$I_{br.set1}$ 也就确定了。即

$$I_{br.set1}=\frac{I_{d.set1}}{K_{br1}} \tag{5.12}$$

$I_{br.set2}$ 是 B 点的横坐标，需要满足

$$I_{br.set2}\leqslant\frac{I_{d.set2}-K_{br2}I_{k.max}+K_{br1}I_{br.set1}-I_{d.set1}}{K_{br1}-K_{br2}} \tag{5.13}$$

为了防止励磁涌流导致差动保护误动，比率差动保护还要采取涌流闭锁措施。如果采取二次谐波闭锁原理，该差动保护又称为二次谐波闭锁的比率差动保护。

2. 差动速断保护

由于二次谐波闭锁会在某些情况下会导致差动保护延时动作。当保护范围内部发生短路故障时，暂态短路电流中也可能存在二次谐波；电流互感器铁芯饱和时也会在二次电流中产生二次谐波分量。如果二次谐波含量超过二次谐波制动系数整定值，二次谐波闭锁具有比率制动特性的差动保护也将被闭锁，一直等到暂态短路电流衰竭（变化）到一定程度后差动保护才能动作，这就相对延迟了动作时间，减慢了动作速度。为了在变压器发生严重故障时差动保护能迅速动作，往往增加一个不需要考虑励磁涌流影响的差动速断保护元件，其动作判据为

$$I_{\mathrm{d}} \geqslant I_{\mathrm{d.set2}} \tag{5.14}$$

式中 $I_{\mathrm{d.set1}}$——差动速断保护的动作电流，按躲过变压器的最大励磁涌流来整定。

第四节 牵引变压器的后备保护及辅助保护

【知识及能力目标】

1. 掌握牵引变压器后备保护的配置情况；
2. 掌握各种后备保护的作用及整定；
3. 了解牵引变压器辅助保护的构成及作用。

一、后备保护

后备保护是变压器主保护的补充和完善，当主要保护拒动时，由后备保护经一定延时后动作，使变压器退出运行。

1. 低电压启动的过电流保护

低电压启动过电流保护分别设在牵引变压器的高压侧和低压侧。高压侧低电压启动过电流保护是作为变压器差动保护和馈线保护的后备保护：对牵引变压器差动保护来说，是近后备；对馈线保护来说，是远后备。低压侧低电压启动过电流保护主要是为了保护牵引变压器外部短路故障引起的变压器过电流，作为 27.5 kV 母线短路故障的保护和牵引网短路故障的后备保护。保护经延时动作后，有选择地跳开变压器低压侧断路器，但变压器仍继续运行。对于阻抗匹配平衡变压器、Y,d11 接线变压器、V/v 接线变压器、Scott 接线变压器、V/x 接线变压器、十字交叉接线变压器，高压侧采用的是三相式过电流保护，低压侧采用单相式过电流保护。

需要指出的是，当变压器外部发生短路故障时，主要保护是不动作的，由延时较短的低压侧的单相低电压启动过电流保护动作，该相断路器跳闸，切除短路故障。若低压侧低压启动过电流保护拒动，则可由高压侧低压启动过电流保护延时后动作，变压器退出运行，但故障范围扩大了。

低电压启动的过电流保护的动作电流一般按变压器的额定电流整定，动作电压一般按牵引网额定电压的 60% ~ 70%来整定。

2. 中性点零序过电流保护

牵引变电所一次侧具有中性点接地的主变压器接地保护采用零序过电流保护，其零序电流继电器线圈一般是由接在变压器中性点接地线的电流互感器二次侧供电，作为变压器高压侧接地短路故障及相邻原件（电源进线）接地短路故障的后备保护。

零序过电流保护的原理接线图如图 5-8 所示。

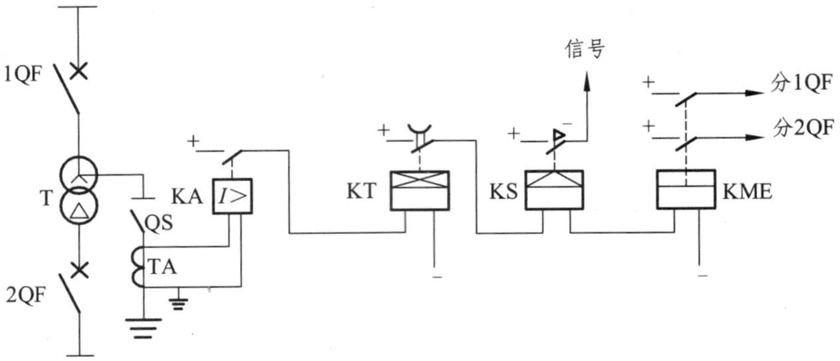

图 5-8　零序过电流保护的原理接线图

正常情况下，变压器中性点接地线的电流等于零，或小于零序过电流保护的整定值，零序过电流保护不动作。

当变压器中性点接地线的电流达到零序过电流保护的整定值时，零序过电流保护动作，经整定延时后，时间继电器的延时常开触点闭合，使变压器两侧的断路器跳闸，变压器退出运行，同时发出动作信号。

对于牵引变电所的主变压器来说，由于已经装设了瓦斯保护、差动保护等快速动作的保护，当变压器绕组及其引出线发生接地短路故障时已能保证快速切除，所以接地保护主要是用来保护外部接地短路引起的变压器过电流。因此，从动作时间上应与母线和线路保护相配合。

零序过电流保护的动作电流一般按照经验公式来确定：

$$I_{ACT}=\frac{K_{REL}I_N}{K_{RE}}70\% \tag{5.15}$$

式中，K_{REL} 为可靠系数取 1.2；K_{RE} 为返回系数取 0.9；I_N 为变压器具有中性点侧的额定电流。

3. 低压侧过电压保护

牵引变压器低压侧过电压保护可以保护变压器对抗接触网系统带来的不允许过电压，例如几辆机车同时反馈电能带来的过电压。当低压侧其中任何一相的电压超过过电压保护启动电压定值时，低压侧过电压保护动作，经保护整定延时，该相断路器跳闸，并发出信号。

低压侧过电压保护可设置两段，一段动作时间较长，启动电压为系统标称电压 27.5 kV

的 124%，时限为 30 s；二段快速动作，启动电压为系统标称电压 27.5 kV 的 150%，时限为 0.1 s。

4. 高压侧低电压保护

牵引变压器高压侧应设置低电压保护，以保护变压器对抗压降，并作为高阻抗故障的后备保护。

当高压侧任意两相的相间电压低于高压侧低电压保护的电压启动定值时，高压侧低电压保护动作，经整定延时（典型值为 2 s），变压器两侧断路器跳闸，变压器退出运行并发出信号。

高压侧低电压保护的电压启动定值一般按高压侧额定电压的 60% ~ 70%整定。

5. 过负荷保护

过负荷保护用于监视变压器的过负荷运行，由于三相牵引变压器各相负荷不对称，因此对于三相牵引变压器设于其高压侧两个重负荷相上，如图 5-9 所示。

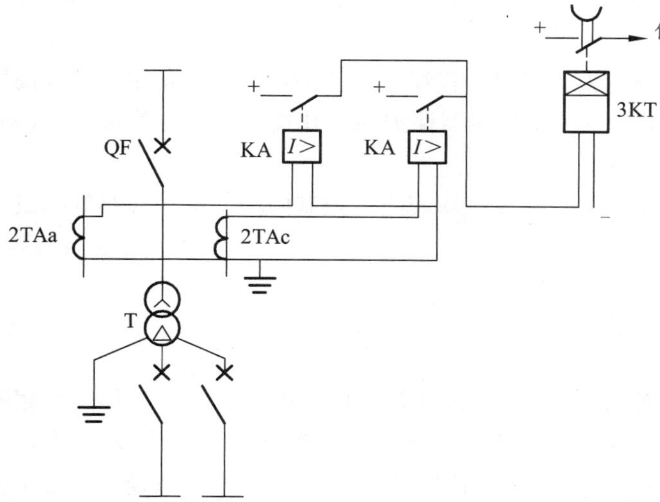

图 5-9　变压器过负荷保护装置原理接线图

由于牵引负荷的特点，过负荷电流持续时间很短，通常为 0.5 ~ 2 min，所以如果采用普通变压器作为牵引变压器，过负荷保护的动作电流一般取牵引变压器一次侧额定电流的 1.3 ~ 1.5 倍。为了防止变压器内部或外部发生短路故障时发出过负荷信号，过负荷保护的动作延时取 9 s。专用牵引变压器过负荷保护可以按制造厂满足的过负荷能力整定，动作电流可以整定得大一些。

过负荷时间较长时，过负荷保护将引起变压器跳闸。过负荷保护通常采用反时限动作特性，负荷电流超过保护的动作电流整定值越大，动作时间越短。

二、辅助保护

对于变压器温度及油箱内压力升高和冷却系统故障，可专设作用于信号或动作于跳闸的辅助性保护。辅助包括变压器过热保护和轻瓦斯保护。保护动作后，只发出相应的信号，一般不引起断路器跳闸。

过热保护用于监视变压器油箱内上层的油温，当油温超过允许值时，过热保护动作，发出“变压器过热”信号。

轻瓦斯保护用于反应变压器油箱内的轻微短路故障和油面的严重降低，由瓦斯继电器的“轻瓦斯”接点实现。轻瓦斯保护动作后，发出“轻瓦斯动作”信号。

辅助保护在变压器的继电保护配置中有着不可替代的作用，是对常规配置的模拟量保护的重要补充。

第五节　三相牵引变压器保护接线图分析

【知识及能力目标】

掌握牵引变压器保护展开图的识读方法，能够对保护的动作情况进行正确分析。

某牵引变电所的进线为“双 T”接线，主变两台，互为备用，主变高压侧中性点直接接地，联结方式为 YNd11。三相主变压器保护的展开式原理接线图如图 5-10 所示。它是变电所运行、检修、调试工作的必备图。

该图由保护的交流回路、交流电压回路、控制回路、信号回路等构成。现具体分析保护的构成及动作情况。

一、三相差动保护

由 1TA，8TA，1KD，2KD，3KD，1KS，1XB 组成。主变 Y 形侧三相的电流互感器 1TA 接成△形，主变△形侧的电流互感器 8TA 接成等效 Y 形，这是为了保证主变 Y 形侧、△形侧电流互感器二次回路的电流相位相同。当变压器外部套管以及引出线上出现故障时，差动继电器动作，其常开触点闭合，瞬时接通保护出口继电器 1KME 和 2KME 和信号继电器 1KS。1KS 动作发出相应信号；1KME 动作后使主变 110 kV 侧断路器跳闸，2KME 动作后使主变 27.5 kV 侧断路器跳闸，将故障切除。

在设计差动保护装置接线时，应标注两侧电流互感器的同极性端子，这是为了保证其输出的二次电流必须同相且应分别流入和流出差动继电器。另外，实际使用中，差动保护在主变 Y 形侧通常采用两个电流互感器串联使用，目的是使电流互感器二次回路能承担的负载电阻增大，或者在电流互感器二次回路承担同样负载电阻的情况下提高其工作准确性。

在这里保护采用的是带自保持作用的出口继电器 KME。电压线圈是启动线圈，电流线圈是自保持线圈。当主变差动保护，欠压启动三相过电流保护、接地保护、重瓦斯保护中任一种动作时，瞬时或延时接通 1KME、2KME 的电压线圈而动作，一方面 1KME、2KME 电流线圈受电自保持；另一方面使主变 110 kV 侧和 27.5 kV 侧的断路器跳闸，将短路故障切除。由于 KME 自保持线圈的作用，当保护动作后，一旦启动保护出口继电器，那么相应的断路器一定能跳闸，提高了可靠性。

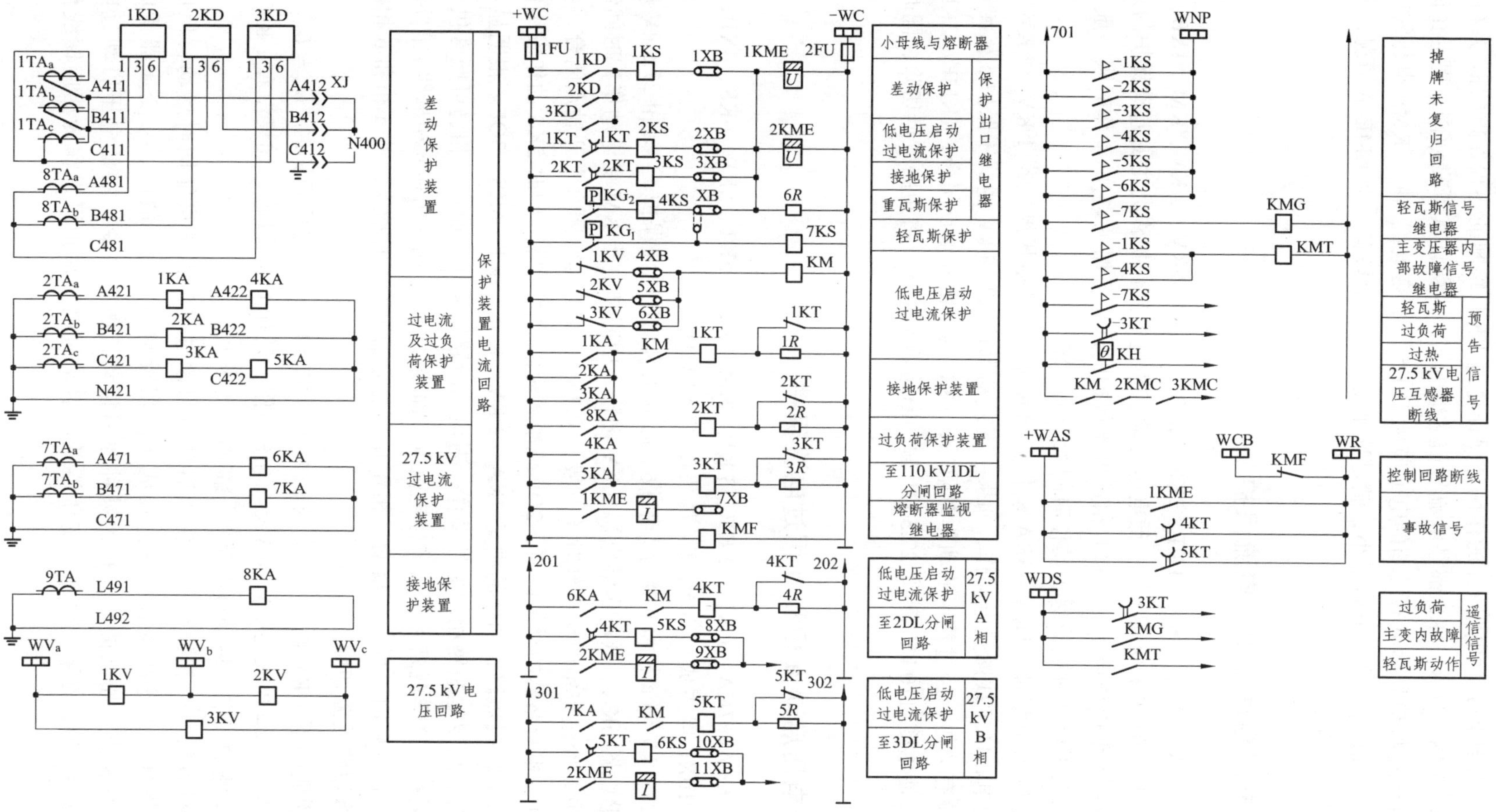

图 5-10　三相牵引变压器保护装置线图

而 KME 电压线圈并联电阻 6*R* 的作用是保证通过 KME 跳闸的各种保护的信号继电器动作可靠。1KS、2KS、3KS、4KS 都是电流型信号继电器。为保证其可靠动作，规定在保护装置动作时流过电流型信号继电器线圈的电流应大于 1.5 倍额定电流。由于 KME 电压线圈电阻很大，并联电阻 6*R* 后，等效电阻变小，满足这个要求。对于只有一个 KME 的情况，并联电阻的作用显得更为重要。

二、低电压启动三相过电流保护

由 2TA、1KA、2KA、3KA、1KT、2KS、2XB、1 KV、2 KV、3 KV、KM、4XB、5XB、6XB 等组合，3TA 装在主变高压侧。低电压启动三相过电流保护作为主变差动保护的近后备保护和 27.5 kV 侧低电压启动 a 相和 b 相过电流保护的远后备保护。它的动作时限一般为 1 s，比低压侧的低电压启动过电流保护动作时间大一个时限级差。

当保护范围内短路时，1KA ~ 3KA 动作，同时对应的低电压继电器 1 KV、2 KV、3 KV 动作，KM 受电，1KT 线圈受电动作，如果主变差动保护、27.5 kV 侧低压保护 a 相和 b 相过电流保护都没有动作，经过整定的动作时限后，1KT 延时常开触点闭合，1KME、2KME 线圈受电动作，使主变 110 kV 侧和 27.5 kV 侧的断路器都跳闸，将短路故障切除，同时 2KS 动作发信号。

三、低电压启动 a 相和 b 相过电流保护

由 7TA、6KA、7KA、1 KV、2 KV、3 KV、KM、4KT、5KT、5KS、6KS、4XB、5XB、6XB、8XB、10XB 等主成，7TA、TV 都装在 27.5 kV 侧。

在主变 27.5 kV 侧 a 相和 b 相分开装设了低电压启动过电流保护。当 a 相 27.5 kV 母线短路时，电流继电器 6KA、低电压继电器 3 KV 动作，中间继电器 KM 受电动作，时间继电器 4KT 线圈受电，经过整定的动作延时（一般为 0.7 s），4KT 延时闭合常开触点闭合，直接接通 27.5 kV 侧 a 相断路器的跳闸回路，2QF 跳闸将短路故障切除，同时 5KS 动作发出信号。若 B 相 27.5 kV 母线短路，动作的则是 7KA、2 KV、KM、5KT、6KS、3QF。很明显当任一相母线短路时，仅仅是短路相的保护动作，对应的断路器跳闸，而正常相仍可照常供电，保证机车正常运行。这样就缩小了故障停电范围。而当 27.5 kV 侧 a 相和 b 相母线之间短路时，或 a、b、c 三相短路时，低电压启动 a 相和 b 相过电流保护同时动作，使 a 相和 b 相断路器同时跳闸，将短路故障切除。

这里要说明一下 1 KV 的重要性。当 a，b 两相 27.5 kV 母线之间短路时，$U_{ac} = U_{bc} = \sqrt{3}/2 \times 100 = 86.6$ V，$U_{ab} = 0$ V，2 KV 和 3 KV 均不动作，只有 1 KV 动作，如果没有 1 KV，主变压器高，低压侧的欠电压启动过电流保护都不能动作。

当接触网短路时，馈线保护与变压器低压启动过电流保护可能同时启动，但由于馈线保护的动作延时较小先动作，通过馈线断路器跳闸切除短路故障，主变压器低电压启动过电流保护返回。如果馈线保护因某种原因拒动，那么主变压器低电压启动过电流保护动作，将短路故障切除。因此主变压器低压启动过电流保护可以作为相应馈线保护的远后备保护。

四、零序过电流保护

由 9TA、8KA、2KT、3KS、3XB 等组成。9TA 装在主变高侧中性点接地的导线上，作为零序电流互感器以获得 $3\dot{I}_0$。当主变压器具有中性点接地侧的线圈及其引出线上发生接地短路时，或者相应的母线和线路发生接地短路时，接地保护的 8KA 动作，2KT 线圈受电，如果其他相应的保护没有动作，经过整定的动作延时（一般为 3.5 s），2KT 延时常开触点闭合，1KME、2KME 线圈受电动作，3KS 动作发出信号，同时主变两侧的断路器都跳闸，将接地短路故障切除，变压器退出运行。

五、过负荷保护

由 4KA、5KA、3KT 等组成。过负荷保护与低电压启动三相过电流保护共用 2TA。当主变压器过负荷时，重负荷相的 4KA 或 5KA 动作，3KT 线圈受电动作，经过整定的动作延时发出“主变过负荷”预告信号。过负荷时间较长时，过负荷保护将引起变压器两侧断路器跳闸，变压器退出运行。

六、瓦斯保护

（1）轻瓦斯保护：由瓦斯继电器轻瓦斯触点 KG_1、7KS 等组成。当主变压器内部发生轻微故障时，轻瓦斯触点 KG_1 闭合，7KS 受电动作，发出“主变轻瓦斯保护动作”预告信号。

（2）重瓦斯保护：由瓦斯继电器重瓦斯触点 KG_2、4KS、切换片 XB 等组成。当主变压器内部发生严重故障时，重瓦斯触点 KG_2 闭合，使 1KME、2KME 线圈受电动作，主变 110 kV 侧和 27.5 kV 侧的断路器都跳闸，将故障变压器切除；同时，4KS 受电动作，发生“主变重瓦斯保护动作”信号。

XB 的作用是为了保证在某些特殊情况下重瓦斯保护动作时不造成变压器误跳闸（例如变压器换油时），采用切换片将重瓦斯保护切换至作用于信号。

第六节　主变压器微机保护装置

【知识及能力目标】

1. 掌握牵引变压器微机保护原理及动作值整定；
2. 了解牵引变压器微机保护的功能；
3. 理解牵引变压器程序原理。

主变压器微机保护装置包括主保护装置和后备保护装置，两者均适用于电气化铁道牵引变电所单相联结、V/v 联结、YNd11 联结、Scott 联结、平衡联结、V/x 联结以及 YNd11d1 联结等主变压器。变压器主保护与后备保护分别由独立装置完成的目的是提高工作的可靠性。软件设计适用于目前国内采用的任何联结的牵引主变压器。

一、主变压器微机主保护装置

主保护中二次谐波闭锁的比率差动保护采用三段折线的动作特性，对轻微匝间短路具体有更高的灵敏度；主变压器高压侧电流互感器的接线方式，可以 Y 接或△接。

（一）功能介绍

牵引变压器微机主保护装置功能很强大，包括保护功能、召测功能、控制功能、遥信功能和通信功能，现分别介绍。

1. 保护功能

包括差动速断保护、二次谐波闭锁的比率差动保护、高压侧失压保护和高压侧电压互感器二次回路断线检测。

2. 召测功能

（1）实时电量：包括主变压器高压侧三相相间电压（幅值、相位）、高压侧三相相电流（幅值、相位）、低压侧非接地相相电流（幅值、相位）、反应在高压侧三相的差动电流（幅值）和制动电流（幅值）。

（2）故障录波量：包括主变压器高压侧三相相间电压、高压侧三相相间电流、低压侧非接地相相电流。

3. 控制功能

装置复归。

4. 遥信功能

包括“当地”/“遥控”方式开关位置信号，保护动作（差动速断保护动作、比率差动保护动作、失压保护动作）信号，进线侧电压互感器二次回路断线信号，失压保护投入/退出信号，装置不良警告。

5. 通信功能

通信接口采用插卡方式，具有多种网络结构可供选择，支持采用光纤冗余自愈双环网结构，可以满足不同类型的变电站对通信网络的需求；有一个标准的 RS-232 串口或 USB 接口，用于通过便携机进行日常维护，除此外还有一个标准的 GPS 校时接口。

（二）保护原理及整定

1. 差动保护的接线方式和电流互感器二次侧电流平衡关系

差动保护包括差动速断保护和二次谐波闭锁的比率差动保护，两者的原理及动作特性前面已经分析过了。根据差动保护接线以及变压器高低压侧电流的平衡关系，差动电流和制动电流都可以由软件计算得到。下面分别介绍各种常用变压器的差动保护接线，并给出对应的电流互感器二次侧电流平衡关系。

1）单相变压器差动保护接线

单相变压器分为双绕组单相变压器和三绕组单相变压器。差动保护接线如图 5-11 和图 5-12 所示。双绕组单相变压器适用于直接供电方式、带回流的直接供电方式和 BT 供电方式，它的接线最简单、容量利用率高，且可取消变电所电分相，利于高速行车，但是对电力系统负序影响较大，一般仅适用于电力系统比较发达的地区。我国的秦沈线采用单相牵引变压器；三绕组单相变压器用于 AT 供电方式。除了具有双绕组单相变压器的优点外，还可节省牵引变电所自耦变压器。

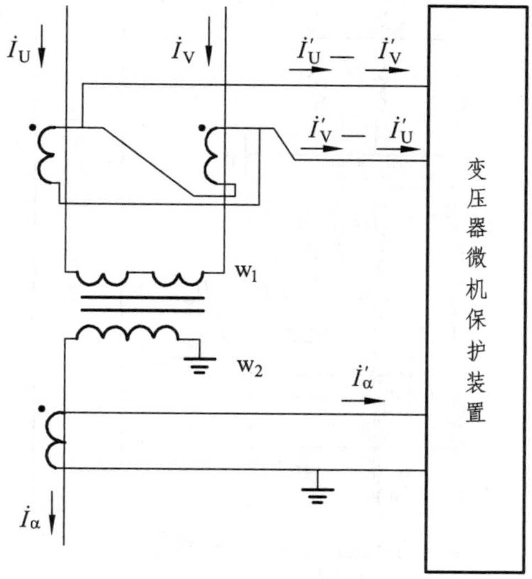

图 5-11　双绕组单相变压器差动保护接线

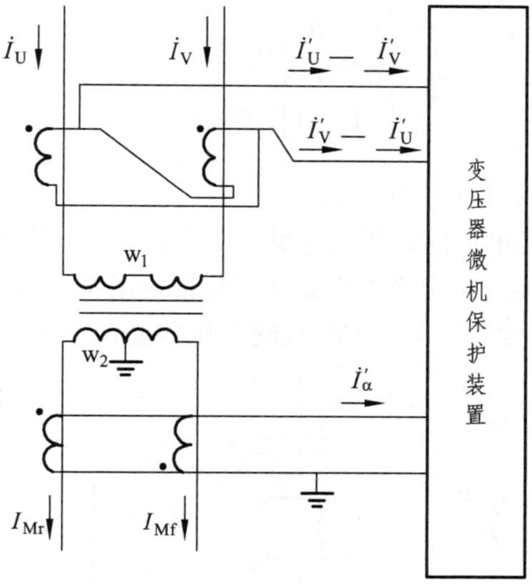

图 5-12　三绕组单相变压器差动保护接线

无论是双绕组单相变压器还是三绕组单相变压器，电流互感器二次电流平衡关系都是相同的：

$$\begin{bmatrix} \dot{I}'_U - \dot{I}'_V \\ \dot{I}'_V - \dot{I}'_U \end{bmatrix} = \frac{2K_{i2}}{k_T K_{i1}} \begin{bmatrix} \dot{I}'_a \\ -\dot{I}'_a \end{bmatrix} \tag{5.16}$$

2）YNd11 接线变压器差动保护接线

YNd11 接线变压器也适用于直接供电方式、带回流的直接供电方式和 BT 供电方式，具有接线简单、技术成熟、原边中性点可接地等优点，我国早期的牵引变电所应用较广。但由于其容量利用率低，新建变电所一般很少采用。YNd11 接线变压器差动保护接线如图 5-13 所示。

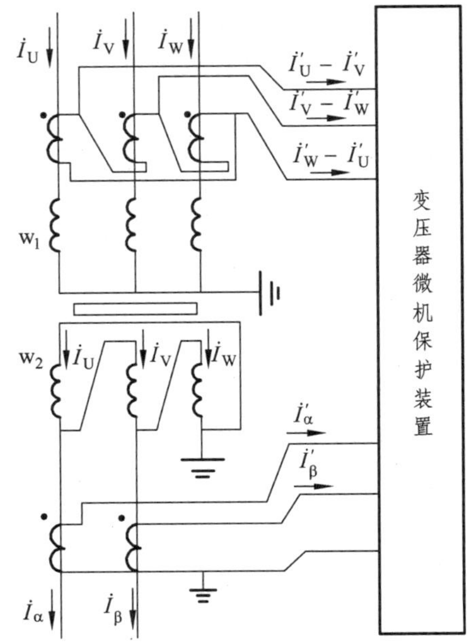

图 5-13　YN,d11 接线变压器差动保护接线

YNd11 接线变压器差动保护电流互感器二次侧电流平衡关系：

$$\begin{bmatrix} \dot I'_U - \dot I'_V \\ \dot I'_V - \dot I'_W \\ \dot I'_W - \dot I'_U \end{bmatrix} = \frac{\sqrt{3}K_{i2}}{k_T K_{i1}} \begin{bmatrix} 1 & 0 \\ 0 & 1 \\ -1 & -1 \end{bmatrix} \begin{bmatrix} \dot I'_\alpha \\ \dot I'_\beta \end{bmatrix} \tag{5.17}$$

3）V/v 接线变压器差动保护接线

V/v 接线变压器结构简单，两套绕组容量可分别配置。与单相变压器相比对电力系统的负序影响较小，与 Y,d11 接线变压器相比提高了容量利用率。同样适用于直接供电方式、带回流的直接供电方式和 BT 供电方式。V/v 接线变压器差动保护接线如图 5-14 所示。

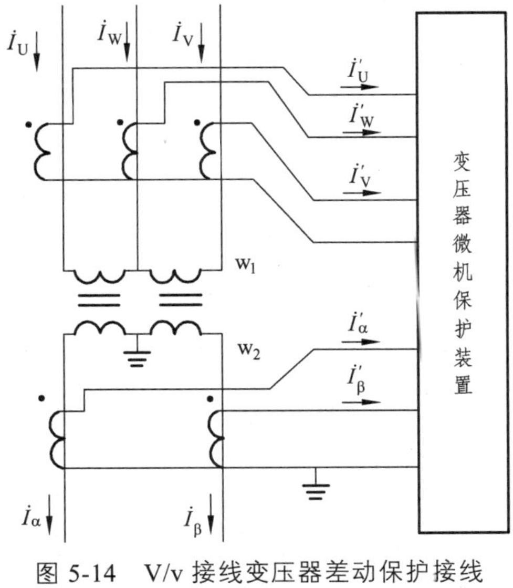

图 5-14　V/v 接线变压器差动保护接线

V/v 接线变压器差动保护电流互感器二次侧电流平衡关系：

$$\begin{bmatrix} \dot{I}'_{\mathrm{U}} \\ \dot{I}'_{\mathrm{V}} \\ \dot{I}'_{\mathrm{W}} \end{bmatrix} = \frac{K_{\mathrm{i2}}}{k_{\mathrm{T}}K_{\mathrm{i1}}} \begin{bmatrix} 1 & 0 \\ 0 & 1 \\ -1 & -1 \end{bmatrix} \begin{bmatrix} \dot{I}'_{\alpha} \\ \dot{I}'_{\beta} \end{bmatrix} \tag{5.18}$$

4）平衡联接变压器差动保护接线

平衡联接主变压器（也叫阻抗平衡变压器）是我国自行发展研究的一种将三相对称系统变换为两相平衡供电系统的新型牵引变压器。适用于直接供电方式、带回流的直接供电方式和 BT 供电方式，具有较好的抑制负序电流对电力系统影响、高压侧中性点可以接地、容量利用率高等优点，但接线复杂，要满足阻抗匹配关系对制造工艺要求较高。平衡联接变压器差动保护接线如图 5-15 所示。

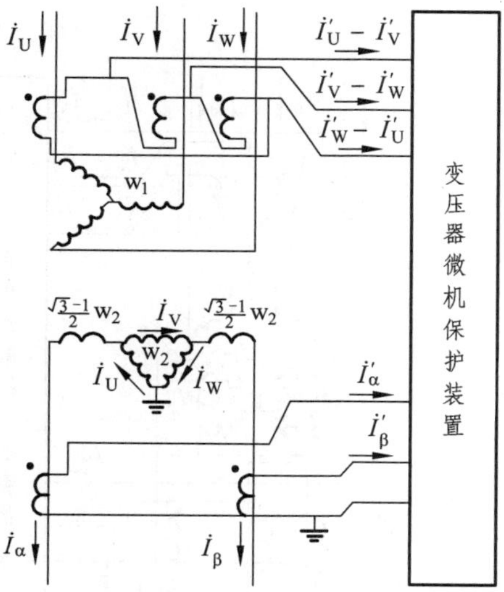

图 5-15　平衡联接变压器差动保护接线

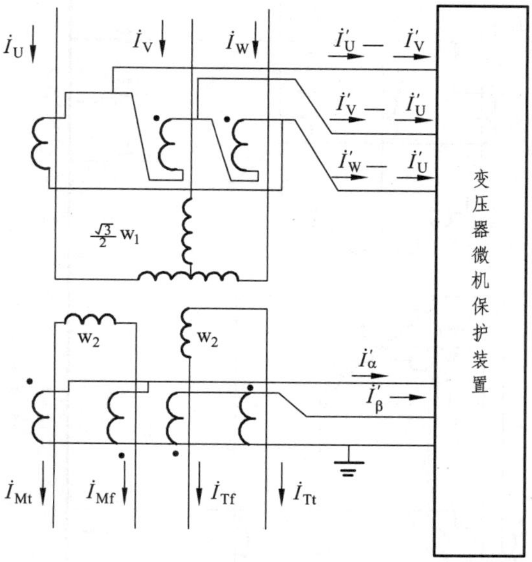

图 5-16　Scott 接线变压器差动保护接线

平衡联接变压器差动保护电流互感器二次侧电流平衡关系：

$$\begin{bmatrix} \dot{I}'_{\mathrm{U}} - \dot{I}'_{\mathrm{V}} \\ \dot{I}'_{\mathrm{V}} - \dot{I}'_{\mathrm{W}} \\ \dot{I}'_{\mathrm{W}} - \dot{I}'_{\mathrm{U}} \end{bmatrix} = \frac{\sqrt{2}K_{\mathrm{i2}}}{k_{\mathrm{T}}K_{\mathrm{i1}}} \begin{bmatrix} \dfrac{\sqrt{3}+1}{2} & \dfrac{\sqrt{3}-1}{2} \\ -\dfrac{\sqrt{3}-1}{2} & -\dfrac{\sqrt{3}+1}{2} \\ -1 & 1 \end{bmatrix} \begin{bmatrix} \dot{I}'_{\alpha} \\ \dot{I}'_{\beta} \end{bmatrix} \tag{5.19}$$

5）Scott 接线变压器差动保护接线

Scott 接线变压器适用于 AT 供电方式，差动保护接线如图 5.16 所示。

Scott 接线变压器差动保护电流互感器二次侧电流平衡关系：

$$\begin{bmatrix} \dot{I}'_{\mathrm{U}} - \dot{I}'_{\mathrm{V}} \\ \dot{I}'_{\mathrm{V}} - \dot{I}'_{\mathrm{W}} \\ \dot{I}'_{\mathrm{W}} - \dot{I}'_{\mathrm{U}} \end{bmatrix} = \frac{K_{\mathrm{i2}}}{2k_{\mathrm{T}}K_{\mathrm{i1}}} \begin{bmatrix} 1 & -\sqrt{3} \\ 1 & \sqrt{3} \\ -2 & 0 \end{bmatrix} \begin{bmatrix} \dot{I}'_{a} \\ \dot{I}'_{\beta} \end{bmatrix} \tag{5.20}$$

6）V/x 接线变压器差动保护接线

V/x 接线变压器适用于 AT 供电方式，具有容量利用率高、两套绕组容量可分别配置、节省牵引变电所自耦变压器等优点，称为我国客运专线牵引变压器保护的主要选择方案之一。V/x 接线变压器差动保护接线如图 5-17 所示。

V/x 接线变压器差动保护接线电流互感器二次侧电流平衡关系与 V/v 接线变压器差动保护的电流互感器二次侧电流平衡关系相同，这里不再重复。

7）YNd11d1 联接主变压器差动保护接线

YNd11d1 联接主变压器也适用于 AT 供电方式，结构上对称性强，并可节省牵引变电所自耦变压器。YNd11d1 联接主变压器差动保护接线如图 5-18 所示。

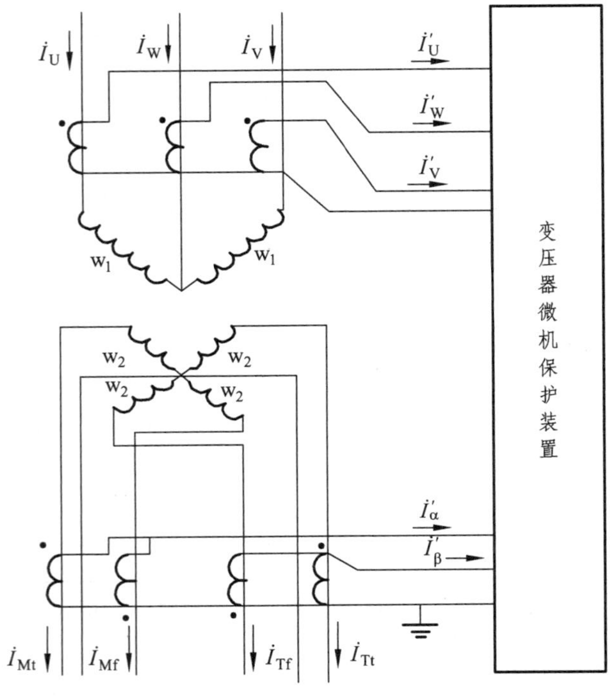

图 5-17　V/x 接线变压器差动保护接线

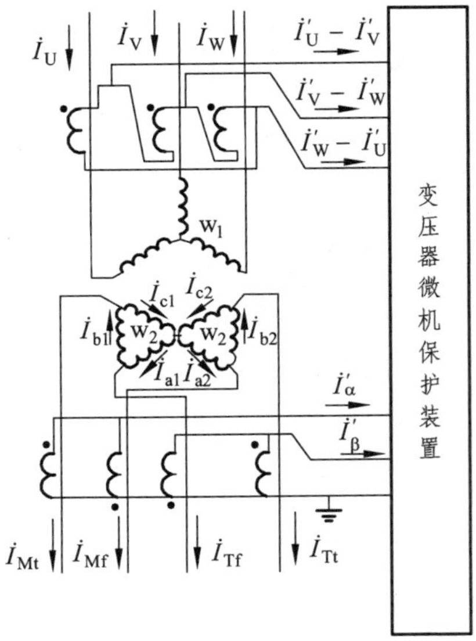

图 5-18　YNd11d1 联接主变压器差动保护接线

YNd11d1 联接主变压器差动保护接线电流互感器二次侧电流平衡关系为

$$\begin{bmatrix} \dot{I}'_{U}-\dot{I}'_{V} \\ \dot{I}'_{V}-\dot{I}'_{W} \\ \dot{I}'_{W}-\dot{I}'_{U} \end{bmatrix} = \frac{\sqrt{3}K_{i2}}{k_{T}K_{i1}} \begin{bmatrix} 0 & -1 \\ 1 & 0 \\ -1 & 1 \end{bmatrix} \begin{bmatrix} \dot{I}'_{\alpha} \\ \dot{I}'_{\beta} \end{bmatrix} \tag{5.21}$$

8）自耦变压器差动保护接线

在客运专线供电系统中，自耦变压器设有差动保护。这点和普速铁路 AT 供电系统是不一样的。普速铁路 AT 供电系统中自耦变压器一般只装设瓦斯保护，而不装设差动保护。自耦变压器差动保护接线如图 5-19 所示。

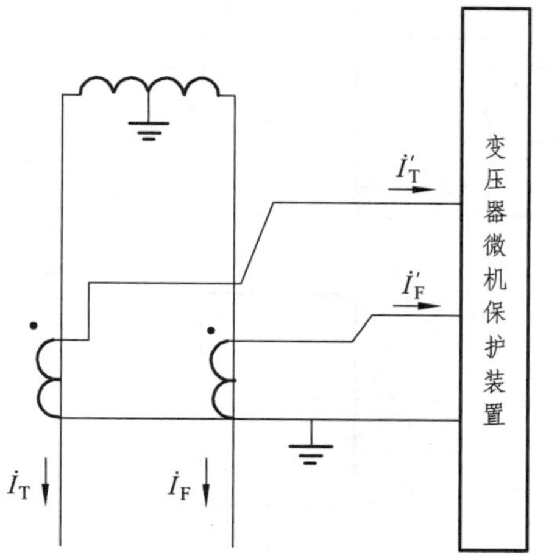

图 5-19　自耦变压器差动保护接线

引入变压器差动保护装置的电流平衡关系为

$$\dot{I}'_{\mathrm{T}} = \dot{I}'_{\mathrm{F}} \tag{5.22}$$

2. *差动保护原理方框图*

根据差动保护接线以及变压器高低压侧电流的平衡关系，通过差动保护软件可以实时计算变压器各相的差动电流和制动电流。按照差动速断保护和二次谐波闭锁的比率差动保护的动作特性分析，即可得出每一相差动保护是否应该动作，将变压器两侧断路器跳闸，使变压器退出运行。

1）*差动速断保护的原理框图*

三相差动速断保护原理框图如图 5-20 所示。其中，I_{dA1}、I_{dB1}、I_{dC1} 分别为主变压器 U、V、W 相差动电流中的基波电流，I_{set} 为差动速断保护整定电流。

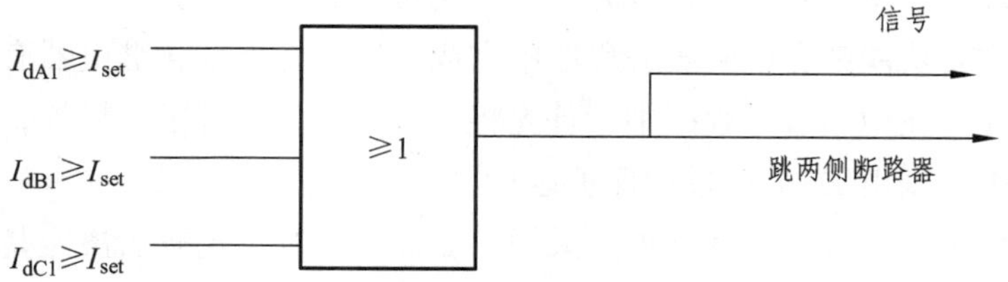

图 5-20　差动速断保护原理框图

2）*二次谐波闭锁的比率差动保护原理框图*

三相具有比率制动特性的差动保护原理框图如图 5-21 所示。为防止变压器空载投入时产生的励磁涌流影响，增加二次谐波闭锁判据。图中 I_{dA2}、I_{dB2}、I_{dC2} 分别为主变压器 U、V、W 相差动电流中的二次谐波电流；$K_{2.\mathrm{set}}$ 为二次谐波制动系数，按各种励磁涌流情况下的最小二次谐波含量整定，其整定值一般为 0.15 ~ 0.20。

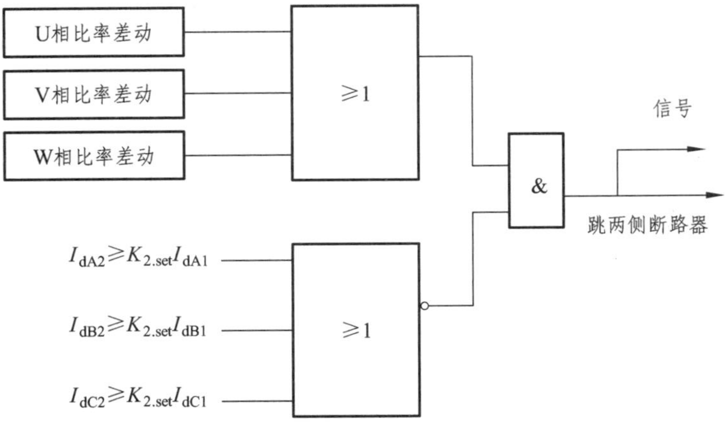

图 5-21　二次谐波制动的比率差动保护原理框图

3. 高压侧失压保护

当装置检测到高压侧失压信号时，经过整定延时后发跳闸命令，以适应主变压器微机测控装置实现备用电源进线、备用主变压器自动投入功能的需要。

4. 高压侧电压互感器二次回路断线检测

当装置的电压监视连片投入时，U_{AB}、U_{BC}、U_{AC} 中任意一相电压低于电压互感器断线整定值时，经过延时，发出高压侧电压互感器二次回路断线信号。

（三）保护程序原理框图

程序分为主程序和中断服务程序，如图 1-10 和图 1-11 所示。

微机中的定时器每隔一定时间定期向 CPU 申请中断，CPU 响应中断后立即中断当前操作，进入中断服务程序。中断服务程序主要完成对时间、速度要求严格的各项任务，如数据采集、数据处理、保护运算、计时等。主程序主要完成诸如人机对话、自检、时间调整、键扫描和处理、显示器数据更新等对执行时间要求相对不严的任务。

微机保护的主要功能都在中断服务程序中完成，这样能保证各继电器有正确的动作特性和准确的动作时间。在中断服务程序中，首先将各寄存器的内容推入堆栈，然后进行计时和显示器扫描（图中未画出），最后进行保护运算。

在微机成套保护中，各继电器都得经采样、滤波、运算、比较后决定是否动作，其动作有先后之分。因此，合理安排各继电器的运算次序可以提高成套保护的综合性能。

上述三段说明对后述各种微机保护都是适用的，因此后面不需赘述。

主变压器微机主保护故障处理程序模块如图 5-22 所示。为防止干扰或内部轻微故障时偶然计算误差等原因使保护复归，设置了一个外部故障复算次数，到达规定的外部故障复算次数后即断定为外部故障。为防止因干扰和偶然计算误差而造成误出口，这里预先给定内部故障复算次数，只有当连续计算内部故障判断次数达到规定次数后才发跳闸命令。差动零段是指比率制动特性曲线的水平线段。为防止电流互感器二次回路断线产生的差电流引起差动保护误动作，设置了 TA 断线。

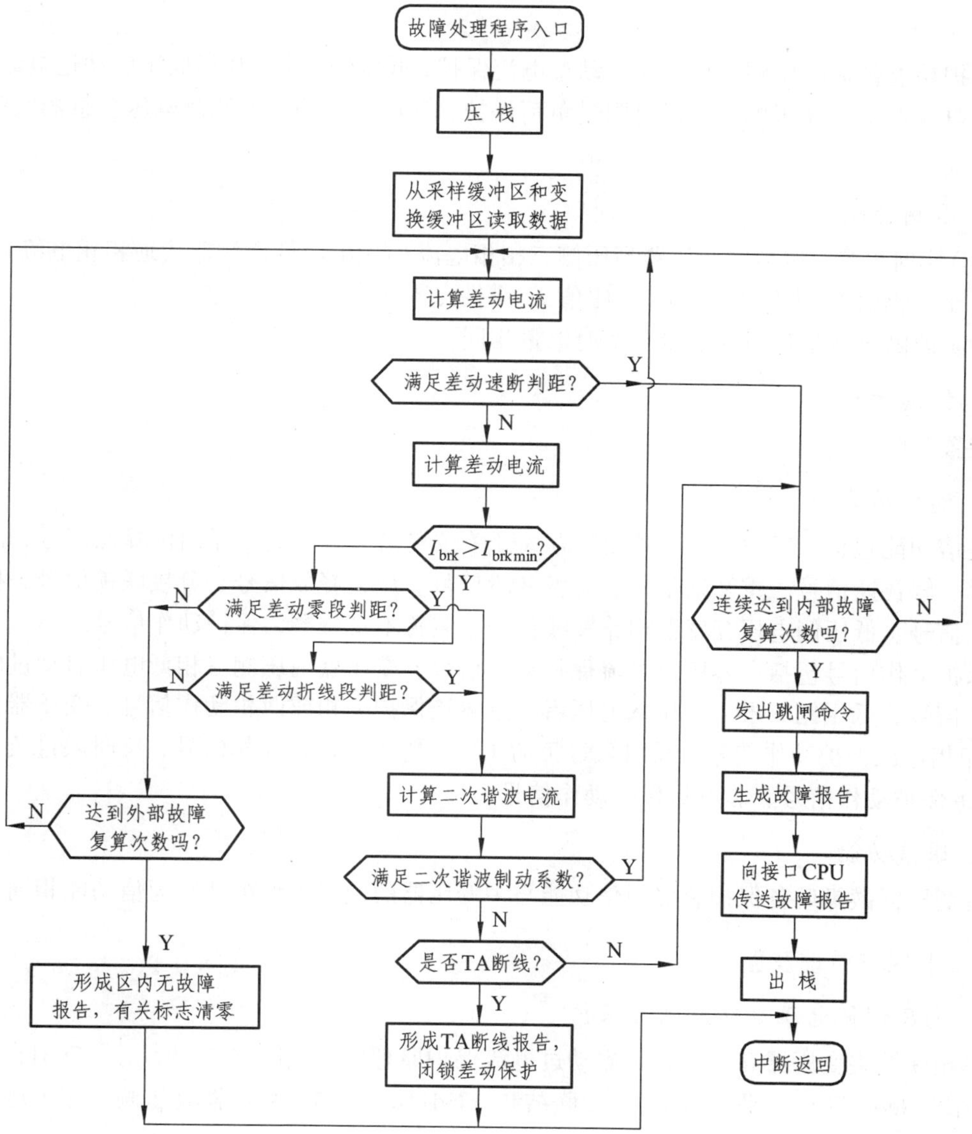

图 5-22　主变压器微机主保护故障处理程序模块

二、主变压器微机后备保护装置

主变压器微机后备保护装置（以下简称装置）是和主变压器微机主保护装置配套使用的，适用范围相同。设计时将非电量保护中的瓦斯保护纳入后备保护装置，保证主变压器内部故障时有独立的双重保护，而且设置了主变压器高压侧三相反时限过负荷保护。

（一）功能介绍

主变压器微机后备保护装置的功能同样包括保护功能、召测功能、控制功能和通信功能，现分别介绍。

1. 保护功能

保护功能包括高压侧三相低压启动过电流保护，低压侧 α 相、β 相低压启动过电流保护，零序过电流保护，高压侧三相反时限过负荷保护，非电量保护，低压侧电压互感器回路断线检测。

2. 召测功能

（1）实时电量：包括主变压器高压侧三相相电流（幅值）、低压侧非接地相相电流（幅值）和相电压（幅值）、零序电压 $3U_0$（幅值）、中性点零序电流 $3I_0$（幅值）。

（2）故障录波量：包括的量与实时电量相同。

3. 控制功能

装置复归。

4. 遥信功能

遥信功能包括："当地"/"遥控"方式开关位置信号，主变压器油位降低信号、温度Ⅰ段信号、轻瓦斯信号、重瓦斯信号、温度Ⅱ段信号、压力释放信号、分接联锁信号、控制回路断线信号、低压侧电压互感器回路断线信号、装置不良告警，保护动作信号。

保护动作信号包括：零序过电流保护动作信号、变压器高压侧三相低电压启动过电流保护动作信号、低压侧 α 相、β 相低电压启动过电流保护一相或两相动作信号、变压器低压侧α相或β相过压保护动作信号、反时限过负荷Ⅰ段（警告）保护动作信号、反时限过负荷Ⅱ段（跳闸）保护动作信号、非电量保护动作信号。

5. 通信功能

主变压器微机后备保护装置通信功能与主变压器的微机主保护装置通信功能相同。

（二）保护原理及整定

1. 高压侧低电压启动过电流保护

单相联结主变压器高压侧欠压启动过电流保护原理框图如图 5-23 所示。YNd11 联结、Vv 联结、Scott 联结、平衡联结、Vx 联结和 YNd11d1 联结主变压器高压侧三相欠压启动过电流保护原理框图如图 5-24 所示。

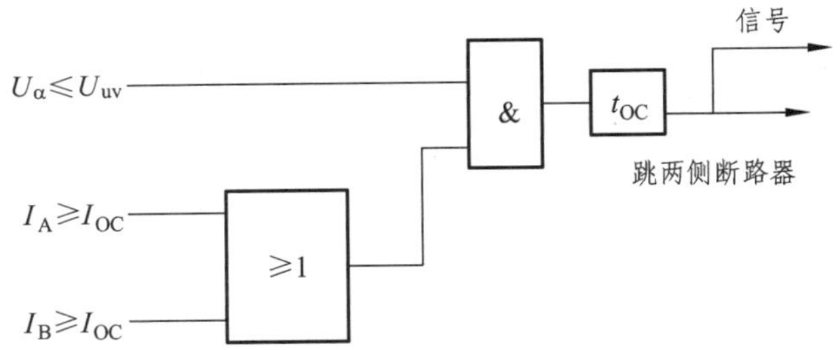

图 5-23　高压侧低电压启动过电流保护原理框图

其中 I_A、I_B、I_C 分别是高压侧 A、B、C 相电流值，I_{OC} 是高压侧过电流整定值，其值按高压侧额定电流整定；U_α、U_β、$U_{\alpha\beta}$ 分别是低压侧α相、β相的电压值和α、β相间电压值，U_{UV} 为低电压整定值，按母线最小工作电压整定。$t_{OC} = 1.2$ s。

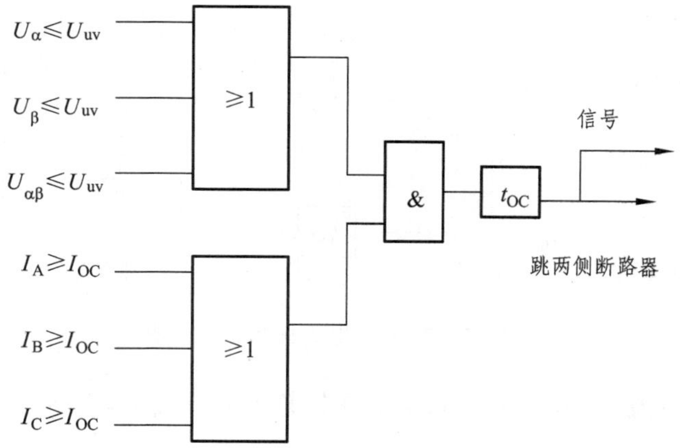

图 5-24 高压侧三相低电压启动过电流保护原理框图

2. 低电压启动的α相过电流保护

其原理框图如图 5-25 所示。

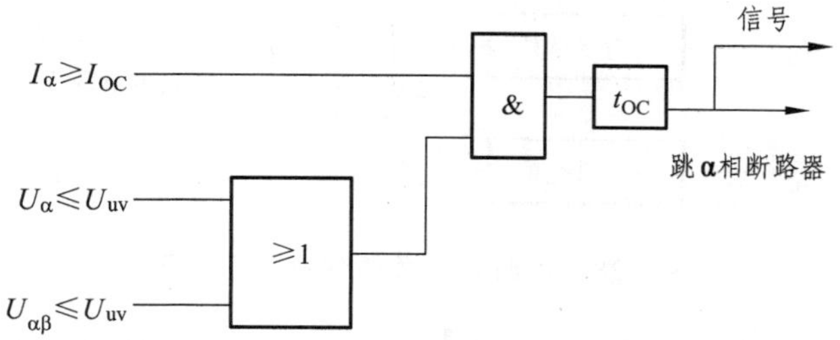

图 5-25 低电压启动的α相过电流保护原理框图

其中 I_α是低压侧α相电流值，I_{OC}是低压侧过电流整定值，按低压侧额定电流整定；U_α、$U_{\alpha\beta}$分别是低压侧α相的电压值和α、β相间电压值，U_{UV}为低电压整定值，按母线最小工作电压整定。$t_{OC} = 0.9$ s。

3. 欠压启动的β相过电流保护

其原理框图如图 5-26 所示。

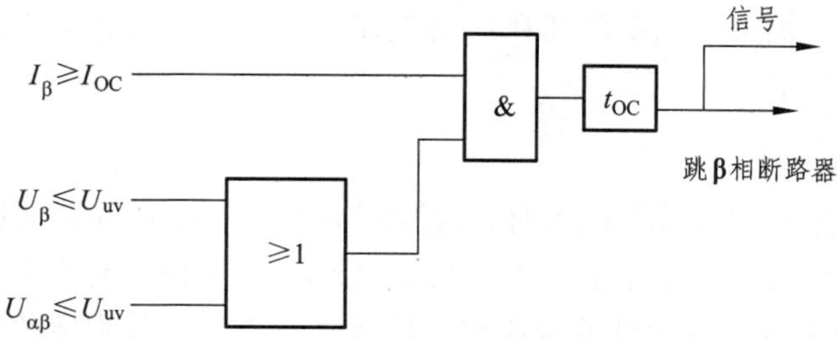

图 5-26 欠压启动的β相过电流保护原理框图

其中 I_β是低压侧β相电流值，I_{OC}是低压侧过电流整定值，按低压侧额定电流整定；U_β、$U_{a\beta}$分别是低压侧 β 相的电压值和 α、β 相间电压值，U_{UV}为低电压整定值，按母线最小工作电压整定。$t_{OC} = 0.9$ s。

4. 零序过电流保护

其原理框图如图 5-27 所示。

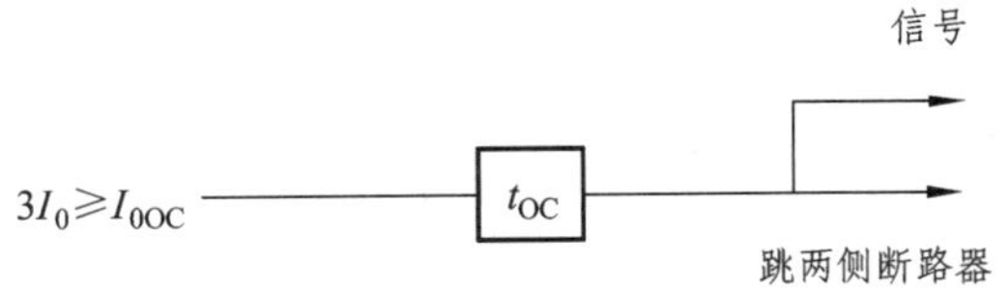

图 5-27　零序过电流保护原理框图

其中 $3I_0$ 为零序电流，I_{0OC} 是零序过电流保护整定值。$t_{0OC}=3.5\ s$。

5. 反时限过负荷保护

其原理框图如图 5-28 所示。

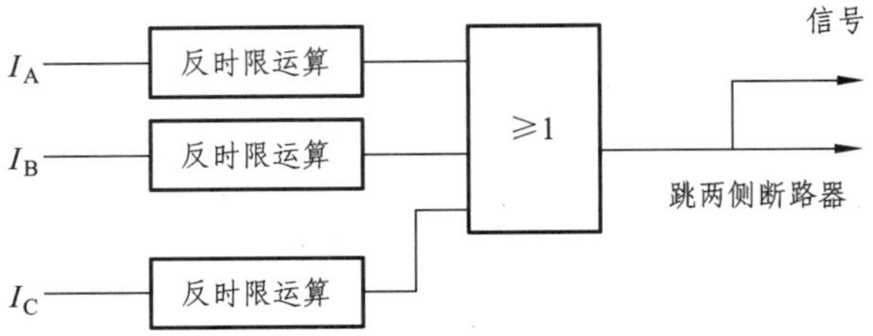

图 5-28　反时限过负荷保护原理框图

装置中反时限过负荷保护反映主变压器绕组的平均发热状况，防止变压器过热而受损坏。装置一般提供三种反时限特性：一般反时限特性、甚反时限特性和极度反时限特性。用户可根据实际需要，选择合适的反时限特性曲线。

6. 非电量保护

非电量保护可实现主变压器重瓦斯、轻瓦斯、温度和油位等各种非电量信号的出口跳闸或信号指示功能。

7. 低压侧电压互感器回路断线

当牵引变压器低压侧某一相断路器在合闸位置，而该相母线电压低于整定值时，发出该相电压互感器回路断线信号。

8. 过电流辅助元件

当控制字中“定值放大有效”投入时，检测到α杆或β相电压互感器回路断线，则自动将高压侧三相过电流元件的电流整定值放大。当检测到α相（β相）电压互感器回路断线，则自动将低压侧α相（β相）过电流元件的电流整定值放大。放大倍数由定值决定。

（三）保护程序原理框图

主变压器微机后备保护主程序参见图 1-10，采样中断服务程序参见图 1-11，主变压器微机后被保护故障处理程序模块如图 5-29 所示。

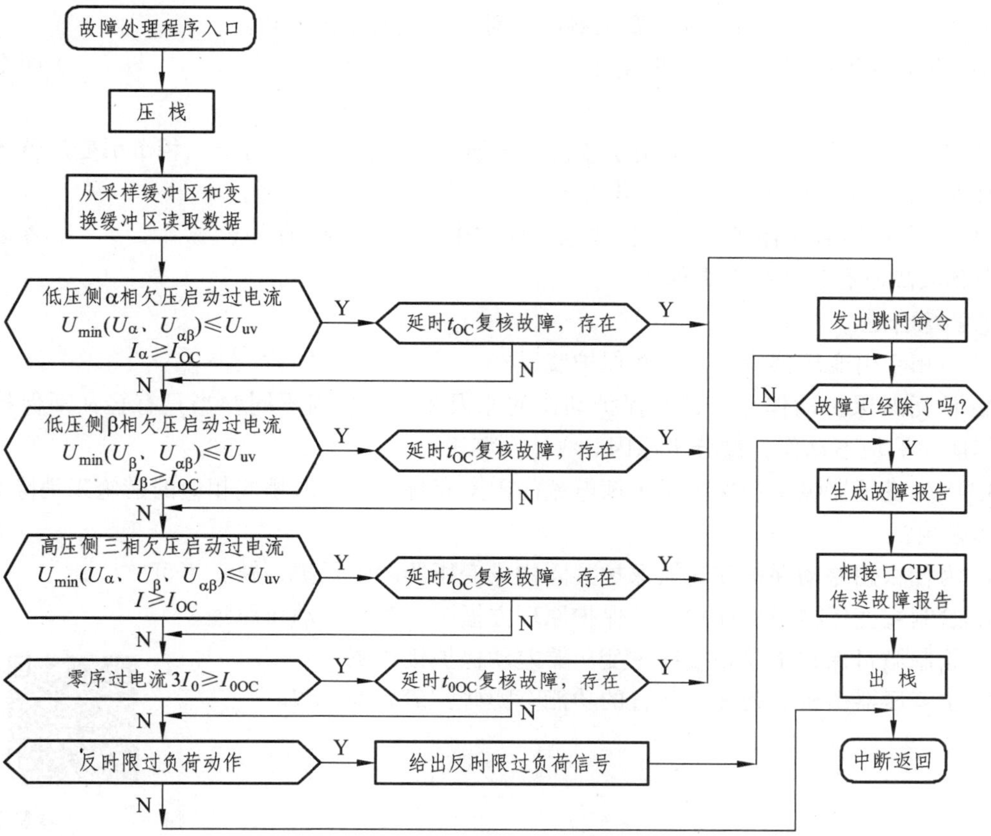

图 5-29　主变压器微机后被保护故障处理程序模块

习　题

一、填空题

1. 瓦斯保护的作用是反应变压器（　　　　　　　　　　）的各种短路故障及（　　　　　　　）。

2. 变压器轻瓦斯保护动作于（　　　　），重瓦斯保护动作于（　　　　）。

3. 变压器过电流保护的作用是反应外部（　　　　　）引起的过电流，并作为内部（　　　　　　）的后备保护。

4. 对于变压器纵差动保护，理论上在（　　　　　）和（　　　　　　）时，流入差动继电器的电流为零。

5. 变压器的励磁涌流中，含有大量的直流分量及高次谐波分量，其中以（　　　　）次谐波所占的比例最大。

6. 变压器采用负荷电压启动的过电流保护，是为了提高（　　　　）短路的灵敏性。

7. 对于中性点可能接地的变压器，应装设（　　　　　）作为接地保护。

8. 在变压器纵差动保护中，由于电流互感器的实际变比与计算变比不等产生的不平衡电流，因此可用差动继电器的（　　　　　）线圈来消除。

9. Y/△接线的三相变压器，Y 侧的电流互感器采用（　　　　　　），△侧的电流互感器采用（　　　　　　　），则可以使变压器两侧对应电流的相位一致。

10. 牵引变压器差动保护一般由（　　　　　　　　）和（　　　　　　　　）两个元件组成。

11. （　　　　　　　　）用于监视变压器的过负荷运行，由于三相牵引变压器各相负荷不对称，因此对于三相牵引变压器设于（　　　　　　　　）上。

12. 主变压器微机保护设计时将非电量保护中的瓦斯保护纳入（　　　　　　），保证主变压器内部故障时有独立的双重保护。

二、综合题

1. 三相牵引变压器应装设哪些保护装置？

2. 重瓦斯保护动作与轻瓦斯保护动作的原因及结果有何不同？当只有轻瓦斯保护动作时，其他保护均不动作，试分析原因。

3. 产生变压器纵差动保护不平衡电流的因素有哪些？采取哪些相应的措施来消除（或减小）其影响？

4. 为什么用差动保护和瓦斯保护共同构成变压器的主保护，缺一不可？

5. 绘制主变压器微机保护差动保护原理方框图，并说明动作原理。

6. 绘制微机保护中单相接线主变压器差动保护接线图。

7. 主变压器微机后备保护装置的功能有哪些？请分别介绍。

扫一扫，查看第五章
更多习题和习题答案

第六章　交流牵引网保护和电容补偿装置保护

第一节　交流牵引网概述

【知识及能力目标】

1. 了解交流牵引网的构成；
2. 了解交流牵引网短路参数的特点；
3. 掌握交流牵引网的供电方式；
4. 掌握交流牵引网负荷的特点及对继电保护的要求。

铁路牵引供电系统包括牵引变电所和交流牵引网两大部分，作用是接受电力系统的三相高压电能，经降压、分相后通过牵引网向电力机车供电。

一、交流牵引网的结构

交流牵引网由馈电线、接触网、钢轨与地、回流线等组成。

馈电线是连接牵引变电所牵引母线和接触网的架空铝绞线。它将牵引变电所变换后的电能直接送到接触网。此外，馈电线还要向附近车站、机务折返段、开闭所等送电，所以馈电线的数目较多，距离也可能较长。

接触网是一种悬挂在轨道上方，沿轨道铺设的和钢轨保持一定高度的输电网。通过电力机车的受电弓与接触网滑动接触，牵引电能就由接触网进入电力机车，驱动牵引电动机使列车运行。接触网是牵引网的主体，沿铁路线路分布广、结构复杂，运行条件差，日常维护工作量大，故障多，对牵引供电的可靠性影响较大。

钢轨在非电牵引情况下只作为列车的导轨。在电力牵引时，流过电力机车的负荷电流经过钢轨与地、回流线流回到牵引变电所。此时，钢轨除具有导轨的功能外，还具有良好的导电性能完成导通回流的任务。由于钢轨与地不绝缘，所以部分电流沿大地返回，形成地中电流。

回流线是连接钢轨和牵引变电所的导线。通过回流线把钢轨与地中的回路电流导入牵引变电所。

二、交流牵引网的供电方式

交流牵引网的供电方式有如下几种：

1. 直接供电方式

直接供电方式简称 TR 供电方式，如图 6-1 所示。这种供电方式的特点是结构简单，造价低，牵引网阻抗小，电能损失也较低，但钢轨电位较高，对通信线路干扰较大，只适用于通信线路较少的电气化铁路区段，供电距离一般为 30 ~ 40 km，早期的牵引网和边远山区的牵引网多采用这种供电方式。

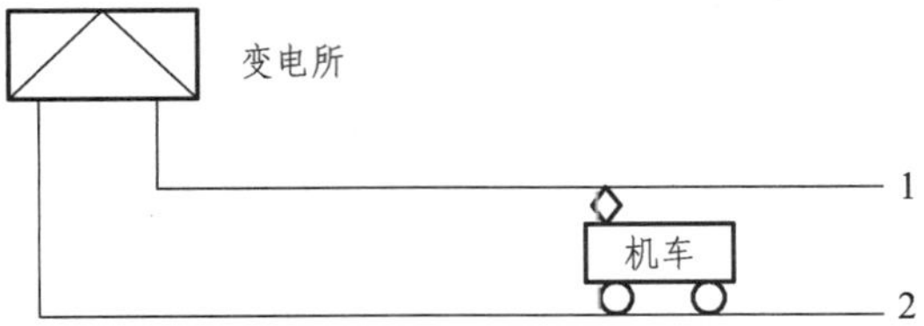

图 6-1　直接供电方式原理图

2. DN 供电方式

DN 供电方式的全称是带回流线的直接供电方式，如图 6-2 所示。这种供电方式是在直接供电方式的基础上，增加了与钢轨并联的架空回流线，可以使钢轨电位大大降低，使通信线的干扰得到较好抑制，还能降低牵引网阻抗，使供电臂延长 30%。

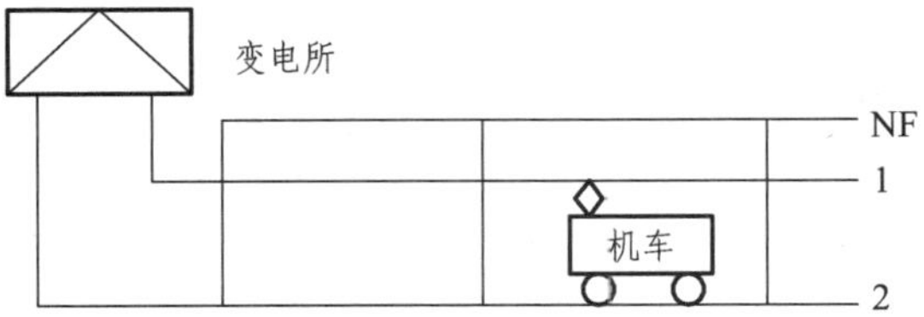

图 6-2　DN 供电方式原理图

3. BT 供电方式

BT 供电方式的全称是吸流变压器-回流线供电方式，如图 6-3 所示。这种供电方式是将吸流变压器 BT 串入接触网，BT 间隔为 1.5 ~ 4 km，用以吸回地中电流，减少通信干扰。BT 的投入增加了牵引网结构的复杂性，提高了造价，并且使牵引网阻抗变大，供电臂长度减小，约为直接供电方式的 3/4。此外，BT 的分段使得接触网存在断口，不利于高速、重载大电流运行。但这种供电方式的钢轨电位低，抑制通信干扰的效果好。

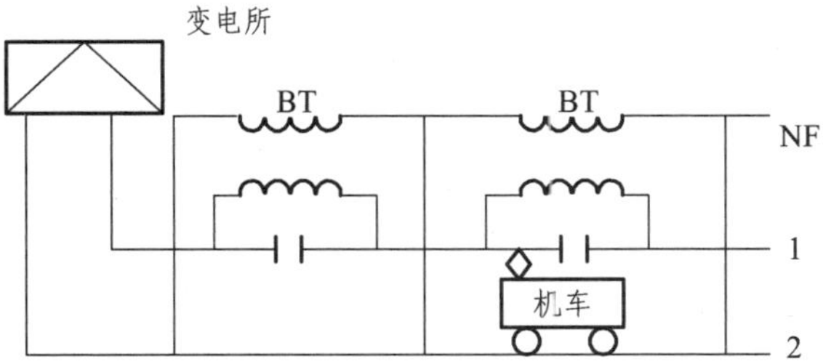

图 6-3　BT 供电方式原理图

4. AT 供电方式

AT 供电方式的全称是自耦变压器供电方式，其原理接线如图 6-4 所示。这种供电方式是将自耦变压器 AT 并联于牵引网中，AT 的间隔约为 10 km。AT 供电方式既克服了 BT 串联入网产生的分段缺陷，又降低了牵引网阻抗，供电电压成倍提高，供电距离长，约为直接供电方式的 170% ~ 200%，牵引网的电压损失和电能损失都小，适于重载、高速、大电流运行。

AT 供电方式的钢轨电位较低，抑制通信线干扰的效果与 BT 方式相近，但投资更高，且牵引变电所的结构复杂。

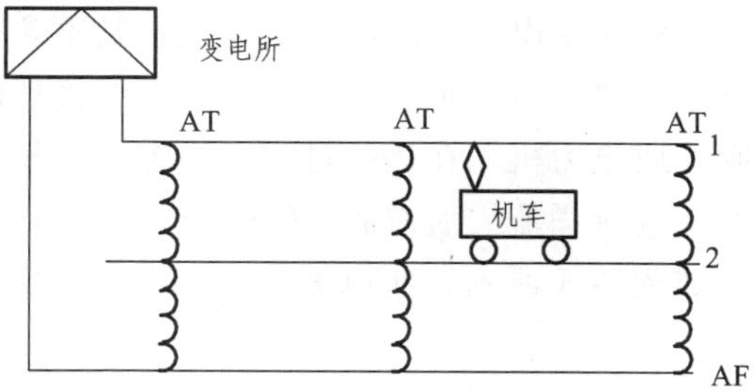

图 6-4　AT 供电方式原理图

5. 全并联 AT 供电方式

随着我国高速铁路和重载铁路的快速发展，AT 供电方式越发显示出比其他供电方式优势，为进一步提高牵引网电压，减小牵引网电能损失，采用了牵引网在 AT 所和分区所处进行上下行并联的接线方式，称为全并联 AT 供电方式，原理接线如图 6-5 所示。我国客运专线普遍采用发这种供电方式。

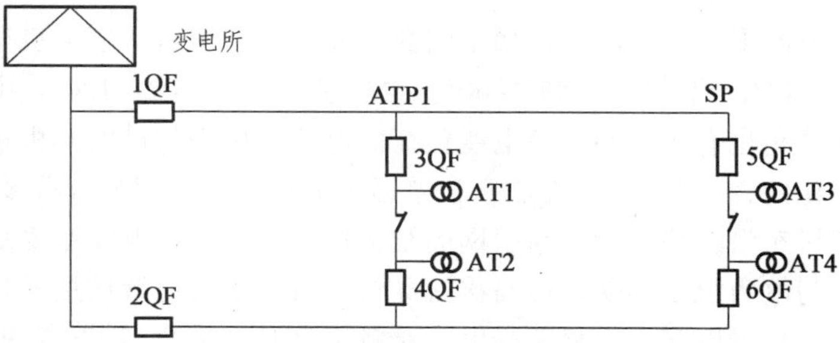

图 6-5　全并联 AT 供电方式原理图

牵引变电所一般采用 2 路 220 kV 进线，1 路运行 1 路备用。设置 4 台牵引主变压器，牵引变压器一般采用单相变压器，其中 2 台运行 2 台备用，每 2 台变压器接成 V/v 接线方式。

三、交流牵引网负荷的特点及对继电保护的要求

因交流牵引负荷不同于电力系统负荷，要设置牵引网的保护，必须将交流牵引负荷的特点分析如下：

（1）牵引负荷不仅是移动的，而且负荷电流大小随时都在变化，最大负荷电流很大。牵引负荷为单相移动负荷，牵引负荷的大小与线路的机车数量、机车种类、机车功率、运行速度以及线路情况等有关，其幅值、相位随时都在发生变化。

（2）牵引负荷的变化频率及幅度远远大于一般的电力负荷。整流型电力机车的电流均含有大量的高次谐波，其中三次谐波含量最高，可达 20%～30%。机车在坡度较大的线路下坡运行时，将由电动机状态转入发电机状态，这种负荷称之为再生负荷。再生负荷电流中高次谐波含量更高，可达 40%以上，并且负荷位于第二象限，当线路上既有正常负荷又有再生负荷或涌流时，其综合负荷就会落入保护动作区，使常规保护误动作。当供电区间列车数量增加时，由于不同机车的换向角可能不同，所以牵引馈线电流三次谐波含量减少，但一般仍大

于 10%，即便是装有滤波功能的功率补偿装置，综合谐波含量仍不低于 10%。而牵引网短路时，机车退出了工作，由于是高压回路的单相直接接地，以及供电回路的参数电抗分量大于电阻分量等原因，所以电气化铁路供电回路故障电流的波形是不含高次谐波成分的正弦波。

（3）当在接触网电压下空载投入机车牵引变压器，或馈线突然断电，机车失压后自动重合闸动作将断路器重新合闸，或电力机车在运行过程中失电而又复得，或含有 AT、BT 的牵引网空载投入等情况下会产生励磁涌流。励磁涌流的幅值可达 650 ~ 800 A，其波形呈尖顶波形，且偏于时间轴的一侧，如图 6-6 所示，所以涌流含有大量二次谐波。由于涌流不属于故障，故保护装置不应发生误动作。

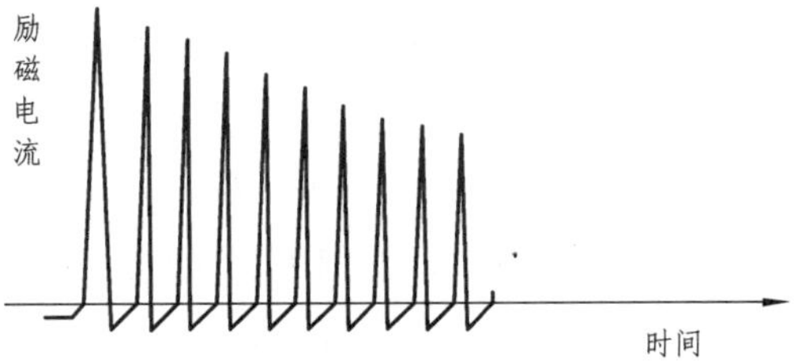

图 6-6　变压器空载投入时的励磁涌流波形

（4）正常负荷情况下，牵引网负荷功率因数一般为 0.8 左右。电力机车电流的相位角在牵引状态下为 25° ~ 40°，启动时为 55° ~ 60°，再生制动时为 90° ~ 120°。由于各种机车整流电路不同，电流相位角也有所不同。馈电线负荷的电流相位角与供电臂机车的数量和工作状态有关，是不断变化的，一般为 37°左右，比普通电力负荷功率因数低得多。

（5）为了适应机车沿线路移动，牵引网的结构比电力系统输电线路要复杂得多。牵引网工作条件恶劣，因为电力机车的受电弓与接触导线一直处于快速滑动接触状态，机车通过其接触点获得电能，当接触网与电力机车受电弓接触不良时，将会产生火花或电弧，使接触导线过热，以致烧伤。另外，由于受电弓对接触导线有迅速移动的向上压力，使接触导线经常处于振动状态，因此引起接触网机械故障的概率增大。其损伤及故障都可能导致牵引网短路，从而对继电保护动作的可靠性要求较高。

四、交流牵引网短路参数的特点

（1）供电臂长，牵引网单位阻抗大。牵引网实行单边供电时，供电臂长度一般为 20 ~ 30 km；其单位阻抗，无吸流变压器时为 $0.54\underline{/65^\circ}$ Ω/km 左右，有吸流变压器时为 $0.82\underline{/65^\circ}$ Ω/km 左右，比一般输电线的单位阻抗大得多。

（2）由于牵引网为长距离、大阻抗、重负荷线路，所以远点短路时短路电流的数值与最大负荷电流接近，要求采用高灵敏度的保护装置，而近点短路时，短路电流的数值又相当大，为避免烧坏接触线扩大事故范围，要求保护装置快速动作。

（3）短路电流的相位角主要由牵引网的参数决定，一般为 65°左右，与负荷功率因数角相差较大，这对构成保护装置有利。

（4）短路时由于电力机车退出了工作，所以短路电流曲线基本为正弦波，其三次谐波一般不超过 2% ~ 3%。因此，可以利用三次谐波含量的不同来区分短路故障与正常工作状态。

第二节　馈线保护

【知识及能力目标】

1. 了解馈线保护的基本原理；
2. 能够对不同馈线进行保护配置。

由于交流牵引负荷与交流牵引网短路参数与电力系统有很大的不同，仅反应电流值变化的电流保护灵敏系数较低，一般不能作为牵引馈线的主保护。距离保护既能反应被保护线路故障时电压的降低，又能反应电流的升高，即距离保护反应的是故障点至保护安装处的距离也就是阻抗值，采用方向阻抗继电器时还可反映相角的变化，同时不受系统运行方式变化的影响，其灵敏系数较高。因此在馈线保护中一般采用距离保护作为主保护，并选配电流增量保护，电流速断保护过负荷保护等作为辅助保护。

一、距离保护

1. 对距离保护特性的要求

（1）对灵敏度和躲过过渡电阻能力的要求。

如图 6-7 所示，Z_L 为最小负荷阻抗，Z_{line} 为线路阻抗，Z_k 为短路阻抗，R_g 为过渡电阻。全阻抗特性和偏移圆阻抗特性是由最小负荷阻抗 Z_L 确定，四边形阻抗特性的 ab 边和 bc 边是分别整定的，bc 边由最小负荷阻抗 Z_{line} 确定，ab 边由线路阻抗确定，不受负荷阻抗的制约，完全可以根据馈线保护对灵敏系数的要求来确定 ab 边的整定。因此，四边形阻抗特性具有更高的灵敏度。

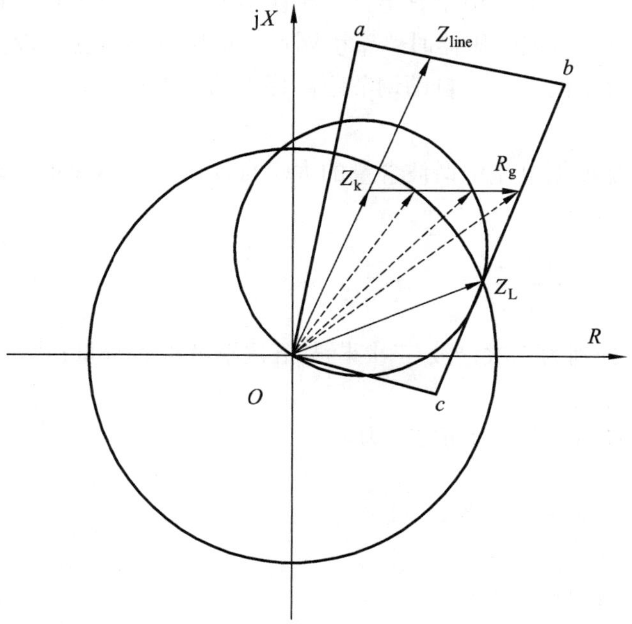

图 6-7　灵敏度及反应过渡电阻能力比较

短路阻抗为 Z_k 时，如果短路点没有过渡电阻 R_g，三种特性的阻抗继电器都能动作。如果短路点存在过渡电阻 R_g，则四边形阻抗特性躲过过渡电阻的能力比全阻抗特性和偏移特性圆阻抗特性要强。因此在牵引供电系统中，一般采用四边形特性阻抗继电器作为距离保护的距离元件。

（2）对过负荷能力的要求。

随着电气化铁路的高速发展，有的电力机车上加装了兼作滤波的功率补偿装置，有的电力机车上采用了再生制动方式。作为牵引供电系统负荷的电力机车对馈线保护的动作特性有直接的影响，容易引起保护装置误动作；牵引重负荷时功率补偿装置的投切也可能引起保护的误动作，当功率补偿装置退出的瞬间为了维护牵引功率不变，势必使牵引电流增大，同时 $\cos\varphi$ 减小，容易引起保护误动作；晶闸管相控电力机车是通过可控开放角的变化来改变整流电压从而实现调速，其特点是功率因数低，电力机车经常运行在启动、调速、再生制动等工况下。同时，电力机车受电弓通过电分相再合闸时会引起励磁涌流。因此，当供电臂内多列电力机车运行于不同的工况时，牵引网馈线负荷电流及其相位角的变化范围很大。

2. 自适应距离保护

1）自适应距离保护的优势

对于采用整流型电力机车的牵引供电系统，尤其是在重载的情况下，牵引负荷与再生制动电流的叠加都有可能导致常规距离保护误动作。可以利用负荷电流中的综合谐波含量作为控制量，自动调节距离保护四边形动作特性的边界，从而提高距离保护的自适应能力。有效地避免了负荷情况下保护误动，提高了保护的可靠性和故障选择能力。目前各种牵引网馈线微机保护中的保护装置都采用三段自适应距离保护。

2）保护原理

相控整流电力机车负荷电流中罕有丰富的奇次谐波分量；电力机车通过电分相再合闸或 AT 供电方式下空载投入自耦变压器时，牵引网产生的励磁涌流含有较高的二次谐波分量。根据馈线电流中谐波含量的大小，自动调节距离保护的动作边界。

① 综合谐波抑制

综合谐波抑制就是根据电流中谐波含量的大小自动调节距离保护的动作特性。

综合谐波含量 K_Σ 为

$$K_\Sigma = \frac{I_2 + I_3 + I_5}{I_1} \tag{6.1}$$

式中　I_2，I_3，I_5——分别为二次谐波/三次谐波/五次谐波电流分量；

I_1——基波电流。

加入综合谐波含量后的整定阻抗 Z'_{set} 为

$$Z'_{set} = \frac{1}{1 + K_h K_\Sigma} Z_{set} \tag{6.2}$$

式中　K_h——谐波抑制加权系数；

Z_{set}——整定阻抗。

牵引负荷电流中含有丰富的几次谐波，正常运行时 $K_\Sigma > 0$，相当于自动收缩距离保护四边形阻抗特性的动作边界；当 AT 牵引网空载投入和电力机车通过电分相再合闸引起励磁涌流时 $K_{\Sigma}>0$，也相当于自动收缩距离保护四边形阻抗特性的动作边界。当发生短路故障时，受电流互感器特性的影响，保护装置检测到的短路电流中也可能存在一定的谐波电流，只是较负荷电流中的谐波电流小。因此可以设定综合谐波含量整定值 $K_{\Sigma\cdot set}$，只有当 $K_{\Sigma}>K_{\Sigma\cdot set}$ 时，才按照式中调整距离保护的整定值。

谐波分量考虑的成分越大，抑制效果越好。在牵引馈线电流中，不但含有丰富的 2，3，5 高次谐波，还有 7，9，11 次谐波含量也很高，因此有必要在谐波抑制中加入这些谐波，以提高其精度。

② 二次谐波闭锁。

为了避免电力机车通过电分相再合闸或 AT 供电方式下空载投入自耦变压器产生的励磁涌流引起距离保护误动作，可以利用馈线电流中的二次谐波含量闭锁距离保护。

$$\frac{I_2}{I_1}\geqslant K_{2brk} \tag{6.3}$$

式中 K_{2brk}——二次谐波制动系数，按各种励磁涌流情况下的最小二次谐波含量整定，其整定值一般为 0.15 ~ 0.2。

I_1，I_2——分别为电流基波和二次谐波含量。

③ 电压互感器回路断线闭锁。

距离保护既反映被保护线路故障时电压的降低，又反应电流的升高，如果电压回路发生故障，则在正常负荷情况下将引起距离保护误动作。因此距离保护中一般需设置电压互感器断线闭锁，放置在电压互感器断线情况下负荷电流引起距离保护误动作。由于牵引供电系统是单相系统，因此三相电力系统中常用的电压互感器断线判据在牵引供电系统中不适用。一般判据如下：

$$\begin{cases} U\leqslant U_{set} \\ 0.1\leqslant I\leqslant I_{set} \end{cases} \tag{6.4}$$

式中 U、I——馈线电压（二次值）、基波电流（二次值）；

U_{set}、I_{set}——电压互感器回路断线电压、电流整定值；

电压互感器回路断线检测功能原理框图如图 6-8。

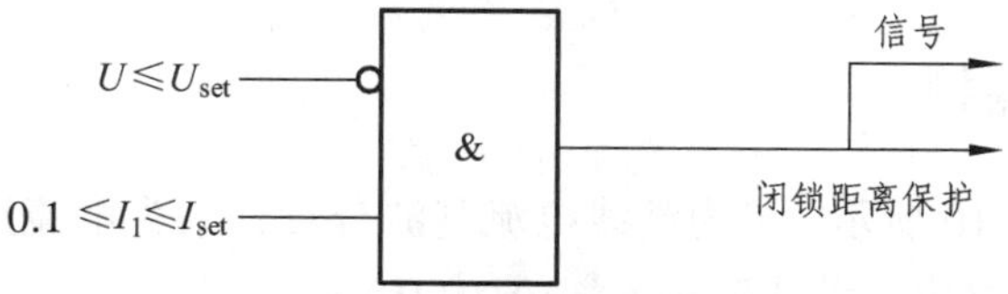

图 6-8 电压互感器回路断线检测功能原理框图

④ 整定计算。

AB 边动作阻抗整定值：

$$Z_{set\cdot AB}=K_{REL}Z_{K\cdot max} \tag{6.5}$$

式中 $Z_{set\cdot AB}$——AB 边的整定阻抗值。

K_{REL}——可靠系数，取 1.2 ~ 1.5。

$Z_{K\cdot max}$——线路末端短路时的最大短路阻抗。

BC 边动作阻抗整定值：

$$Z_{set\cdot BC}=\frac{Z_{L\cdot min}}{K_{REL}} \tag{6.6}$$

式中　$Z_{set\cdot BC}$——BC 边的整定阻抗值。

K_{REL}——可靠系数，取 1.2。

$Z_{L\cdot min}$——线路的最小负荷阻抗。

⑤ 原理框图。

自适应Ⅰ段、Ⅱ段、Ⅲ段距离保护原理框图分别如图 6-9（a）、（b）、（c）所示。

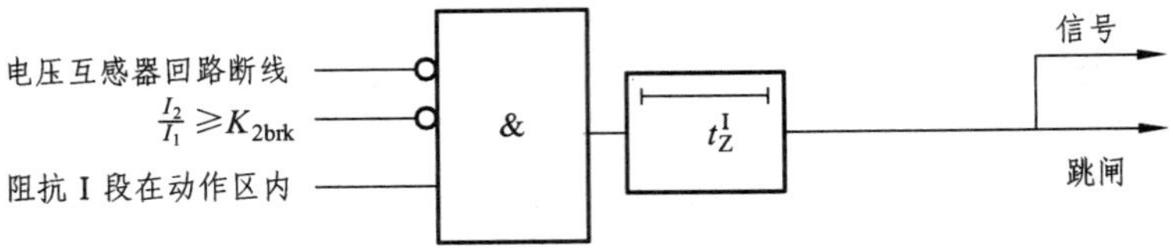

（a）自适应Ⅰ段距离保护原理框图

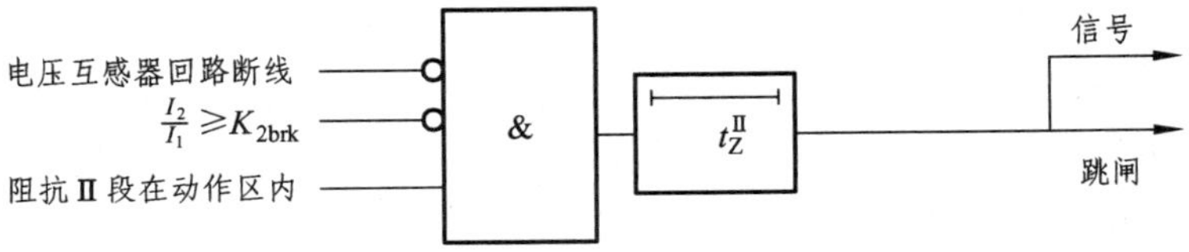

（b）自适应Ⅱ段距离保护原理框图

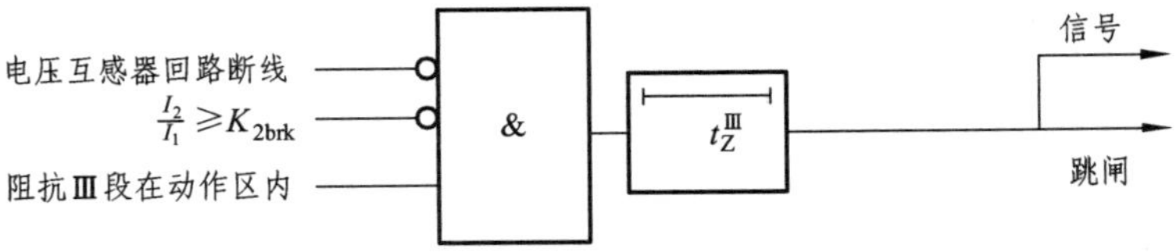

（c）自适应Ⅲ段距离保护原理框图

图 6-9　自适应三段距离保护原理框图

二、电流速断保护

其原理框图如图 6-10 所示，I_1为馈线电流基波分量；I_{qb}为电流速断保护整定电流，一般按 1.2 倍最大负荷电流整定；动作时限 t_{qb} 一般为 0.1 s。

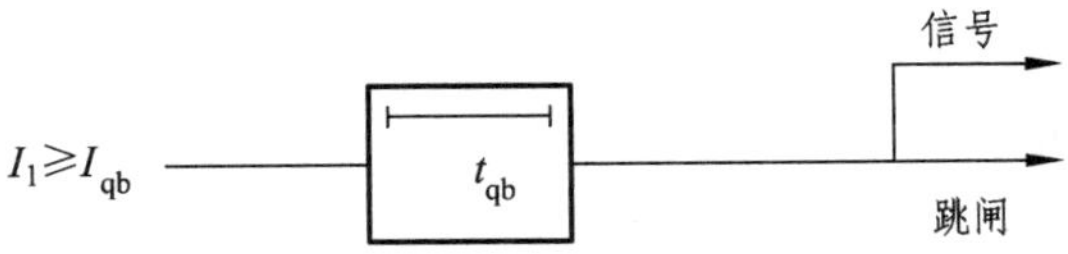

图 6-10　电流速断保护原理框图

三、电流增量保护

扫描二维码 6-1，可观看电流增量保护视频。

在正常负荷与故障状态下，短时间内电流的增量是不同的，利用这个差异就可以构成馈线保护。正常情况下，由于电力机车电路中大电感的作用，机车电流在短时间内的增量不会很大，尤其是机车启动时。当牵引网或机车发生短路时，馈线的短路电流将急速增加，其速度将比正常情况高数倍或数十倍。根据这个特点构成的保护称为 ΔI 型保护（或称电流增量保护）。

二维码 6-1

ΔI 型保护的主要优点是选择能力比普通电流保护强。因为一般电流保护是根据最大负荷电流整定的，一个供电分区的最大负荷电流一般能达到一列车最大电流的 2 倍左右。而 ΔI 型保护除了反应稳态最大负荷以外，还同时反应短时间内电流的增量，因此，其电流整定值可适当减至一列车的最大电流。

ΔI 型保护的主要缺点是动作时间较长。因为机车变压器或线路上的自耦变压器空载投入时，励磁涌流短时间的增量也是很大的，可能造成 ΔI 型保护误动作，为此必须增加保护的延时，所以该型保护的动作时间较长。

ΔI 型保护的原理如图 6-11 所示，馈线电流 i 经过 I/V 变换成电压值，并经整流后送到各自的整定单元。其中一个回路经 ΔI 检出的电压若大于基准电压 1 时，则有输出。该输出延时 300 ms 后，再自保持 50 ms，在此时限内 I 回路的开关闭合。I 整定回路的电压与基准电压 2 比较，如为正值，则有输出，并自保持 300 ms，在此时限内继电器发出指令使断路器跳闸。

根据原理分析能够看出：ΔI 型保护是以 ΔI 超过某一标准电压，且需维持 300 ms 以上才能动作的保护装置。

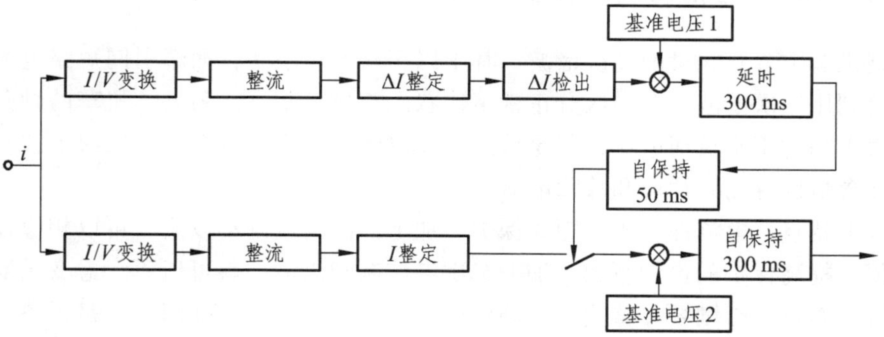

图 6-11　交流 ΔI 型保护原理图

为了改善 ΔI 型保护的性能，可以增加谐波制动环节。日本研制的“交流谐波抑制 ΔI 型故障选择器”就是利用此原理制成的。如图 6-12 所示，图中 1 为基波滤过器，2 为三次谐波滤过电路，3 为二次谐波闭锁电路，4 为 ΔI 检出电路，另外还包括差动放大器、比较器和出口电路等。该选择器的主要特点是增加了三次谐波抑制和二次谐波闭锁电路。机车通过无电区后负荷电流的增量 ΔI 可能引起保护的误动作。为了避免这种情况的发生，该选择器采用了三次谐波抑制电路，加上该电路后可适当降低启动电流数值，从而扩大保护范围。机车通过无电区后重新受电时，变压器产生的励磁涌流可能引起保护误动作，所以该选择器采用了二次谐波闭锁电路。一般情况下，当二次谐波分量超过基波的 15%时，将保护闭锁。因此加上该电路后可将原来保护的延时 300 ms 缩短至 100 ms 左右。谐波抑制从扩大保护范围、缩短保护延时等方面大大改善 ΔI 型保护的性能。

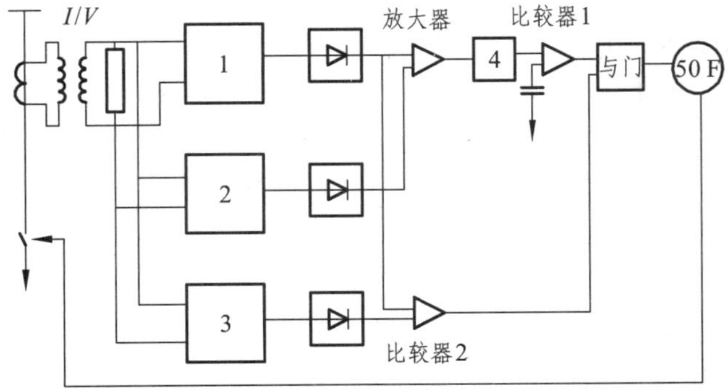

图 6-12　交流谐波抑制 ΔI 型故障选择器原理图

其原理框图如图 6-13 所示。

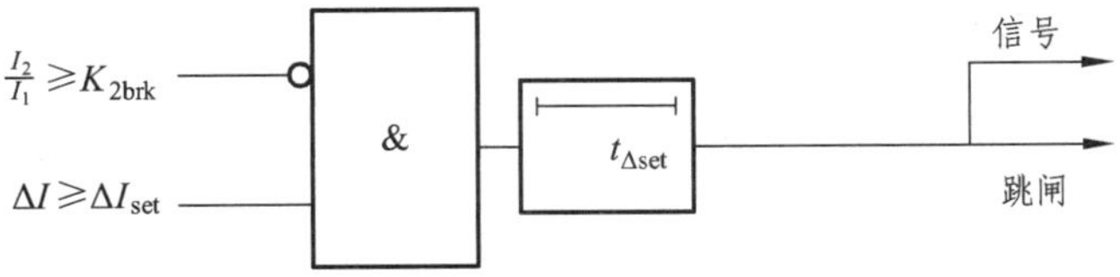

图 6-13　电流增量保护原理框图

动作时限 $t_{\Delta set}$ 一般为 0.7 s。

四、利用谐波电流构成的保护

整流型机车中含有大量的高次谐波，其中以三次谐波最多，而牵引网短路电流接近正弦波，因此可利用三次谐波的含量区分正常工作状态与故障状态。另外，机车的励磁涌流从数值上虽然大大超过正常负荷电流，甚至接近故障电流，但它却含有大量二次谐波。因此可利用二次谐波含量区分励磁涌流和故障电流。

根据以上特点，电流保护（或距离保护）加上三次谐波制动以后，可以相应地降低启动电流的数值，提高保护的灵敏系数。加上二次谐波制动以后，就可以不考虑变压器励磁涌流对保护装置的影响。否则要在整定值（动作电流或时限）上躲过涌流，这是很不理想的，它将使保护的灵敏系数大大降低或延时过长。

图 6-14 所示为三次谐波制动保护的原理接线之一，主要由基波滤过器 Z_1、三次谐波滤过器 Z_3、整流桥 U_1、U_3 以及有两个线圈 W_1、W_3 的继电器组成。基波经 Z_1、U_1 滤波整流后通入线圈 W_1；三次谐波经 Z_3、U_3 滤波整流后通入线圈 W_3，二者产生的磁动势方向相反，I_1W_1 驱动继电器动作，而 I_3W_3 则迫使继电器制动，驱动继电器动作的总安匝数为 $I_1W_1 - I_3W_3$。适当的选择 W_1 和 W_3 的数值，使在正常负荷时，即 I_3 有一定含量时，继电器不能动作。当发生故障时，由于 I_1 增加，I_3 降低，使继电器能够灵敏动作。上述结构形式便于说明三次谐波的作用，但由于继电器为电磁型的，所以消耗功率大，结构复杂，动作速度慢，因此并未得到实际应用。

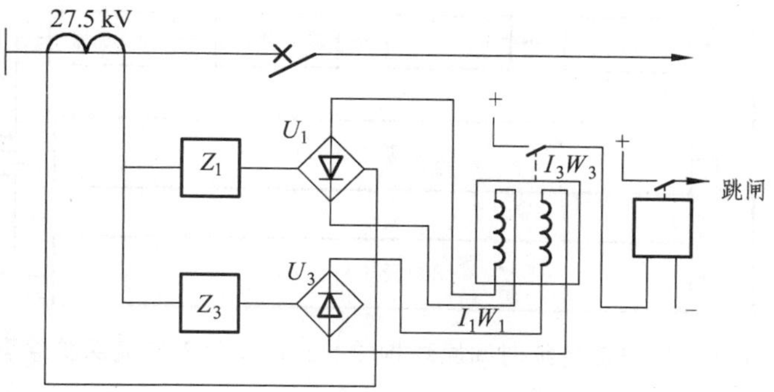

图 6-14　三次谐波制动电流保护原理

五、反时限过负荷保护

机车在线路上行驶时，其负荷电流是经常变化的，即在任一电流值下运行的时间都很短。而故障电流只要一产生，就一直持续到故障切除后才结束，因此可以根据电流持续时间的不同来进行保护。

图 6-15 所示的电流时间曲线表示不同牵引负荷电流持续的时间，所示的折线为反时限电流保护的三段阶梯特性。从图 6-15 能够看出，负荷越重，持续时间越短。例如 800 A 电流持续时间为 100 s，1 000 A 电流持续时间为 80 s。

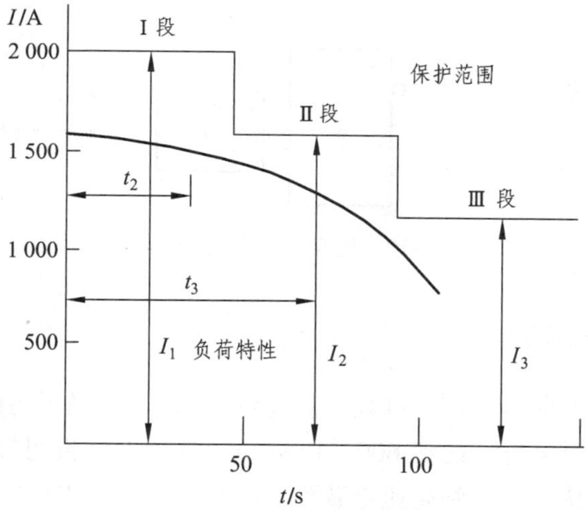

图 6-15　反时限过负荷保护特性

按电流持续时间构成的保护应由反时限过电流继电器构成，但也可用几个定时限过电流继电器组合而成。如图 6-16 所示，即由几个定时限电流继电器组合成的三段反时限电流保护。

根据实际的负荷电流时间曲线对保护进行整定。如第Ⅰ段的电流整定值为最大负荷电流加上一定的裕量。所以在正常负荷情况下不会误动作，只有在近点短路的情况下才能启动，故其动作延时可取得最小。第Ⅱ段的整定值为 I_2，其动作延时应大于负荷电流 I_2 的持续时间 t_2，第Ⅲ的整定值为 I_3，其动作延时应大于负荷电流 I_3 的持续时间 t_3。从分析看出，这种保护的延时虽长，但却能可靠地检查出故障。一般只能作为牵引馈线的后备保护。

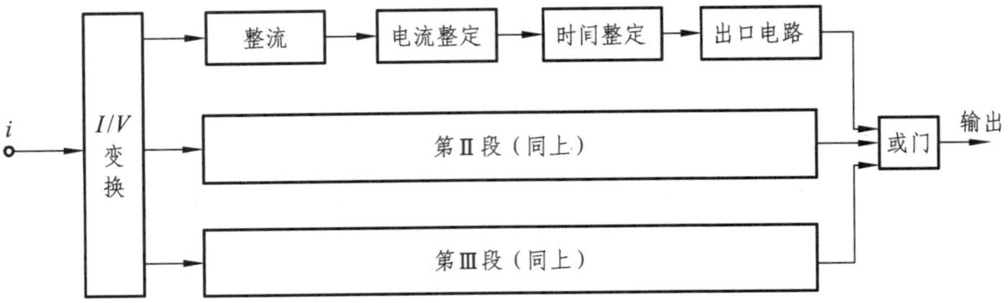

图 6-16　按电流持续时间原理构成的三段反时限电流保护原理图

六、过电流保护

其原理框图如图 6-17 所示，图中，I_{oc} 为过电流保护整定电流，动作时限 t_{oc} 一般为 0.3s～0.5 s；

动作判据为：

$$I_1 - K_h(I_2 + I_3 + I_5) \geqslant I_{oc} \tag{6.7}$$

其中

$$I_{OC} = \frac{K_{REL}}{K_R} I_{L \cdot \max} \tag{6.8}$$

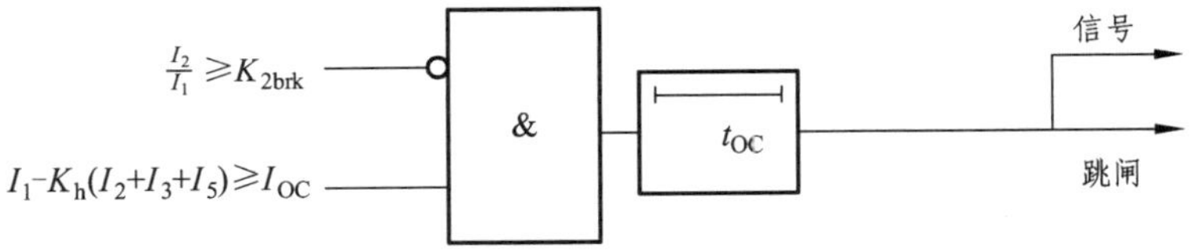

图 6-17　过电流保护原理框图

七、接触网发热保护

电气化铁路的发展方向是高速、重载。高速重载列车的单车牵引电流较大，在列车速度为 300～500 km/h 时牵引电流可达到 600～1 000 A，接触网在长期大电流的情况下发热，张力降低，稳定性下降，从而影响到高速重载列车的正常运行，因此需要设置过热负荷保护完成对接触网的保护。

接触网发热保护的动作原理主要是通过采集外界环境温度和接触线电流，通过内部程序计算，将计算结果与整定值相比较，如超出规定值便发出报警、跳闸命令，从而达到保护接触网的目的。

八、失压保护元件（用于进线保护）

失压保护元件原理框图如图 6-18。其中，U 为进线电压，I 为进线保护电流，I_N 为电流互感器二次侧额定电流，t_{1v} 为失压保护元件动作时限。

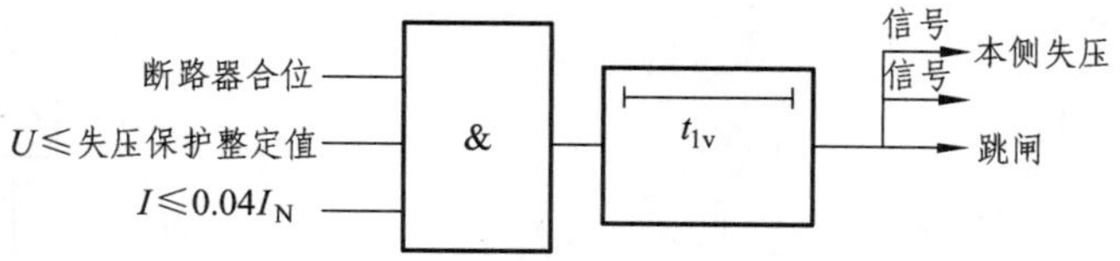

图 6-18　失压保护元件原理框图

九、一次自动重合闸

一次自动重合闸功能原理框图如图 6-19。其中，t 为充电时间。

当牵引网发生大电流短路时，装置具有大电流闭锁重合闸功能。当牵引网短路电流大于 2 倍电流速断保护整定电流时，闭锁自动重合闸。

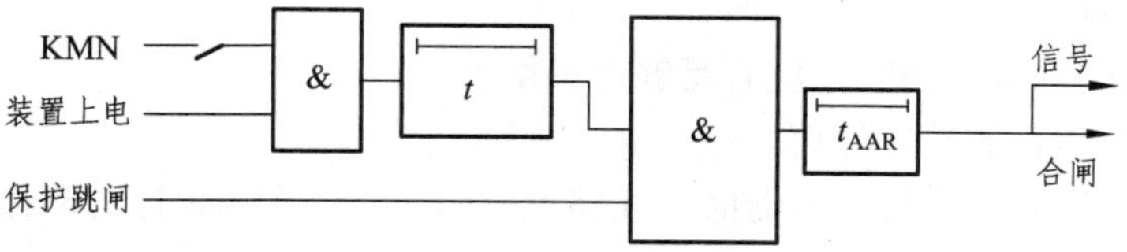

图 6-19　一次重合闸功能原理框图

第三节　牵引网的保护方式和整定计算

【知识及能力目标】

1. 掌握直接供电与 BT 供电方式下牵引网的保护与整定；
2. 掌握利 AT 供电方式下牵引网保护配置与整定；
3. 能够对各种不同供电方式下的牵引网进行继电保护的设置及整定计算。

牵引网的保护方式应根据牵引网的具体结构（单线还是复线，直接供电方式、BT 供电方式还是 AT 供电方式，单边供电还是双边供电）和对继电保护的基本要求（选择性、速动性、灵敏性和可靠性）来确定。

一、直接供电与 BT 供电方式下牵引网的保护与整定

1. 单线单边供电时

在电气化铁道上行驶的电力机车，只接受某一方向变电所提供的电能，称为单边供电。单线单边供电时，相邻变电所的供电臂牵引网中间没有电的联系，电力机车由一个变电所单边供电。由于单边供电在接触网发生故障时，只影响本供电臂，波及范围小，而且馈电线保护装置也比较简单。图 6-20 所示为单线单边供电方式结构图。

在单线单边供电方式下，牵引变电所馈线一般配置方向距离保护、电流速断保护、选配电流增量保护。

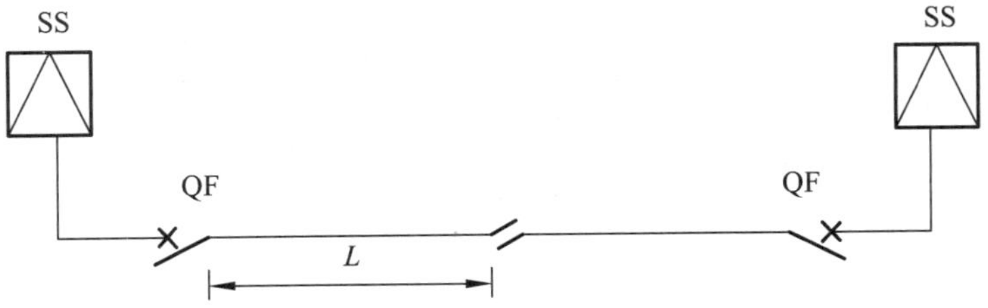

图 6-20　单线单边供电方式结构图

1）方向距离保护

方向距离保护作为主保护，整定计算方法如下：

（1）距离保护装置的整定原则：

① 在正常最小负荷阻抗下不应误动作；

② 在外部故障切除后应可靠返回；

③ 在保护范围末端短路时，应有足够的灵敏度。

（2）距离保护装置的整定计算。

采用四边形特性方向阻抗继电器时，线路整定阻抗（也即 AB 边的动作阻抗）为

$$Z_{set\cdot AB}=K_{REL}Z_{K\cdot max} \tag{6.9}$$

式中　K_{REL}——可靠系数，取 1.2 ~ 1.5。

$Z_{K\cdot max}$——线路末端短路时的最大短路阻抗。

负荷阻抗（也即 BC 边动作阻抗）整定值：

$$Z_{set\cdot BC}=\frac{Z_{L\cdot min}}{K_{REL}K_{R}} \tag{6.10}$$

式中　$Z_{L\cdot min}$——线路的最小负荷阻抗。

K_{REL}——可靠系数，取 1.2。

K_{R}——返回系数，取 1.1。

距离保护的动作时限 t 与电力机车保护动作时限相配合，一般取 0.1 s。

2）电流速断保护

电流速断保护按照最大负荷电流整定，并考虑一定的裕量，整定电流的计算如下：

$$I_{ACT}=K_{REL}I_{L\cdot max} \tag{6.11}$$

式中　$I_{L\cdot max}$——最大负荷电流；

K_{REL}——可靠系数，可取 1.1 ~ 1.2。

电流速断保护的动作时限 t 与电力机车保护动作时限配合，一般取 0.1 s。

3）电流增量保护

电流增量保护一般作为牵引网发生高阻接地故障时的保护，电流增量保护整定值 ΔI_{ACT} 可按一列机车启动电流整定，并考虑一定的裕量，其整定值为

$$\Delta I_{ACT}=K_{REL}I_{SS} \tag{6.12}$$

式中　K_{REL}——可靠系数，可取 1.2；

　　I_{SS}——一列机车启动电流，大小与机车种类有关。

电流增量保护的动作时限 t 一般取 0.1 s。

2. 单线越区供电方式

单线越区供电方式如图 6-21 所示。正常运行时，分区所 SP 中的断路器 3QF 处于分位，牵引变电所 SS_1 向线路 L_1 供电，牵引变电所 SS_2 向线路 L_2 供电。当牵引变电所 SS_2 由于故障退出运行时，则将分区所 SP 中的断路器 3QF 闭合，由变电所 SS_1 通过分区所 SP 向线路 L_2 越区供电。当牵引变电所 SS_1 故障退出运行时，则由牵引变电所 SS_2 通过分区所 SP 向线路 L_1 越区供电。

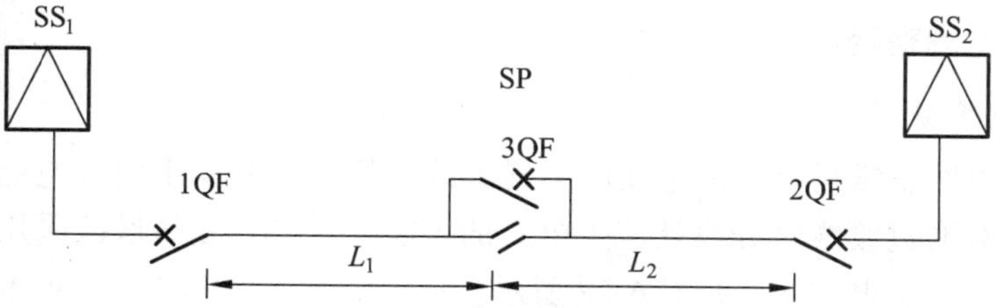

图 6-21　单线越区供电方式结构图

在单线越区供电方式下，分区所 SP 处 3QF 的保护按单线单边供电方式配置。

牵引变电所 SS_1 处 1QF 配置距离Ⅰ段保护、距离Ⅱ段保护、电流速断保护，可选配电流增量保护。距离保护作为主保护，电流速断保护和电流增量保护为辅助保护。

1）距离Ⅰ段保护整定计算

距离Ⅰ段保护按线路 L_1 全长的 85%整定，线路阻抗整定为

$$Z_{set\cdot AB}=0.85L_1\cdot X_1 \tag{6.13}$$

式中　X_1——牵引网单位电抗，Ω/km；

　　L——牵引变电所 SS 到分区所 SP 之间的供电臂长度，km。

负荷整定阻抗按照式（6.10）计算。

距离Ⅰ段保护的动作时限 t 与电力机车保护动作时限配合，一般取 0.1 s。

2）距离Ⅱ段保护整定计算

距离Ⅱ段保护按线路全长（L_1+L_2）整定，线路阻抗整定为

$$Z_{set\cdot AB}=K_{REL}\cdot(L_1+L_2)\cdot X_1 \tag{6.14}$$

式中　K_{REL}——可靠系数，可取 1.5；

　　X_1——牵引网单位电抗，Ω/km。

负荷整定阻抗按照式（6.10）计算。

距离Ⅱ段保护动作时限 t 与分区所 SP 处的 3QF 处的保护时限配合，可取 0.5 s 左右。

3）电流速断保护整定计算

电流速断保护作为辅助保护，只保护变电所 SS 至分区所 SP 的一部分，不能保护线路全长。电流速断保护按分区所 SP 处最大短路电流整定，并考虑一定的裕量，计算公式为

$$I_{ACT} = K_{REL} I_{k \cdot max} \tag{6.15}$$

式中　$I_{k \cdot max}$ ——分区所 SP 处的最大短路电流，A；

K_{REL} ——可靠系数，可取 1.2。

电流速断保护动作时限 t 与电力机车保护动作时限配合，一般取 0.1 s 左右。

4）电流增量保护整定

电流增量保护整定按公式（6.12）整定计算，动作时限 t 与分区所 SP 处 3QF 的保护时限配合，可取 0.5 s。

如果分区所用隔离开关跨越区域供电，变电所保护配置与单线单边供电方式下的配置相同，此时距离保护Ⅰ段保护按线路全长（L_1+L_2）整定，不需要配置距离Ⅱ段保护；电流速断保护按最大负荷电流整定。

3. 复线供电方式

为了减小牵引网正常运行时的电压降，增大线路容量，减少牵引网电能损失、消除电力机车跨越车站接触网过渡线时分段处产生电弧的可能，目前在复线区段采用上行线路和下行线路在分区所并联的供电方式，如图 6-22 所示。一般情况下，断路器 3QF 和 4QF 闭合，5QF 断开，上下行线路在分区所并联。

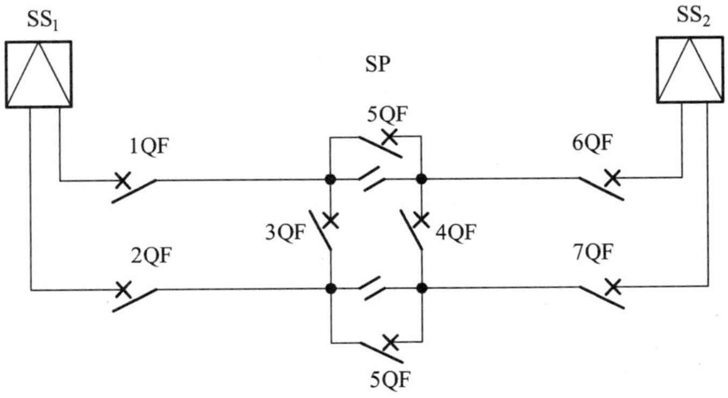

图 6-22　复线供电方式结构图

特殊情况下，根据需要也可将 3QF 或 4QF 断开，5QF 闭合，实行越区供电，此时的 6QF 和 7QF 断开，或 1QF 和 2QF 断开。此时当上下行线路在分区所并联时，为了便于分析，我们只画出了牵引变电所 SS_1 同一相的供电臂接触网，如图 6-23 所示的形式。

复线供电方式下的测量阻抗与单线供电方式下的测量阻抗有较大的区别，而距离保护的整定与该阻抗值有关。

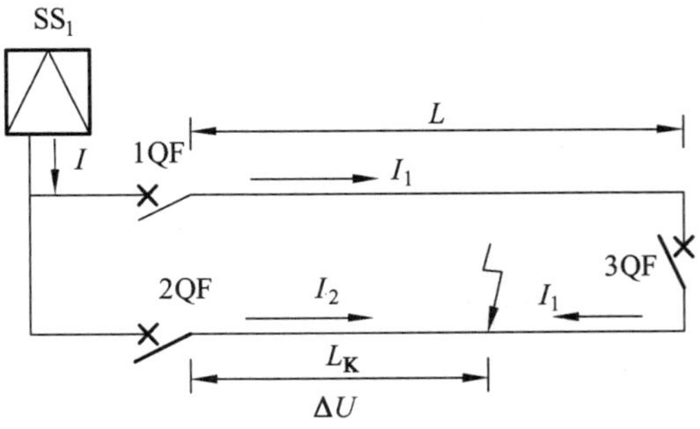

图 6-23　复线供电方式线路短路示意图

1）复线供电方式下的测量阻抗

如图 6-23 所示，设上下行牵引网每千米的自阻抗为 Z_1，上下行牵引网间的互阻抗每千米为 Z_m，短路点 K 位于下行牵引网，距变电所的

距离为 L_k，变电所至 K 点的压降 ΔU，上下行牵引网中的电流为 I_1、I_2，总电流为 I。设断路器 1QF 处的测量阻抗为 Z_{I}，断路器 2QF 处的测量阻抗为 Z_{II}，那么沿 I_2 回路由牵引变电所母线到短路点 K 的压降为

$$\Delta U = L_K Z_1 I_2 + L_K Z_m I_1 \tag{6.16}$$

沿 I_1 回路由牵引变电所母线到短路点 K 的压降为

$$\Delta U = (2L - L_K) Z_1 I_1 + L_K Z_m I_2 - 2(2L - L_K) Z_m I_1 \tag{6.17}$$

同时有

$$I = I_1 + I_2 \tag{6.18}$$

将以上公式综合运算可得出

$$I_1 = \frac{L_K}{2L} I \tag{6.19}$$

$$I_2 = \frac{2L - L_K}{2L} I \tag{6.20}$$

将上两式联立，可求得

$$I_1 = \frac{L_K}{2L - L_K} I_2 = \alpha I_2 \tag{6.21}$$

式中 $\alpha = \dfrac{2L}{2L - L_K}$，是一个与短路点位置有关的系数。

根据式（6.16）和式（6.21），可得出

$$Z_{\text{I}} = \frac{\Delta U}{I} = (2L - L_K) Z_1 + L_K Z_m = (2L - L_k)\left(Z_1 + \frac{L_K}{2L - L_K} Z_m\right) \tag{6.22}$$

$$Z_{\text{II}} = \frac{\Delta U}{I_2} = L_K \left(Z_1 + \frac{L_K}{2L - L_K} Z_m\right) \tag{6.23}$$

令 $Z_1' = Z_1 + \dfrac{L_K}{2L - L_K} Z_m$，则有：

$$Z_{\text{I}} = (2L - L_K) Z_1' \tag{6.24}$$

$$Z_{\text{II}} = L_K Z_1' \tag{6.25}$$

从公式（6.24）和公式（6.25）可以看出，不论沿哪一个回路，将 Z_1 乘以母线至短路点的线路长度，便可得到测量阻抗。将 Z_1' 称为牵引网每千米的等效阻抗，该等效阻抗与短路点的位置有关。

2）牵引变电所馈线保护配置

复线供电方式下，牵引变电所 SS_1 中馈线断路器 1QF 和 2QF 配置距离Ⅰ段保护、距离Ⅱ段保护、电流速断保护，可选配电流增量保护。

（1）距离Ⅰ段保护整定计算。

距离Ⅰ段保护按线路全长 L 的 85%整定，线路阻抗整定为

$$Z_{\text{set}\cdot\text{AB}} = 0.85L\cdot\left(X_1+\frac{0.85}{1.15}X_{\text{m}}\right) \tag{6.26}$$

式中 X_1 ——牵引网自阻抗的电抗分量，Ω/km；

X_{m} ——上下行牵引网互阻抗的电抗分量，Ω/km；

L ——牵引变电所 SS 到分区所 SP 之间的供电臂长度，km。

负荷整定阻抗按照式（6.10）计算。

距离Ⅰ段保护的动作时限 t 与电力机车保护动作时限配合，一般取 0.1 s。

（2）距离Ⅱ段保护的整定计算。

距离Ⅱ段保护按上下行线路总长 $2L$ 整定，电抗边 X_{ACT} 整定为

$$Z_{\text{set}\cdot\text{AB}} = K_{\text{REL}}\cdot 2L\cdot X_1 \tag{6.27}$$

式中 K_{REL} ——可靠系数，可取 1.5；

X_1 ——牵引网自阻抗的电抗分量，Ω/km；

L ——牵引变电所 SS 到分区所 SP 之间的供电臂长度，km。

负荷整定阻抗按照式（6.10）计算。

距离Ⅱ段保护动作时限 t 与分区所 SP 处的 3QF 处的保护时限配合，可取 0.5 s 左右。

（3）电流速断保护的整定计算。

电流速断保护的整定与单线越区供电方式下的电流速断保护整定方式一样，按式（6.15）计算，动作时限 t 与电力机车保护动作时限配合，一般取 0.1 s。

（4）电流增量保护的整定计算。

电流增量保护整定按公式（6.12）整定计算，动作时限 t 与分区所 SP 处 3QF 的保护时限配合，可取 0.5 s。

3）分区所馈线保护配置

在复线供电方式下，分区所 SP 中断路器 3QF 配置正反向距离Ⅰ段保护、电流增量保护，可选配电流速断保护。

（1）正反向距离Ⅰ段保护的整定计算。

牵引网正反向距离Ⅰ段保护按牵引网供电臂全长 L 整定，线路阻抗整定为

$$Z_{\text{set}\cdot\text{AB}} = K_{\text{REL}}\cdot L\cdot(X_1 - X_{\text{m}}) \tag{6.28}$$

式中 K_{REL} ——可靠系数，可取 1.5；

X_1 ——牵引网自阻抗的电抗分量，Ω/km；

X_{m} ——上下行牵引网互阻抗的电抗分量，Ω/km；

L ——牵引变电所 SS 到分区所 SP 之间的供电臂长度，km。

负荷整定阻抗按照式（6.10）计算。

正反向距离Ⅰ段保护的动作时限 t 与电力机车保护动作时限配合，一般取 0.1 s。

（2）电流增量保护的整定计算。

电流增量保护整定按公式（6.12）整定计算，动作时限 t 与电力机车保护动作时限配合，

一般取 0.1 s。

（3）电流速断保护的整定计算。

电流速断保护按躲过一列车的最大负荷电流整定，并考虑一定的裕量，其整定公式为

$$I_{ACT}=K_{REL}I_{L\cdot max} \tag{6.29}$$

式中 $I_{L\cdot max}$——一列车的最大负荷电流，A；

K_{REL}——可靠系数，可取 1.2。

电流速断保护动作时限 t 与电力机车保护动作时限配合，一般取 0.1 s 左右。

二、AT 供电方式下牵引网保护配置与整定

1. AT 供电回路阻抗参数的特点

1）AT 供电回路阻抗的表示方法

AT供电回路的短路阻抗值可以用55 kV系统阻抗Z_{55}或27.5 kV系统阻抗$Z_{27.5}$表示。55 kV系统阻抗Z_{55}就是从AT供电回路的接触线T和正馈线F端测量得到的阻抗。27.5 kV系统阻抗$Z_{27.5}$就是从AT供电回路的接触线T和钢轨R端测量得到的阻抗，如图 6-24 所示。

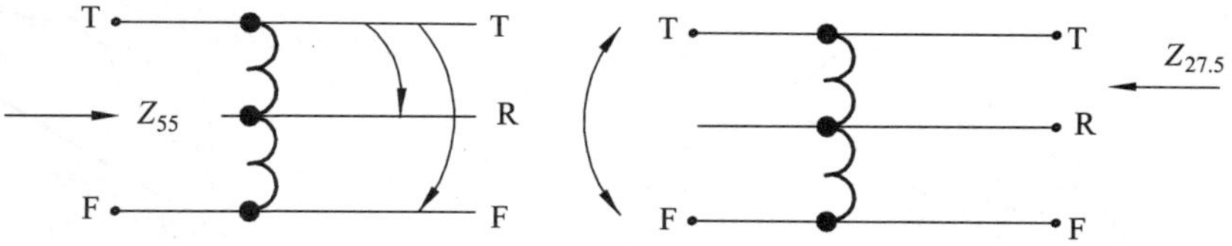

图 6-24　55 kV 系统阻抗和 27.5 kV 系统阻抗示意图

55 kV系统阻抗Z_{55}或27.5 kV系统阻抗$Z_{27.5}$之间的换算关系是根据自耦变压器的匝数比来决定。因为自耦变压器的匝数比$\dfrac{W_{TF}}{W_{TR}}=\dfrac{2}{1}$，而对应的阻抗比为匝数比的平方，所以有$Z_{27.5}=\dfrac{1}{4}Z_{55}$。

2）阻抗继电器的测量阻抗

阻抗继电器的测量阻抗与AT牵引供电系统阻抗Z_{55}、$Z_{27.5}$的关系由TV和TA的变比确定，如图 6-25 所示。

TV的原边可连接在T线和F线之间，也可以连接在T线和R线之间，如图 6-28 中的TV_1和TV_2所示，两种连接方式TV的副边输出电压相同，表示为$\dot{U}_K$，TV的变比为K_v。TA原边串接在T-F回路中，副边输出电流表示为$\dot{I}_K$，TA变比为K_i，则阻抗继电器的测量阻抗如式（6.30）所示：

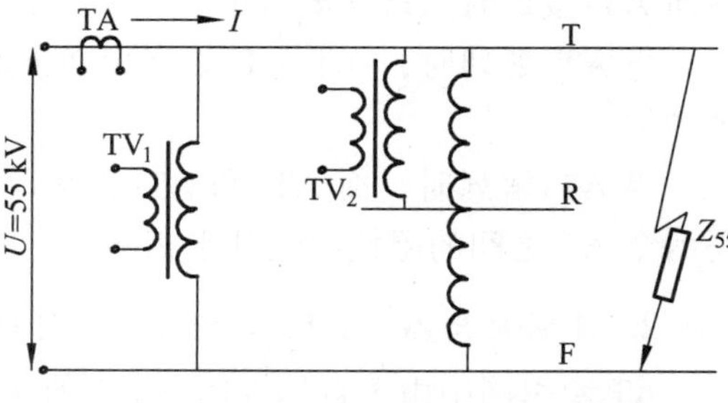

图 6-25　AT 供电系统 TV 和 TA 接线示意图

$$Z_K=\frac{\dot{U}_K}{\dot{I}_K}=\frac{\dot{U}/K_v}{\dot{I}/K_i}=\frac{\dot{U}}{\dot{I}}\cdot\frac{K_i}{K_v}=Z_{55}\cdot\frac{K_i}{K_v}=4Z_{27.5}\cdot\frac{K_i}{K_v} \tag{6.30}$$

3）AT 供电方式下的牵引网阻抗特性

单线 AT 供电回路的阻抗特性如图 6-26 所示。从图中能够看出，单线 AT 供电回路的阻抗特性具有如下特点：

（1）接触线 T 和正馈线 F 短路时，其短路阻抗与到短路点的距离成正比，其特性是一条直线。

（2）接触线 T 和钢轨 R 短路时，其阻抗特性是一条曲线。在 AT_1 处 T-R 的短路阻抗相当于 AT_1 的漏抗。在 AT_2 处，T-R 的短路阻抗相当于 T-F 短路阻抗加上 AT_2 的漏抗。AT_3 处与 AT_2 处相似。所以，T-R 短路的阻抗特性是以 a、b、c 为节点向上拱起的曲线。在两个 AT 中间曲线变形是由于保护线 PW 分流形成的。

（3）接触线 T 与保护线 PW 短路、正馈线 F 与保护线 PW 短路时的阻抗特性和 T-R 的电路阻抗特性相同，但由于所使用导线的不同，它们的数值有所差别，一般 F-PW 的短路阻抗最大。

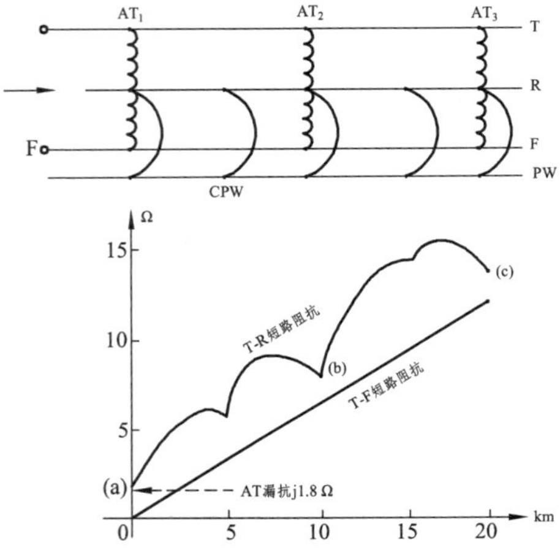

图 6-26　单线 AT 供电回路阻抗特性

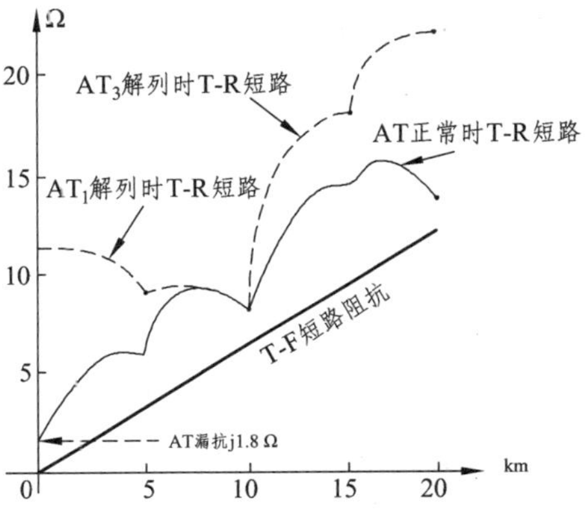

图 6-27　AT 解列时的阻抗特性

4）AT 解列时的阻抗特性

AT 发生故障时应及时撤除，以保障牵引供电系统的安全。当 AT 撤出后，牵引网阻抗特性将发生很大变化，如图 6-27 所示。

当 AT_1 解列时，对于靠近牵引变电所的负荷，由于需要 AT_2 供电，所以阻抗增大；当负荷向 AT_2 接近时阻抗逐渐减小。

当 AT_3 解列时，由于 AT_2 以远相当于接触线 T 和钢轨 R 的直接供电方式，其阻抗将大幅度增加。

当 AT_2 解列时，而 AT_1 和 AT_3 正常运行时，相当于增加了 AT 之间的间距，其阻抗特性与两个 AT 之间的阻抗特性基本相同。

2. 自耦变压器 AT 接入方式及其对继电保护的要求

AT 牵引网中由于自耦变压器 AT 的接入方式不同而对 AT 牵引网保护有不同的要求，自耦变压器 AT 的接入方式主要有如下几种：

（1）AT 经隔离开关接到接触线 T 和正馈线 F 上，如图 6-28（a）所示。要求牵引网馈线保护能足够灵敏的反应牵引网上所有的故障（包括 AT 内部故障），这种接入方式对馈线保护的要求很高。缺点是对 AT 内部故障点的测定非常困难，优点是接线简单、经济。

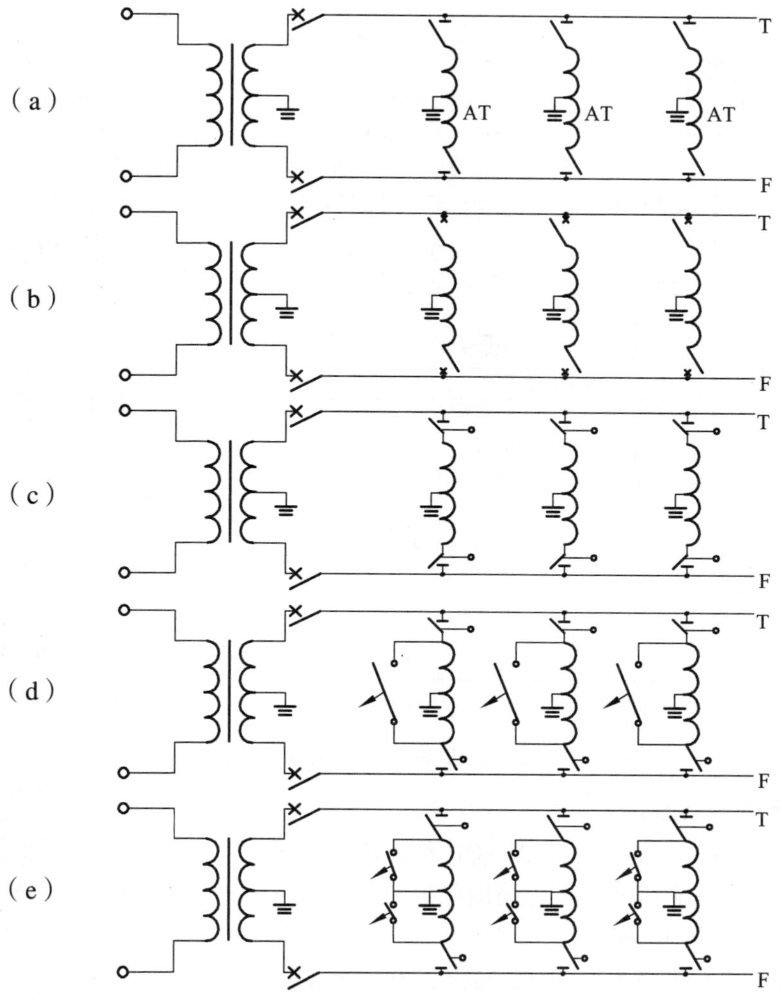

图 6-28　AT 接入牵引网的方式

（2）AT 通过断路器接到接触线 T 和正馈线 F 上，如图 6-28（b）所示。对于 AT 可以采用专用的 AT 保护装置，作用于 AT 断路器。优点是可以降低对馈线保护灵敏度的要求。缺点是增加 AT 断路器和相关设备的投资，增大运行维护工作量。

（3）AT 经电动隔离开关接到接触线 T 和正馈线 F 上，如图 6-28（c）所示。其优点与图（b）一样。当 AT 内部发生故障时，必须将故障信息传递给相应的牵引变电所馈线保护，由牵引变电所馈线保护跳闸。在无电间隙，断开电动隔离开关，切除故障点，然后由牵引变电所馈线保护重合闸。

（4）与 AT 绕组并联接入短接开关，如图 6-28（d）所示。当 AT 故障时，AT 保护动作使短接开关闭合，造成接触线 T 和正馈线 F 之间短路，使相应的牵引变电所馈线保护跳闸。在无电间隙，电动隔离开关切除故障点，然后又使牵引变电所馈线重合闸。

（5）为了保证各种供电状态下短接开关的保护作用，可在 AT 的每半个绕组两端并联一台短接开关，如图 6-28（e）所示。

3. AT 供电方式下的保护配置与整定

复线 AT 供电方式，供电臂中间有开闭所 SSP，一般在分区所 SP 将上下行并联，如图 6-29 所示。

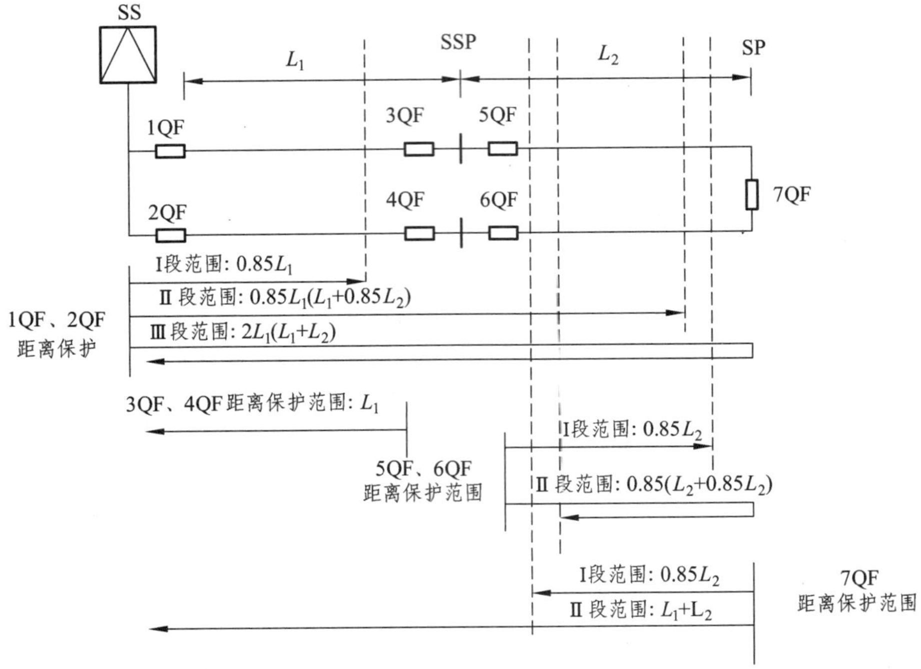

图 6-29　复线 AT 供电方式及保护范围示意图

1）变电所保护馈线保护配置

牵引变电所 SS 中的馈线断路器 1QF 和 2QF 配置距离Ⅰ段保护、距离Ⅱ段保护、距离Ⅲ段保护为主保护，电流速断保护为辅助保护，电流增量保护为后备保护。

（1）距离Ⅰ段保护的整定。

距离Ⅰ段保护按线路 L_1 的 85% 整定，电抗边 X_{ACT} 整定为

$$Z_{set\cdot AB}=0.85L_1\cdot\left[X_1+\frac{0.85L_1}{2(L_1+L_2)-0.85L_1}X_m\right] \tag{6.31}$$

式中　X_1——牵引网自阻抗的电抗分量，Ω/km；

X_m——上下行牵引网互阻抗的电抗分量，Ω/km；

L_1——牵引变电所 SS 到开闭所 SSP 之间的距离，km；

L_2——开闭所 SSP 到分区所 SP 之间的距离，km。

负荷整定阻抗按照式（6.10）计算。

距离Ⅰ段保护的动作时限 t 与电力机车保护动作时限配合，一般取 0.1 s。

（2）距离Ⅱ段保护的整定。

距离Ⅱ段保护按不超过开闭所 SSP 处出线距离Ⅰ段保护范围整定，线路阻抗整定为

$$Z_{set\cdot AB}=0.85(L_1+0.85L_2)\cdot\left[X_1+\frac{0.85(L_1+0.85L_2)}{2(L_1+L_2)-0.85(L_1+0.85L_2)}X_m\right] \tag{6.32}$$

负荷整定阻抗按照式（6.10）计算。

距离Ⅱ段保护的动作时限 t 与距离Ⅰ段保护的动作时限相配合。

（3）距离Ⅲ段保护的整定。

距离Ⅲ段保护按上下行线路总长度 2（L_1+L_2）整定，线路阻抗整定为

$$Z_{set\cdot AB} = K_{REL} \cdot 2(L_1 + L_2) \cdot X_1 \tag{6.33}$$

式中 K_{REL}——可靠系数，可取 1.5。

负荷整定阻抗按照式（6.10）计算。

距离Ⅲ段保护的动作时限 t 与距离Ⅱ段保护的动作时限相配合。

（4）电流速断保护的整定。

电流速断保护为辅助保护，只保护变电所 SS 至开闭所 SSP 的一部分，不能保护线路全长。电流速断保护按开闭所 SSP 处最大短路电流整定，并考虑一定的裕量，其整定公式为

$$I_{ACT} = K_{REL} I_{K\cdot SSP\cdot max} \tag{6.34}$$

式中 $I_{K\cdot SSP\cdot max}$——开闭所 SSP 处的最大短路电流，A；

K_{REL}——可靠系数，可取 1.2。

电流速断保护动作时限 t 与电力机车保护动作时限配合，一般取 0.1 s 左右。

（5）电流增量保护的整定。

电流增量保护整定按公式（6.12）整定计算，动作时限 t 与开闭所 SSP 出线保护的最长时限配合。

2）开闭所保护配置

（1）开闭所进线 3QF、4QF 设置距离Ⅰ段保护，按线路 L_1 的全长整定，线路阻抗整定为

$$Z_{set\cdot AB} = K_{REL} \cdot L_1 \cdot (X_1 + X_2) \tag{6.35}$$

式中 K_{REL}——可靠系数，可取 1.5。

负荷整定阻抗按照式（6.10）计算。

距离Ⅰ段保护的动作时限 t 电力机车保护动作时限配合，一般取 0.1 s 左右。

（2）开闭所出线配置距离Ⅰ段保护、距离Ⅱ段保护为主保护，电流速断保护为辅助保护，电流增量保护为后备保护。

① 距离Ⅰ段保护的整定计算。

距离Ⅰ段保护按线路 L_2 的 85%整定，线路阻抗整定为

$$Z_{set\cdot AB} = 0.85L_2 \cdot \left[X_1 + \frac{L_1 + 0.85L_2}{L_1 + 1.15L_2} X_m \right] \tag{6.36}$$

负荷整定阻抗按照式（6.10）计算。

距离Ⅰ段保护的动作时限 t 与电力机车保护动作时限配合，一般取 0.1 s。

② 距离Ⅱ段保护的整定计算。

距离Ⅱ段保护按不超过分区所 SP 处距离Ⅰ段保护范围整定，电抗边 X_{ACT} 整定为

$$Z_{set\cdot AB} = 0.85(L_2 + 0.85L_2) \cdot (X_1 + K_{XS} X_m) \tag{6.37}$$

式中　K_{XS}——上下行互感系数，取值范围为－1或1。

负荷整定阻抗按照式（6.10）计算。

距离Ⅱ段保护的动作时限 t 与距离Ⅰ段保护的动作时限相配合。

③ 电流速断保护的整定计算。

电流速断保护按式（6.15）计算，动作时限 t 与电力机车保护动作时限配合，一般取 0.1 s。

④ 电流增量保护的整定计算。

电流增量保护整定按公式（6.12）整定计算，动作时限 t 与分区所 SP 处保护的最长时限配合。

3）分区所馈线保护配置

分区所 SP 中断路器 7QF 配置正反向距离Ⅰ段保护、正反向距离Ⅱ段保护为主保护，电流增量保护为后备保护，可选配电流速断保护。

（1）正反向距离Ⅰ段保护的整定。

正反向距离Ⅰ段保护按线路 L_2 的 85% 整定，线路阻抗整定为

$$Z_{\text{set}\cdot\text{AB}} = 0.85L_2 \cdot (X_1 - X_{\text{m}}) \tag{6.38}$$

负荷整定阻抗按照式（6.10）计算。

正反向距离Ⅰ段保护的动作时限 t 与电力机车保护动作时限配合，一般取 0.1 s。

（2）正反向距离Ⅱ段保护的整定。

正反向距离Ⅱ段保护按按线路（L_1+L_2）全长整定，电抗边 X_{ACT} 整定为

$$Z_{\text{set}\cdot\text{AB}} = K_{\text{REL}}(L_1 + L_2) \cdot (X_1 - X_{\text{m}}) \tag{6.39}$$

负荷整定阻抗按照式（6.10）计算。

正反向距离Ⅱ段保护的动作时限 t 与正反向距离Ⅰ段保护的动作时限相配合。

（3）电流增量保护的整定。

电流增量保护整定按公式（6.12）整定计算，动作时限 t 的动作时限 t 与电力机车保护动作时限配合，一般取 0.1 s。

（4）电流速断保护的整定。

电流速断保护按式（6.15）计算，动作时限 t 与电力机车保护动作时限配合，一般取 0.1 s。

第四节　牵引网微机保护测控装置

【知识及能力目标】

1. 了解牵引网微机保护测控装置；
2. 掌握微机保护测控装置具备的保护功能；
3. 能够绘制装置典型接线；
4. 能够读懂保护算法原理框图。

一、装置功能

WKH-892 馈线保护测控装置（以下简称装置）是目前电气化铁路常用的牵引网微机保护测控装置，该装置适用于电气化铁道直接供电或带回流线的直接供电方式、BT 供电方式和 AT 供电方式的牵引网，实现保护、测量、控制与故障测距功能。

1. 主要设计思想

（1）采用一套装置负责一个断路器和相关的隔离开关的保护、测量与控制的设计模式，增强使用灵活性和工作可靠性。

（2）采用自适应的三段距离保护，提高装置躲过牵引负荷的能力。

（3）采用自适应电流增量保护，保障在发生高阻接地故障、异相短路故障时保护可靠动作。

（4）采用瞬时性与永久性故障识别功能，减少永久性故障的重合闸概率，避免对设备的冲击。

2. 功能配置

采用一套装置负责一个断路器的设计模式，增强适用灵活性；采用自适应的距离保护，提高装置躲负荷的能力；采用自适应电流增量保护，保障高阻接地故障、异相短路故障时保护可靠动作；采用反时限过负荷和接触网发热保护，监视负荷状况；采用瞬时性和永久性故障识别功能，减少永久性故障的重合闸概率，避免对设备的冲击。

1）保护功能

（1）自适应距离保护。

（2）电流速断保护。

（3）过电流保护。

（4）自适应电流增量保护。

（5）反时限过负荷保护。

（6）接触网发热保护。

（7）一次自动重合闸。

（8）PT 断线检测。

（9）分区所、开闭所检有压元件。

2）测量功能

（1）遥测量。

① 母线电压。

② 馈线电流（测量绕组）。

（2）召测量。

① 负荷录波量。

a. 母线电压。

b. 馈线电流（测量绕组）。

② 实时电量

a. 母线电压。

b. 馈线电压（保护绕组）。

c. 馈线电流（保护绕组）。

d. 负荷角。

e. 故障判别电压。

f. 故障判别电流。

③ 故障录波量。

a. 母线电压。

b. 馈线电流（保护绕组）。

④ 自检报告。

a. 硬件自检（RAM、A/D、出口驱动等）。

b. 软件自检（整定值校验、程序校验）。

c. 通信自检。

⑤ 事件报告。

a. 保护由于扰动启动但未出口的信息。

b. 装置“上电”复位信息

c. 整定值修改。

3）控制功能

（1）馈线断路器。

（2）电动隔离开关。

（3）故障识别负荷开关。

（4）重合闸投入/退出。

（5）定值区切换。

（6）装置复归。

4）遥信功能

（1）“当地”/“遥控”方式开关位置信号。

（2）断路器位置信号。

（3）手车位置信号。

（4）隔离开关位置信号。

（5）接地刀闸位置信号。

（6）故障识别负荷开关位置信号。

（7）重合闸投入/退出信号。

（8）故障识别熔断器接点信号。

（9）控制回路断线信号。

（10）机构故障信号。

（11）装置不良信号。

（12）保护动作信号。

① 电流速断保护。

② 过电流保护。

③ 自适应电流增量保护。

④ 自适应距离保护Ⅰ段。

⑤ 自适应距离保护Ⅱ段。

⑥ 自适应距离保护Ⅲ段。

⑦ 自适应距离保护Ⅳ段。

⑧ 反射限过负荷保护。

⑨ 接触网发热保护。

5）通信功能

（1）通信接口采用插卡方式，具有多种网络结构可供选择，支持采用光纤冗余自愈双环网结构，可以满足不同类型的变电所对通信网络的需求；

（2）一个标准的RS232串口或USB接口，用于通过便携机进行日常维护；

（3）一个标准的GPS校时接口。

3. 主要技术性能指标

1）自适应距离保护

（1）阻抗整定范围：0.1 ~ 200 Ω；

（2）在额定电流、线路阻抗角及电压范围0.5 ~ 120 V条件下，动作误差不超过±5%，其中0.1 ~ 0.5 Ω时，动作误差不超过±10%；

（3）延时整定范围：0.03 ~ 5 s；

（4）在额定电流，线路阻抗角及0.7倍整定值下，误差不超过±2.5%。

注：① 当阻抗值小于小阻抗定值时，按小阻抗元件特性动作；

② 在BT和直供方式下，距离保护Ⅰ段、Ⅱ段为正向、Ⅲ段为反向；

③ 在AT供电方式下，距离保护各段可根据需要整定方向。

2）电流速断保护

（1）电流整定范围：0.2 ~ 10倍额定电流，动作误差不超过±2.5%；

（2）延时整定范围：0.03 ~ 1 s，在1.2倍整定值下，误差不超过±2.5%。

3）过电流保护

（1）电流整定范围：0.2 ~ 10倍额定电流，动作误差不超过±2.5%；

（2）延时整定范围：0.1 ~ 5 s，误差不超过±2.5%。

4）自适应电流增量保护

（1）电流整定范围：0.1 ~ 2倍额定电流，动作误差不超过±7.5%；

（2）延时整定范围：0.1 ~ 10 s，误差不超过±2.5%。

5）反时限过负荷保护

（1）动作电流整定范围：0.1 ~ 10倍额定电流；

（2）时间常数整定范围：0.5 ~ 300 s。

6）接触网发热保护

（1）温升告警整定范围：30 ~ 90 deg，极差1 deg；

（2）接触网单位长度电阻整定范围：0.1 ~ 0.4 Ω，极差0.01 Ω；

（3）热辐射率整定范围：2.0 ~ 6.0 WS/deg，极差0.001 W/deg；

（4）热容量整定范围：2.0 ~ 6.0 WS/deg，极差 0.1 W/deg；

（5）日照吸收热量整定范围：0.05 ~ 0.3 W，极差 0.001 W；

（6）分流比整定范围：0.4 ~ 1.0，极差 0.01。

7）一次重合闸

（1）重合闸充电时间：10 ~ 25 s；

（2）重合闸延时整定范围：0.5 ~ 5 s；

（3）后加速保持时间：0.8 s；

（4）重合闸脉冲宽度：100 ms。

8）闭锁

（1）低电压启动整定范围：0.3 ~ 0.95U_N；

（2）二次谐波闭锁整定范围：10% ~ 40%（二次谐波与基波的百分比）；

（3）二次谐波闭锁动作值误差不超过±0.02。

9）高次谐波抑制

（1）高次谐波抑制整定范围：10% ~ 40%（2、3、5 次谐波与基波的百分比）；

（2）谐波抑制加权系数 1 ~ 3；

（3）高次谐波抑制动作值误差不超过±0.02；

（4）高次谐波含量（I_2+I_3+I_5 含量总和占基波的百分比）大于高次谐波抑制整定值时抑制保护动作，谐波加权倍数 K_h 越大，抑制效果越显著。

10）故障测距误差

（1）对金属性接地故障，平均误差：≤300 m；

（2）对金属性接地故障，最大误差：≤500 m。

11）固有动作时间

装置固有动作时间不大于 15 ms。

二、装置典型接线

牵引网保护测控装置典型接线如图 6-30 所示，其中图 6-30（a）适用于直接供电方式、带回流线的直接供电方式和 BT 供电方式，图 6-30（b）适用于 AT 供电方式。

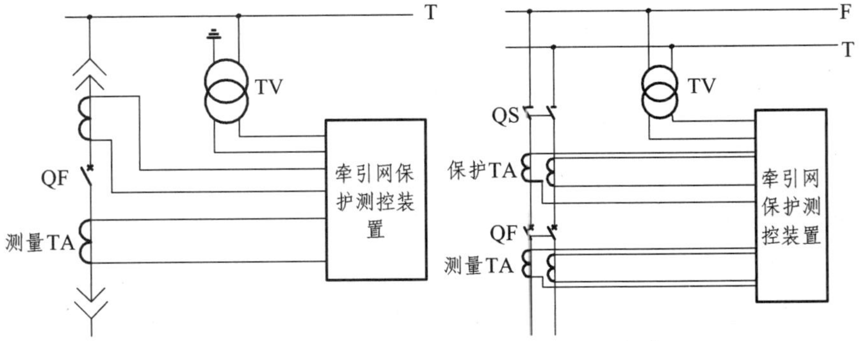

（a）　　（b）

图 6-30　牵引网保护测控装置典型接线

三、保护算法和程序原理框图

牵引网微机保护因牵引负荷电流谐波含量和影响较大，但对响应速度要求不高，故多采用带差分滤波的全周傅里叶算法。

牵引网微机保护故障处理程序模块如图 6-31 所示。

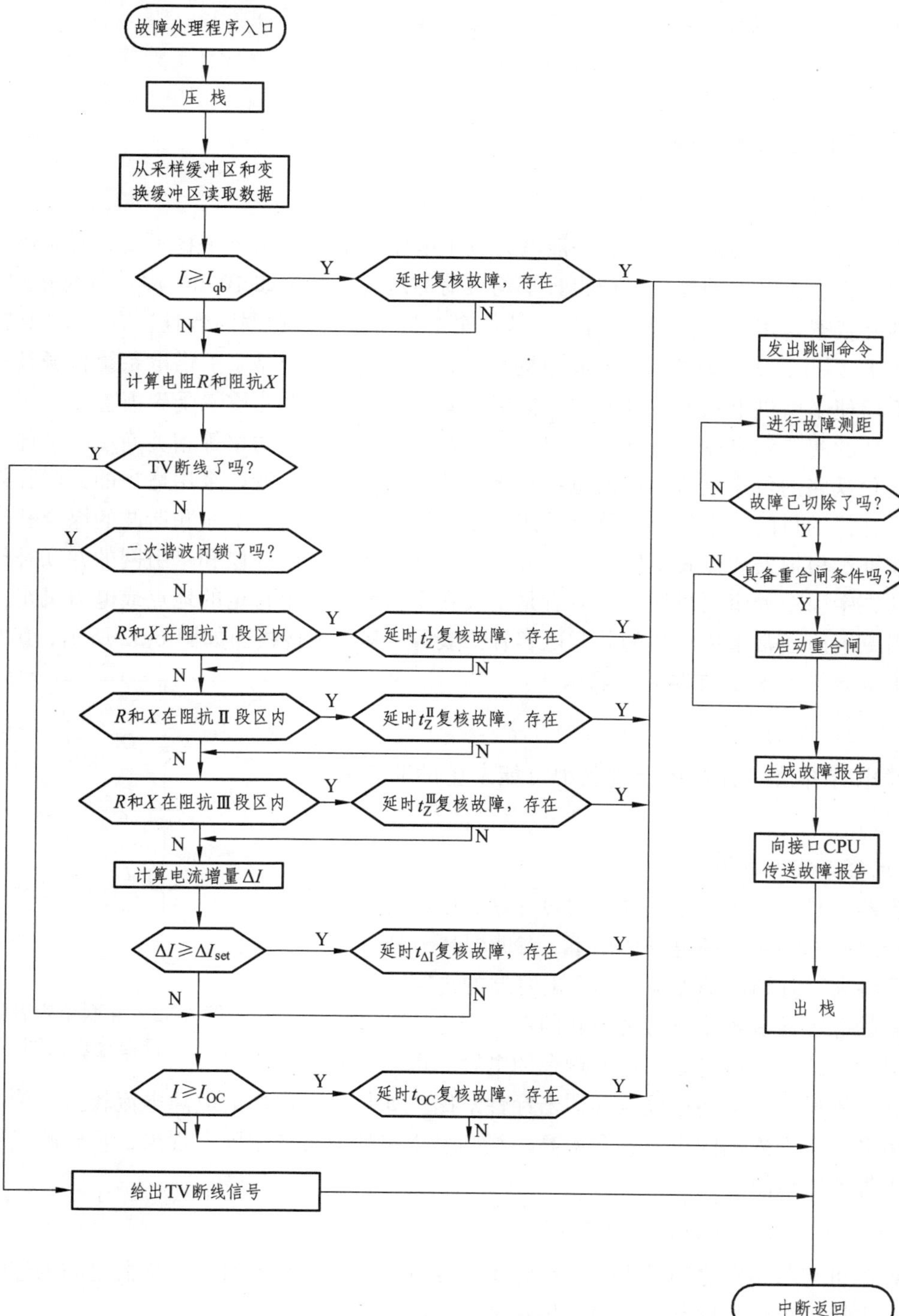

图 6-31　牵引网微机保护故障处理程序模块

第五节　电容补偿装置保护

【知识及能力目标】

1. 了解并联电容补偿装置、串联电容补偿装置的作用；
2. 掌握并联电容补偿装置保护原理和串联电容补偿装置保护原理；
3. 能够对并联电容补偿装置保护和串联电容补偿装置保护进行整定计算。

一、并联电容补偿装置

1. 并联补偿定义

电力牵引负荷波动范围很大，一般电力机车电流很难保持 30 s 平稳不变，有时还会在更短的时间内发生更突然的变化，使得日平均负荷与短时最大（如 10 min 内）负荷相差很大。现在国内外普遍采用交—直型电力机车，这使牵引负荷具有低功率因数且含有丰富的谐波(主要是奇次)。因此，功率因数低、谐波随机性大和产生负序电流是牵引供电系统自身具有的特点，这不仅使牵引供电系统自身的技术指标变差，还使系统电能质量受到损害。

国内外的实践和专业理论计算表明，并联补偿是解决无功功率等相关问题的最佳手段。由于电气化铁路的负序电流和谐波也都与无功功率同时产生，所以采用适当的并联补偿就能达到综合补偿的目的。电气化铁路上采用并联补偿实现对无功、负序和谐波的综合补偿。

并联补偿根据安装位置不同，可以分为牵引变电所的并联补偿和牵引网的并联补偿。前者是安装在牵引变的牵引母线上，后者是安装在牵引网某一个特定的地点或电力机车上。

牵引变电所通常采用单相的并联电容补偿装置，其原理接线图如图 6-32 所示，其并联电容补偿由电容组 C 和电抗器 L 串联构成。

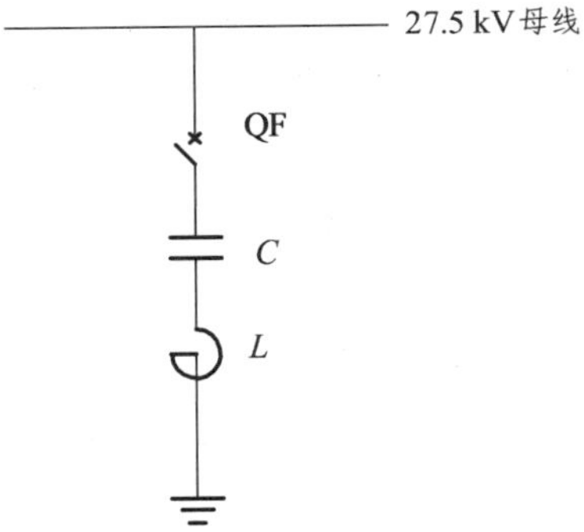

图 6-32　并联电容补偿装置接线示意图

2. 并联补偿的故障

并联电容补偿装置在运行过程中可能发生的非正常运行状态包括：

1）电容器内部故障

电容器组是由若干台小电容器通过并联、串联构成，电容器极板之间的绝缘在高电场作用下，在薄弱环节处首先产生过热、游离，直到局部击穿。单个电容器的击穿，将导致与之并联的电容器被短路或与之串联的电容器电压升高，从而可能引起新的电容器击穿，造成剩余的电容器电压升高，产生恶性连锁反应，最终造成电容器击穿性短路。如果箱壳内部的故障电流较大，绝缘分解的气体增多，箱壳内部的压力就会增高，轻则发生漏油或者“鼓肚”现象，重则酿成箱体爆裂、起火等严重事故。

2）电容器外部接地短路故障

电容器组与断路器之间的引线、绝缘子、导管间以及电容器组与电抗器之间的连接线，可能在发生接地短路的回路设备中产生热和力的破坏。

3）电容器的过电压故障

电容器只允许在 1.1 倍工频电压下长期运行。在运行电压增高时，电容器内部有功损耗且内部升温很快，影响电容器寿命，严重时甚至会发生击穿。

4）电容器失压故障

电容器因故障失压后仍接在系统中，并存在残余电压时，若再次施加电压时，电容器的残余电压可能使电容器外接端电压超过 1. 1 倍额定电压；也可能因变压器带电容器合闸产生谐振过电压；空载变压器（停电后恢复供电初期）因电压较高，也可能造成电容器过压故障。

3. 对并联电容补偿装置保护要求

为了保障并联电容补偿装置运行的可靠性，必须对其设置可靠的保护，并联电容补偿装置的保护应满足如下要求：

（1）当电容器组内部发生击穿故障时，应将故障电容器迅速切除，防止事故范围扩大。

（2）当电容器组内部切除一台电容器时，需要发出报警信号；当切除若干台电容器后，若该电容器组内部完好电容器承受的电压超过 1.1 倍电容器额定电压时，需将并联电容补偿装置退出运行。

（3）当牵引变电所 27.5 kV 母线发生故障时，应将并联电容补偿装置退出运行。

（4）当牵引变电所 27.5 kV 母线电压过高，可能对电容器组造成危害时，应将并联电容补偿装置退出运行；当母线电压过低或者牵引变电所停电时，为了避免变压器带电容器合闸引起的工频过电压，应将并联电容补偿装置退出运行。

（5）由于谐波或者过电压的影响，电容器组处于过负荷运行时，应将并联电容补偿装置退出运行。

4. 并联电容补偿装置保护原理

1）电容器组内部故障保护

电容器组内部故障有一个发展过程，最初只是个别串联元件损坏，逐渐波及其他相邻元件，造成过电流和过电压击穿，击穿越多，击穿发展越快，直至全部击穿而短路。电容器组内部故障保护的目的就是在电容器组出现部分击穿但尚未引起全部击穿短路时，将其从系统中退出。电容器内部故障保护包括两个部分，即熔断器保护和继电保护。

（1）电容器熔断器保护。

并联电容器组由多台电容器经过串联和并联构成。单台电容器的熔断器保护是电容器组的第一道保护，是防止电容器组内部故障问题扩大到油箱爆炸事故的重要措施。故障电流直接作用于熔断器的熔丝，能够迅速切断故障，且故障电流越大动作时间越短。熔断器的熔丝保护动作后有明显标志，易于查找故障点。熔断器保护能够快速切除故障电容器，防止事故扩大，同时使电容器组中完好电容器继续运行。对单台电容器的熔断保护有如下要求：

① 熔断器宜采用喷逐式熔断器。

② 熔断器的时间-电流特性曲线和电容器外壳的爆裂概率曲线相配合，应选择在被保护电容器外壳的 10%爆裂概率曲线的左侧。在不能给出电容器爆裂概率曲线的情况下，熔断器应能保证在电容器内部击穿 50%～70%时，可靠熔断。

③ 在电容器组合闸涌流的作用下，熔断器不应熔断。

④ 熔断器的熔丝额定电流不应小于电容器额定电流的 1.43 倍，并不宜大于额定电流的 1.55 倍。

（2）差电压保护。

差电压保护是一种灵敏度高，保护范围大，不受合闸涌流、高次谐波及电压波动影响的保护方式。

由于电容器组是由多台电容器通过串联、并联构成，单台电容发生内部故障由熔断器保护切除后，继续运行的电容器将出现过电压，从而使这些电容器绝缘老化，对完好的电容器形成击穿条件。当电容器中由熔断器保护切除多台故障电容器后，余下的电容器上承受的电压超过其额定电压的 10%时，并联电容补偿装置应退出运行。因此，需对并联电容补偿装置中的电容器组设置差电压保护。

差电压保护原理接线图如图 6-33 所示。将电容器组分为容量相等的上下两段，通过两个电压互感器（TV_1 和 TV_2）获得上下两段电容器的端电压为 U_1 和 U_2，差电压为 $\Delta U = U_1 - U_2$。电容器组完好时，上下两段电容器的两端电压相等即 $U_1 = U_2$，则差电压 $\Delta U = 0$；当电容器组内部电容器损坏，导致上下两段电容器容量不相等时，$U_1 \neq U_2$，则差电压 $\Delta U \neq 0$。

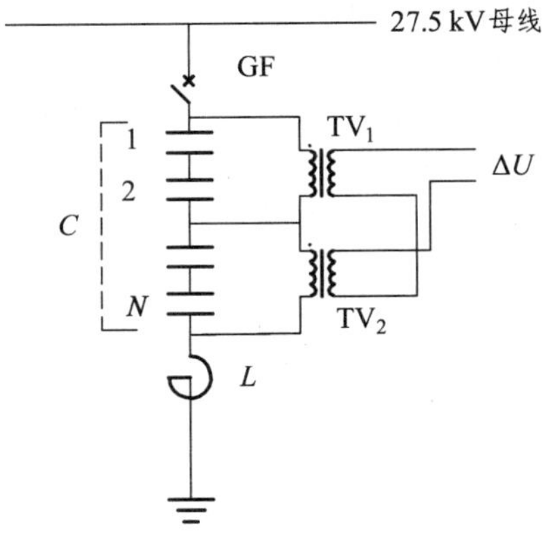

图 6-33 差电压保护原理接线示意图

如图 6-33 所示，设电容器组由 N 组串联，每一组 M 台电容器并联，单台电容器的容量为 C，电抗器基波感抗与电容器组基波容抗之比为 D。

假设某一并联组中有 K 台电容器被切除，设为故障组，发生故障的并联电容器组端电压将升高，完好的并联电容器组上的电压将降低。因此差电压保护按如下原则进行整定：

第一步：确定并联电容器组中故障电容器端电压超过 1.1 倍额定电压时，熔断器已切除电容器的台数 K，按式（6.40）计算

$$\frac{MU_{\max}}{N(M-K)(1-D)+K} \geqslant 1.1U_{\mathrm{N}} \tag{6.40}$$

式中 U_{N}——单台电容器的额定电压。

第二步：按式（6.41）确定差电压 ΔU

$$\Delta U = \frac{KU_{\max}}{N(M-K)(1-D)+K} \tag{6.41}$$

第三步：差电压保护动作电压按式（6.42）计算

$$U_{\mathrm{act}} = \frac{\Delta f}{K_{\mathrm{rel}}} \cdot \frac{1}{K_v} \tag{6.42}$$

式中 K_{rel}——可靠系数，取 1.3 ~ 1.5；

K_v——TV 变比。

为了躲过两段串联电容器组上瞬时出现的不平衡电压，差电压保护的典型时限为 0.1 ~ 1 s。

2）电容器回路短路保护

并联电容补偿装置主要由电容器组与电抗器串联构成，当电容器组和断路器之间的引线、绝缘子、导管间，电容器组与电抗器之间的连接发生接地短路时，应将并联电容补偿装置退出。

（1）电流速断保护。

电流速断保护作用于断路器与电容器组或电抗器之间连接线短路故障和母线的接地短路故障的保护。其整定原则为：不因电力牵引机车产生的高次谐波而动作；不因并联电容补偿装置投入时产生的合闸涌流而动作。

电流速断保护一般按躲过并联电容补偿装置投入时产生的最大合闸涌流整定，并考虑一定的裕度。计算公式为

$$I_{\text{act}} = \frac{K_{\text{rel}} K_{\text{y}} I_{\text{N}}}{K_{\text{re}} K_{\text{i}}} \tag{6.43}$$

式中　I_{N} ——并联电容补偿装置额定电流，A；

K_{y} ——并联电容补偿装置投入时最大冲击电流倍数；

K_{rel} ——可靠系数，一般取 1.2 左右；

K_{i} ——TA 变比；

K_{re} ——返回系数，取 0.85。

$K_{\text{y}} I_{\text{N}}$ 为并联电容装置的最大合闸涌流，并联电容补偿装置投入时最大冲击电流倍数 K_{y} 按下式确定：

$$K_y = 1 + \sqrt{\frac{X_C}{X'_L}} \tag{6.44}$$

式中，X_C 为电容器组容抗；X'_L 为串联电抗器的感抗 X_L 与（含主变）感抗 X_{S} 之和，即 $X'_L = X_{\text{S}} + X_L$，单位为 Ω。

（2）过电流保护。

过电流保护的作用：防止电容器组过负荷运行的保护或用于电容器组内部部分接地故障的保护，同时作为电流速断保护的后备保护。过电流保护的动作电流应考虑如下几个方面：

① 电容器组的电容在+10%的偏差范围内，使负荷电流增大。

② 电容器允许在 1.3 倍额定电流下长期运行。

③ 在合闸涌流冲击下不误动作。

因此，过电流保护动作电流一般根据电容器组的过电流倍数整定，并考虑一定的裕度。

$$I_{\text{act}} = \frac{K_{\text{rel}} K_{\text{pe}} I_{\text{N}}}{K_{\text{re}} K_{\text{i}}} \tag{6.45}$$

式中　K_{pe} ——电容器最大长期允许过电流倍数，一般取 1.3；

I_{N}、K_{rel}、K_{re}、K_{i} 的含义与式（6.43）相同。

过电流保护的时限按躲过并联电容补偿装置合闸涌流的最大持续时间来整定，一般取

0.5 ~ 1 s。

（3）谐波过电流保护。

谐波过电流保护用于防止由于谐波含量过高而引起电容器过热对电容器造成的危害，可根据流入并联电容补偿装置高次谐波电流允许值和相应时间进行整定。

谐波过电流保护动作电流可按下式计算：

$$I_{nact}=\frac{1.5I_N}{K_{rel}K_i} \tag{6.46}$$

式中 K_{rel}——可靠系数，取 1.1 ~ 1.2；

K_i——TA 变比。

典型时限为 120 s。

当流入并联电容补偿装置的等价三次谐波电流的数值与时间达到上述整定值时，谐波过电流保护动作，使相应的断路器跳闸。

（4）差电流保护。

电容器组 C 的构成如图 6-34 所示，是由多台电容器通过并联、串联后构成。设电容器组由 N 段串联组成。对于电容器组内部连接线上的接地短路故障，即在 1 段和 2 段之间连接线发生接地短路时的电流最大，在 $N-1$ 段和 N 段之间连接线发生接地短路的电流最小。当靠近末端段发生接地短路时，过电流保护可能拒动。当电容器组 C 与电抗器 L 之间的连接发生接地短路时，由于回路阻抗比并联电容补偿装置正常运行时的阻抗小，短路电流就比正常运行时的电流小，过电流保护不能动作。因此，针对并联电容补偿装置设置差电流保护，用于对并联电容补偿装置内部接地短路故障的保护。

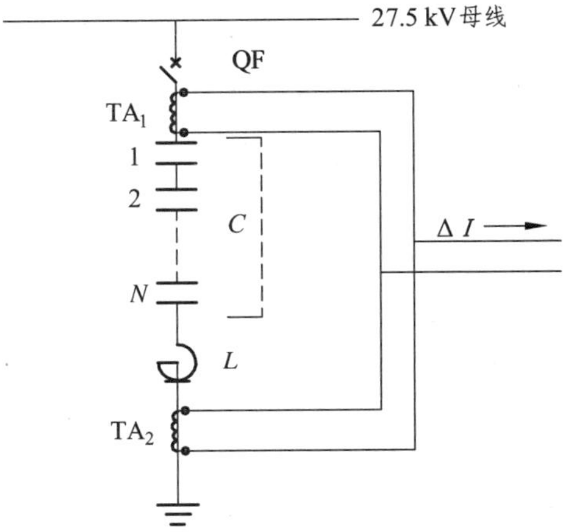

图 6-34　差电流保护示意图

差电流保护由并联电容补偿装置首端和末端的两个电流互感器（TA1、TA2）二次侧差接构成，如图 6-35 所示。并联电容补偿装置内部正常时，流过 TA1 和 TA2 的电流大小相等，即 $I_1=I_2$，差电流$\Delta I=I_1-I_2=0$。当并联电容补偿装置内部发生接地短路故障时，流过 TA1 和 TA2 的电流不相等，即 $I_1\neq I_2$，差电流$\Delta I=I_1-I_2\neq 0$。差电流保护具有很高的灵敏度，能够可靠地切除并联电容补偿装置内部发生的接地短路故障的电容器组。

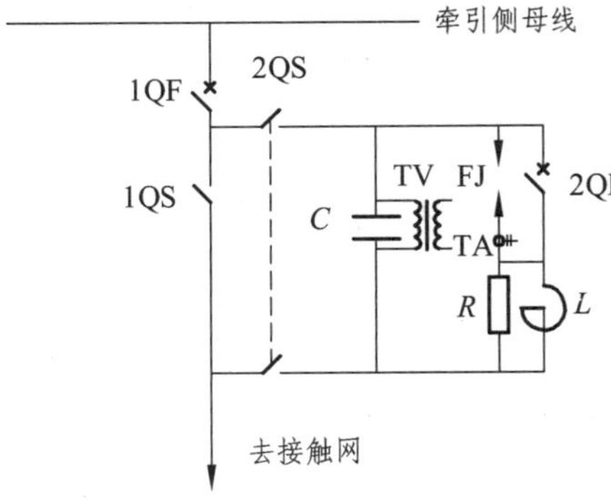

图 6-35　串联电容补偿装置主接线示意图

差电流保护按躲过并联电容补偿装置合闸时可能出现的最大不平衡电流整定：

$$I_{act}=\frac{\Delta f_{max}K_{rel}K_{st}K_yI_N}{K_i} \tag{6.47}$$

式中 I_N——并联电容补偿装置额定电流，A；

K_{st} ——为电流互感器同型系数，TA1 和 TA2 同型时取 0.5，不同型时取 1；

Δf_{max} ——电流互感器最大允许误差，取 0.1；

K_y ——并联电容补偿装置投入时最大冲击电流倍数；

K_{rel} ——可靠系数，取 1.3；

K_i ——TA 变比。

差电流保护动作时限一般按 0.1 ~ 1 s 整定。

（5）过电压保护。

电容器组的过电压可能由两种情况引起，一是电容器组内部单台电容器发生故障由熔断器保护切除后，由于故障组容量减小，其承受的电压将升高，这一类故障可以由差电压保护切除；二是牵引变电所母线电压过高引起的电容器组过电压。因此设置过电压保护，防止由于牵引变电所母线电压过高引起的电容器组过电压。

电容器组只能允许在 1.1 倍额定电压下长期运行，当牵引变电所母线电压升高时，过电压保护应将并联电容补偿装置切除。过电压保护的动作电压一般按电容器组额定电压的 1.05 ~ 1.1 倍整定，如式（6.48）所示：

$$U_{act}=\frac{X_C-X_L}{X_C}\cdot\frac{U_N}{U_{max}}\cdot K_{pe} \tag{6.48}$$

式中　K_{pe} ——电容器组过电压倍数，取 1.05 ~ 1.1；

U_N ——电容器组额定电压；

U_{max} ——牵引变电所 27.5 kV 母线最高工作电压。

过电压保护的时限应躲过牵引变电所 27.5 kV 母线可能出现的瞬时过电压的持续时间，比如并联电容补偿装置投入时产生的瞬时过电压的持续时间。典型时限为 1 ~ 2 s。

（6）低电压保护。

设置低电压保护的目的主要有以下几个方面：

① 防止在无负荷的情况下，并联电容补偿装置和牵引主变压器同时投入。这是因为当并联电容补偿装置和牵引主变压器同时投入时，变压器和电容补偿装置形成串联回路，可能引起谐振，给并联电容补偿装置和系统造成严重后果。

② 在牵引变电所 27.5 kV 母线失电时，将并联电容补偿装置退出运行，且使电容器组通过放电线圈放电。这样可以防止在母线电压恢复时，电容器极间的残压小于 10%额定电压，从而避免电源电压和残余电压的叠加使电容出现超过 1.1 倍额定电压的过电压。

低电压保护的整定值应低于系统正常工作时牵引变电所 27.5 kV 母线可能出现的最低电压，一般按式（6.49）整定：

$$U_{act}=\frac{U_N K_{min}}{K_v} \tag{6.49}$$

式中　K_{min} ——系统正常运行时可能出现的最低电压系数，一般取 0.5 ~ 0.6；

U_N ——牵引变电所 27.5 kV 母线额定电压；

K_v ——TV 变比。

低电压保护的动作时限一般整定为 1 ~ 3 s。

二、串联电容补偿装置保护

随着我国铁路高速、重载发展步伐的加快，牵引网供电范围和负荷增大，致使线路电压损失增大，导致牵引网末端电压降低，部分供电臂末端甚至低于非正常状态网压最低要求（19 kV），导致列车无法运行，需采取措施，提高牵引网末端电压，以保证列车正常运行。

提高牵引网末端电压水平主要有三种方法：

方法一：通过改变牵引变电所变压器抽头实现调压；

方法二：采用增加牵引变压器容量的办法来提高牵引网末端电压；

方法三：牵引网末端或中间串联电容补偿的方法，它以串联电容器的容抗补偿牵引供电系统的感抗来减少电压损失，从而提高牵引网末端电压水平。这种方法具有结构简单、工程造价低、运行可靠等优点。因此，采用串联电容补偿提高牵引网末端电压在电气化铁路中得到了广泛应用。

1. 串联电容补偿装置的构成

串联电容补偿装置主接线如图 6-51 所示。串联电容补偿装置主要由串联电容器组 *C*、隔离开关 1QS 和 2QS、保护间隙 FJ、断路器 2QF、阻尼电阻 *R* 和阻尼电抗 *L* 以及电流互感器 TA 组成。当电容器组 *C* 投入运行时，1QS 与 2QS 断开，2QS 合上，则牵引供电臂上有串联电容补偿；当电容器组 *C* 退出运行时，1QS 与 2QF 合上，2QS 断开，则牵引供电臂上无串联电容补偿。

串联电容器组 *C* 为串联电容补偿装置主设备，当牵引电流通过电容器组时产生容性压降跳变抬高馈线出口电压，从而提高牵引网电压水平，同时可以改善牵引网功率因数。

放电间隙 FJ 的作用是保护电容器组。在正常情况下有牵引负荷且无论牵引负荷大小，放电间隙处于断开状态；只有在非正常情况下，如接触网发生短路故障使串联电容器组两端出现高电压时，放电间隙将被击穿使处于过电压状态的电容器组被暂时短接，从而保护串联电容器组不受长时间高电压的危害。

电流互感器 TA 与放电间隙 FJ 串联，在正常工作状态下放电间隙不被击穿时，电流互感器无电流流过；当放电间隙被击穿时，通过电流互感器形成串联电容器组的放电回路。因此，通过电流互感器检测是否有放电电流存在来判断电容组是否处于过电压状态。

旁路断路器 2QF 与放电间隙 FJ（串电流互感器 TA）相并联，正常工作时旁路断路器处于分闸状态，在非正常情况下放电间隙被击，保护装置通过电流互感器 TA 检测到放电电流，使旁路断路器合闸。这样就能够长时间短接串联电容器组和放电间隙，使放电间隙熄弧，恢复绝缘状态。

阻尼电阻 *R* 和阻尼电抗 *L* 先并联后再与电流互感器 TA、旁路断路器 2QF 相串联。无论是放电间隙 FJ 被击穿，还是旁路断路器 2QF 合闸都是通过 *R* 和 *L* 构成串联电容器组的放电回路，其作用是限制串联电容器组放电的过渡过程，无论在馈线断路跳闸前还是接触网短路电流通过该回路。

2. 串联电容补偿装置的保护

1）电容器组内部故障的保护

串联电容补偿装置的电容部分，已由原来的外部构架式电容器组发展为集合式串联电容器。集合式串联电容器主要由电容器单元、内部构架、箱体（外壳）和出线高压瓷套管组成。电容器单元安装在箱体内部的构架上，并根据不同的电压和容量做适当的电气连接，每个总电极的出线端子通过导线从箱盖上的高压瓷套管内引出。电容器单元内每个电容器元件串有一根熔丝，能有效地保证故障元件断开。箱盖上还装有金属膨胀器和压力释放器起保护作用。金属膨胀器用来补偿箱体内的绝缘油因温度变化而产生的体积变化。压力释放器用于当电容器因内部故障引起箱体内部压力增大到一定压强时，压力释放阀将自动开启，从而避免箱体爆裂。由于集合式串联电容器内部故障的保护方式，已由制造厂确定，所以使用部门无须另设。

2）过电流保护

当牵引网或者电力机车短路时，只要电容器组的电压升高到一定值，保护间隙 FJ 就被击穿，给短路电流形成一个放电回路。如果是电力机车内部故障，机车主断路器跳闸后，牵引变电所馈线保护不跳闸，保护间隙 FJ 的电弧将由线路上其他电力机车的负荷电流维持，这将导致保护间隙 FJ 故障。因此，只要放电间隙 FJ 中存在放电电流，就应该将旁路断路器 2QF 合闸。

放电间隙击穿电压按电容器组额定电压的 2.5 ~ 3 倍整定，且过电流保护按躲过放电支路的不平衡电流整定，如式（6.50）所示：

$$I_{act}=\frac{I_{dsp}K_{rel}}{K_i} \tag{6.50}$$

式中　K_{rel} ——可靠系数，一般取 1.2 左右；

I_{dsp} ——电放电间隙的不平衡电流，可按照 150 A 整定，并根据实际情况调整；

K_i ——TA 变比。

过电流保护的时限一般整定为 0.01 ~ 0.1 s 左右。

3）过电压保护

过电压保护作为放电间隙击穿的后备保护，一般按电容器组两端的电压的 2.5 倍进行整定，如式（6.51）所示：

$$U_{act}=\frac{2.5U_N}{K_v} \tag{6.51}$$

式中　U_N ——电容器组额定电压；

K_v ——并联串联电容组两端的电压互感器变比。

习　题

一、填空题

1. 铁路牵引供电系统包括（　　　　　）和（　　　　　　）两大部分。
2. 馈线保护中一般采用（　　　　　）作为主保护。
3. 涌流（　）属于故障，所以保护装置（　　　）发生动作。
4. 牵引网远点短路时短路电流的数值与最大负荷电流（　　　），要求采用（　　　）

的保护装置。

5. 判定测量阻抗 Z_K 是否在折线特性内，关键在于判别（　　　　　　　　　）。

6. 在正常负荷与故障状态下，短时间内电流的增量是不同的，利用这个差异就可以构成（　　　　）。

7. 为了改善 ΔI 型保护的性能，可以增加（　　　　　）。

8. 牵引网的保护方式应根据牵引网的（　　　　　）和对继电保护的（　　　　）来确定。

9. 系统阻抗 Z_{55} 表示（　　　　　　　　　　）；系统阻抗 $Z_{27.5}$ 表示（　　　　　　　　　）。

10. 接触线和正馈线短路时，单线 AT 供电回路短路阻抗与到短路点的距离成（　　　），其特性是（　　　　）。

11. WKH-892 馈线保护测控装置具备的保护功能包括（　　　　　　）、（　　　　　）、（　　　　　　　　）、（　　　　　　　　　）、（　　　　　　　　　）、（　　　　　　　）、（　　　　　　　）、（　　　　　　　）、（　　　　　　　　）。

12. 针对并联电容补偿装置设置（　　　　　），用于对并联电容补偿装置内部接地短路故障的保护。

13. 并联电容补偿装置保护中谐波过电流保护用于防止（　　　　　　　　　）对电容器造成的危害，可根据流入并联电容补偿装置（　　　　　　）和（　　　　　　）进行整定。

14. 并联电容补偿装置保护中过电压保护用于防止（　　　　　　　　　　　　　　　　　）。

15. 串联电容补偿装置保护中过电压保护作为放电间隙击穿的（　　　　），一般按电容器组两端的电压的（　　）倍进行整定，过电流保护放电间隙击穿电压按电容器组额定电压的（　　）倍整定。

二、综合题

1. 交流牵引网由哪几部分构成？
2. 交流牵引网有哪几种供电方式，分别有何特点？
3. 交流牵引网负荷的有哪些特点？
4. 交流牵引负荷对继电保护有哪些要求？
5. 对牵引网距离保护特性有什么要求？
8. 馈线应该设置哪些保护？
9. 直接供电与 BT 供电方式下牵引网如何设置保护？
10. 在 AT 供电方式下牵引网如何配置保护？
11. WKH-892 馈线保护测控装置采用怎样的设计思想？
12. 画出牵引网保护测控装置的典型接线。
13. 并联补偿的故障有哪些？
14. 对并联电容补偿装置保护有哪些要求？
15. 并联电容补偿装置保护电容器组内部故障保护分为哪几种保护？分别介绍。
16. 简述并联电容补偿装置保护中电容器回路短路各种保护的作用。
17. 串联电容补偿装置保护中过电流保护作用及对其整定要求。

扫一扫，查看第六章
更多习题和习题答案

第七章　铁路电力变、配电所保护配置及整定原则

铁路电力属于中低压供电系统，当发生短路故障时，其主要特征就是电流增加和电压降低。对铁路电力供电系统，一般选用简单的电流、电压保护或对它们进行适当组合，即可构成功能可靠、性能完善的保护。

第一节　线路保护和自动装置

【知识及能力目标】

1. 掌握铁路电力线路保护配置情况；
2. 能够对铁路电力线路进行整定计算；
3. 理解自闭贯通线保护装置重合闸元件与线路失压备自投元件的动作逻辑。

一、线路保护

铁路电力供电线路一般分为架空线路和电缆线路两种。架空线路和电缆线路的保护设置基本相同，但电缆线路一般不设置自动重合闸装置。10 kV 线路的相间短路保护，可采用两段式电流保护。Ⅰ段采用电流速断保护，Ⅱ段采用过电流保护。当负荷较小或线路不长时，电流速断保护的保护范围可能很小，甚至没有保护区，这种情况下电流保护装置可由限时电流速断保护和过电流保护构成。

对大电流接地系统发生的接地故障，可采用零序电流保护和零序过电压保护动作于跳闸。对于小电流接地系统发生的接地故障，可采用绝缘监察装置，动作于信号；有条件采用零序电流保护的，可采用零序电流保护，动作于信号或跳闸。

一般还装设失压保护以及 PT 断线告警装置、控制回路异常报警装置。下面对各种保护和告警装置的整定原则和动作情况进行介绍。扫描二维码 7-1，可浏览数字式综合保护装置实物图。

二维码 7-1

1. 电流速断保护

仅反应电流增大且瞬时动作的电流保护称为电流速断保护。在铁路电力供电系统中首选快速动作的电流速断保护。当 U、V、W 三相电流中任一相大于整定值时，保护快速动作，使断路器跳闸，同时给出故障信息。保护装置动作电流 I'_{ACT} 按照线路末端出现的最大三相短路电流来整定，即

$$I'_{ACT}=K_{REL}\cdot K_{W}\cdot I_{k.max}^{(3)} \tag{7.1}$$

式中　K_{REL}——可靠系数，一般取 1.3；

K_W ——接线系数，接于相电流取 1，接于相电流差时取 $\sqrt{3}$；

$I_{k.max}^{(3)}$ ——最大运行方式下，线路末端三相稳态短路电流。

保护灵敏系数按被保护线路末端短路，流经保护装置安装处的最小两相短路电流校验。

$$K_s = K_{s.re} \cdot \frac{I_{k.min}^{(2)}}{I'_{ACT}} \tag{7.2}$$

式中　$K_{s.re}$ ——相对灵敏系数，三相短路取 1，两相短路取 0.87；

$I_{k.min}^{(2)}$ ——在最小运行方式下，线路末端短路时流经保护装置的两相短路电流。

2. 限时电流速断保护

限时电流速断保护是具有较短延时动作的电流保护。当电流速断保护的保护范围不满足要求时采用。当 U、V、W 三相电流中任一相大于整定值时，保护经较短延时后使断路器跳闸，同时给出故障信息。保护装置动作电流 I''_{ACT} 必须与相邻元件的电流速断保护动作电流 I'_{ACT} 相配合，即

$$I''_{ACT} = K_P I'_{ACT} \tag{7.3}$$

式中　K_P ——配合系数，取 1.1。

保护装置动作时限应较相邻元件的电流速断保护大一个时限阶段，一般取 0.5 ~ 0.7 s；保护灵敏系数校验同电流速断保护。

3. 定时限过电流保护

过电流保护通常作为电流速断保护或限时电流速断保护的后备保护。当 U、V、W 三相电流中任一相大于保护整定值时，若电流速断保护或限时电流速断保护拒动，经一段时间的延时后，过电流保护动作使断路器跳闸，并发出故障信号。保护装置动作电流 I'''_{ACT} 应按躲过线路上最大负荷电流来整定。

$$I'''_{ACT} = K_{REL} \cdot K_w \cdot \frac{K_{OL} \cdot I_{L.max}}{K_{RE}} \tag{7.4}$$

式中　K_{REL} ——可靠系数，一般取 1.3；

K_{OL} ——过负荷倍数，一般由试验或实际运行数据确定，当无可靠资料时，可采用 1.5 ~ 3；

$I_{L.max}$ ——线路上最大计算负荷电流；

K_{RE} ——返回系数，取 0.9。

保护装置灵敏系数按线路末端最小两相短路电流校验：

$$K_s = K_{s.re} \cdot \frac{I_{k1.min}^{(2)}}{I'''_{ACT}} \tag{7.5}$$

式中　$I_{k1.min}^{(2)}$ ——最小运行方式下线路末端两相短路时稳态短路电流；

$K_{s.re}$ ——相对灵敏系数，三相短路取 1，两相短路取 0.87。

保护装置动作时限应较相邻元件的过电流保护大一个时限，$\Delta t = 0.5 \sim 0.7\ \text{s}$。

4. 低电压启动的过电流保护

为了提高过电流保护的灵敏度，可采用低电压启动过流保护。当三相线电压中任意一个

低于低电压启动整定值，同时三相相电流中任意一相大于过电流整定值时，经延时，保护出口使断路器跳闸，同时发出故障信号。低电压启动过电流保护的电流元件的动作电流 I_{ACT} 可按被保护线路的额定电流 I_N 进行整定：

$$I_{ACT} = \frac{K_{REL}}{K_{RE}} \cdot I_N \tag{7.6}$$

式中　K_{REL}——可靠系数，一般取 1.25；

K_{RE}——返回系数，取 0.9。

低电压启动过流保护启动电压 U_{ACT} 的整定原则是：保证在正常工作条件下的母线在最低工作电压时，保护能可靠返回。

$$U_{ACT} = \frac{U_{w.min}}{K_{REL} \cdot K_{RE}} \tag{7.7}$$

式中　$U_{w.min}$——系统中允许最小工作电压，取 $0.7U_N$；

K_{REL}——可靠系数，一般取 1.15 ~ 1.25；

K_{RE}——返回系数，取 1.1。

低电压启动过流保护的灵敏度 K_s 可按保护范围末端短路时母线处最大的剩余电压值 $U_{k.max}$ 来校验，要求≥1.5。

$$K_s = \frac{U_{ACT}}{U_{k.max}} \tag{7.8}$$

保护装置动作时限应较相邻元件的过电流保护大一个时间段，$\Delta t = 0.5 \sim 0.7$ s 。

5. 失压保护

当断路器在合位且任一母线线电压低于电压整定值同时三相相电流任一相低于有流定值时，经延时，失压保护动作。电压动作整定值按照 0.25 倍的额定电压整定。

$$U_{ACT} = 0.25U_N \tag{7.9}$$

6. 零序过电流保护

当零序过电流大于定值时，经延时，保护动作于出口或报警。

7. 零序过电压告警

当零序过电压大于定值时，经延时，保护动作，给出告警信号。

8. PT 断线告警

当三相线电压均小于定值且任一相有电流，或三相线电压相互之间任有一项差值大于定值，同时过电流保护没有启动时，可判定为 PT 断线，发出告警。

9. 控制回路异常报警

保护装置采集断路器的跳闸位置和合闸位置信号，当断路器跳闸位置和合闸位置信号的辅助接点都处于合位或都处于分位时，经延时后发出控制回路异常告警信号。

二、自动装置

1. 自动重合闸

自动重合闸为三相一次重合闸。当开关位于合位时，判断重合闸充电的条件，并进行重合闸充电。保护跳闸后，如满足“不对应原则”则启动自动重合闸，经延时后使断路器重新合闸。若是瞬消型故障，则重合成功；若是永久性故障或重合于故障线路，则保护再次动作使断路器跳闸，重合不成功。当双侧电源供电时合闸方式采用遥控检同期控制合闸，其功能分不检定、检无压、检同期三种方式。遥控检同期合闸是指当线路电压与母线电压均大于有压定值，且两者电压差和相角差都小于设置的定值时合闸。

2. 自闭线和贯通线失压备自投

铁路自闭线、贯通线系统接线示意图如图 7-1 所示。正常运行时甲所为主供所，乙所为备供所。1QF 合闸，2QF 断开。线路由甲所供电。

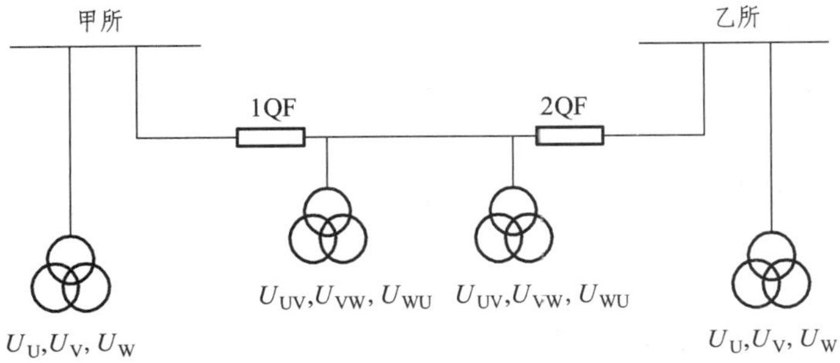

图 7-1　铁路自闭线、贯通线系统接线示意图

当线路发生瞬消性故障时，甲所保护动作，使断路器 1QF 跳闸，线路失压，乙所检测线路线电压判断线路失压，在母线有电的情况下，乙所备自投动作，2QF 合闸，恢复线路供电。甲所检测到线路有压，则不再闭合 1QF。乙所变成主供所，甲所变备供所。若故障为永久性故障，则 2QF 合闸于故障线路上，乙所保护动作，使 2QF 跳闸。乙所保护重合闸放电，闭锁重合闸。而甲所经重合延时，在母线有压、线路无压的情况下，自动重合闸装置动作，使断路器 1QF 重合到永久性故障，甲所保护加速动作，使断路器 1QF 再次跳闸，线路失去电压。

3. 备用电源自投

图 7-2 是配电所母联备投功能系统接线图，以此为例说明铁路配电所电源备自投装置的工作方式。Ⅰ号进线、Ⅱ号进线均有压。

一般情况下，铁路配电所有三种工作方式，即所有负荷由其中一回进线供电或由两路电源并列供电方式。当断路器 1QF 闭合，3QF 闭合，2QF 断开时，由Ⅰ号进线供电；当断路器 2QF 闭合，3QF 闭合，1QF 断开时，由Ⅱ号进线供电；若断路器 1QF、2QF 闭合，3QF 断开，则由两路电源并列供电。

假定由Ⅰ号进线供电，当Ⅰ号进线在运行中突然出现故障而导致Ⅰ号母线失压时，备自投装置先断开 1QF，判断Ⅱ号进线是否有压，若有压，则合闸 2QF，将备用电源投入运行，运行方式改为曲供，成功后发自投成功信号；若无压，则自投装置不工作。

同理若由假定由Ⅱ号进线供电，当Ⅱ号进线在运行中突然出现故障而导致Ⅱ号母线失压时，备自投装置先断开 2QF，判断 I 号进线是否有压，若有压，则合闸 1QF，将 I 号进线投入运行，成功后发自投成功信号；若无压，则自投装置不工作。

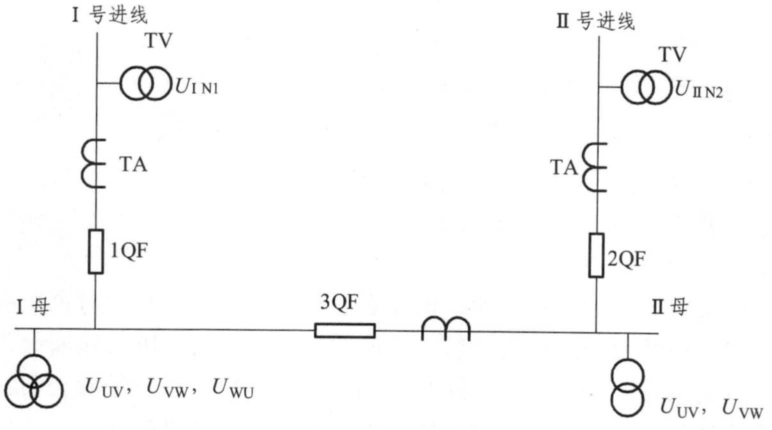

图 7-2　配电所母联备投功能系统接线图

当采用两路电源并列供电方式时，若因其中一回进线失电导致对应母线失电时，备自投装置首先断开失电进线的断路器，判断另一回进线是否有压，若无压，自投功能就此结束；若有压，则合闸断路器 3QF，将备用电源送到失压母线，成功后发自投成功信息。

第二节　电力变压器保护、母联保护和并联电容器组的保护

【知识及能力目标】

1. 掌握铁路电力变压器保护、母联保护和并联电容器组保护的配置情况；
2. 能够对上述各种保护进行整定计算。

一、电力变压器保护

电力变压器是铁路电力供电系统中最重要的电气设备，它的故障及不正常运行将直接影响供电系统的安全运行。为此，电力变压器通常采用多种保护方式，以构成最完善的保护。

1. 瓦斯保护和纵联差动保护

瓦斯保护用于反应变压器油箱内部的短路故障，800 kV · A 及以上的油浸式变压器和 400 kV · A 及以上的车间内油浸式变压器，均应装设瓦斯保护；纵联差动保护用于反应油箱外部套管及引出线上的故障，对于并列运行、6 300 kV · A 及以上，单独运行、10 000 kV · A 及以上的变压器，应装设纵联差动保护。瓦斯保护和纵联差动保护的整定原则前述章节已有论述，这里不再重复介绍。

2. 电流速断保护

在中小容量变压器电源侧加装电流速断保护来瞬时切除变压器电源侧套管引出线及部分

绕组的故障，以弥补瓦斯保护装置的缺点。

电流速断保护的动作电流，一般按躲过变压器外部故障最大短路电流整定，即

$$I_{ACT}=K_{REL}\cdot K_{w}\cdot I_{k.max}^{(3)} \tag{7.10}$$

式中 K_{REL}——可靠系数，一般取 1.2 ~ 1.3；

K_{w}——接线系数，接于相电流取 1，接于相电流差取 $\sqrt{3}$；

$I_{k.max}^{(3)}$——变压器负荷侧母线最大三相短路电流。

保护灵敏系数按保护安装处发生两相金属性短路时流过保护装置的最小短路电流来校验，要求不小于 2。

电流速断保护接线简单、动作迅速，但在系统运行方式变化较大时灵敏度往往达不到要求。同时，变压器负荷侧部分绕组与套管、引出线发生故障时，电流速断起不到保护作用，因此还需要与过电流保护配合，才能切除受电侧的上述故障。运行经验表明，对于小型变压器，采用电流速断保护、瓦斯保护与过电流保护配合使用，可以起到良好的保护效果。

3. 过电流保护

为防止外部故障引起的变压器过电流和作为变压器的后备保护，一般在变压器的电源侧都要装设过电流保护。为了提高过电流保护的灵敏度，一般采用低压启动的过电流保护。其动作电流按变压器的额定电流 I_N 进行整定，整定公式同公式（7.6）；动作电压值可按正常运行时的母线最小工作电压 $U_{w.min}$ 整定，即按公式（7.7）整定。只不过 $U_{w.min}$ 取 0.9 倍额定电压；K_{REL} 一般取 1.1 ~ 1.2；K_{RE} 取 1.15 ~ 1.25。

低压启动过流保护中过电流元件的灵敏度 K_S 与过电流保护相同，低电压元件的灵敏度 K_S 按公式（7.8）进行校验。作为主保护，以变压器受电侧母线发生短路外作为校验点时，要求 $K_S \geqslant 1.5$；作为后备保护，以下一级相邻元件末端短路外作为校验点时，$K_S \geqslant 1.2$。

对于降压变压器，由于低电压元件都接在低压侧母线的电压互感器上，所以灵敏度一般都能满足要求。

保护的动作时限应考虑与下一级保护相配合，按阶梯原则比下一级保护动作时限大一个时限级差 Δt。

4. 过负荷保护

变压器过负荷保护按躲过变压器额定电流 I_N 进行整定，整定公式参见式（7.6），其中 K_{REL} 一般取 1.05，K_{RE} 取 0.9。

为防止在短路或短时过负荷时，保护装置误发过负荷信号，过负荷保护的延时实际远大于过电流保护延时，一般为 9 s。

二、母联保护

由于中、低压保护一般不配置专门的母线保护，因此当发生进线母线故障时，进线端保护仅通过短路电流很难区分是馈线近端出口短路故障还是母线处发生故障。如果通过时间阶梯的方式进行保护范围的选择，当真正发生母线故障时，又会使得短路故障不能及时切除，从而给设备带来有害冲击，甚至毁坏。因此，必须设置简易的母线保护，以保证进线保护快

速并有选择性跳闸。保护的原理是当进线保护感受到故障启动电流时，要通过馈线保护装置发送过来的联锁开入信号进一步判断馈线保护是否启动，如馈线保护已启动则故障发生在区外，母线联锁保护不动作；如馈线保护未启动则故障发生在区内，母线联锁保护经延时后快速动作。

1. 过电流保护

过电流保护的动作电流应躲过任意母线段的最大负荷电流。

$$I_{\mathrm{ACT}}=\frac{K_{\mathrm{REL}}}{K_{\mathrm{RE}}}\cdot I_{L.\max} \tag{7.11}$$

式中 K_{REL}——可靠系数，一般取 1. 3；

K_{RE}——返回系数，取 0.9；

$I_{L.\max}$——任意母线段的最大负荷电流。

保护元件的灵敏系数，按最小运行方式下母线两相短路电流 $I_{\mathrm{k1.min}}^{(2)}$ 校验，要求≥2。

$$K_{\mathrm{s}}=\frac{I_{\mathrm{k1.min}}^{(2)}}{I_{\mathrm{ACT}}} \tag{7.12}$$

作相邻元件的远后备保护时，灵敏系数按最小运行方式下相邻元件末端两相短路电流 $I_{\mathrm{k2.min}}^{(2)}$ 校验，要求大于等于 1.5。

$$K_{\mathrm{s}}=\frac{I_{\mathrm{k2.min}}^{(2)}}{I_{\mathrm{ACT}}} \tag{7.13}$$

保护元件的动作时限，应与相邻元件的过电流保护配合，$\Delta t=0.5\sim0.7\ \mathrm{s}$。

2. 合闸后加速保护

合闸后加速保护一般只在合闸过程中投入，合闸后自动退出。设置本保护的目的是断路器合闸的瞬间既能躲过合闸所带来的冲击性电流，又能在合闸故障时保护正确动作。在断路器合闸后 3 s 内，当三相电流中任一相大于整定值时，保护经延时后跳闸，同时给出故障信号。保护元件的动作电流按最小灵敏系数大于 2 来整定。

$$I_{\mathrm{ACT}}\leqslant\frac{I_{\mathrm{k.min}}^{(2)}}{2} \tag{7.14}$$

式中 $I_{k.\min}^{(2)}$——在最小运行方式下母线发生两相短路时的短路电流。

三、并联电容器组的保护

并联电容器组也被称为并联电容补偿装置，变配电所常采用在母线上进行集中补偿的方法提高系统的功率因素，降低供电线路损耗，提高供电电压质量。配电所并联电容补偿装置一般是由多台小容量的电容器串、并联构成，主回路中常串联接入小电抗器，目的是抑制合闸涌流、高次谐波电流和开关熄弧后的重燃。

电容器组常见的保护有：

1. 熔断器保护

将电容器分组，每 4 ~ 5 个为一组，在每组上装设熔断器或者在每个电容器上装设单独的熔断器作为内部故障保护之用，熔断器中熔丝的额定电流 $I_{N.F}$ 按单台或整组电容器的额定电流 $I_{N.C}$ 的 1.5 ~ 2.0 倍整定，即

$$I_{N\cdot F} = (1.5 \sim 2.0)I_{N\cdot C} \tag{7.15}$$

2. 电流速断保护

电容器合闸时暂态冲击电流很大，可达到其额定电流的 3 ~ 7 倍，但衰减很快，因此，电容器组的相间短路保护可采用电流速断，但必须使其在合闸冲击电流的作用下不致误动。所以电流速断保护动作电流 I_{ACT} 按躲过电容器投入时的冲击电流来整定，即

$$I_{ACT} = K_{REL} \cdot K_{W} \cdot I_{N.C} \tag{7.16}$$

式中 K_{REL} ——一般取 2.0 ~ 2.5；

K_{W} ——接线系数，同前。

保护元件的灵敏系数，按最小运行方式下，电容器组首端两相短路，流过保护装置的短路电流校验。

3. 电容器组过电压保护

当电容器组所接母线电压升高时，为保护电容器组不致损坏，过电压保护延时动作于信号或跳闸。过电压保护所采用的电压取自母线电压。保护的动作电压按母线额定电压的 1.15 倍整定。

4. 电容器组失压保护

失压保护的动作电压一般取 0.5 倍母线额定电压，带短延时动作于跳闸。

当高压电网单相接地电流大于 10 A，且上述保护对单相接地不够灵敏时，电容器组应装设单相接地保护。但在一般情况下，若单相接地电流不超过 10 A 时，可以不考虑接地保护。

习　题

一、填空题

1. 铁路电力供电线路一般分为架空线路和电缆线路两种。架空线路和电缆线路的保护设置基本相同，但电缆线路一般不设置（　　　）。

2. 对大电流接地系统发生的接地故障，可采用（　　　　）和（　　　　）动作于跳闸。对于小电流接地系统发生的接地故障，可采用（　　　　），动作于信号；有条件采用零序电流保护的，可采用（　　　　），动作于信号或跳闸。

3.（　　　　）用于反应油箱外部套管及引出线上的故障，对于并列运行、6 300 kV·A 及以上，单独运行、10 000 kV·A 及以上的变压器，均应装设。

4. 在中小容量变压器电源侧加装（　　　　）来瞬时切除变压器电源侧套管引出线及部分绕组的故障，以弥补瓦斯保护装置的缺点。

5. 母联保护的原理是当进线保护感受到故障启动电流时，还要通过（　　　　　　　）

进一步判断馈线保护是否启动，如馈线保护已启动则故障发生在区外，母线联锁保护（　　）；如馈线保护未启动则故障发生在区内，母线联锁保护（　　）。

6.（　　）一般只在合闸过程中投入，合闸后自动退出。

7. 配电所并联电容补偿装置一般是由（　　）构成，主回路中常串联接入小电抗器，目的是（　　）、高次谐波电流和开关熄弧后的重燃。

二、简答题

1. 铁路电力变配电所的保护配置与牵引变电所的保护配置有何不同？

2. 简述自闭贯通线保护装置重合闸元件与线路失压备自投元件的动作逻辑。

3. 简述线路保护是如何配置的。

扫一扫，查看第七章
更多习题和习题答案

第八章　继电保护事故处理与防范

铁路电力供电系统和牵引供电系统中对铁路生产运输具有十分重要的作用。继电保护，则是供电系统能否正常工作的关键所在。虽然继电保护发展的趋势是使保护的管理工作更加规范、保护功能的配置更加完善、保护动作的行为更加可靠，但是，继电保护的故障依然存在，继电保护的故障的种类也不尽相同。再加之辅助的故障录波、信号指示并不一定正确、清晰，给继电保护的事故分析处理又增加了难度。

第一节　继电保护事故原因与处理思路

【知识及能力目标】

1. 了解继电保护装置的事故原因；
2. 了解提高继电保护事故处理能力的途径；
3. 掌握故障处理技巧；
4. 掌握事故处理思路；
5. 能运用顺序检查法检查事故原因。

一、继电保护事故原因分析

继电保护事故的原因是多方面的，有设计不合理、原理不成熟、制造上的缺陷、定值问题、调试问题和维护不良等原因。当继电保护或二次设备出现问题以后，有时很难判断故障的根源，只有找出事故的根源，才能有针对性地加以消除。掌握足够必要的继电保护理论是分析和处理事故的首要条件，但足够丰富的现场经验往往对准确分析以及事故定性起着关键作用。

1. 定值的问题

1）整定计算产生的误差

在设备特性尚未被人们掌握透彻的情况下，继电保护的定值不容易定准，有很多数据依存于经验值和估算值。而电力系统的参数或元器件的参数的标称值与实际值有出入，有时两者的差别比较大，以标称值算出的定值较不准确，使设定的定值在某些特定的故障情况下失去灵敏性和可靠性。设计、基建、技改主管部门应及时准确地提供计算参数、图纸，施工部门在调试完保护设备后也应及时将有关保护资料移交运行部门。

2）人为整定错误

人为的误整定主要表现为看错数值、在微机保护菜单中找错位置，运行人员投错连接片等。总结其原因主要是工作不仔细、检查手段落后等，才会造成事故的发生。因此，在现场对继电保护的整定必须认真操作、仔细核对，尤其是把好通电校验定值关，才能避免错误的出现。另外，在设备送电前再次进行装置定值的校对，也是防止误整定行之有效的措施。

3）定值的自动漂移

引起继电保护定值自动漂移的主要原因有几方面。

（1）温度和湿度的影响。电子元器件的特性易受温度和湿度的影响，在不同的温度和湿度下表现为不同的特性，在某些情况下造成了定值的漂移。影响比较明显的需要将运行环境的温度和湿度控制在允许的范围内。

（2）元器件老化及损坏。元器件老化积累的结果必然引起元器件特性的变化，同时影响到保护的定值。元件的损坏对继电保护定值的影响最直接，而且是不可逆转的。在晶体管、集成电路保护中的元件损坏可能会导致逻辑错误或出口跳闸。在计算机保护中的元件损坏会使 CPU 自动关机，迫使保护退出。

如果定值的漂移不太严重，不会影响保护的性质。定值的偏差≤5%，则可忽略其影响；但是当定值的偏差>5%时，应查明原因，处理后才能将保护投入使用。

2. 电源的影响

保护及二次设备的工作电源对其工作的可靠性以及正确性有着直接影响，所以要选择性能稳定的电源作为保护设备的电源，保证保护的特性不受电源电压变化的影响。

目前运行设备的工作电源采用逆变稳压电源的很多，逆变稳压电源的工作原理是将输入的 220 V 或 110 V 直流电源经开关电路后变成方波交流，再经逆变器变成需要的+5 V、± 12 V、+24 V 或 – 1.5 V、 ± 15 V、+18 V 电压。

逆变稳压电源之所以得到广泛的应用是因为它有着输入电源稳定、稳压性能好、功耗低的优点，但在运行中逆变稳压电源却经常发生故障。如果现场发生短路故障时，微机保护无法给出后台信号或是重合闸无法实现等现象时，应考虑电源的输出功率是否因元件老化而下降。电源的输出功率不够，会造成输出电压的下降，如果下降幅度过大，将导致比较电路基准值的变化，充电电路时间变短等一系列问题，影响到逻辑配合，甚至逻辑判断功能错误。尤其是在保护动作时，有的出口继电器、信号继电器相继动作，要求电源的输出有足够的容量。对微机保护逆变电源应加强现场管理，在定期检验时一定要按规程进行逆变电源检验。长期实践表明，逆变电源的运行寿命一般在 4 ~ 6 年，到期应及时更换。

另外直流熔丝的配置也是一个重要问题。现场的直流系统熔丝是按照从负荷到电源一级比一级熔断电流大的原则设置的，以便保证直流电路上短路或过载时熔丝的选择性。但是有些 5 A、6 A、10 A 熔丝的底座没有区别，型号非常混乱，其后果是回路上过流时熔丝越级熔断。对这一问题，设计者最好能加以区分，将不同容量的熔丝选择不同的型式。对已运行的现场设备也应加以重视，尤其是对重要的保护及二次设备更应仔细检查，避免此类事情的发生。

保护的工作电源是一个重要的环节，也是经常被忽视的环节。据统计在以往的设备运行中因为电源的故障发生了许多事故，在现场的事故分析中应特别注意电源正常的工作参数。另外在现场插拔微机保护的各种插件时，应关掉直流电源，严禁带电插拔插件，现场应加强监督，必须一人操作一人监护，避免因带电操作造成装置损坏或事故。

3. 接线错误及回路绝缘损坏

新建的变电站或是更新改造的项目中，接线错误的现象相当普遍，由此留下的隐患随时都可能暴露出来。比如接线错误导致保护拒动或误动。

而二次回路的电缆在发电厂、变电站用途较广，部分设备的环境条件较差，容易引起绝缘的损坏。运行中因二次回路绝缘破坏而造成的继电保护事故较多。

4. 抗干扰性能差

运行经验表明晶体管保护、集成电路保护以及微机保护的抗干扰性能与电磁型、整流型的保护相比较差。集成电路保护的抗干扰问题最为突出，对讲机在保护屏附近使用，可能导致一些逻辑元件误动作，甚至使出口动作跳闸。现场曾发生过电焊机在进行氩弧焊接时，高频信号感应到保护电缆上使微机保护跳闸的事故发生。新安装、基建、技改都要严格执行有关反事故技术措施，尽可能避免操作干扰、冲击负荷干扰、直流回路接地干扰等问题的发生。

5. 误碰与误操作的问题

在现场由于工作措施的不得力，对设备的了解程度不够，存在违章行为，误碰问题时有发生。比如在不停电的二次回路上工作而造成运行开关掉闸，或者误碰短路将直流熔丝熔断，或者将电压互感器 TV 的二次回路短路等装置性违章现象。根据运行规程的要求必须杜绝此类事故的发生。

6. TV、TA 二次回路的问题

作为继电保护测量设备的起始点，电压互感器 TV、电流互感器 TA 对二次系统的正常运行非常重要。运行中 TV、TA 及其二次回路上的故障并不少见，主要问题是短路与开路，由于二次电压、电流回路上的故障而导致的严重后果是保护误动或拒动等。电流互感器 TA 的饱和问题也是影响到继电保护动作正确性的重要原因。

1）TV 的问题

主要包括二次保险短路故障和二次开路故障。这里举一个电压互感器因二次开路造成的故障实例。某变电站三相式空气开关运行中自行跳开，导致了 U 相电容器与负载电路的振荡。因为负载的分压值达到了保护的整定值，使其过电压保护动作将线路断路器跳开。

2）TA 的问题

保护用电流互感器 TA 的问题很多，如 10%的误差特性曲线不满足要求、二次接线错误等造成保护误动等情况。且随着系统短路电流急剧增加，在中低压系统中电流互感器的饱和问题日益突出，已影响到继电保护装置动作的正确性。现场馈线保护因电流互感器饱和而拒动，主变后备保护越跳主变三侧开关的事故时有发生。由于数字式继电器采用微型计算机实现，其主要工作电源仅有 5 V 左右，数据采集部分的有效电平范围也仅有 10 V 左右，因此能有效处理的信号范围更小，电流互感器的饱和对数字式继电器的影响将更大。

对 TA 饱和问题，从故障分析和运行设计的经验来看，主要采取分列运行的方式或串联电抗器的做法来限制短路电流，增大保护级 TA 的变化以及用保护安装处可能出现的最大短路电流和互感器的负载能力与保护倍数来确定 TA 的变化；缩短 TA 二次电缆长度及加大二次电缆截面，防止 AT 饱和。

7. 保护性能的问题

继电保护装置是实现继电保护的基本条件，要实现继电保护的作用，就必须要具备科学先进、行之有效的继电保护装置，所谓“工欲善其事，必先利其器”，有了设备的支持，才真正具备了维护电力系统的能力。也就是说设备的质量问题，直接决定了继电保护的效果，因而必须对继电保护的装置提出较高的要求。

保护的性能问题包括两方面的内容，一是性能方面的问题，即装置的功能存在缺陷；二是特性方面的问题，即装置的特性存在缺陷。

（1）保护的功能性缺陷。例如变压器差动保护躲不过励磁涌流。励磁涌流是变压器送电冲击时所特有的现象，涌流的大小、出现的相别与合闸角有关。励磁涌流的最高值可达到额定电流的 7 倍。作为变压器的主要保护——差动保护从性能上躲过励磁涌流的影响是最基本的要求，但是在现场进行的变压器冲击试验的确有差动保护动作跳闸的事故发生，其中有定值的因素。在整定计算时为了提高灵敏度、降低整定值，容易误动；而提高整定值又降低了灵敏度。从原理上讲在保证内部短路可靠跳闸的条件下，可以适当提高定值。

保护的性能问题还有一种实例，即保护跳闸出口继电器的接点不能断开跳闸电流。当保护动作跳闸命令发出后，断路器拒分或断路器辅助接点故障时，将烧毁跳闸继电器的接点，这种故障在多数保护中没有得到有效的解决。

另外，有的保护装置在投入直流电源时会出现误动现象，高频闭锁保护在发生频折现象时将会误动作。

（2）保护特性存在缺陷。

有的继电保护的动态特性偏离静态特性很远，也会导致错误的动作结果。在故障分析时应充分考虑动态特性与静态特性的偏差。

8. 微机保护的插件绝缘及软件版本问题

微机保护装置的集成度高，布线紧密。长期运行后，由于静电作用使插件的接线焊点周围聚集大量静电尘土，在外界条件允许时，两焊点之间形成了导电通道，从而引起装置故障或者事故的发生。

对于装置自身的质量或程序漏洞问题只有在现场动作过相当一段时间后才能发现。因此，继电保护人员在保护调试，检验，故障分析中发现的不正常或不可靠现象应及时向上级或厂商反馈情况。

9. 设计的问题

继电保护在最初的设计阶段就有可能存在一些问题。这里从备用电源自投装置的实例说明。

在发电厂中厂用系统经常出现厂用母线设备故障，厂用分支（或厂用变压器）跳开，备用电源自投自动启动投备用变压器的问题。而大量的统计资料表明，凡是厂用母线设备出的故障，大都是永久性的故障，此时的备用电源自投动作合闸，也就不可能成功。这种设计思想的弊端已经被人们所认识，要提高备用电源自投的成功率，必须改变备用电源自投启动的判据。

原始的备用电源自投的启动条件比较简单，即工作电源进线跳开，在备用电源电压正常的情况下实现自投。而改进后的设计则增加了工作电源过电流闭锁备用电源自投环节和发电机变压器组主保护启动备用电源自投环节。这样既能实现备用电源的快速自投又能解决自投到故障母线的缺陷．是比较理想的。

以上列举了几种引起继电保护事故的原因，给现场的继电保护事故处理提供了参考的依据。在实际工作中根据不同的事故种类采取不同的措施，找到故障的根源，最终确定事故处理的办法；另一方面，根据继电保护事故的现象，就可以进一步确定事故的种类，从而获得问题的解决方法。

二、事故处理思路

1. 充分利用故障信息判明故障点

要想顺利地查明事故的原因，可以借鉴以往的经验，对于经常出现的简单故障是容易排除的。但是对于少见的复杂故障，仅凭经验并不能解决问题，遇到这种情况时应根据正确的方法和步骤进行工作。

在现场的光字牌信号、微机事件记录、故障录波器的录波图形、装置的灯光显示信号、保护掉牌信号等是继电保护事故处理的重要依据，要认真分析，去伪存真。根据有用的信息做出正确判断是解决问题的关键。

在无法分清是一次系统故障还是继电保护等二次设备误动作的前提下，最简单的办法是一次二次方面同时展开工作。对一次设备进行一些观察、检查、检测工作，可以很快得出结论,同时开展一次设备的工作可以在短的时间内给保护工作人员提供极为有价值的参考信息，很有必要。若继电保护在一次系统故障后能够正确动作，则不存在“继电保护事故处理”的问题，若一次系统没有发生故障而继电保护动作，或者一次故障与二次故障同时存在，应利用一次线索判明故障点。一旦判明故障点出现在二次回路上，要尽量维持原状，做好记录，待做出必要的分析并制定出事故处理计划后再开展工作，以免由于原始状况的破坏给事故处理带来不必要的麻烦。

有些继电保护事故发生后，按照现场的信号批示无法找到故障原因，或者断路器跳闸后没有信号批示无法界定是人为事故还是设备事故。这种情况的发生往往是工作人员的重视程度不够、措施不力等原因造成。人为事故必须如实反映，以便分析并避免浪费时间，同时要引以为戒防止此类事故的再次发生。

2. 运用正确的检查方法

事故的检查方法通常有三种：逆序检查法、顺序检查法和整组试验法。逆序检查法是指当利用故障信息不能在短时间内找到事故发生的根源时，应注意从事故发生的结果出发，一级一级往前找，直到找到根源为止。这种方法常用在保护出现误动时。顺序检查法是一种比较费时费力但却最为彻底的方法。该方法是利用检验调试的手段来寻找故障的根源。检查时根据现场的检修规程，按外部检查、绝缘检测、定值检查、电源性能测试、元件检查、特性检查等顺序进行。这种方法主要应用于保护出现拒动或者逻辑出现问题的事故处理中。整组试验法的主要目的是检查保护装置的动作逻辑、动作时间是否正常，往往可以用很短的时间再现故障，并判明问题的根源。在进行整组试验时输入适量的模拟量、开关量使保护装置动作，如果动作关系出现异常，再结合逆序检查法去寻找损坏的元器件。这几种现场常用的事故处理方法，关键在于灵活运用。如果工作人员了解系统的状况、掌握保护的原理、熟悉二次接线，那么保护的事故处理工作就显得容易了。

在进行保护检验时，要求单独的供电电源作为试验电源，并核实所用电源能否满足三相为正序和对称的电压，检查其正弦波及中性线是否良好，电源容量是否足够等要素。对于试验中用到的万用表、电压表、示波器等取电压信号的仪器必须选用具有高输入阻抗者；移相器、三相调压器则应注意其性能稳定及对称性，毫秒计的精度要高。

另外，在现场的检查过程中，如果发现特性参数与标准值相差很远时，应仔细检查试验接线、试验电源、电流电压的极性、试验仪器、试验方法等是否存在问题，确认这些方面正确无误后，再考虑被试元件的问题。

下面详细介绍一下顺序检查法。

1）顺序检查法的内容

顺序检查法与检验调试相类似，目的是运用检验调试的方法来寻找故障的根源，但事故处理又不同于检验调试，前者的任务是寻找故障点，而后者则是检查装置的所有性能指标是否合格，然后将不合格项调整到合格的范围以内。

（1）外观检查。外观检查主要是检查保护元件有无机械损伤、烧坏、脱焊、螺丝松动等问题。对保护装置进行全面、仔细的外观检查可以发现有外损伤的事故。外观检查的内容包括：保护插件、插头接触情况；保护元器件的完好性、颜色，焊接是否正常；印刷电路板的腐蚀情况；插件固定支架的螺丝、电流端子的螺丝是否拧紧，互相之间是否有接触及过热现象，带电部位距边框金属件的距离是否满足要求；插件板上各元件及导线的高度不超过框架的高度；整定插销、拨轮位置正确；各端子排连接紧固，接线正确；所有接线无压伤现象；跳闸连接片、合闸连接片等连接逐一试验，确保连接片退出后回路断开，连接片投入后回路接通；操作开关、操作按钮是否正常。

（2）绝缘检查。绝缘测试时应将电流互感器、断路器全部停电，电压回路也断开后才能进行。绝缘检查包括：

① 强电回路的绝缘检查。保护屏强电回路用 1 000 V 兆欧表测试，绝缘电阻应大于 10 MΩ，带全部外回路要求大于 1 MΩ。

② 弱电回路的绝缘检查。弱电回路用不大于 500 V 兆欧表测试，绝缘电阻大于 10 MΩ，带全部外回路要求大于 1 MΩ。

（3）电源检查。在电源的输入端接通电源后可检查输出的逐级电压、测试交流成分和稳压性能等项目。

（4）定值检查。

① 检查整定位置的正确性。

② 测试保护的定值是否与定值相符。

若发现定值有问题，应分清是计算错误还是整定错误，并予以纠正。

（5）特性检查。

检查定值下的特性是否与记录相近，若相差较大，应检查其原因并处理。在做特性检查时同时也要注意检查与定值无关的特性曲线并与记录值相比较。

（6）电位测试。

对电子设备保护的一些测试点，应按要求检查其静态工作电位。在测其保护动作后的电位时，有几种方法可达到目的，如利用按钮、短接前一级或者加交流信号。

（7）触点检查。

① 输入触点的功能检查。模拟开入量输入信号接通，相应的内部逻辑状态应有正确的反应。

② 输出触点的功能检查。在输出信号继电器动作后，触点输出应正常。

（8）传动试验。

对配置的每一种保护、自动装置及重合闸等，应相互配合做联合试验，检查每一跳闸出口继电器、合闸出口继电器的跳合闸能力，以及相互配合的逻辑关系的正确性。对保护的逻辑配合、逻辑关系应逐步检查，找出错误逻辑的根源。

以上检查内容应根据故障的不同情况、不同特点选择应用。

2）顺序检查法的步骤

第一步：检查外观及绝缘。这种方法对于外观有损伤的故障最为直接，不仅能快速判断故障的部位，并且可以直接发现被损元件。外观检查及绝缘检查一般要求在设备停电后进行。

第二步：分析故障现象。在进行外观检查而没有发现问题后，应该对故障现象进行分析。故障现象就是保护及自动装置集成块、元件、特性变差或损坏的表现。如何识别故障现象呢？一是重现故障现象，二是观察故障现象的特征。

第三步：判断故障的范围。发现故障现象，抓住故障特征的目的是尽快判断出故障的范围，把故障点压缩在最小的范围以内。

判断故障范围，关键在于熟悉保护及自动装置的方框图，清楚各单元电路的功能以及它们之间的关系。明确单元电路在故障状态下对整套保护装置所起的作用，通过对故障现象的分析，可以划定故障的范围。

第四步：确定故障元件。由故障现象所判断出的故障范围比较广泛，在较广泛的范围内发现故障元件，必须灵活运用各种测试仪器，把故障范围内的有关部位的电压值、电阻值等参数及波形，根据需要测试出来，根据原理进行分析，找出故障元件。

三、提高继电保护事故处理能力的途径

了解和掌握继电保护事故的一些常见原因及事故处理的基本思路，是处理继电保护事故的必要条件。另外，要求工作人员在处理继电保护事故时思路清晰、动作迅速、准确地排除故障，保证在消除时不会扩大故障，确保供电系统的安全运行。现将一些能够提高事故处理水平的途径介绍如下。

1. 掌握必要的理论知识

继电保护及自动装置的事故处理工作和其他技术工作一样，要求理论与实践相结合、调查研究和逻辑思维相结合。为提高事故的处理水平，相关人员至少应做到以下几点。

1）学好电子技术知识

由于电网迅速发展，对集成电路及微机保护的应用越来越多，作为一个继电保护工作人员，学好电子技术、集成电路及微机知识就成为当务之急。

2）掌握保护的原理

为了根据保护及自动装置发生的故障现象分析产生故障的原因，迅速确定故障部位，找出并更换损坏的元件，工作人员必须具备继电保护的基础知识、全面了解保护的基本原理与性能，并且熟记其方框图、熟悉电路原理图。只有这样，才能有针对性地进行逻辑思维、逻辑分析。

3）备全相关的技术资料

要顺利进行继电保护事故处理，离不开诸如检修规程、装置使用与技术说明书、调试大纲和调试记录、定值通知单、整组调试记录、二次回路接线图等资料。这些资料要靠平时的收集与积累，特别在检修及消缺后都要做好记录，作为下一次检修及消缺的参考资料。

2. 运用正确的方法

对继电保护及自动装置进行故障处理，应当遵循一定的规则，必须防止经验主义、盲目动手的错误做法，否则不但不能迅速排除故障，反而容易使故障扩大或导致问题的复杂化。

一般继电保护事故往往经过简单的检查就能够被查出，如果经过一些常规的检查，仍未发现故障元件，说明该故障较为隐蔽，应当引起充分重视，此时可采用逐级逆向排查方法，即从故障现象的暴露点入手去分析故障原因，由故障原因判断故障范围，在故障范围内确定故障元件并加以排除，使保护及自动装置恢复正常。如果仍不能确定故障的原因，就要采用顺序检查法，对装置进行全面的检查，并进行认真的分析。

3. 熟练掌握故障处理技巧

在保护及自动装置故障处理中，经验是宝贵的，它能帮助工作人员快速消除重复发生的故障。但与经验相比，技能更为重要。要不断提高对保护及自动装置故障的处理水平，必须掌握一些技巧，总结如下：

1）采用万用表测量电阻、电流或电压来判别故障的方法

利用万用表测量电路电阻和元件阻值、晶体管或集成电路的工作电流及稳压电路的负载电流和所有可能出现故障的电路各参考点电位，来确定故障的部位及故障的元件。测电阻时一般采用在路电阻测量，即不焊开电路的元件，直接在印刷板上测量，然后判断其好坏。回路电流测量一般有直接测量、间接测量和取样测量三种方法。对于小电流（微安级）的测量，可采用直接测量法，对于 mA 级以上的较大电流可采用间接测量法，即测量回路中已知某电阻上的电压而求电流的方法；取样测量则是找一个适当功率的小量值电阻串在回路中，测量该电阻上的压降，计算出电阻中的电流；电压测量判断法则是对所有可能出现故障的电路各参考点进行电压测量，将测量结果与已知的数值或经验值相比较，通过逻辑判断确定故障的部位及损坏的元件。

2）采用替代、对比、模拟检查法

替代法是用规格相同、性能良好的插件或元件替代保护或自动装置上被怀疑不便测量的插件或元件；对比检查法是将故障装置的各种参数与正常装置的参数或以前的检验报告进行比较，差别较大的部位就是故障点；模拟检查法是在良好的装置上根据电路原理（一般由厂家配合）对其进行脱焊、开路或改变相应元件的数值，观察装置有无相同的故障现象出现。若有相同的故障现象出现，故障部位及损坏的元件被确认。

4. 掌握事故处理的特点

作为电气运行人员或继电保护工作者，要全面掌握事故处理的技巧，除了具备牢固的继电保护的基础知识、全面的二次回路知识、熟练的一次系统知识以及相当的运行知识以外，还应熟悉继电保护检验规程、继电保护的检验条例以及继电保护的调试方法，清楚各类保护的事故处理特点。

由分离元件所构成的保护装置，最明显的特点是直观，元件参数及原理电路都能一目了然，工作原理容易理解。各元件的工作特性、工作状况都可以用试验的方法进行检查。因此分离元件的保护出现故障后，现场的工作人员能够直接找出故障器件并进行更换，使问题得以解决。

与分离元件相比，微机保护的缺点是原理复杂，难以掌握，主要原因是计算机知识的缺

乏。微机保护与其他一般的保护有共同点即装置的测量、判别和输出等环节的工作过程是一致的，保护装置的逻辑框图也基本相同；两者也有不同点即工作方式的不同，计算机保护是用执行逻辑计算程序的方式完成工作的。问题是要弄清如何将程序输入微机，微机又怎样执行程序并进行工作，掌握了这些专业特点，保护的原理也就理解了。

微机保护在现场的事故处理比较简单。目前运行单位在现场对微机保护装置的事故处理时能够进行的工作是更换插件或更换芯片。微机保护常出现的故障及处理方法举例如下。

（1）显示功能不正常。检查判别推动显示器的芯片是否损坏，确认损坏后更换。

（2）输入信号数值不正确。检查测量通道元件是否损坏，确认损坏后更换。

（3）温度特性不能满足。当环境温度升高、保护性能变换时，应更换温度性能好的芯片或采取限温措施。

目前，由于系统中有充足的备用容量，在无法确定是一次系统故障、还是二次设备故障的条件下，可根据事故的具体状况，将相关的一次设备退出运行，以便进一步查找故障点，不会使故障的范围扩大，这种观点正在为更多的人所接受。

第二节　提高继电保护正确动作率的措施

【知识及能力目标】

1. 了解提高继电保护的正确动作率的几大环节；
2. 掌握新安装继电保护的交接验收以及定检验收的工作内容。

上一节从继电保护特点和现场实际经验出发，对继电保护发生事故或故障的共性原因进行了一般性分类，并在一定范围内总结了事故处理的思路及方法，介绍了提高处理事故和故障能力的基本途径。其目的在于使读者能够全面了解现场继电保护故障的主要类型，掌握事故分析、查找的方法，在生产中遇到具体的问题时能够灵活地运用事故处理的基本原则，以最短的时间、最快的速度和最高的效率处理好设备存在的缺陷。

学习电力系统知识、研究继电保护、掌握故障的特点、运用问题分析的技巧，其根本目的在于减少或杜绝事故的发生。虽然在现场运行的保护有环境条件的恶劣、元器件的老化、保护特性的变坏以及人员工作的疏忽等许多不利因素的存在，但是只要加强继电保护的管理，做到设计合理、安装无误、调试正确、验收严格、监督到位，就能够提高继电保护的正确动作率。

一、严格把握设计审查环节

继电保护出现的问题，既有调试和运行管理的问题，也有设计的问题。追求继电保护的高正确动作率，是广大继电保护工作者及运行人员努力的方向。为了避免保护误动或拒动问题的出现，必须重视设计审查工作。

一个工程项目的设计是否优秀有它的衡量标准。保护在设计上存在的问题如果不能及时发现，则很难保证在以后的环节中将缺陷处理完善，在投入运行以后迟早会出现故障。因此工程改造项目、基建项目的设计审查工作必须从严把关，对每一个环节、每一个功能都要认真检查、仔细核对。

另外，在以往继电保护出现的故障中，有关二次回路故障的比例较大，因此二次回路设计的检查工作更为重要，应该引起足够的重视。

二、把好调试关

继电保护的调试是设备送电前一道最重要的工序。搞好保护的新安装调试以及大、小修期间的定检调试，是减少事故、使设备以良好的状态投入系统的关键环节。

要把好调试关，应做好三方面的工作：按现场检验规程做好调试的现场检验工作，明确调试的注意事项，解决存在的遗留问题。

三、做好检验验收工作

验收的目的在于从管理的角度解决由于个人疏忽而造成的遗留问题，是保证继电保护正常运行的有力组织措施。

验收对新设备来讲，有出厂验收、到货验收、交接验收；对已运行设备的定检调试来说，也有检验验收的问题。下面介绍在现场新安装的交接验收以及定检验收的有关工作。

（一）做好新安装继电保护的交接验收工作

在设备的调试任务完成以后，应该由生技科、车间、班组二级人员参加交接验收工作，其主要内容如下。

1. 检查有关的技术资料

技术资料检查的内容：

（1）检查竣工资料是否齐全，尤其是检查设计变更的内容，是否已经在竣工图纸上标注清楚；

（2）检查试验内容、项目是否齐全；

（3）第三是试验数据、特性是否满足设计的要求，保证图纸准确地反应设备的实际状态，数据准确地反应设备的特性，即软件准确地反应硬件。

2. 检查专用的仪器及备品备件

验收工作中必须点清专用仪器及备品备件，另外还要检验专用仪器的完好性。对于备品备件，要求进行调试验查，使备品的特性、数据等满足出厂和现场的要求，以便在运行器件出现问题以后进行更换。做好了此项工作，便于继电保护运行以后的管理工作。

3. 核对继电保护的定值

保护定值的核对，应重点检查继电保护装置的投入开关、整定拨位开关、拨轮开关以及旋钮的位置是否与所整定的位置相一致。特别是集成电路保护，此类开关较多，更要认真核对。对于微机型保护来讲，定值检查工作比较容易，从显示屏幕上就能方便地检查到已写入的定值情况。

如果对所整定位置下的定值仍然有疑虑，尤其是调试工作已经完成的时间比较久了，则再进行通电核对定值的检查工序是十分必要的。

4. 检查高频保护的通道

对线路保护的高频通道元件调试完成以后，在送电前要进行高频通道的检查工作，以保证通道投入后的完好性。通道检查的具体项目应参照调试大纲而定，最主要的项目是发信机发信时本侧以及对侧的电平测试，保证其通道的裕量满足要求。

线路送电以后还要进行通道的复查工作，将其测试数据与送电前作以比较，看送电后对通道的影响程度如何。如数值相差不大，即可将高频保护投入运行；若数值差别较大时，则应查明原因、采取措施并消除影响后才能投入使用。

5. 检查带负荷后的相量

为了保证输入保护的 TV、TA 的二次电压、电流信号的正确性，必须进行送电后的相量检查工作。带负荷的多少以所用表计能准确反应电流的数值以及相位的数值为准。测点原则上在保护屏端子排进行，其测试结果要与保护静态调试时加入电压、电流的相位相吻合。

有的方向保护电压、电流的相位关系不易确定。例如，变压器的零序方向保护，其零序 TA 取自中性点侧，因为正常运行时没有零序电流输出，对这种情况应保证接线的正确性。

（二）把好继电保护定检的验收关

在以往的工作中对继电保护定检验收的重视程度远远不及新安装的交接验收。从原则上讲继电保护定检验收的项目与交接验收相比可以缩减，但定检验收有其侧重的一面和它自己的特点，不能忽视。继电保护的定检任务完成以后，必须进行以下验收工作：

1. 检查继电保护的特性

保护运行一个时期以后，由于温度的影响、元件老化等原因，使元器件的特性发生变化，最终表现在整套保护上。因此应该对保护的特性曲线（例如距离保护的圆特性）进行检查，如果数据与新安装调试相差比较大时，须查明原因，若相差不大，说明保护状况良好。

2. 检查继电保护的定值

由于元件特性的变化或元件的损坏会使定值发生变化，因此定检中定值的检验不可忽视。

定值的检验必须做通电检查，并比较其偏差。

3. 检查高频保护的通道

在日常的运行中，保护通道的检查是一个规定的项目，在定检后也不例外，应进行检查工作，以保证高频通道正常运行。

4. 检查带负荷后的相量

在定检中，如果 TV、TA 的二次回路因为有工作而断开过，则带负荷以后，必须进行相量的检查，否则无须进行此项工作。

四、把好运行管理关

加强继电保护的运行管理，是保证继电保护设备、继电保护工作不出或少出问题及故障的又一重要环节，多年的运行经验已经证明了这一点。

1. 目前继电保护管理中存在的问题

1）继电保护队伍的水平亟待提高

继电保护人员的水平问题有两方面的内容。首先，大量的新设备投入系统运行，需要人们去学习、去掌握，必须学习新保护的原理、性能及运行技术，保证新投产的设备能够稳定、正常地运行。其次，继电保护的队伍中有许多新参加工作的人员，由于专业涉及的范围比较广泛、设备的结构复杂而且不容易掌握，培养起来需要比较长的时间。

2）运行人员的水平不容乐观

电力系统继电保护的许多事故，是由于运行人员对继电保护装置以及二次回路熟悉程度不够人为造成的。运行人员是设备的直接操作者，运行人员的水平直接影响到设备的安全，因此在注重继电保护人员培训的同时，做好运行人员的培训工作。

3）运行规程的制定工作严重滞后

随着电网的飞速发展，新型保护不断投入系统，但是有关的运行操作规程的制定工作严重滞后。有的运行操作只是根据调试人员或生产厂家的材料进行，有的则沿用了过时的规程、标准，管理工作异常混乱。有关部门应健全继电保护的管理规章制度，使工作标准化、规范化，做到有章可循，有据可依。

4）清查已暴露故障的力度不够

有的继电保护设备出现故障以后，没有查清其根本原因，分析如下：

（1）技术的问题。例如录波设备配置不齐全或是录波波形没有正确反映出系统的状况，或者工作人员的技术水平不够，使保护动作行为的分析受到限制。

（2）人为的问题。有的保护动作的因素明知不报或是报告带有水分，对正确原因的分析、动作行为的评价设置了障碍。

（3）故障没有清除。保护动作后没有查清原因就又投入了运行，为保护的再次故障留下了祸根。

2. 提高运行管理水平

继电保护的运行管理工作与调试定检等工作一样，目标是提高继电保护的正确动作率。为此，管理工作者同时需要具备必要的理论知识与实践知识。既要熟悉一次系统，又要熟悉二次系统；既要掌握保护的基本原理，又要掌握实际运行状况。

只要继电保护的各级管理人员以及继电保护专业人员尽职尽责，在具体工作中努力把好设计审查关，把好调试关，把好验收关，把好运行管理关，那么继电保护的运行水平是会令人满意的。

第三节　现场继电保护设备调试的检验管理工作

【知识及能力目标】

1. 了解继电保护装置调试的注意事项；
2. 掌握微机保护的现场检验规程。

对继电保护装置进行调试检验工作在保护装置的生命周期中是一项极其重要的工作，是确保继电保护装置运行正常的重要措施。把好调试关，应按现场检验规程做好调试的现场检验工作。

一、现场检验规程

对于不同的保护因其结构形式的不同、原理的不同、元件组成的不同以及软件程序等的不同，其具体的调试方法也不同。从总体来说，在所有继电保护调试的检验规程中，新安装检验或定期全部检验的一般性检验内容是相同的。现以微机型保护为例介绍一般性检验的基本内容。

1. 外部检查

1）箱体检查

（1）装置外壳应清洁无灰尘。

（2）箱体安装牢固、端正，各部件完好无损；罩门开关灵活、封闭良好；所有标志齐全、正确。

（3）轨道应完整无变形现象，插件插拔灵活、接触良好。大电流端子插头插入后，其短路机构应明显断开，且插入深度适当。

2）插件外观检查

（1）拔出所有插件，检查插头，应清洁干净。

（2）各插件应符合相应的装配图纸。磁性元件、二极管、电解电容等有极性的元件焊接应正确无误。

（3）焊点无虚焊、漏焊现象。

（4）所有固定支架的螺丝及电流端子螺丝应拧紧。元件排列整齐、互相之间无接触及过热损坏现象。带电部位距边框金属件大于 3 mm。

（5）插件板上各元件及导线的高度不超过框架的厚度。

（6）整定开关操作灵活，接触良好。

3）端子排及背板接线检查

（1）保护各层端子排及屏总端子排连接牢固，标记明确，符合运行的要求。

（2）背板接线正确无误。

（3）所有导线无过分受力、压伤及断头现象。

4）连接片操作开关等检查

（1）所有跳闸连接片、合闸连接片及其他功能的切换片应逐一试验，确保连接片退出回路断开，连接片投入回路接通。对那些环境潮湿的场所，上述部件应注意防止生锈、接触不良的现象发生。

（2）有关的操作开关、键盘及按钮等，在做相应回路的检验时一并进行检查。

2. 绝缘检查

1）绝缘电阻测试

将装置的交流电流、电压回路，直流控制回路，信号回路等所有端子分别用导线连到一起，焊开有关线头、拆除接地点。

交流电流、电压回路、强电直流同路，可以整屏运行检验。

强电回路用 1 000 V 摇表测试，要求绝缘电阻大于 10 MΩ；定检时带全部回路，要求绝缘电阻大于 1 MΩ；弱电回路用不大于 500 V 摇表测试，绝缘电阻大于 10 MΩ。

注意：定检时带回路测绝缘，必须将被保护设备的断路器、电流互感器全部停电，且电压回路已在切换箱处与其他元件断开后才允许进行。

2）介质强度检测

试验前必须做好安全措施。试验区域应装设安全围栏，并有专人监护。正式加压试验前，应先进行空载升压检查，在证明试验回路接线正确后，方可进行试验。

在保护屏端子排处将所有电流、电压及直流回路的端子连接在一起，并将电流回路的接地点拆开。整个回路对地施加工频电压为 1 000 V、历时为 1 min 的介质强度试验。试验过程中应无击穿或闪络现象。试验结束后，再复测整个二次回路的绝缘电阻，其数值应无显著变化。当现场试验设备有困难时，介质强度的测试允许用 2 500 V 摇表、历时 1 min 测试绝缘电阻的方法代替。

介质强度试验要求每隔 6 年进行 1 次，每次进行该项试验时必须在所规定的绝缘检验合格后才允许进行。

绝缘检查试验以前应将保护装置的所有 CPU（中央处理器）插件退出，并将打印机与微机保护装置断开，将逆变电源开关置“ON”位置，将保护屏上各连接片置“投入”位置。

3. 逆变电源的检验

断开保护装置跳闸出口连接片，投入保护的直流电源。

1）检验逆变电源的自启动性能

此时保护装置仅插入逆变电源插件。将直流电源电压调至 80% 的额定值，断开、合上逆变电源的输入开关，逆变电源指示灯成亮，输出电压应在允许范围以内。

2）检测逆变电源的输出电压及稳定性

空载状态下检测时保护装置仅投入逆变电源插件，分别在直流电压 80%、100%、115% 的额定电压值时检测逆变电源的空载输出电压。用万用表测量逆变电源插件面板上的各级输出电压、其电压允许范围如表 8-1 所示。工作状态下检测时需要投入保护装置的所有插件，加直流额定电压，保护装置处于正常工作状态。测试各级电压值，其电压允许范围如表 8-1 所示。

表 8-1　逆变电源输出电压允许范围

项目	上限	下限
+5 V 电源	+5.05 V	+4.95 V
+15 V 电源	+15.5 V	+12.0 V
− 15 V 电源	− 12.0 V	− 15.5 V
+24 V 电源	+25.0 V	+22.0 V

4. 保护通电检验

1）通电自检

投入装置的直流电源，如果用户已将 EPROM 芯片安放完毕，在正常情况下，显示器上显示的“调试/运行”开关在两种方式下显示的内容应不相同。如果通电检查发现异常，装置将显示或输出错误信息。

2）键盘检查

在调试状态或运行状态下，分别操作“←”“→”“+”“－”“↑”“↓”“确认”“复位”“返回”键，以检验这些键功能的正确性。

3）打印机的联机试验

若打印机与微机保护装置联机成功，则按下打印功能键，打印机在一定时间内应把整定值按表格形式打印出来。

4）程序检验码检查。

按程序检查键，显示程序校验码，核对其正确性。

5）时钟的整定与校对

在 DOS 状态下，直接由外部 PC 机键入“date 址”或“time”后，直接键入当前日期或时钟。也可在运行或调试状态下，利用功能键进行整定。时钟及日期整定好后，通过断、合逆变电源开关的方法，检验在直流或失电的情况下，仍能准确走时。

5. 定值的整定

在调试状态下，用命令将主保护和后备保护的定值输入，然后按功能键打印出整定值并核对。保护的整定值在直流电源失电后不应丢失或改变。可以用断、合逆变电源开关的方法检验整定的失电保护功能。

6. 开关输入量检验

在端子排上短接或断开每一开关量，在调试状态下用有关命令进行操作，显示器上可以显示该开关量对应的合、断状态。调试状态下用相关命令，可显示或打印各开关量的状态。要求打印的开关量的状态与外部开关量的实际状态一致。

7. 模数变换系统检验

进行该项试验的目的在于检查同一 CPU 的各个通道对同一模拟量的采样结果是否一致，并检查外部输入与采样显示结果是否一致。

1）零漂调试

断开交流输入量，操作采样命令键，打印机将输出各通道的采样值。采样值超出范围时调整 A/D 板上的有关元件。

2）通道一致性及互感器线性度检查

（1）电流回路。将所有电流通道相应的电流端子顺极性串联通入一定交流电流，在电流互感器既有 5 A 又有 1 A 的情况下，电流互感器为 1 A 的加 1 A 电流，电流互感器为 5 A 的由同一电流经升流后获得。

（2）电压回路。将所有电压通道相应的端子同极性并联加入交流电压。

分别加 0.2 和 1.8 倍的额定电流；分别加 0.2 和 1 倍的额定电压，操作采样命令键，打印机将印出各通道的采样值，并给出相量表；分析采样值，对加同一电流或电压的通道，采样值变化趋势应一致，最大一点的各通道采样误差应≤5%，在加额定电流、额定电压时，幅值误差应≤2%，相位误差应≤2°。

在不同的试验电流电压下，各互感器应具有良好的线性性能，相对误>2%则应更换互感器或调整有关元件的参数。

8. 保护启动功能检查

保护有电流突变量启动方式、差电流启动方式、负序、零序电流启动方式等几种启动方式。调试时应分别检查。电流启动元件调试接线如图 8-1 所示。

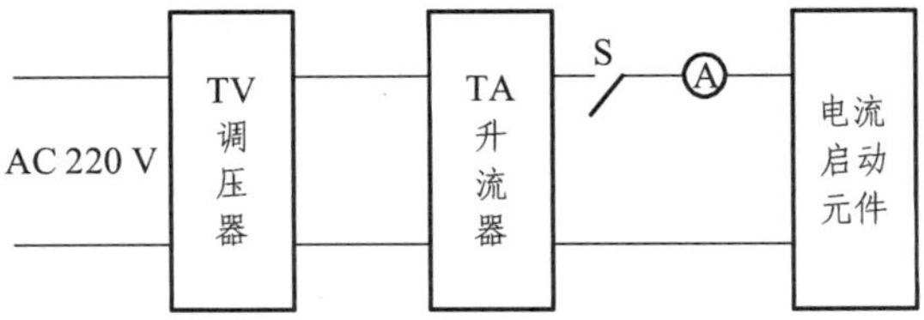

图 8-1　电流启动元件调试接线图

采用电流突变量启动方式时，要先合开关 S，调节调压器 TV 得到所需加的电流值，然后断开电源开关 S，再瞬时合 S 突加冲击电流。

电流突变量启动方式类似于故障模拟，可检验出保护动作边界点的精度。试验时，先突加 0.95 倍或 1.05 动作值冲击装置，装置应正确反应，然后可缓加电流、电压测量保护动作特性或动作值；最后加 1.3 倍以上动作值进行冲击试验，测量所得相应的保护动作时间及动作状况应符合设计的要求。

采用后两种启动方式时，合上电源开关 S，调节调压器 TV 使电流缓缓上升致保护动作，读表得保护动作值。

9. 保护特性检查

扫描二维码 8-1，可浏览继电保护测试仪实物图。

二维码 8-1

1）与定值有关的特性试验

（1）新安装检验时，要求先按出厂规程的数值做，以便取得统一标准下的结果，鉴定设备完好性，再做定值单整定位置下的特性检验，但项目可以从简。

（2）定期检验时，只要求做定值下的特性。

（3）装置整组试验时，无论新安装检验或是定期检验均可在定值单规定位置下进行。

2）需要调整的电路调试

对这些电路应先做规定项目的特性试验，若特性满足要求，则无须调整，更换元件要慎重。

现场调试过程中，如果有的特性、参数相差很远时，应仔细检查试验接线、电流电压的极性、试验方法等是否存在问题。

10. 出口信号检查

进行此项试验时，开关跳闸连接片务必断开。在调试状态下用正确的操作，先给出启动信号，某出口信号动作后，面板上的发光二极管有指示，并且输出触点有效，对照设计图检查其动作或信号逻辑的正确性。

11. 逆变电源带满负荷时的检验

将直流电源调至 80%的额定值。在保护屏上投入保护连接片，分别模拟故障使主保护和后备保护动作（对于非电量保护，可短接一个跳闸的开关量），分别测量保护的逆变电源。

逆变电源输出的各级电压满足规定要求，用只能测量交流分量的高内阻电压表测量逆变电源各级输出的交流电压分量，其有效值应在规定范围内，+5 V 输出端小于 30 mV，24 V 输出端小于 500 mV。

12. 整组试验

1）模拟试验

在保护屏上投入主保护、后备保护连接片，退出出口跳闸连接片。在端子排上加故障量模拟某种故障，使主保护和后备保护动作，可用短接触点的方式使非电量保护动作。在试验过程中应注意保护装置信号、显示信息、打印报告中央信号及远动装置信息是否一致、正确，还应注意模拟装置异常和报警，以观察中央信号与保护装置信号是否一致、正确。

2）与失灵保护等其他装置配合的试验

模拟各种故障，检验启动断路器失灵保护回路的性能。所加故障电流应大于失灵保护电流整定值，模拟故障的时间应与失灵保护的动作时间配合。

与重合闸配合的试验应按重合闸的方式进行。

13. 断路器传动试验

保护装置调试完以后应进行联合试验及带断路器的操作试验，试验内容如下：

在试验前后编制详细的可操作的措施，以便试验工作有条不紊地进行。保护的检验应注意检查跳闸出口连接片，保护跳闸逻辑及跳闸回路的正确性。

断路器传动试验前，控制室及变压器各侧断路器均应有专人监视，并备好通信联络工具，以便观察断路器动作情况及保护动作的行为，同时监视中央信号装置的动作及声、光信号指示。如果发生异常情况，应立即停止试验，在查明原因并采取措施后再继续进行。

模拟故障应从保护屏端子排加交流量。

（1）断路器手动跳、合闸试验。断路器手动跳闸、合闸操作试验应正常，灯光指示应正确无误。

（2）保护跳闸试验。将线路装设的所有保护及重合闸互相配合做联合试验，要求每一直接带断路器的跳闸出口继电器进行跳闸一次，以检验出口回路到断路器操作回路之间接线的正确性及中间继电器动作的可靠性。对并列启动上述出口电器的各路信号，要求每路分别检验，保证能启动出口即可。

在断路器跳、合闸试验及保护联合试验的过程中，应对事故音响信号、预告音响信号、闪光信号以及光字牌信号做全面检查，要求各信号应准确无误。

14. 带负荷试验

1）交流电压的相别核对

用万用表交流电压挡及相位表测量保护屏端子排上的相电压和线电压，并校对保护屏上的三相电压与已确认正确的电压小母线三相电压的相别。

2）差动保护的差流检查

当主设备带负荷后其保护显示的最大相差流应小于 0.02 A，如差流较大，应打印出采样报告，分析其原因。

3）交流电流电压检验

按下有关功能键执行打印采样值功能，打印出各通道的电压、电流，并与控制盘表相对照，电流、电压的幅值及相位角，应正确无误。

15. 打印定值及开关量状态的检查

按有关功能键执行打印定值清单，校对其正确性，按开关量打印功能键执行打印当前开关量状态表，检查其正确性。

二、调试的注意事项

1. 做好检验前的准备工作

在进行检验之前，需认真学习保护的检验调试规程，理解、熟悉检验内容和要求。

2. 明确试验设备及试验接线的基本要求

（1）为了保证检验质量，试验时应使用性能良好的继电保护试验装置，其技术性能应符合规程的规定。

（2）试验仪表应经检验合格，其精度应不低于 0.5 级。

（3）试验的接线原则应使加入保护装置的电气量与实际情况相符合。模拟故障的试验回路，应具备对保护装置进行整组试验的条件。

3. 熟悉试验条件

（1）试验时所加直流电源应为额定值。

（2）加入装置的试验电流和电压，应从保护屏端子上加入。

（3）为了保证检验质量，对所有特性中的每一点，应重复试验三次，其中每次试验的数值与整定值的误差应满足规定的要求。

4. 明确调试的注意事项

（1）断开直流电源后才允许插、拔插件，插、拔交流插件时应防止交流电流回路开路，而且插件绝对不可插错位置。

（2）存放程序的 EPROM 芯片的窗口要用防紫外线的不干胶封死。

（3）打印机及每块插件应保持清洁，注意防尘。

（4）调试过程中发现有问题时，不要轻易更换芯片，应先查明原因，当证实确需更换芯片时，则必须更换经筛选合格的芯片，芯片插入的方向应正确，并保证接触可靠。而且试验人员接触、更换芯片时，应采取人体防静电接地措施，以确保不会因人体静电作用而损坏芯片。

（5）原则上在现场不能使用电烙铁，试验过程中如需使用电烙铁进行焊接时，应采用带接地线的电烙铁或采用电烙铁断电后再焊接的方法。

（6）因检验需要临时短接或断开的端子，应逐个记录，并在试验结束后及时恢复。

（7）使用交流电源的电子仪器进行电路参数测量时，仪器外壳应与保护屏在同一点接地。

（8）禁止用一般保护装置的出口继电器断弧。

习　题

一、填空题

1. 逆变电源的运行寿命一般在（　　　　　　　），到期因及时更换。

2. 现场插拔微机保护的各种插件时，应（　　　　　）直流电源，严禁（　　　　　）插拔插件。

3. TV 的问题主要包括（　　　　　　　　）和（　　　　　　　　）。

4. 事故的检查方法通常有三种：（　　　　　　　　　　）、（　　　　　　　　　　）和（　　　　　　　）。

5. 绝缘测试时应将电流互感器、断路器（　　　　　　　），电压回路（　　　　　　　）才能进行。

二、简答题

1. 如何解决 TA 饱和问题？

2. 绝缘检查包括哪些项目？

3. 分别解释替代、对比、模拟检查法。

4. 简述顺序检查法的步骤。

5. 继电保护的定检任务完成以后，必须进行哪些验收工作？

扫一扫，查看第八章
更多习题和习题答案

第九章　继电保护设备状态检修技术

第一节　绪　论

一、设备检修体制的演变

设备检修就是指为保持或恢复设备的期望功能所进行的技术作业行为，通常包括检查、维护、修理、更新4项任务。其中，检查是为了确定和评估设备的实际状态，维护是为了保持设备的期望状态，修理是为了恢复设备的期望状态，更新是更换无法达到期望状态的设备（或部件）。

传统设备检修体制的演变经历了两个阶段：事后检修/故障检修和预防性检修。

事后检修（简称 BM），也称故障检修（简称 CM），是最早的检修方式。这种检修方式以设备出现功能性故障为判断依据，在设备发生故障且无法继续运转时才进行维修。显然，这种应急维修属于"被动"维修，存在明显不足，其直接后果就是不利于设备的正常运行，设备缺乏正常检验维修所付出的代价就是设备的安全性"失控"，会严重威胁设备或人身安全。

预防性检修（简称 PM）经过多年的发展，根据检修技术条件、目标的不同，出现了以下5种典型的检修方式。

1. 定期检修（简称 TBM）

定期检修在保证设备正常工作中确实起到了直接防止或延迟故障的作用，但这种不根据设备的实际状况，单纯按规定的时间间隔对设备进行维修的方式，不可避免地会产生"过剩维修"。不但造成设备有效利用时间的损失和人力、物力、财力的浪费，甚至会引发维修故障。

2. 以可靠性为中心的检修（简称 RCM）

这种检修方式能比较合理地安排检修间隔，有效预防严重故障的发生，以最低的费用来实现机械设备固有可靠性水平。

3. 故障查找（简称 FF）

这种维修方式主要针对紧急备用设备，在固定的时间启动这些设备，发现问题及时解决，以提高设备的可用率。

4. 使用至损坏再修（简称 RTF）

采用该方法进行修理的设备不控制送修，通常用于对安全无直接危害的三类故障：① 偶然故障；② 无规律性故障；③ 故障损失小于维修费用的耗损故障。

5. 主动维修（简称 PM）

这种检修模式从经济、寿命等多种因素考虑，重点对机械故障的识别、消除和故障原因的分析，通过延长设备寿命来获得最大的效益。

1970 年美国杜邦公司首先提出了状态检修的概念，状态检修（简称 CBM）也称之为预知性维修（简称 PDM），其基本思想是："在普遍掌握设备状况的基础上，确定极少数状况不好的设备实施检修。"状态检修是以设备的状态响应为基础，通过对设备的连续性观测并综合其他因素，识别设备已有的或正在发生的或潜在的设备性能劣化现象，对设备状态做出合理的评估，确定设备最佳检修时机。

状态检修必须建立在对设备状态进行有效监测的基础上，根据监测和分析诊断的结果安排检修时间和项目，主要包含设备状态监测、设备诊断和检修决策三个环节。状态监测是状态检修的基础，状态监测是设备诊断的依据，检修决策就是结合在线监测与诊断的情况，综合设备和系统的技术应用要求确定具体的检修计划或策略。

状态检修的目标是减少设备停运时间，提高设备可靠性和可用系数，延长设备寿命，降低运行检修费用，改善设备运行性能，提高经济效益。这种维修方式以设备当前的实际工作状况为依据，通过高科技状态检测手段，识别故障的早期征兆，对故障部位、故障严重程度及发展趋势做出判断，从而确定设备的最佳维修时机。状态检修是当前技术最先进、耗费最低的维修制度，为设备安全、稳定、长周期、全性能、优质运行提供了可靠的技术和管理保障。状态检修需要监测的内容多，需要增加额外的设备投资。

在状态检修技术的基础上出现了以设备寿命评估为基础的检修，即根据状态检修系统所收集的设备基本信息，分析估计设备寿命，再确定检修项目、频度与检修内容。

二、传统检修模式存在的弊端

长期以来检修体制主要实行的是以事后维修、预防性检修为主的计划检修体制。这种检修体制一般采取定期维护形式，检修项目、工期安排和检修周期均由管理部门根据相应的规程或经验确定。设备运行到了规定的检修周期，不论设备处于什么样的运行工况，也不论设备供应商的差异、设计材质的优劣、工艺质量的好坏、运行方式的区别、有无影响安全运行的缺陷等，都必须一律"到期必修"。"到期必修"的依据是设备检修周期，从保证设备安全运行的角度来看，计划检修似乎不会出现大问题，但从综合管理的角度看却不尽合理，主要表现在"到期必修"上。所谓"到期必修"，就是到期必须要按固定模式检修，并非根据设备的实际状况确定。因此，从维护设备正常运行的视角看，定期检修有利于消除检修设备的隐含故障或缺陷，但对运行状况良好的设备并不能有效地提高设备运行率；同时，会造成检修单位人力、物力的浪费，有时还会把好的设备修坏，变成"劳而无功，劳而有过"。这种检修模式使设备运行维护单位对于设备检修没有自主权，不能根据设备实际状况决定检修项目。

（一）事后检修存在的主要弊端

（1）事后检修是一种被动工作模式，有很大的不可预见性，任何一起事故的发生都会给日常生产、生活带来不便，造成较大经济损失和不利的社会影响。

（2）事后检修具有"抢险"性质，时间紧、任务重，抢修人员为了赶时间，经常会简化操作程序，难免会忙中出错。多年来，事后检修中发生的人身伤亡事故和其他各类事故是屡见不鲜的。

（3）事后检修属于“亡羊补牢”，为了使事故在尽量短的时间内处理完，就必须预先准备较多的原材料和备品备件，造成库存增加和资金利用率下降，从而增加检修费用。

（4）事后检修常常是就事论事，就发生的事故进行紧急处理，往往没有太充分的时间分析原因、查找根源，“按下葫芦又起瓢”的事在所难免，难以杜绝同类事故的发生。

（二）定期检修的主要弊端

（1）随着电网的发展，设备在剧增，使定期检修必须有大量的人力和物力投入，定期检修实际上具有一定程度上的“盲目性”，使定期检修性价比不可能太高，从而相对降低了劳动生产率。

（2）定期检修必然导致部分运行状态较好的设备周期性停运，使电网承受更大的运行压力。因检修所引起的停送电操作，客观上增加了误操作的概率。

（3）定期检修导致一定时间内检修工作量骤增，按照设备检修规程要求去落实每项要求，将使设备所需停电时间远远大于电网调度所能安排的停电时间，此矛盾造成很多检修内容难以落实，影响检修质量。

（4）不良现场检修条件和落后的检修工艺导致设备损坏的概率加大，增加了检修过程中产生新的设备隐患的可能。

综上所述，作为电网安全运行的重要支撑，检修管理体制传统已经越来越不适应现代电网快速发展的要求，需要探索新的设备检修技术，以适应电网日新月异的发展变化。

三、状态检修技术的基本特点

国外的设备状态检修开展较早，20世纪70年代末，美国电力科学研究院EPRI对电气二次设备的状态检修进行研究和应用。日本从20世纪80年代开始对电气二次设备实施以状态分析和在线检测为基础的状态检测。欧洲大多数国家也正在进行检修体制的改革，方向也是状态检修。到目前为止，基于计算机网络技术的设备管理、事故分析和预警系统在美国、加拿大等国已普遍应用，如 Intergrated Maintenance System 等。这些软件系统应用 Intranet、Internet 及地理信息系统（GIS）等最新的计算机技术，将状态管理、事故预警和事故处理进行有机的集成，大大改善了其设备监督管理环境，提高了监督管理水平。

状态检修是预知性检修，是以设备状态为基础，以预测设备状态发展趋势为依据的检修方式。其能有效地避免故障检修和周期性定期检修带来的弊端，是较为理想的检修方式，也是今后设备检修模式发展的趋势。状态检修的优点是显而易见的，状态检修的实现基础主要体现在以下几个方面。

（一）电气设备状态检修的可行性

（1）多年来，国产电气设备积累了大量的运行经验，其运行和维护技术日臻完善，这为实施状态检修工作奠定了技术基础。同时，国产设备的质量有了很大提高，为状态检修提供了一定的物质基础。

（2）新型设备投入运行及新技术的应用，监测手段的不断提高（如红外线成像技术在电力生产中的应用，大型变压器油色谱分析在线系统的研制成功，变压器绕组变形探测技术的发展，电容型带电设备集中在线测试技术的投入使用等）使正确诊断设备状态有了可能。

（3）随着传感技术、微电子、计算机软、硬件和数字信号处理技术、人工神经网络、专家系统、模糊集理论等综合智能系统在状态监测及故障诊断中应用，使基于设备状态监测和先进诊断技术的状态检修研究得到发展，成为电力系统中的一个重要研究领域。

（二）电气设备状态检修的优越性

（1）状态检修之前的准备工作——状态管理，不仅减轻了原手工作业的劳动强度，提高了工作效率：更重要的是，能够充分利用已有的状态信息，通过多方位、多角度的分析，最大限度地把握设备的状态，依此制订合理的检修维护策略，为提高设备运行可靠性提供了保障。

（2）状态检修可以使检修人员现场定期试验和测量工作量减轻到最小，显然这是一种降低成本的好方法。特别是在对设备的寿命进行正确估计后，提高了设备的最大可用性，就可以更有效地储存和安排设备备件，节省大量的备品费用。

（3）在实现设备的状态检修后，可以通过适当的维修来避免重要设备故障，同时又避免了不必要的维修作业，降低了由于不必要的预防性检修引起故障的可能性。

（4）通过设备的状态分析，可以发现问题于其萌芽状态，限制问题向严重化的方向发展，对于预防类似事故、改进产品质量、提高设备监督管理水平具有重要的指导意义。

（5）实现状态检修后，把计划性停电降低到最少，可增加售电收入，提高供电可靠性和用户满意度。

实行状态检修时应根据设备的原始状态和历年来的状态变化趋势，并参考同类可比设备的状态统计分析来制订符合维修总策略的测试方案。对于初始状态良好的运行稳定设备，可适当延长常规测试周期；对于状态异常设备，适当延长常规测试周期；对于状态异常设备，适当提高常规测试频度；对于有明显缺陷的设备，要跟踪进行测试，避免在测试工作中的盲目性。通过历次试验检修情况进行综合分析，根据设备运行的可靠性和安全状况对预防性试验和检修的项目和周期进行调整。

状态检修是今后检修技术的发展方向，实现预防性检修向状态检修的过渡仍需要较长的时间。在此过程中预防性检修作为保证设备安全运行的主要手段仍然将发挥重要作用。因此，需处理好状态检修与事故检修、预防性检修的关系；状态检修工作与技术监督的关系；在线与离线的关系。制定设备状态检修相关规程，做好状态检修的组织准备工作：如建立完善的技术档案，包括设备随机资料、安装调试记录、历次检修试验报告、运行记录等，为以后的状态检修创造条件。要在做好状态检修的准备工作的基础上，有针对性地明确工作思路，确定阶段性目标，推广电力设备在线监测，逐步淡化定期的预防性检修，加速状态检修的全面推广。

四、小结

本章介绍了设备检修体制变化的过程，分析了传统计划检修体制的主要问题，阐述了设备状态检修技术的基本特点，提出了状态检修需与常规检修策略相结合的思路。随着电力工业的发展，电力设备检修技术的研究将更具有经济和社会价值。

第二节　设备状态检修

一、电气设备状态检修的基本应用

1996年我国在电力系统中开始状态检修模式试点工作，取得了一定的经验和成绩，实践证明：基于设备运行状态的状态检修一方面可以延长设备检修间隔、提高设备可靠性；另一方面可以推动电力设备管理体制的改革，状态检修已成为电力系统设备检修管理发展的趋势。然而，检修方式的成功应用依赖于检修技术和检修策略的同时改进和提高，虽然状态检修的思想引入我国已经多年，但状态检修策略的研究仍不尽如人意，使得状态检修无法深入实施，发挥其应有的作用。

从事故维修到定期维修再到状态维修，是技术发展的必然。定期维修以预防性试验为基础，而状态检修则必须以在线监测为基础。在线监测、故障诊断、实施维修，这个过程构成了电气设备状态检修工作的内涵。

状态检修的实践基本上是从一次设备开始着手，主要检测的设备包括电力变压器、断路器、容性设备和GIS等。变电站设备的状态监测通过故障模式分析，变压器及其有载开关应该是状态监测的重点。

（一）变压器状态监测

变压器的状态监测（也称变压器在线监测）项目主要有：油中气体测量与分析局部放电测量、有载开关的触头磨损及机械和电气回路的完整性测量等。变压器状态监测可以被特征化为由缺陷发展到初始故障的过程。这种过程往往历时很长，这种老化过程的特征有：油泥的沉积、纸包导体绝缘材料机械强度的减弱，提供机械支撑的材料的收缩，以及有载调压开关的错位等。某些运行方式可能导致过热，使得溶解于油中的水分变成气泡，这些气泡能够引起液体绝缘介质强度的严重降低，最终导致介质失效事故。当然，在某些情况下，严重的后果会在瞬间发生。一般变压器状态监测的项目有：绕组温度多点测量；铁芯温度测量；油量、油位、油温测量；绕组输入、输出电压、电流、有功、无功监视；绝缘分解物测定；内部局部放电量检测和位置判断；冷却系统检测等。

常用的监测方法有以下几种：

1. 气体分析法

由于设备内部不同的故障会产生不同的气体，通过分析油中气体的成分、含量和相对百分比，就可达到设备绝缘诊断的目的。典型的油中气体如H_2、CO、CH_4、C_2H_2、C_2H_4、C_2H_6等常被用作分析的特征气体。通过监测确定特征气体，油中溶解气体分析（DGA）已被证明对于发现油浸变压器内部潜伏性故障相当有效和可靠。DGA已作为检测变压器内部潜伏性故障的主要试验项目，列于DL/T 596—1996《电力设备预防性试验规程》的变压器试验项目首位。

安装油中特征气体传感器进行连续监测，可能检出早期的潜伏性故障征兆，从而有助于用户尽可能采取正确的检修措施。已有的DGA技术能够确定气体的类型、浓度、趋势及气体的产生速率。油中溶解气体的变化速率在决定故障发展严重性方面很有价值。

2. 局部放电法

常用的局部放电检测方法有声学检测、光学检测、化学检测、电气测量等，过量的局部放电，既是设备绝缘系统老化的征兆，也是造成绝缘老化的重要机理。变压器故障的原因之一是介质击穿，其起因主要是局部放电（PD）。PD 水平及其增长速率的明显增加，能够指示变压器内部正在发生的变化。由于局部放电能导致绝缘恶化乃至击穿，故值得进行在线监测。最常遇到的 PD 源反映了绝缘中由于某些缺陷状态而产生的固体绝缘的空洞、金属粒子和气泡。解释检测到的 PD 表现不够直接，变压器的剩余寿命与 PD 表现之间的相关性不存在一般的规则。从监测和诊断的角度，高于规定值的 PD 检测只能作为警示作用而一般不能作为设备失效的依据。这些现实情况只说明了所遇到的 PD 诊断的许多困难之一。基于模式识别方法的局部放电数字化检测装置及其三维谱图显示很有特色，但由于现场干扰源的相异性及复杂性，目前要用于在线连续监测还相当困难。目前现场采用的“直线插入定位法”加数字滤波定位，采用干扰平衡装置在变压器各绕组的套管末屏、中性点及铁芯等接地线获取信号，并排列组合成数对“平衡对”来消除外部干扰，获得 PD 量。但所测数据的稳定性和重复性都较差。考虑到干扰信号的频率范围，电力变压器 PD 的超高频法（PD 的超高频特征、PD 值定标、PD 定位和超高频传感器）的应用研究将有望解决 PD 在线监测现场干扰的问题。

3. 频率响应分析法

频率响应分析法（简称频响法）是用于检测变压器绕组有无变形的有效方法，绕组机械位移会产生细微的电感和电容的改变，而频响法正是通过细微的变化来达到监测变压器绕组状态的目的。为了达到在线检测绕组变形，可在线检测变压器短路电抗，测量精确度可以达到 1%。该系统能依据所测短路阻抗数值给出绕组变形程度指示，对已有变形的变压器提出警告，直至退出运行；为电力变压器实行状态检修提供依据，判据较明晰，而且不依赖于实验者及其经验。

4. 泵/风扇运行检测

冷却系统最频繁的故障模式是泵与风扇的故障，应连续在线分析泵与风扇的状况，以确定它们是否在设定的运行状态或关闭状态。这可以通过测量流过泵和风扇的电流及测量与其相关的控制冷却系统的温度来实现；也可以通过测量泵/风扇的电流和上层油温来实现。考虑到金属粒子可能是潜在的介质杀手，安装监测轴承磨损的传感器具有现实意义，这种超声传感器被嵌入泵轴承中，测量轴承长度可以确定是否出现了金属磨损，目前还必须离线测量。连续在线分析必须考虑控制冷却系统的温度可能与通过诊断系统测得的温度不同；为冷却系统工作的各阶段而建立的初始监测参数，决定于变压器的原始设计。

另外，可以通过对变压器铁芯接地电流的在线监测，来判断变压器铁芯是否有多点接地故障。但如变压器油中微水、绕组温度分布及其纸绝缘的老化参量等的在线监测，国内外学者都在积极探索中。在实际应用中综合应用以上各种方法，会达到更好的监测效果。

（二）断路器的状态监测

高压断路器在电网中起控制和保护作用，对高压断路器的重要参数进行长期连续的在线监测，不仅可以提供设备的运行状态，而且还能分析各种重要参数的变化趋势，判断有无存在故障的先兆，决定是否可以延长设备的维修保养周期，提高设备的利用率，减少维修保养的费用，为电力设备由定期检修向状态检修过渡创造条件。

根据国内外多项统计看，机械故障（包括操动机构及控制回路）占全部故障的70%~80%，其他灭弧、绝缘故障占有较小比例，发热故障比例更低，因此通常把机构故障包括操动机构控制回路故障放在监测最重要的地位。

高压断路器监测项目包括：

（1）断路器的工作环境：温度、湿度等。

（2）断路器的电气特性：合（分）闸的控制回路完整性；开断电流大小，触头电磨损程度，灭弧室剩余寿命，SF_6气体密度等。

（3）断路器的机械特性：分/合闸线圈操作电压、电流，动触头行程，分合闸时间、速度，弹簧机构的压缩工作情况，操动机构次数等。

（三）容性设备的状态监测

国内外开展较早和较多的在线监测工作便是容性设备（包括氧化锌避雷器）的在线监测。主要测量容性设备的电容、电容电流、介质损耗 $\tan\delta$、不平衡电压等参量和氧化锌避雷器（MOA）的全电流、阻性电流、功耗等参量。

1. 微弱信号的采集

末屏电流非常微弱，例如，110 kV 以上的电流互感器的末屏接地电流约为 10 ~ 20 mA；110 ~ 500 kV 的 MOA 的全电流也仅为 1 ~ 2 mA。传感器的采用应具体情况具体分析。由于所取信号微弱，考虑到现场电磁场干扰及信号传输时的衰减，最好的解决方案是采用数字化传输。

2. MOA 监测

研究发现，这种分析接地线中电流的方法存在相间干扰和系统谐波电压的影响。目前在线监测普遍采用抵消容性电流分量法。由于 MOA 的电容小，容易被相间和其他母线等电场干扰而影响数据的准确性。而且，该方法只能补偿基波电流，不能抑制系统谐波的影响。三次谐波法由于电网中的谐波比较大且不稳定，而使得测量误差较大。解决的方法：① 对测到的阻性电流纵向比较，同时也可横向比较；② 在测量装置中采用硬件补偿，同时采用软件补偿。

3. 其他容性设备监测

技术进步促进了在线监测技术的发展，有关 $\tan\delta$、SH 电容的在线监测已取得重大进展。

传感器和电压互感器由于激磁支路的影响，不可避免地存在角差，且角差本身也不稳定，势必造成测量误差，甚至造成数据漂移；环境因素（温度、湿度）和空间电磁场的干扰也会造成数据的不稳定。这个问题可以依靠相对测量方法来克服，即将某一容性设备的绝缘状况与安装在同一个变电站中的其他容性设备的绝缘状况相比较。通过对足够数量的容性设备进行比较，可发现发生变化较大的容性设备，即在一段时间内监测大量容性设备样本的绝缘参数的变化，并与其他单元相比鉴别出某个设备其参数变化量超出正常范围的单个或多个容性设备样本。

（四）GIS 的状态监测

GIS 没有向外部露出的带电部分，其可靠性已显著提高，为检修和维护方便，需要开发不拆卸设备而用确切的简易办法诊断内部状态，主要集中在以下几方面进行监测：

1. 气体的监测

SF_6气体的监测集中在气体压力、泄漏、湿度、色谱分析等方面，由于 SF_6 在局部放电和火花作用下会产生分解物，所以通过比较 SF_6 的离子迁移率频谱与纯 SF_6 气体的参考频谱变化，使检查 SF_6 的特性改变成为可能。

2. SF_6 断路器电寿命的监测

开断电流加权值监测，测量断路器的主电流波形、触头每次开断电流值和时间（用录波器或监视器记录），经过数据处理计算开断电流加权值，可间接监测断路器的电寿命。静、动态电阻监测，SF_6 断路器有主触头和弧触头，灭弧主要靠弧触头。通过测量静、动态电阻，可预测回路接触及主触头、弧触头的磨损情况，从而判断断路器的电寿命。

3. 断路器机械特性的监测

（1）合、分闸线圈电流监测。

用补偿式霍尔电流互感器监测开关合、分闸线圈电流波形，该电流含有可作为诊断机械故障用的丰富信息。通过在线监测并与正常电流波形比较，可监视断路器机械异常情况。

（2）行程、速度监测。

用条形码读出器通过非接触方法进行光学方法测定断路器的动作特性（行程、合/分时间、平均速度等），综合诊断断路器的动作特性是否良好。

（3）空气压力等监测。

通过监测空气压力、压缩机起动频次或马达电流等，了解气站及机构运作状况是否良好。

4. 局部放电监测

SF_6 内大部分绝缘故障如绝缘子表面金属微粒附着、绝缘子内部气泡、高压导体表面的突起等，都会引起较为严重的局部放电。对局部放电的监测方法有很多，如：监测分解气体的化学法、机械法、光电法、脉冲电流法和超高频法（UHF）等。UHF 法不仅可检测到 SF_6 中局部放电的发生并识别绝缘缺陷类型，而且还可实现局部放电源的准确定位，抗干扰能力强。

进行变电站设备状态检修的目的是及时、有效地监测设备的运行状态，发现设备的潜伏性故障。随着在线监测技术、数字化变电站技术的发展，实现状态检修不仅成为可能也成为必要。就技术层面看，目前在线监测得到的数据分析和综合评判还处于初步状态，最终的结论还需要人的参与，这与在线监测的数据积累不够充足有关，在数据的融合和判据的效用方面，还有许多工作要做。同时在管理上客观要求提高运行人员的素质，打破目前按一次设备、二次设备、计量和通信等专业划分的运行、检修模式，以便详细地分析所有能得到的信息资料，综合判断设备的状态。

二、电气二次设备状态检修的关键

电气设备根据功能不同可分为一次设备和二次设备。电气二次设备主要包括继电保护、测控、安全自动装置、故障录波、远动等实现电气量采集、分析、处理、控制的设备。二次设备及相关回路构成了电网运行的二次系统，或称之为电网控制系统，其正常可靠运行是保障电网稳定和电力设备安全的关键。在实际运行中因电气二次设备造成的系统故障时有发生，保护不正确动作的原因涉及保护人员、运行人员、设计部门、制造部门、自然灾害等。

如前所述，状态检修目前主要在一次设备上实施、推广，电力二次设备的状态检修基本还没有开展。由于电力一次设备检修前先做预防性试验和线路不停电检修技术的应用，从而使检修设备所导致的停电时间越来越短，这对电力系统二次设备检修校验提出了新的要求。

微电子技术、信息技术在继电保护及自动装置的广泛应用，作为电气二次系统的主要装置，继电保护的可靠性、定值整定的灵活性大大提高。因此，电力系统二次设备在检修体制、检修方法及校验项目、定检周期等方面也需要进行改变，应在传统的 DL/T 995—2006《继电保护及电网安全自动装置检验条例》基础上，研究二次系统的特点，通过设备状态监测技术和设备自诊断技术，结合二次设备运行和检修历史资料，建立二次设备状态的科学评估机制。根据状态评价结果，在保证二次设备的安全可靠运行的基础上科学安排检修时间和检修项目，逐步实行电力系统二次设备状态检修，以适应电网应用技术的发展。

1. 电气二次设备的状态监测内容

状态检修的基础是设备状态监测，监测二次设备工作的可靠性，进行设备的寿命评估。电气二次设备的状态监测对象主要有：交流测量系统、直流操作、信号系统、逻辑判断系统、通信系统、屏蔽接地系统等。交流测量系统包括 TA、TV 二次回路绝缘良好、回路完整，测量元件完好；直流系统包括直流动力、操作及信号回路绝缘良好、回路完整；逻辑判断系统包括硬件逻辑判断回路和软件功能。与电气一次设备不同的是电气二次设备状态监测对象不是单一的元件，而是一个单元或一个系统，监测的是各元件、环节的动态性能。与此同时，对于电气二次设备性能的评估也取决于设备停电状态下的测试数据，因此，电气二次设备的离线测试数据也是状态监测与诊断的依据。

2. 电气二次设备的状态监测方法

微机保护和微机自动装置自诊断技术的发展、变电站故障诊断系统的完善，为电气二次设备的状态监测奠定了技术基础。保护装置内各模块具有自诊断功能，对装置的电源、CPU、I/O 接口、A/D 转换和存储器等插件进行巡查诊断。

与电气一次设备相比，电气二次设备的状态监测不过分依靠传感器。因此，电气二次设备的状态监测无论是在技术上还是在经济方面都更容易做到。保护装置的状态监测可充分利用现有的测量手段。如 TA、TV 的断线监测，直流回路绝缘监测，二次保险熔断报警，等。

电气二次设备的状态监测方法一般可以采用比较法、编码法、校验法、监视定时器法、特征字法等故障测试的方法。对保护装置可通过加载诊断程序，自动地测试每台设备和部件。

3. 电气二次回路监测问题

电气二次设备可分为电气二次回路和保护（或自动）装置。目前，保护装置的微机化，容易实现状态监测。但电气二次回路是由若干继电器和连接各个设备的电缆所组成，点多、分散，要通过在线监测继电器触点的状况、回路接线的正确性等具有相当的难度。因此，对电气二次回路还需从设备管理方面着手，如设备的验收管理、离线检修资料管理，结合在线监测来诊断、评估设备的状态。

4. 二次设备的电磁抗干扰监测问题

由于大量微电子元件、高集成电路在电气二次设备中的广泛应用，电气二次设备对电磁干扰越来越敏感，极易受到电磁干扰。电磁波对二次设备干扰造成采样信号失真、自动装置异常、保护误动或拒动，甚至元件损坏。

国际电工委员会 IEC 及国内有关部门对继电保护制定了电磁兼容 EMC 标准。但对现场电磁环境的监测、管理没有纳入检修范围。也没有合适的监测手段。对二次设备进行电磁兼容性考核试验是二次设备状态检修的一项很重要的工作。对不同厂站的干扰源、耦合途径、敏感器件要进行监测、管理，如对二次设备屏蔽接地状况检查、微机保护装置附近使用移动通信设备的管理等。

5. 二次设备状态检修与一次设备状态检修的关系

一次设备的检修与二次设备检修不是完全独立的，许多情况下，二次设备检修要在一次设备停电检修时才能进行。在做出二次设备状态检修决策时要考虑一次设备的情况，做好状态检修技术经济分析。既要减少停电检修时间，减少停发、供电造成的经济损失，减少检修次数，降低检修成本，又要保证二次设备能有效地完成检修项目。

三、小结

本节阐述了状态检修的基本原理、基本模型、主要支撑技术，以及状态检修在电气一次设备方面的具体应用，提出了二次系统状态检修需解决的关键问题，分析了一次、二次设备状态检修的关系。状态检修应具有故障发现能力，可对故障进行准确定位，以及对故障严重程度进行精确分析，对于故障发展趋势进行准确判断。同时，状态检修的实现应有相对于被监测设备而言可接受的成本。

状态检修技术的应用需要积极、稳妥地推广、普及成熟的带电检测和在线监测新技术，不断提高监测水平，逐步采用新的在线监测技术代替传统的状态数据获取手段。重视信息采集的准确、完整，包括从运行记录所获取的信息，并使之规范化、科学化。试用对设备状态诊断有意义而又能无碍系统和设备安全运行的新测试技术。整理、汇总现有的电气设备的状态数据，建立电气设备健康状况的技术档案。定期和适时对设备进行状态诊断，充分发挥高智能、现代技术手段，如网络化、数字化、图像处理等的功能，建立电气设备状态数据的数据库系统，并完成数据网络和数据中心的建设。

第三节　电气二次设备的状态检修

一、电气二次设备状态检修的目标

二次设备状态检修就是利用微机保护/测控等自动装置的自检信息，建立一整套确定二次设备实际状况的监控系统，来监控二次设备的运行状态，并以诊断保护/测控装置的动作行为来确定设备是否需要检修。

状态检修的目标是应用现代管理理念和技术，采用有效的监测手段和分析诊断技术，准确掌握设备状态，按照“应修必修、修必修好”的原则，保证二次设备的安全、可靠和经济运行；科学地进行检修需求决策，合理安排检修项目、检修间隔和检修工期，有效降低检修成本，提高设备可用性；形成符合状态检修要求的管理体制，提高二次设备和二次回路检修、运行的基础管理水平；在电网中营造科学决策、改革创新的氛围，提高电网运行的安全性。

二次设备状态检修的具体目标体现在以下几个方面：

1. 提高供电可靠性

状态检修是供电设备在特殊状态下的检修，保证了用户的正常用电，提高了设备的可靠性和可用系数，延长设备使用寿命。更好地贯彻了“安全第一，预防为主”的方针。

2. 保证设备安全经济运行

随着电力系统微机继电保护及综合自动化的应用日益普及，保护装置逐步具备了相应的数据接口可进行数据远传。充分利用数字式保护的技术特征，实现数字式保护的状态检修，改变目前保护装置计划检修模式，将预防性试验改为预知性试验，提高了设备的安全运行水平。实现状态检修可以有效避免定期检修中不管设备好与坏而全部进行检修的缺点，克服定期检修的盲目性，同时降低凭经验进行定期检修的不可靠性和设备的故障率。

3. 提高设备的可用率

采取状态检修技术后，在各种保护/测控等自动装置的设备状态特征量采集上将没有盲区。通过保护/测控等装置的故障和动作信息，监测操作及信号回路状态，设备的可用率将大大提高，如图 9-1 所示。

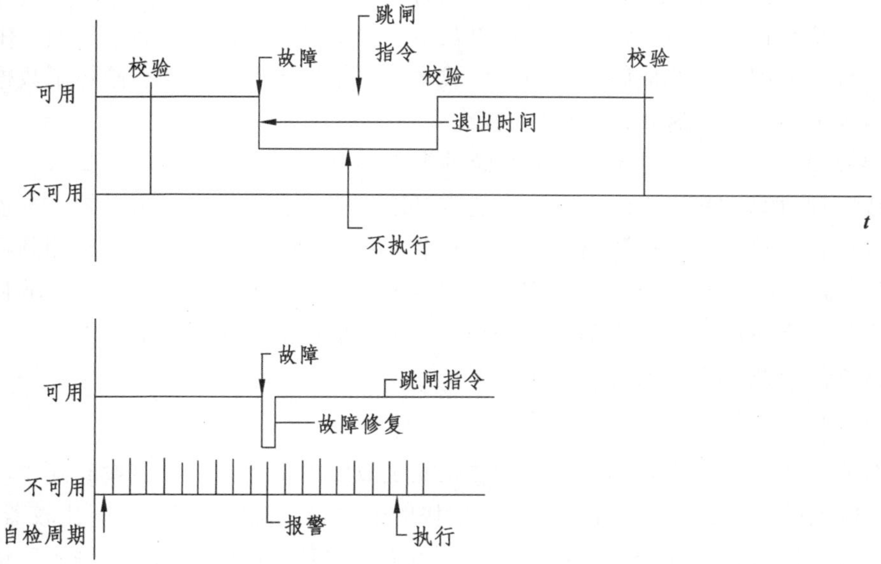

图 9-1　变电站自动化系统可用率示意图

4. 提高人员技术素质

状态检修是在一定组织下进行充分的技术准备，采用先进的在线监测装置对二次设备进行检修。这要求技术人员具有较高的技术水平，他们不仅可以保证检修质量，而且使设备在更新完善方面更科学化，可以说推广状态检修的过程就是相关技术人才的培养和使用的过程。

5. 提高设备的管理水平

随着电气二次设备的不断完善更新，状态检修所要求的技术条件以及科学分析方法，使检修工作简单化，处理事故准确化，避免了定期检查的盲目性。检修工作向量化迈进，使管理工作科学化、规范化，减少了检修管理中的混乱性。

6. 有利于减员增效

以往的定期检修是依据设备运行周期，到期必修，工作盲目性大，检修工作量大，需要的工作人员多而杂。状态检修是根据设备的运行情况适时检修，检修人员不再需要多、只需要精，提高了工作效率，减少维护工作量，降低劳动强度，有利于提高劳动生产率。

二、二次设备状态检修的主要方法

数字化装置自诊断技术的发现及变电站自动化故障诊断系统的完善，为二次设备状态监测奠定了坚实的基础。二次设备的状态监测不过分依靠传感器，常规保护由于是由若干继电器构成，元件比较单一，状态监测相对难以实现，但可以充分利用本身具有的测量手段，如：TA、TV断线监测，直流回路绝缘监测，二次保险熔断报警等实现。

状态检修技术的基础是故障检测和故障诊断，故障诊断的目的是尽快发现故障，减少故障潜伏时间，故障诊断是指明故障位置。故障检测和诊断能及时发现故障和故障部位，为排除故障提供了信息。故障一般分为4个层次：① 物理层故障；② 逻辑层故障；③ 信息（数据）层故障；④ 系统层故障。

物理层故障是电子电路中的故障，可分为元件级、逻辑门集和集成芯片级故障。

逻辑层故障是指物理层故障在逻辑层表现为逻辑值的变异。

在数字系统和计算机中，常量、变量以及指令等都以码字形式存储和传递，由于硬件故障或环境干扰等原因，会造成码字中的一个或多个码字发生变化，从而破坏了数据的正确含义，产生运算上的错误，这就是数据层故障。

系统层故障表现为功能的错误，即系统的输出不符合系统功能的设计要求。

设备故障评价测试和诊断的有效性，通常是以覆盖率和分辨率来衡量的。覆盖率是指被测系统工程中任意故障能够被测出的概率。如果所有故障的集合为 F_1，可检测到的故障集合为 F_d，则覆盖率为 F_d/F_1。分辨率是指能判明故障部件（模块）的大小。诊断的目的是为部件重组或更换部件做准备，分辨率只需达到与重组或更换部件相匹配就可以了。

各种基本故障测试方法的特点具体如下：

1. 比较法

比较法是发现差异的重要形式，比较法是测试故障的常用方法。假设有两个功能完全一样的模块，输入的信息也是一样的，将两个模块的输出作为比较器的输入。比较器的功能是：当两个输入相同时，输出一个“一致”信号，当不一致时则输出一个“不一致”信号。当模块发生了故障，只要两个模块不同时发生故障或者同时发生了故障但不是同样的故障（共模故障），则两个模块的输出就不会一样，或者说输出的一致性的概率极小，因此，通过比较器的输出便知道模块是否发生了故障。

2. 编码法

在数字系统和计算机系统中，任何信息（数据）总是由码元（比特）的序列（称作码向量或码字）表示的。编码理论指出，在一定的信息数量下，可用最少量的码元组合而成。例如用 K 个二值码元可组合成 $2K$ 个码字，即代表了 $2K$ 个信息。在此基础上若增加冗余的码元，并使冗余码元与原来的信息码元具有某种相关性，那么这种码字就具有一定的差错控制能力（检错、诊错或纠错）。

3. 校验法

校验法是用已知的正确量与被测量相比较，如果两者一致就说明产生被测量的模块工作正常，否则便是发生了故障。其特点在于"理想模块"，如果它的功能和被测模块一样，那么它必须是无故障的（理想的）或者是它的失效率远小于被测模块，只有这样，它的输出才可看成是预期正确的。理想模块也可以是一个"输入-输出对应表"的存储模块。每有一个输入，就输出一个正确的输出信息。这个存储模块的结构比被测模块简单，可靠性远大于被测模块。校验法的特点是能根据校验的输出直接判明被测模块是否发生了故障。

4. 监视定时器法

监视定时器法是一种监视工作过程所需时间是否超过了规定限度的方法。例如，在所监视的过程开始时，把定时器置位，在过程完结时把定时器复位。若定时器在预定的时间内没有复位，则给出错误标志。由于监视定时在技术实现上比较简单，所以在具有周期性工作过程的系统中得到广泛的应用。监视定时器可用硬件或软件单独实现，也可混合实现。

5. 特征字法

特征字法也叫检测法，这种方法的基本思想是设计一种硬件的特征字发生器，当任何串行数据通过该发生器后，该发生器就产生了一个与该数据唯一对应的特征字。与一个正确的数据相对应的特征字叫作标准特征字。如果一个被测数据通过发生器产生的特征字与它的标准特征字不相符，则说明被测的数据发生错误。

三、实施二次设备状态检修的关键

如前所述，实施设备状态检修的目的是提高设备的可用率，设备可靠性评估是提高设备可用率的基础。传统的电力设备可靠性评估基于威布尔得出的浴盆曲线法，由于可靠性特征曲线形似浴盆而得名，如图 9-2 所示，纵轴为失效率，横轴为时间。

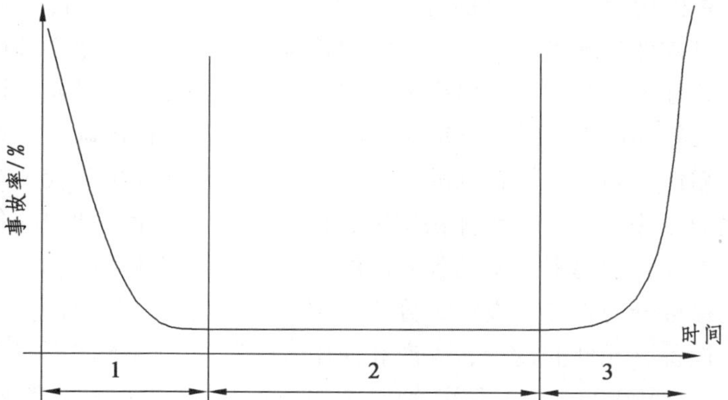

1—早期故障期；2—偶然故障期；3—耗损故障期。

图 9-2 浴盆曲线图

按照曲线的形态可分为早期故障、偶然性故障和耗损性故障。如前所述，偶然性故障是很难预防的，因此，状态检修技术的采用主要是为了降低设备耗损性故障期间的失效率，提高设备的可用率，解决定期检修不能有效减低设备故障率的问题，延长设备生命周期。

状态监测技术往往采用“限值”作为可靠性评估判断的基础，电力设备的各项“限值”是由多年来大量的试验及运行数据经分析、总结而得出的一个概率分布值。由于电力系统的设计、运行方式不断变化，系统容量的增大，以及电力设备设计及制造工艺水平的提高，原有部分“限值”将失去实际意义。在 1999 年国际大电网会议中提出了“趋势比限值更重要”的观点，将这一观点作为状态检修策略研究的一个基点更加具有实际意义。

计划检修条件下的常规检测已在掌握设备状态方面积累了一定的经验，这是推行状态检修的有效基础。为了适应推行状态检修，则必须强化常规检测。所谓“强化”就是要根据设备的原始状态、运行环境、历年状态变化趋势等因素，确定更为合理的测试周期；把在系统中处于重要地位的设备和设备的薄弱环节列为被测试的重点；列出能有效反映设备主要异常状态的重点测试项目；从改善测试环境条件、测试仪器功能、测试方法、测试人员素质等方面努力提高测试数据的可信度；在对各种测试数据进行科学的、综合分析的基础上对设备状态做出评估。

实施二次系统状态检修的关键在于：确定检修制度改革的策略、思路和具体的实施方案；制定状态检修的有关规章制度；重点明确推行状态检修工作的步骤，以及各个阶段的重点、实施状态检修的设备对象。其具体体现在以下几个方面：

1. 在线监测技术是状态检修的基础

状态检修的基础在于采用在线监测技术在运行状态下连续进行测试，因而能及时、有效地发现设备的早期缺陷，并据此确定检修时机。在线监测技术的应用需加强与变电站新投入设备的设计、制造、运行等单位的紧密合作，考虑设备投入使用后与监测装置的统一配合，加快在线监测技术的实用化进程。

2. 设备状态分析是状态检修的核心

状态检修的关键在于通过在线监测信息及相关资料分析，把握有助于广泛掌握的设备状态和设备状态变化趋势，从而制定更科学的检修策略。数理统计的方法应用到状态检修中去，即通过有关设备大量的历史资料，包括出厂试验、历次试验检修与故障、可靠性理论基础、可靠性应用技术、可靠性管理等方面。可靠性理论基础包括可靠性数学和可靠性物理等，前者主要是概率论和数理统计等，用于研究失效的规律及设备元件的可靠性评估；后者主要研究失效机理，探索失效的原因。可靠性应用技术包括可靠性指标的确定、系统可靠性设计、失效分析、系统可靠性试验、现场数据的收集与分析、可靠性评价与验证等。可靠性管理主要是应用系统工程的方法，将设备元件在使用过程中的整个寿命周期中的各个阶段的可靠性技术工程有效地组织并管理起来，调动各方面的人员开展可靠性活动。

可靠性评估全程可分为管理、设计、分析、理论、数据、试验和评估七个分支。可靠性工作贯穿于产品、设备、元件的设计、生产和使用各个阶段，其具体有三个方面的任务：

（1）根据可靠性定义内容，对产品可靠性提出明确量化要求；确定完成规定功能的含义，准确地制订完成规定功能的标准，对时间进行研究，如规定的时间，失效前工作时间为 t，设备元件的寿命为 T，当设备、元件寿命比规定时间长（即 $T>t$），则为认为设备元件在规定时间内能够完成规定功能。

（2）努力拓展寻找可靠性的途径，筛选不合格元器件，通过改进设计而达到功能提升。

（3）在满足规定可靠性的前提下，尽量降低产品设备的质量、体积和费用。设备元件的可靠性究竟要多高，这实质是一个价值判断问题，需要对诸如功能目的、时间、维修、寿命等进行综合平衡分析。建立设备状态的信息管理系统，利用这个系统逐渐实现状态检修管理工作的标准化，管理业务的程序化，数据资料的完整化和准确化，状态信息的资源共享化和综合处理化。

3. 信息有效传递是状态检修的保障

状态检修策略的实施需要通过传输媒介将现场监测和后台分析的信息及时传递至相关人员，确保设备状态情况的及时掌握和有效处理。现场在线监测装置通过数据通信接口与后台分析系统检修中心计算机局域网络相连，检修中心通过网络能实时调用各装置所测数据，真正发挥状态检修在线监测装置的作用。变电站内主要采用光纤传输作为传输媒体，也有采用无线应用协议（Wireless Application Protocol，WAP）进行数字信号传输，此时，需要考虑传输容量及数据还原等一系列问题。

4. 技术素质提高是状态检修的关键

随着现代科技在发电厂和变电站的广泛应用，计算机监控已经能代替人完成大部分设备的运行监视，但这些技术还是需要人去控制、操作。状态检修与纯计划检修对人员素质要求的最大不同点在于：纯计划检修要求技术人员熟练掌握一个专业面的知识即可，而状态检修要求有综合的专业知识、独立的判断能力、很强的事故处理能力，即需要一专多能型技术人才，在设备运行、设备故障处理和设备检修过程中均能够把经济损失降低到最低点，以确保设备利用率和整体效益的高起点。状态检修作为未来电力系统检修方式的发展方向更需要一专多能型的技术人才。

电力系统二次设备实现状态检修是电力系统发展的需要，随着电网微机保护和微机自动装置的自诊断技术的广泛使用，电气二次设备的状态检修无论是技术方面还是经济方面都比较容易做到。随着综合自动化系统的广泛使用，可大大减少二次设备和电缆的数量，克服目前常规保护状态监测存在的困难。设备管理信息系统在电力系统的广泛使用，为电气二次设备实现状态监测提供了信息资源支持。电力系统二次设备开展状态检修也将有助于变电站自动化及水电站自动化的发展。

四、继电保护状态检修的预期效果

继电保护装置是电网安全运行的“静静哨兵”，其典型的运行特征是正常时没有信号输出，在系统发生故障时动作跳闸，避免事故的扩大。依据 DL/T 995—2006《继电保护及电网安全自动装置检验条例》的要求，需要对继电保护、安全自动装置及二次回路接线进行定期检验，以确保装置元件完好、功能正常，确保回路接线及定值正确。若保护装置在两次校验之间出现故障，只有等保护装置功能失效或等下一次校验才能发现。如果这期间电力系统发生故障，失效的保护将不能正确动作。

保护装置异常对电力系统而言是非常严重的问题，我们将保护装置的缺陷定义为“隐性故障”。隐性故障的存在对电网安全运行的第一道防线构成了很大的威胁。隐性故障是一种在系统正常运行时对系统没有影响的故障，而当系统某些部分发生变化时，这种故障就会被触发造成事故的扩大，并有可能导致大面积故障的发生。隐性故障在系统正常运行时是无法发现的，但是一直有故障发生，继电器将感受足以使其动作的电气量，这种状态下就可能会使带有隐性故障的保护系统误动作。

（一）保护隐性故障分析

1. 隐性故障描述

继电保护系统中的元件都有可能存在隐性故障，例如 TV、TA、接线片、I/O 接口设备、各种继电器、通信通道等。隐性故障和一般故障的差别就在于这些缺陷不会使保护立刻动作，而是当系统发生其他一些事件时才能够被监测到。

1965 年 11 月 9 日，北美电网发生了大停电事故，起因是某套保护的第Ⅲ段整定值不合适，该整定值 9 年没有重新核算，晚上调节移相器后造成负荷阻抗进入保护动作区，引起第Ⅲ段保护动作，最终扩展为大停电事故。1997 年纽约市因两次雷击引起一系列保护误动，包括方向保护误动，最终扩大为电网大停电事故。1995 年 12 月 14 日，爱达荷州南部地区 345 kV 线路保护跳闸，同时，并行线的另一条线路保护误动跳闸，引起第三条线路过载，事故最终形成了四个“孤岛”电网，系统频率降至 58.75 Hz，低频继电器切除 3 000 MW 负荷。

2006 年 7 月 1 日，华中电网 500 kV 线路嵩郑Ⅱ线 REL561 差动保护误动作，跳开嵩郑Ⅱ线郑州侧 5033、5032 断路器，10 s 后嵩郑Ⅰ线 REL561 过负荷保护误动作，跳开郑州侧 5023、5022 断路器，嵩山变电站安全自动装置拒动，引起事故进一步扩大。

上述事故表明：隐性故障的最大特点，也就是最危险的地方在于它们对于系统的影响只有在电力系统处于紧急状态时才能显现出来，比如在故障发生时或者故障发生后瞬间低电压、过负荷，以及其他断路器事件发生后等。以方向比较闭锁方案为例，若故障检测器或者通信故障，都有可能导致在相邻线路故障时继电器动作使断路器错误地跳开。如图 9-3 所示，只要正向有故障发生，那么载波收信回路中的隐性故障就会拒绝接收闭锁信号，进而保护动作断路器跳闸使线路断开。

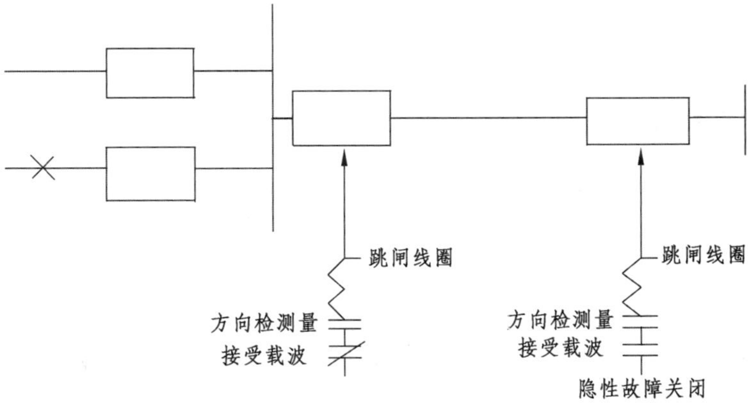

图 9-3　方向比较闭锁保护隐性故障示意图

引起隐性故障的原因很多，但通常有两种情况：

（1）由保护不正确整定引起的隐性故障。

这种隐性故障可能是由于整定和校验的错误，或者整定对于系统的主要运行方式不合适所引起的。特别是当实际电网发生很大变化，而保护整定值却没有进行必要的调整，此时即使继电器正常运行，但是由于不正确的整定仍然会存在隐性故障。当然，这种隐性故障可以由继电保护人员通过保护定期校验来予以校正、控制。

（2）由设备故障引起的隐性故障。

这种故障的产生原因可能是元件失灵，或者因为环境和不正确的人为干涉引起元件损坏等。这种隐性故障在任何设备上都有可能发生，通过正确的维修可以降低隐性故障的发生率。当然，太过频繁的维修也会导致隐性故障的发生。

隐性故障并不都具有同样的危害性，也不是所有的隐性故障都对电力系统有重要的影响。每个隐性故障都有其脆弱性区域，如果在脆弱性区域有非正常的事件发生（比如故障），隐性故障会使得继电器错误地断开电网中的元件，这样就会产生新的非正常状态，而在这样的状态下，又会有别的隐性故障再次暴露出来。

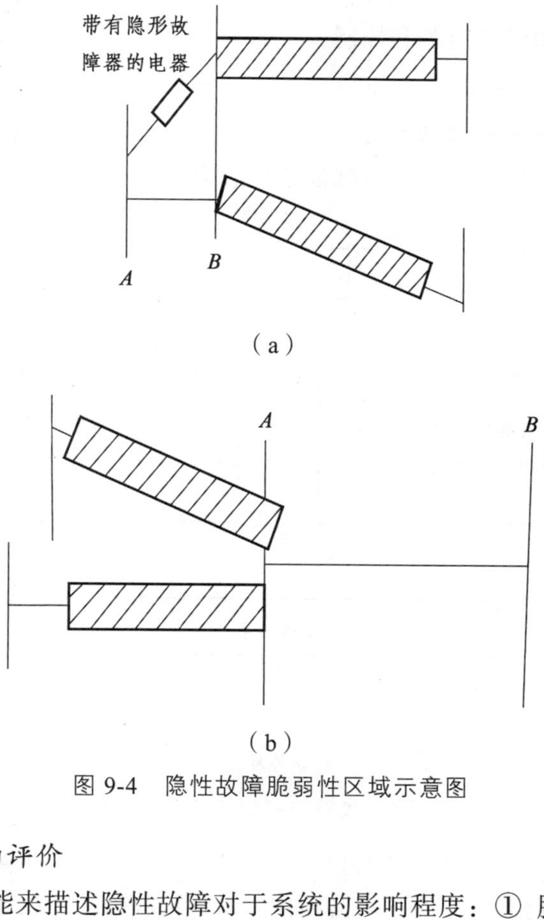

图 9-4　隐性故障脆弱性区域示意图

2. 保护隐性故障的评价

通常可以用两个性能来描述隐性故障对于系统的影响程度：① 脆弱性区域；② 隐性故障影响的严重性。

如图 9-4（a）显示的是沿着母线正方向的脆弱性区域。由于继电器存在隐性故障，只要当电力系统在某个范围内发生故障，带有隐性故障的继电器就会误动。所有涉及此种故障的区域就是隐性故障的脆弱性区域，如图 9-4（a）中的阴影部分即是继电器的脆弱性区域。

如图 9-4（b）显示的是沿着母线反方向的脆弱性区域。*A* 侧继电器传递闭锁信号失灵时，会导致线路 *AB* 对于外部线路发生的故障失去方向，如图 9-4（b）中的阴影部分即继电器的脆弱性区域。

在确定了带有隐性故障的继电器脆弱性区域后，需要研究隐性故障影响的重要性，决定每个区域的相对重要性，分配优先权或者灵敏性等级，可以用“脆弱性指数”来表示。测量“脆弱性指数”的方法就是看电力系统发生事故时系统的稳定性或者非稳定性。系统发生内部故障，该线路的继电器会跳闸，这是第一件事件；然后带有隐性故障的继电器误动作，结果就有两条线路断开了，这是第二件事件。可以实时执行这样的事件分析，但如果条件不允许的话，也可以提前计算连续发生两件事件的影响。通常用负载、暂态稳定性或者电压崩溃等性能来描述“脆弱性指数”。

脆弱性区域和脆弱性指数结合在一起就可以给出隐性故障导致大规模严重事故的可能性。以此为标准，列出隐性故障的危害性，就可以按顺序划分隐性故障的级别。对于最严重的隐性故障则需要进行单独的监测和控制。

3. 隐性故障的监测与控制

在研究了脆弱性区域和脆弱性指数后，就可知道哪些继电器隐性故障的危害性比较大，从而可以对这些继电器采取一些措施以降低隐性故障的发生率。

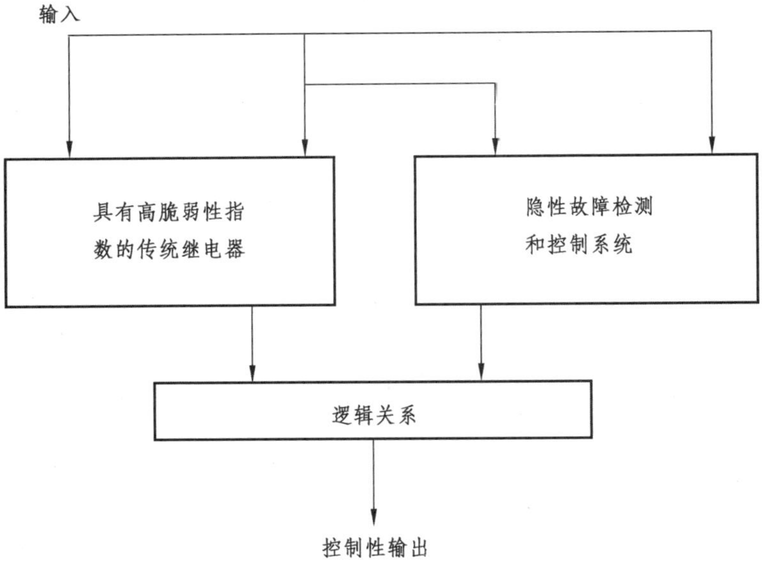

图 9-5　隐形故障的监测和控制系统示意图

如图 9-5 所示即为隐性故障的监测和控制系统，可以将它应用到变电站中以控制那些有着很高脆弱性指数的继电器。隐性故障监测控制系统接收到的输入信号与具有高脆弱性指数的继电器所接收到的信号相同，事实上也就是复制该继电器的算法和功能。

隐性故障监测控制系统的输出和传统继电器的输出以一个适当的逻辑形式联系起来，用来监督传统继电器的输出。当隐性故障监测和控制系统的决策和传统继电器的决策不同时，不允许跳闸。例如：过电流继电器，考虑其隐性故障的可能性就是考虑它的方向性，隐性故障监测和控制系统接收来自传统继电器的运行和极化信号，进行方向计算，其输出和传统继电器的输出相连。

（二）继电保护状态检修的预期目标

对于以上保护隐性故障分析来看，对隐性故障的有效监控对于电网的安全稳定运行十分重要，2003 年美加“8・13”大停电、2006 年西欧“11・4”大停电过程中均发生了后备保护在故障发展过程中重负荷情况下动作跳闸，引起系统潮流分布的进一步恶化，最终造成电网大面积停电事故。

保护系统作为电网安全稳定运行的第一道防线在电网的安全运行中起着非常重要的作用。在电网发生扰动事件后，保护的动作行为将直接决定事故的影响范围及对于电网安全、稳定运行的严重程度。因此，继电保护状态检修的目标就是实现对于运行中保护状态的有效监视，评估保护抵御各种电网扰动的能力，或者说保护整定值对于电网各种不同安全运行方式的适应性。

但就保护的状态检修而言，必须满足保护装置应具备的基本功能。解决第一类保护整定值不配合引起的隐性故障比较困难，随着不间断录波技术、故障信息系统技术、保护仿真技术的应用，有可能采取有效的技术方案，实时评估保护整定值对于电网网络结构的适配性，进而判断第一类隐性故障隐患，详见本章第五节分析。对于解决第二类隐性故障，即保护装置本身缺陷或保护二次回路缺陷引起的隐性故障，属于状态检修的主要预期目标，重点考虑以下几个方面：

（1）实现对于保护装置、二次回路、跳闸线圈的完整监视，确保整个保护系统没有监视上的“盲点”。

（2）有效地记录保护装置在电网发生故障时的动作行为，保护动作正确应意味着故障过程中实现了整个保护系统的完整性、正确性检验。

（3）在一次设备停电时对于断路器的操作试验可以实现保护二次回路与辅助设备的检查。

（4）在装置正常运行时可以有效地记录保护装置的投停情况，异常事件及处理效果等参数，为分析保护设备的可靠性、可用率、生命周期等指标提供数据支撑。

（5）同时，必须能有效地解决抗干扰问题，避免状态监视系统对于保护装置正常运行的影响。

继电保护状态检修是一种先进的设备检修管理机制，是社会生产力的发展在保护日常维修领域的具体体现，可以及时发现设备故障，依据设备的故障程度而采用不同的检修策略，并合理地安排检修时间和检修项目，使保护设备状态“可控、在控”，保证电网的安全经济运行。继电保护状态检修具有以下优点：

（1）适应电力一次设备状态检修体系的推广。

（2）提高保护装置异常的发现速度，有效地快速发现保护装置的异常并能准确地定位其故障点，为检修工作提供明确的目标。

（3）延长保护的定检周期，由于状态检修系统能快速准确发现保护装置异常，使设备缺陷能得到及时处理，因此适用于传统运行体系下的保护“定检”周期可做适当的延长，以减少过度检修或不恰当检修造成的装置损坏和保护装置拒动、误动。

（4）提高复杂保护的投入率和正确动作率，特别是关系电网稳定运行的大型稳控系统、远方切机装置以及其他类型的自动装置。

（5）提高电力系统调度和运行管理水平，提高处理电力系统事故的快速反应能力，确保电力系统安全可靠供电。

五、小结

本节阐述了二次系统状态检修的特点，信号测量、信号预处理、信号处理、信号特征分析及分析诊断是状态检修的关键环节；描述了二次系统状态检修所采用的基本技术；分析了继电保护隐性故障特点，及保护状态检修应达到的预期效果。

第四节　继电保护状态检修实现技术

一、保护状态检修方案的针对性和适应性

状态检修的主要内容在于：① 收集信息；② 综合分析；③ 评估设备状态。目前保护装置的跳闸大多数通过操作箱实现，而操作箱本身并不具备状态检修功能，同时，变电站还大量使用二次电缆，对于跳闸线圈基本无有效的方法监视．因此，继电保护的状态检修必须针对目前保护的应用情况，研制合适的技术方案。

定期检修与状态检修情况比较见表 9-1。

表 9-1　定期检修与状态检修的性能比较

检验内容	定期检修与状态检修情况比较		
	定期检修（3～6 年）		状态监测
	方法	目的	方法
绝缘测量	绝缘电阻表	防止二次回路绝缘能力降低或寄生回路引起保护拒动、误动	智能设备遥测显示异常报警文
逆变电源	万用表直接测量	防止电源电压异常影响保护装置正常工作	保护装置自检报警，遥信告警
固化的程序	掉电试验	防止装置掉电引起定值异常	在线调取，异常告警
数据采集系统	加载试验电流、电压	模拟量通道精度和平衡度检查	在线调取，异常告警
开关量	通过试验检查开入、开出	防止开入、开出异常引起保护误动、拒动	在线调取，异常告警
定值单	核对保护运行定值单	防止误整定	在线调取，实时评估

续表

检验内容	定期检修与状态检修情况比较		
	定期检修（3～6年）		状态监测
	方法	目的	方法
整组检验	在运行定值下模拟各种故障	检验保护动作行为	在线监测、综合分析
一次电流、电压试验	输入保护电流、电压大小、相位及极性	检查交流回路接线正确性	在线监测、异常告警
优点	试验方法、结果真实可信、试验项目齐全		可以及时发现问题，并能定位故障点：方法简单、安全、可靠
缺点	试验过程复杂、试验方法不当可能引起其他保护误动；检修周期内保护异常不能发现		必须经过一次保护新投产检验，必须检查数据库系统数据正确

从表 9-1 中可以清晰地看出定期检修和状态检修在实现方法上的差异，若状态检修取代定期检修，意味着定期检修的主要目的必须由状态检修的技术实现，或者说状态监测技术必须能有效地解决定期检修所需解决的主要问题。

同时，由于保护二次回路上配置上的差异，状态检修技术的实现必须对于这种差异具有技术上的适应性。不同的现场中，二次回路的差异性往往比较大，例如图 9-6 中如果不使用继电器 TWJ，把电路修改成图 9-7 也可以实现原理功能。

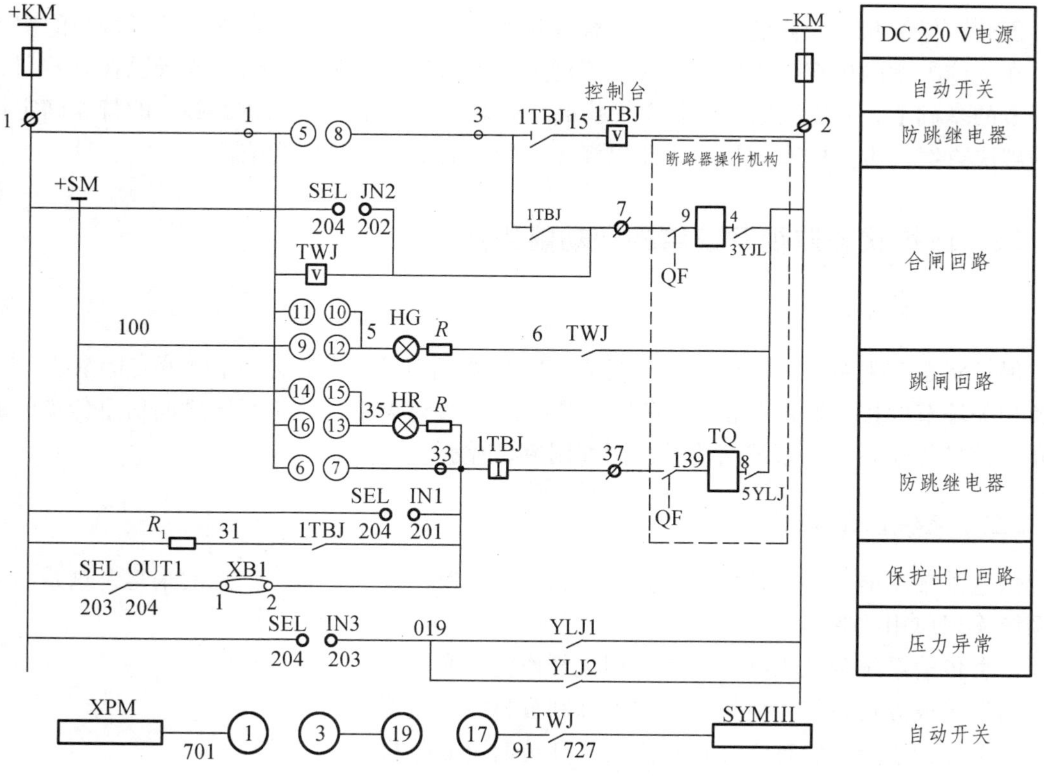

图 9-6　现场跳闸回路示意图 1

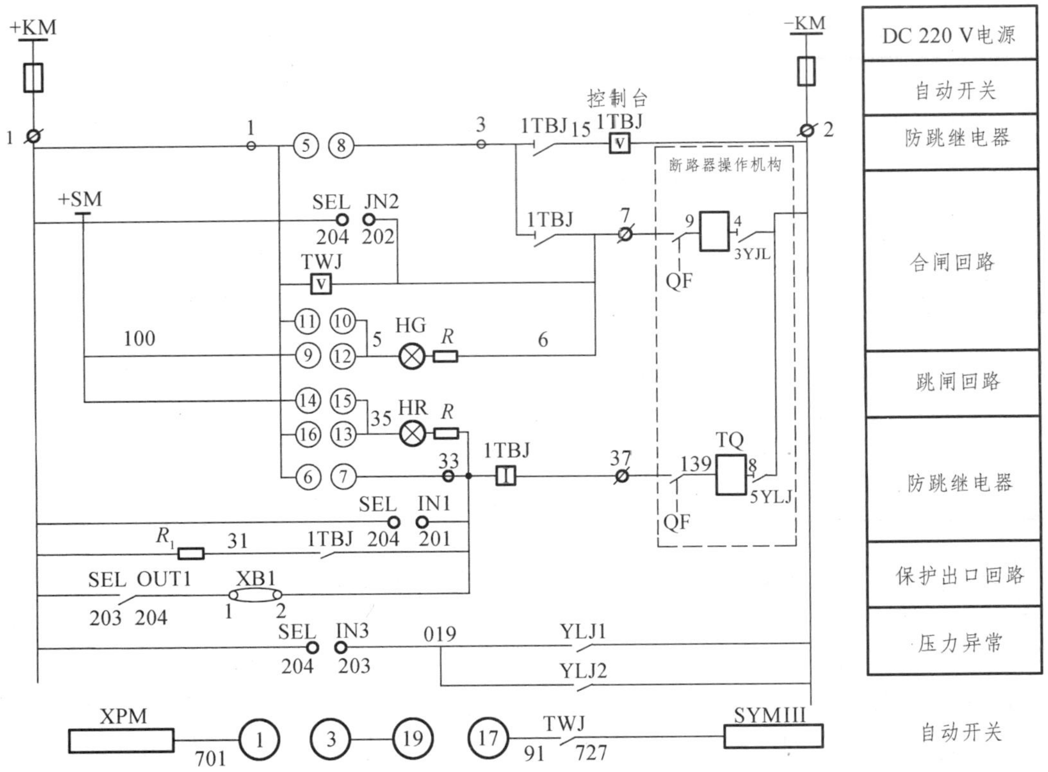

图 9-7　现场跳闸回路示意图 2

因此，保护状态检修的实施必须结合现场的实际情况，制定符合现场运行特征的实施方案。在实施方案的确定过程中必须充分考虑上一节所提出的关键问题，或者说在有效划分保护环节的基础上，分析继电保护状态检修的“关键路径”，针对“关键路径”的特点确定针对性的解决方案。方案的有效性应主要以涵盖计划检修的实现目标为依据。

二、保护状态监视系统结构和功能组成

（一）基本结构

保护状态监视系统基本由三部分组成：① 监视信息集成分析系统，决策支持系统；② 保护及相关环节的接口监视设备，信息采集系统；③ 接口设备与分析系统之间信息传递的通信媒介，信息传输系统。系统结构示意图如图 9-8 所示。

（二）系统功能组成

信息采集功能主要实现保护装置、相关回路、跳闸线圈等关键信息的采集，这是状态检修系统实现应用的基础。

信息传输系统为抗干扰一般应采用光纤作为媒介。

信息集成分析系统主要进行数据处理和分析，其基本应用有：

（1）保护连接片管理，在保护连接片变位时有变位报文。

（2）保护定值的管理，可实时核对保护运行定值。

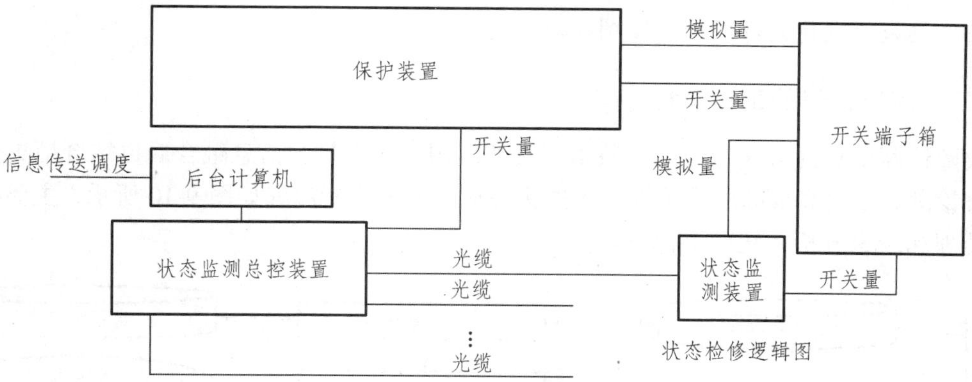

图 9-8　保护状态检修系统结构示意图

（3）保护采样值的管理，可以人工调取采样值，显示保护的二次电流、电压大小以及各相的相位角、电流与电压的相位角、功率方向；差动保护的各侧电流的相互相位角以及值的大小、差动电流的值等。

（4）保护自检报警，保护装置的硬件异常告警等。

（5）故障报警，一次设备故障时，保护主动向监控主站上传故障报文，说明故障时间、故障类型、故障相别、故障范围。

（6）保护动作报警，保护装置对电网故障反应的故障报文和报警报文。

（7）保护装置操作回路异常告警，如控制回路异常、储能回路异常、储能设备异常等报文。

高级应用主要体现专家系统的功能，在后台系统中经过信息处理分析，完成保护二次设备状态信息提取，再利用故障诊断专家系统对于设备状态进行分析判断处理。设备诊断专家系统是状态检修系统中的关键，其以设备状态监测信息为基础，利用专家库的领域知识和经验，提取反映保护设备运行状态的自检信息，通过模拟专家的思维决策过程对信息进行推理和判断，判断设备是否存在故障、确定故障的原因、位置和性质，得出分析结论指导检修运行。

状态检修后台分析系统总体功能分为两大部分：①基本功能（报警处理）；②高级应用功能（专家系统），见图 9-9。

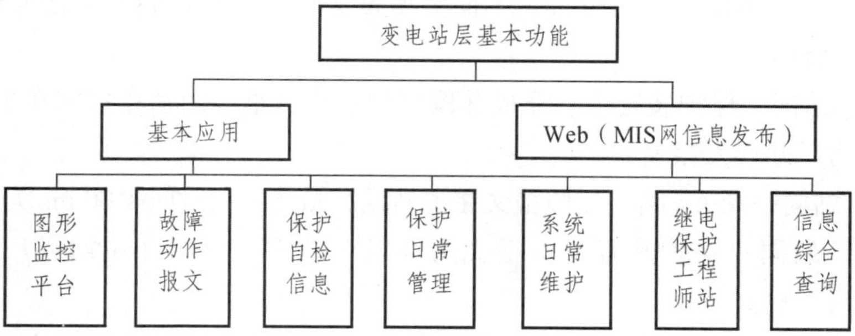

图 9-9　状态检修后台分析系统示意图

功能实现方式上应尽量采取可视化技术、人性化多功能设计：

（1）实时显示及传送保护各种运行状态及数据，便于当地及远方巡检；

（2）记录内部各元件动作行为和录波数据；

（3）具有可视化元件保护逻辑图。

（三）状态检修的工作流程

故障诊断信息的方法，应结合数学工具的应用，把大量的信息融合后再结合历史数据进行综合诊断，以提高诊断的准确性。保护状态检修系统诊断流程如图 9-10 所示，主要有报警信息处理和专家分析系统两个部分。

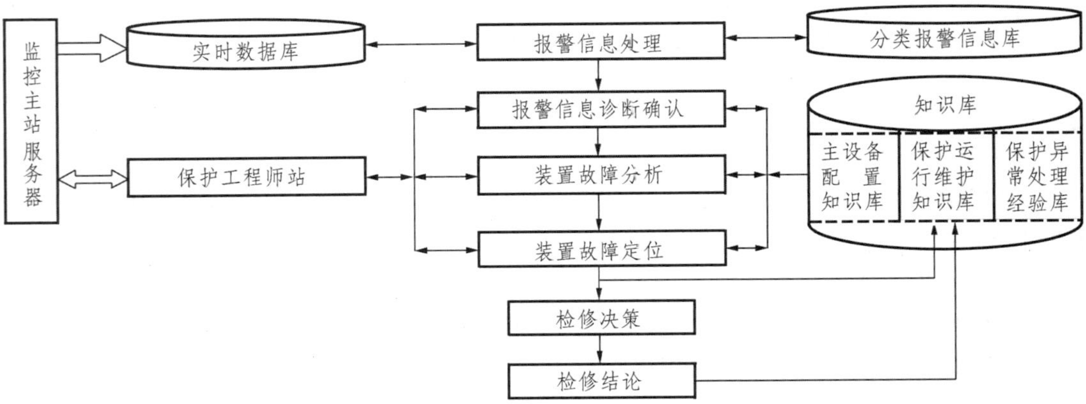

图 9-10　保护状态检修系统诊断流程示意图

1. 报警信息处理

状态检修后台系统主站根据报警信息类型把实时信息进行分类处理，结合历史信息以及设备运行情况，综合评价保护健康水平，分析实时报警信息的可信程度，确认设备是否处于异常状态。

2. 专家分析系统

状态检修后台系统根据保护装置的报警信息以及其他相关设备的信息，利用推理规则进行推理分析，同时再由运行人员的经验推断来诊断保护装置可能的异常。

支撑专家系统的规则库需要大量的规则，作为故障诊断推理的依据，如：

（1）同一厂站一半以上二次设备，不同类型报文在主站或厂站产生的时间小于 100 ms 为厂站系统复位启动。

（2）同一厂站同一保护装置Ⅰ、Ⅱ或Ⅱ段保护动作、重合闸动作报文在主站或厂站产生的时间<10 ms 为厂站误发报文。

（3）同一厂站同一开关动作、复归报文在主站或厂站产生的时间<100 ms 为厂站误发报文。

（4）同一厂站同一保护装置自检报文两个以上动作或复归在主站或厂站产生的时间<10 ms 为厂站误发报文。

（5）同一厂站两条及以上馈路保护装置控制回路断线报文动作或复归时间>10 ms 为直流系统电压异常。

（6）同一厂站同一电压等级的保护装置两个及以上装置报 TV 断线时间>100 ms 为二次系统交流回路异常等。

（四）保护设备故障定位分析

二次设备检修决策过程相对简单，只要装置故障点确定即可按原则检修。具体方法是根据设备故障情况，把所需退出和加入的保护按要求填“临检”单和检修计划表，由 Web 经 MIS 网发送到各相关部门，等到各部门答复后即可形成检修方案进行检修。

故障定位的基本步骤为：

（1）分析报警报文；

（2）监测保护装置硬件、二次回路、运行参数的变化，寻找二次设备故障点；

（3）根据保护装置运行状态和电网的运行相关参数，分析设备故障点的性质。

系统在正常情况下，对变电站的继电保护装置和二次回路的运行状况进行监测，对运行设备的二次回路参数进行查询。采用与现场接线图方式一致的图形化管理和图形化信息发布，在系统中可调出变电站装置配置图及保护装置的具体情况汇总，以便于继保人员监测装置。

同时，系统应具备完善的图形管理与参数维护功能，即图模一体化功能；提供一个电力系统元件库，包括各种装置等电力系统元件；提供最常使用的编辑功能，可以编辑各变电站二次接线图，方便地增加和修改系统信息。

（五）系统基础信息需求

1. 保护相关静态资料

保护配置、图纸、说明书。

2. 保护相关动态资料

运行状态、相关的跳闸逻辑、运行定值、设备缺陷记录。

3. 保护运行资料

保护历次动作的情况以及行为评价，相关设备故障时保护的启动情况，保护的历史告警报文。

4. 异常处理记录

保护自检报警时，对保护装置运行的影响以及处理意见，记录保护自检报文进行远程故障诊断，校核自检报文可信度的记录。

（六）运行环境的适应性

鉴于状态监视系统必须在变电站运行，因此，其必须能符合变电站的运行环境要求，具体如下：

（1）满足高低温（－40～85 °C）要求；

（2）满足防水、防尘、抗振动设计要求，可安装于开关柜等环境条件较为恶劣的现场运行；

（3）具有优异的抗干扰性能，满足 IEC801-4：1988 规定的Ⅳ级（4 kV ± 10%）快速瞬变干扰试验、IEC255-22-2 标准规定的Ⅳ级（空间放电 15 kV，接地放电 8 kV）静电放电试验，以及 IEEEC37.90.1-1989 IEEE 保护继电器及继电器系统的 SWC 试验等。

（七）系统资源配置和可维护性

配置开关量输入端，方便外部遥信量的接入，配置了 GPS 硬件对时回路，便于全系统时钟同步。硬件应考虑免调试，如：

（1）在采样回路中选用高精度、高稳定的器件，保证正常运行的高精度，避免因环境改变或长期运行而造成采样误差增大。

（2）完善的自检功能，满足状态检修的要求。

（3）产品中无可调节元件，无须现场调整采样精度，大提高运行稳定性。

（4）采用计算机单片结构，提高装置硬件可靠性。

（5）装置硬件通用性强，适合工业化生产，从技术上能够保证产品质量。

三、基于状态检修技术的保护预警系统

如前所述，保护状态检修的关键在于有效地发现保护系统的异常，及时消除保护装置或回路的缺陷，确保保护装置在电网发生故障时能准确响应，构建可靠的电网安全运行屏障。就上一节所描述的保护状态检修系统所需的基础信息而言，保护状态检修技术所能实现的功能主要局限于保护装置制造质量本身和相关二次回路的安全性方面。由于保护装置的正确动作相当程度上还取决于保护装置的整定值设置的合理性，以及在系统发生扰动时保护之间的配合裕度等因素。在实际系统运行过程中存在大量因保护定值设置不合理而造成的不正确动作，因此，在保护状态检修技术的基础上拓展对于保护系统运行状态的监视范畴，除监视保护装置、二次回路的异常情况外，实现对于保护整定值与电网适应性的在线评估或判断，有效解决第三节所讨论的第一类隐性故障问题，将具有十分重大的应用　价值。

随着连续记录电力系统模拟量信息的故障录波器技术的出现，故障信息系统技术的应用推广，保护仿真平台技术的发展，基于实时录波信息、故障信息系统所读取的保护定值信息、保护仿真技术、保护状态检修等技术，有可能构成变电站保护预警系统，实现二次电流、电压输入回路的实时监测和异常预警，如 TV 两点接地、TA 断线等；通过保护仿真模块实现在线的继电保护整定值校核，及时发现继电保护整定值之间配合存在的隐患，实现保护定值的在线预警功能，提高继电保护设备对电网运行方式的适应性；依托图形化分析技术可实现电网故障时继电保护的动作特性、动作时序和动作行为可视化分析。

（一）保护预警系统的主要功能

（1）传统变电站继电保护装置的二次交流回路，出现问题时不能被及时发现（如 TV 两点接地等），而往往在电网发生故障时会引起事故扩大的后果。预警系统利用实时采集的变电站电流、电压模拟量信息，可及时判断处理二次交流回路的缺陷并发出预警。

（2）利用电网扰动时的电流、电压信息，有效地显示后备保护启动情况，实时评估保护装置定值的适应性及安全裕度，避免由于继电保护装置定值设置错误引起的不正确动作。

（3）电网扰动发生保护装置不正确动作情况后，往往保护所能提供的信息相当有限，这给保护装置出现的拒动、误动后查找其原因带来了很大的困难。依托仿真技术及可视化技术，显性化各种保护的动作原理，利用故障时的电流、电压模拟量可实现保护动作特性的时序性分析。

（二）系统的组成

1. 数据采集部分

变电站保护预警作用决定了必须保证所采集数据的真实性，这对于电网故障再现和仿真研究，乃至进一步利用所采集的电网数据资源十分重要。变电站保护预警系统应采取措施保证采集数据的真实性，进行高速高精度采样；提高处理数据的能力；实现智能采样，对系统振荡、重合及直流量等，根据实际情况自动调整采样速率；扩充存储容量，保证长过程或连续故障时高密度采集数据，使数据保持完整性；采用高速总线，实现数据实时、快速、安全转存，尽可能减少采样单元中的滤波环节。

2. 保护信息集成

由于预警系统需要实时评估保护定值的适应性，因此，需要将变电站数字式保护信息集成在一起，充分利用所采集电流、电压模拟量信息、保护配置信息和保护定值信息，在电网扰动过程中有效地评估保护动作行为与电网安全稳定运行的适配性，即保护信息子站功能，如图 9-11 所示。

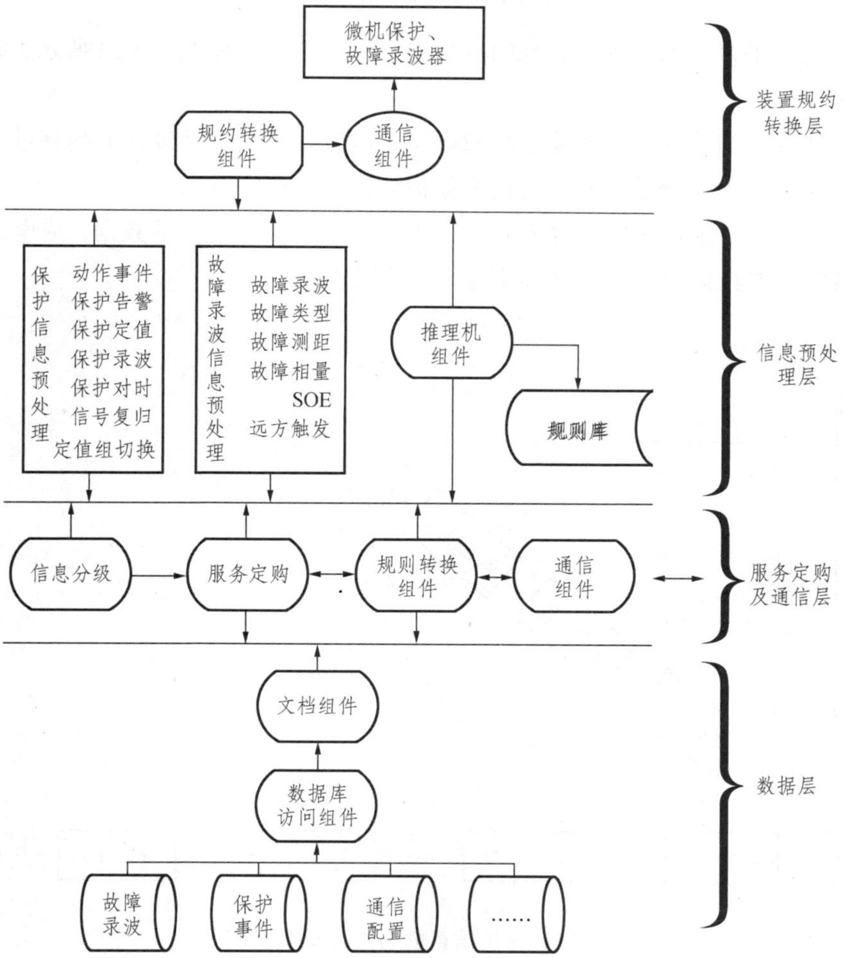

图 9-11　保护故障信息集成示意图

3. 保护仿真分析

利用仿真技术建立保护模型，可以从故障录波数据库中读取故障录波数据，对变电站内部不同类型的保护进行自动分析，确定故障类型，逐点计算故障前后的测量阻抗（或电流、电压量），并在保护特性图上绘制变化轨迹，如图 9-12 所示。

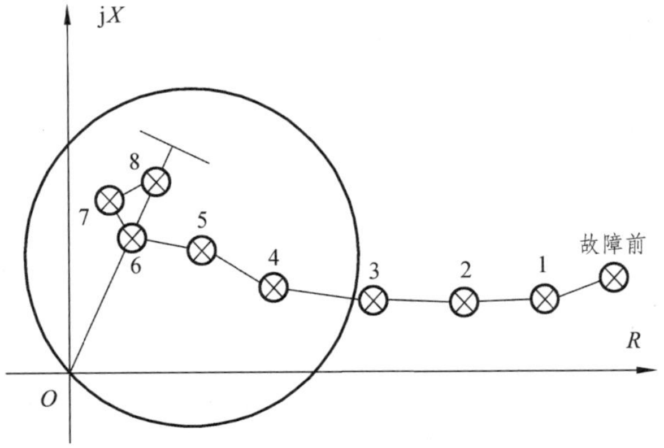

图 9-12　保护动作特性分析（动作轨迹 1、2、…）

继电保护仿真平台技术是预警系统的核心之一，其功能坐标如图 9-13 所示，并具有二级仿真层次：

（1）稳态仿真：当输入信号为稳态故障电压、电流量（其中只包含工频分量，或叠加非周期分量以及某些次谐波分量）时，可仿真保护装置的稳态特性。

（2）暂态仿真：当输入信号为暂态电压、电流量[如现场故障波的数据，或电磁暂态计算程序（如 EMTP）的数据]时，可仿真保护装置的暂态特性。

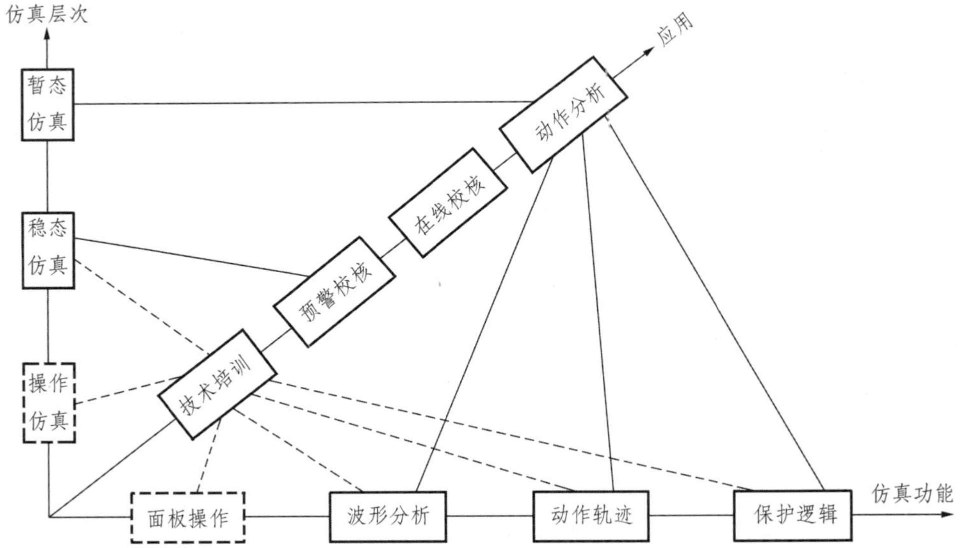

图 9-13　保护仿真的功能坐标示意图

继电保护仿真平台具有三项仿真功能：

（1）波形：能显示电压、电流波形，包括原始波形以及采样后（经过抗混叠滤波、重新采样等处理）的波形；提供多种波形分析功能，如相量图、序分量图以及谐波分析等。

（2）动作轨迹：能根据保护定值绘制保护动作特性图；能绘制保护特征量的变化轨迹，如测量电压、电流或测量阻抗的轨迹图，并能与保护的理论动作特性图叠加显示。

（3）保护逻辑：能显示实际装置的动作逻辑图；保护动作后，能在保护逻辑图上自动显示各元件的动作时序。动作时序的演示速度可手动调整，可以暂停；能以单步方式演示动作时序；能辅以列表的方式显示各元件的动作顺序。

4. 保护特性分析

储合电网放库信息系统，可实现保护特性的自动分析。根据电网故障分析结果、相关的放库承放数据、故障时的保护定值和电网运行状态等信息，利用保护的逻辑模型模拟保护动作行为，与实际的保护动作行为进行比较，判断相关装置动作的正确性，并给出动作行为分析报告，并作为保护生命周期管理中保护检验的重要环节，详细过程如图 9-14 所示。

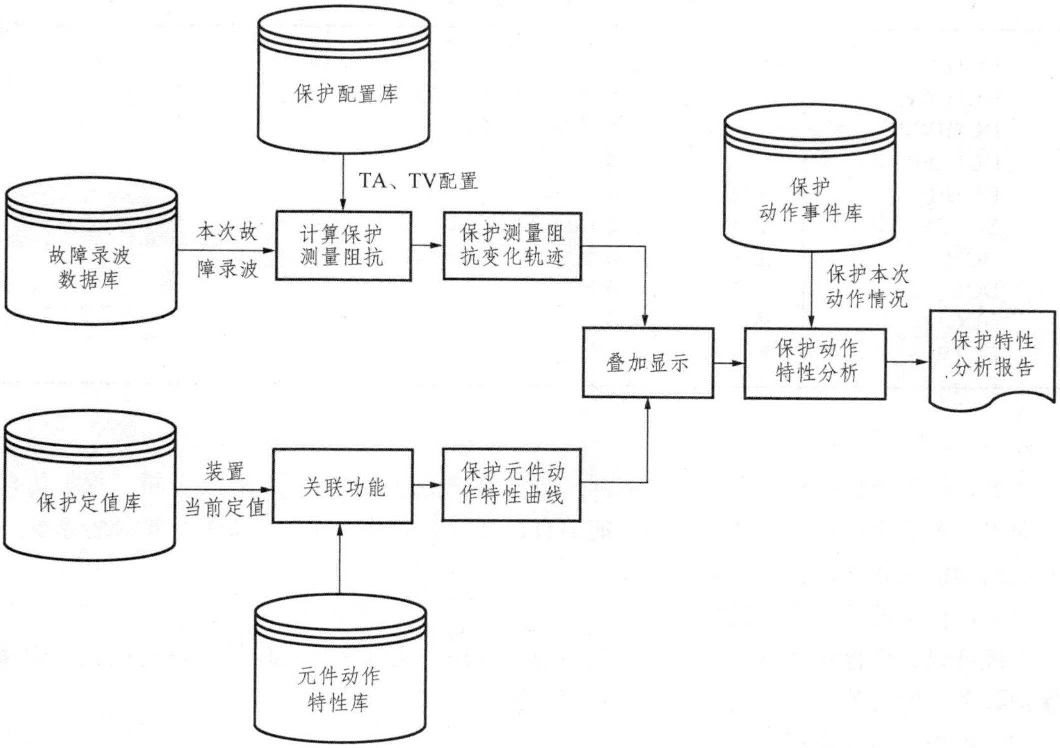

图 9-14 保护特性分析处理过程

（三）系统的具体功能

1. 保护状态实时监视

传统变电站继电保护装置的二次交流回路，出现问题时不能及时发现，例如 TV 两点接地等，变电站保护预警系统根据电网扰动时，记录的电压波形和标准波形进行比较，发现 TV

两点接地和异常情况报警。利用预警系统和保护装置从不同 TA 取电流然后进行结果比较，检查 TA 二次回路出现的错误。

电气二次设备的状态监测对象不是单一的元件，而是一个单元或一个系统，监测的是各元件的动态性能。预警系统为保护设备状态检修应监测的对象主要有：交流测量系统，直流操作、信号系统，逻辑判断系统，通信系统，屏蔽接地系统等。交流测量系统包括 TA、TV 二次回路绝缘良好、回路完整，测量元件的完好；直流系统包括直流动力、操作及信号回路绝缘良好、回路完整；逻辑判断系统包括硬件逻辑判断回路和软件功能。

2. 交流测量系统监视

系统和保护装置从不同 TA 取电流然后进行结果比较，检查 TA 二次回路出现的错误。如果有条件可以从不同 TV 取电压然后进行结果比较，检查 TV 二次回路出现的错误。

3. 辅助回路监视

实现直流操作、信号系统等辅助回路监视，使用变电站直流和信号系统保护，如表 9-2 所示，完成监测功能。

表 9-2　操作回路及辅助回路监视表

DC1LFP	直流低电压故障动作（OFF，15～300 V DC）
DC1LWP	直流低电压告警动作（OFF，15～300 V DC）
DC1HWP	直流过电压告警动作（OFF，15～300 V DC）
DC1HFP	直流过电压故障动作（OFF，15～30 V DC）
DC1RP	纹波电压（峰值）动作（1～300 V AC）
DC1GF	接地检测因素（1.00～2）
DC1F	直流电源故障告警
DC1	直流电源接地告警
GDC1R	直流电源纹波告警
DC1W	直流电源预警告

4. 变电站保护预警功能

变电站保护预警系统集电网扰动数据采集、保护信息集成、保护特性分析、保护仿真技术、保护状态监视功能于一体，上述功能的有机结合有效地构建了变电站保护预警系统，预警系统的功能主要体现在以下几个方面：

（1）保护定值的一致性校核。

系统可以调用保护装置的整定值，利用仿真保护与实际保护动作结果进行比较，确保现场保护设备二次交流回路接线的正确性和完整性。

（2）保护定值安全裕度校核。

系统可根据电网运行时所获取的电流、电压模拟量信息，根据当前的运行状况，以及设定的整定原则和校验原则，对当前系统中各种保护的状态进行在线校验。检验后备保护的安全裕度，如相间距离、过流、过负荷等后备保护的躲负荷能力，及时发现电网中存在连锁跳闸危险的薄弱环节，并以可视化方式实时显示保护灵敏度裕度，实施自动报警。预警性校核功能对电网保护提供实时智能预警，可以发现由于离线计算考虑运行方式不足而导致的不合理定值问题。

（3）保护回路故障预警。

现场分析事故是专业人员根据保护装置的动作报告和装置录波数据，判断保护装置动作正确与否。如果能够把实际系统扰动数据通过嵌入计算机系统、仿真软件计算出正确结果，并与保护装置的动作报告和装置录波数据进行数值比较，就可以自动完成现场事故分析，检查出保护装置和二次回路存在的隐患。实现对于直流操作、信号系统的状态监测。

综上所述，变电站保护预警系统充分利用了现代信息技术、微电子技术和电网二次控制相关技术，实现对于保护系统的在线评估和预警，可及时发现保护系统中存在的缺陷或与保护定值对于电网运行的配合度，确保电网安全稳定控制系统的安全、可靠、稳定运行。

四、小结

本节阐述了继电保护状态检修实现所必须关注的具体应用技术方案差异化问题，分析了保护状态检修系统的基本结构和功能组成，提出了基于保护状态检修技术的预警系统概念和实现思路。

第五节　继电保护状态检修典型方案

一、保护监测系统（RSS）简述

保护监测系统（Relay Supervisory System，简称 RSS），可以安装在变电站内监视保护装置，增加保护的安全性，避免因保护隐藏的故障组引起灾难性事故。RRS 装置可以监视变电站内的所有保护。

RRS 提供两种方式增加安全性：① 正常运行模式，RSS 监视变电站内所有具有隐性事故模式的保护；② 紧急运行模式，RSS 可在保护安全性和依赖性之间协调平衡，实际中主要通过将 RSS 与保护的输出接点进行逻辑组合来实现此应用。因此，RSS 可以实现必要时的大多数保护跳闸模式。

RSS 采取“被动”方式与保护并行工作，即仅当收到保护跳闸信号后才进行采样和存储波形，RSS 对于每个被监视的继电器进行采样和电流、电压波形存储，如图 9-15 所示。

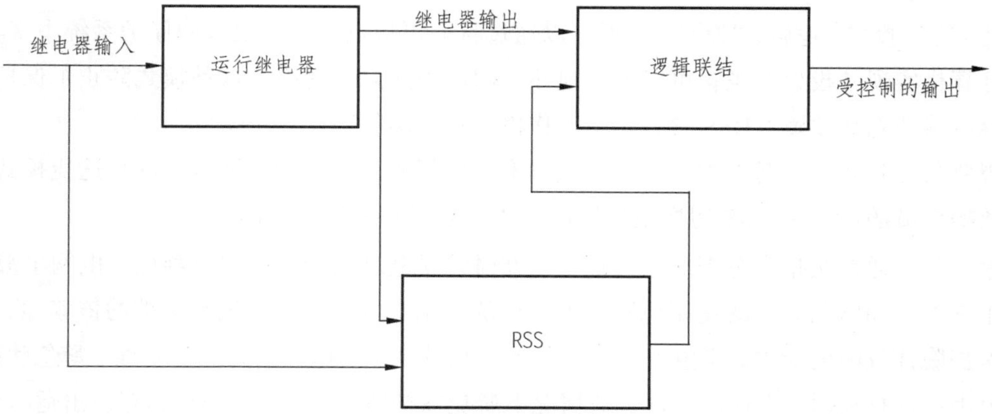

图 9-15　RSS 系统示意图

与微机保护一样，RSS 一路交流信号经滤波、A/D 变换；另一路输入来自保护辅助跳闸继电器提供的跳闸信号，这个信号使 RSS 进入触发状态。RSS 的输出控制接点与断路器跳闸线圈串联，控制断路器的跳闸。RSS 不接收远端信号，因此，只控制本侧保护。

1. 正常工作模式

正常工作模式下 RSS 监视保护，防止隐性故障引起的误动。当保护在电网发生故障时动作，辅助继电器触发 RSS，RSS 取存储的电流、电压信号，进行故障计算。若计算表示故障则容许跳闸，否则认为保护有问题，禁止跳闸。RSS 正常工作模式流程如图 9-16 所示。

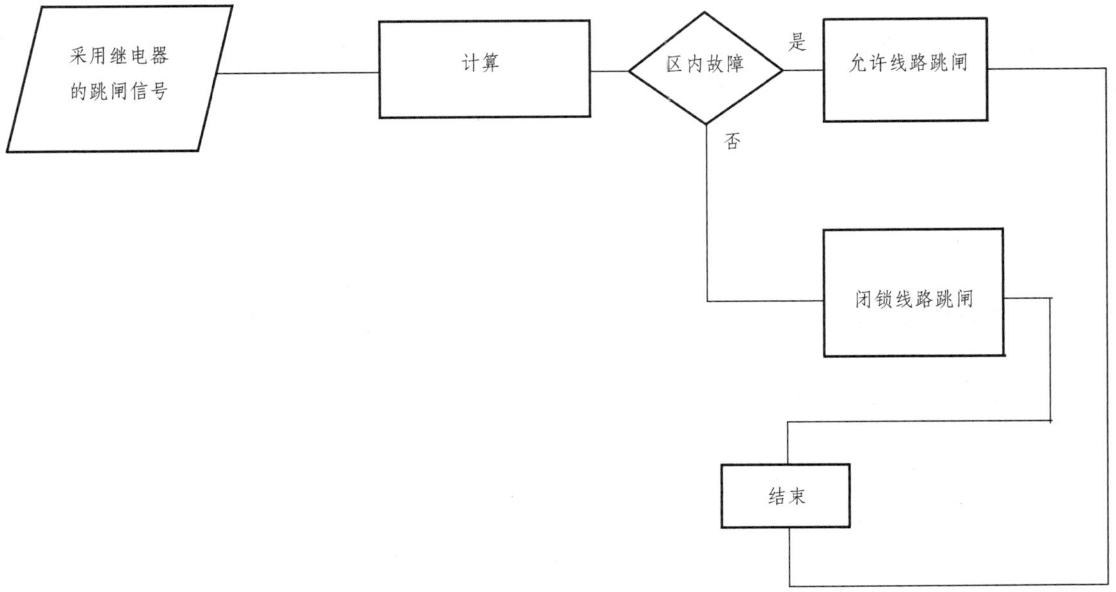

图 9-16　RSS 正常工作模式流程图

2. 紧急状态模式

在紧急状态下，RSS 可以通过调整保护的安全性和依赖性，来增加保护的安全性。RSS 系统适应于“投票”逻辑，“投票”逻辑可以通过将输出接点组合在现有的保护系统中来实现。利用计算机实现“投票”逻辑可以灵活地在不同的模式之间切换。这种模式防止了保护的误动和继电器的隐藏故障。RSS 紧急状态工作模式示意图如图 9-17 所示。

想要紧急状态模式起作用，RSS 必须具有三层保护。这是种“默认”的自适应模式，需要系统操作员的命令将 RSS 切换至自适应模式，装置必须具有通信能力。

紧急状态通常是指大范围的电网扰动，此时，线路跳闸会引起“灾难性”电网事故。

正常方式和紧急方式的使用原则是不一样的，正常方式是维持现有保护的依赖性，增加抵御保护隐性故障的能力；紧急方式则是降低依赖性水平、达到最高的安全性。紧急状态下，在大范围电网扰动时，应在严重过负荷情况下避免保护跳闸。同时，RSS 具有退出运行模式，退出运行时所有跳闸接点闭合保护恢复正常运行模式。

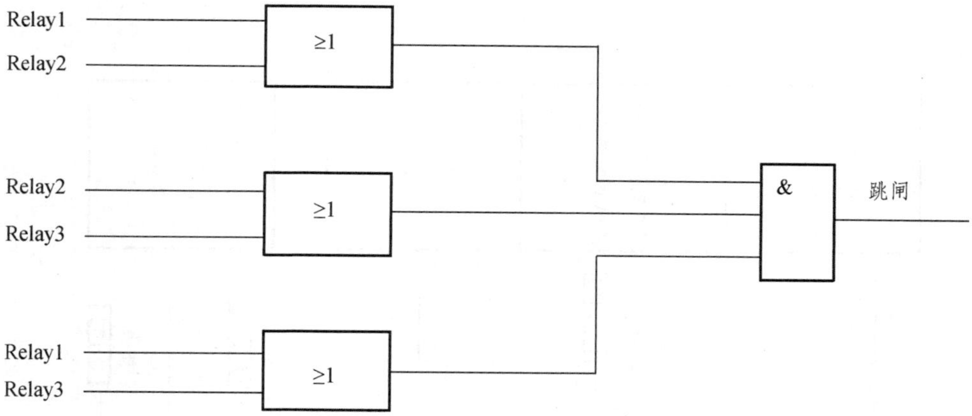

图 9-17　RSS 紧急状态工作模式示意图

二、采用智能操作箱技术简化二次回路

目前，国内电力系统继电保护二次控制回路操作箱均采用硬件式结构，即由继电器直接在 220V 强电回路中通过二次线连接而成，接线繁杂、耗能较大，自身不具备自检功能。虽然在变电站自动化系统中该回路一部分硬接点可通过智能电子设备（如测控单元）进行上传监控，但要求二次回路继电器输出接点增多，使接线复杂化，可靠性下降，同时连接的电缆也增多。对保护设备实行状态检修而言，则要求有更多的设备运行状态信息量，现有的二次控制回路操作箱达不到要求。

继电保护设备状态检修的重要要求就是在设备状态特征量的采集上不能有盲区，因此，用微机原理设计保护智能操作箱，可以有效解决电气二次回路状态检修问题，填补综合自动化变电站二次控制设备的边缘空白部分，为实现完全意义上的自动化、为继电保护实行状态检修创造必要的条件。保护智能操作箱如图 9-18 所示。

这种设计不但可以实现在线监测和数据远传等功能，还能突破原硬件式操作箱（回路）的结构模式，用软件功能实现控制操作全过程的方案，使操作回路的结构只需用简单的开关量输入和开关量输出即可实现；取消了硬件结构上的防跳继电器，大大地简化了操作回路的逻辑接线，减轻了现场工作人员的工作量；同时，为保护实现状态检修提供重要的应用基础。

三、在传统试验方法中增加关键接点监测

目前，国内电力系统继电保护二次回路的正确性检查是定期采用传动试验方法实现的。按照上述原理，可以安装状态监测控制装置（自动传动试验装置），在被保护一次设备短时间停电时，自动进行传动试验，并且记录和分析试验结果的正确性。

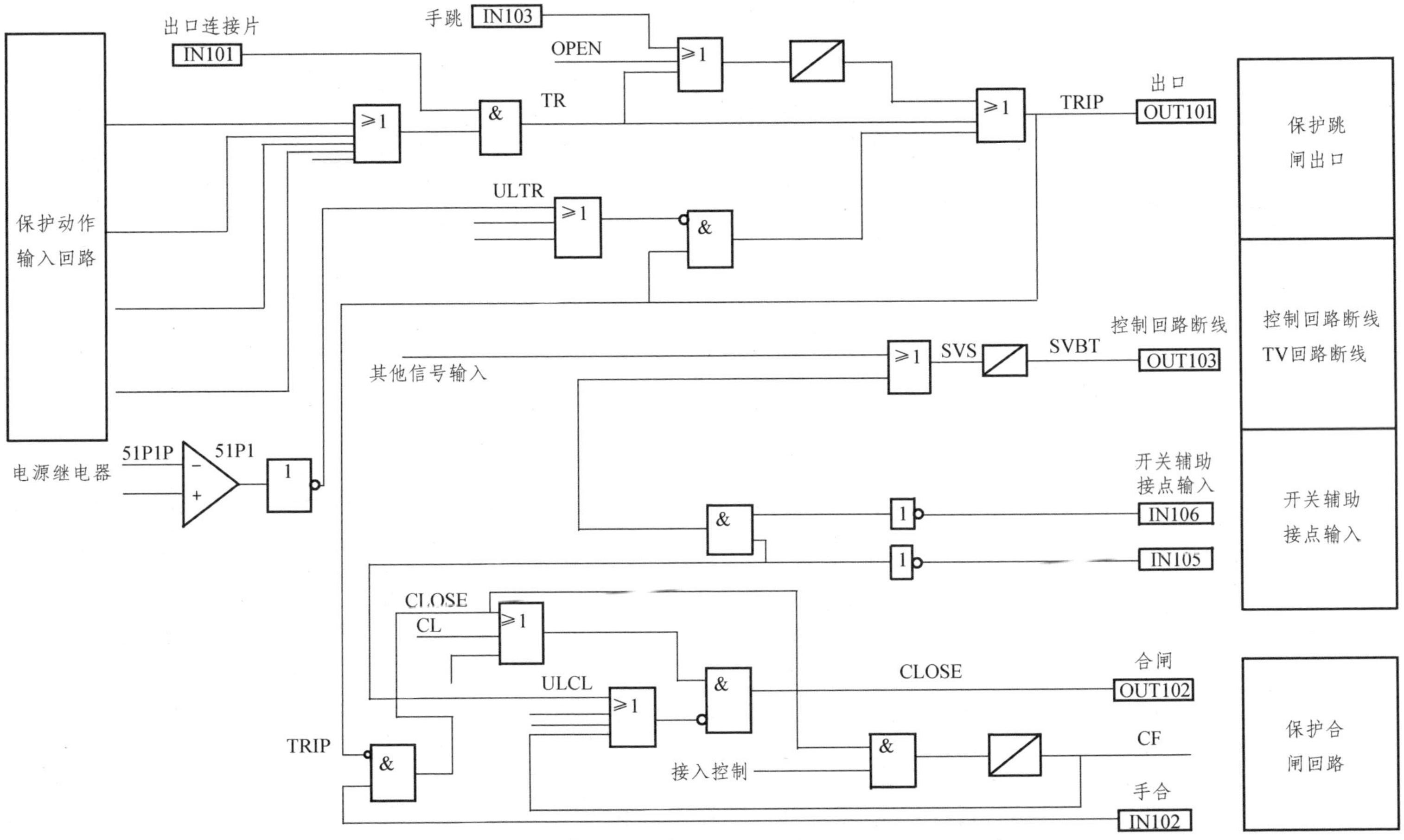

图 9-18　保护智能操作箱示意图

状态监测控制装置由模拟故障发生器和状态监测控制器组成。在被保护一次设备短时间停电时，自动由模拟故障发生器产生简单故障电压电流，进行传动试验。通过状态监测控制器记录和分析试验结果的正确性，并经过后台计算机接入保护故障信息系统远传到保护管理部门。

下面以高压线路保护 RCS-941 试验为例说明见图 9-19。

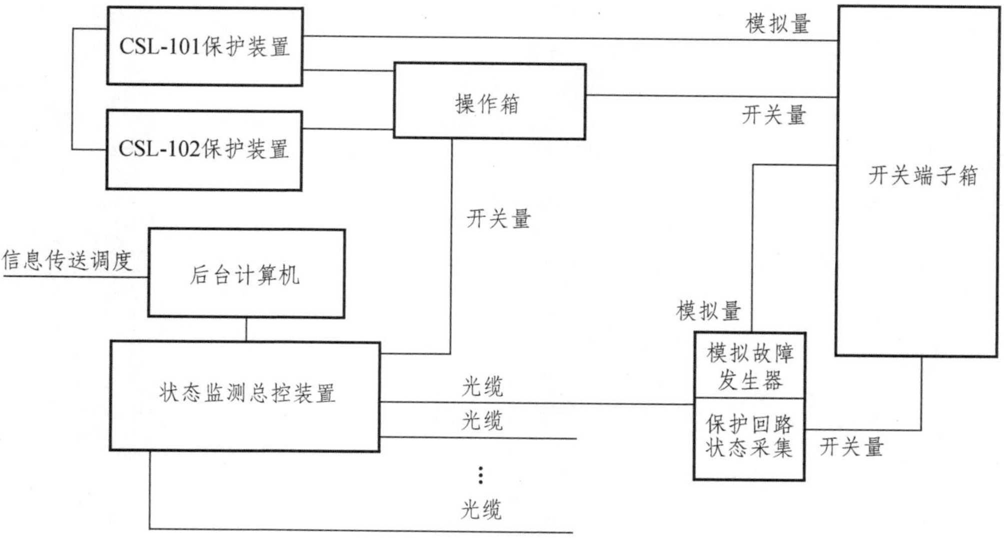

图 9-19　传统试验方案是一体

（1）当装置 TV 断线时，此时通过状态监测控制器记录和分析报警接点的动作状态正确性（应由断开变为闭合）；

（2）在一次线路短时间停止使用时，主保护（B 型）、距离保护、零序过流/过流保护压板一般在投入状态，此时通过模拟故障发生器产生简单故障电压电流（加故障电压 OV，故障电流 10 A，模拟 ABC 三相故障），并通过状态监测控制器记录和分析发信接点、跳闸接点的动作状态正确性（应由断开变为闭合）；

（3）在一次线路短时间停止使用前，投入 RCS-941 试验重合闸特殊回路模拟断路器偷跳重合进行试验，通过状态监测控制器记录。

常规电磁型保护或其他类型的微机保护，断路器偷跳重合试验时只要同时满足以下五个条件：① 重合闸装置充电完成，且无闭锁重合闸命令；② 同期条件满足；③ 控制开（KK）在合后位置；④ 保护装置未起动；⑤ 断路器由合位变分位。则断路器偷跳重合动作。

RCS-941 保护在满足上述五个条件的同时，还需满足以下两个条件：① 断路器跳闸前三相均有负荷电流；② 断路器跳闸的同时切断三相负荷电流。即上述七个条件全部满足时，断路器偷跳重合才动作。现场重合闸特殊回路模拟断路器偷跳回路应注意断路器偷跳与切断三相负荷电流的时间配合问题等。

四、小结

本节从应用的角度阐述了继电保护状态检修的典型实现方案，分析了各种典型方案的基本特点及所解决的关键问题。

附录 1

[摘自《铁路电力设计规范》(TB 10008，J660)]

测量表计、继电保护配置

5.4.1 新建 10 kV 配电所、35 kV 及以上变电所的控制保护应采用具有遥测、遥控、遥信、遥调、GPS 时钟等多功能的微机综合自动化系统，宜设视频监控系统。

5.4.2 10 kV 变电所、10 kV 配电所、35 kV 及以上变电所控制保护设备可采用就地分散布置。

5.4.3 微机综合自动化装置测量数值宜符合表 5.4.3-1 的规定。

表 5.4.3-1 变、配电所的测量数值（单元）

名称	电流	电压	三相 有功电度	三相 无功电度	功率因数	功率	附注
35 ~ 110 kV							
受电	3		1	1	1	1	
母线	—	4	—	—	—	—	
母线分段	1	—	—	—	—	—	
馈出线	1 ~ 3	—	—	—	—	—	
10（6）kV							
受电	3	—	1	1	1	1	
每段母线		5	—	—	—	—	
母线分段	1	—	—	—	—	—	
馈出线	1 ~ 3	—	1	—	—	—	
静电电容器	3	—	—	1	—	—	
自闭或贯通线回路	1 ~ 3	2	1	—	—	—	

注：1. 每段母线上 5 个电压测量数值，其中 1 个测量线电压，1 个监视电压互感器二次侧开口三角形电压，其余 3 个为母线相电压。
2. 有人值班的变配电所，宜参照本表设置相应的监测仪表。
3. 有功、无功电度测量应另装表计。

5.4.4 继电保护和自动装置应满足可靠性、选择性、灵敏性和速动性的要求，并应符合下列规定：

1. 变、配电所典型回路的保护和安全自动装置（单元）配置应符合表 5.4.4-1 的规定。

表 5.4.1　变、配电所典型回路保护和安全自动装置（单元）配置

装置名称		典型回路名称							
		受电	馈出线	自闭或贯通电力线路馈出线	母线分段断路器（桥断路器）	电力变压器	静电电容器	所用变压器	调压器
保护装置	高压熔断器					800 kV · A 及以下选用		装设	
保护装置	电流速断	宜装设	过电流保护时限大于 0.5 s 时设		只在合闸过程中投入	过电流保护时限大于 0.5 s 时设	装设		
保护装置	过电流	装设，时限与上一级配合	装设	装设	宜装设	低压侧不设单相接地保护时，高压侧设三相式过电流保护装置，否则可二相式			装设
保护装置	过负荷					400 kV · A 以上装设			
保护装置	单相接地		利用每段母线电压互感器副边的开口三角形做接地监视，4 路以上宜设小电流接地信号装置	宜装设小电流接地信号装置		400 kV · A 及以上，绕组 Y，y0 接线，低压侧中性点接地的变压器，当高、低压侧的过电流保护都不能保护低压侧单相接地短路时装设			
保护装置	纵联差动	35 kV 及以上变电所设置				容量大于 6 300 kV · A 或 2 000 kV · A 及以上速断保护灵敏系数达不到要求时装设			
保护装置	过电压						装设		
保护装置	低电压	有 BZT 时装设		装设			装设		
保护装置	瓦斯					800 kV · A 以上油浸变压器和 400 kV · A 以上车间内油浸变压器装设			
保护装置	温度					1 000 kV ·A 以上油浸变压器及 400 kV ·A 以上干式变压器装设			
安全自动装置	同期检查	有两路电源并网可能时装设		需要时装设					
安全自动装置	备用电源自动投入	有两路电源且需要自投时设		两相邻变电所需互相自投时装设（注）	允许两路电源同时运行时设			有两台所变时在低压侧装设	
安全自动装置	一次自动重合闸		10（6）kV 及以上的架空或电缆与架空混合线路，长度 1 km 以上装设	装设					

注：1. 主供所设自动重合闸，备供所设备用电源自投。
2. 当采用微机保护时，还应监测交、直流电源屏相关参数。

2. 保护装置的灵敏系数应根据故障类型进行计算，必要时还应计及短路电流衰减的影响。保护装置的灵敏系数应符合表 5.4.4-2 的规定：

表 5.4.4-2 继电保护最小灵敏系数

保护分类	保护类型	组成元件	计算条件	最小灵敏系数
主保护	发电机、变压器、线路及电动机纵联差动保护	差动电流元件	按被保护区末端金属性短路计算	2.0
	电流保护和电压保护	电流元件和电压元件	按被保护区末端金属性短路计算	线路过长（自动闭塞和贯通电力线路）1.25；一般取 1.5
后备保护	电流保护和电压保护	电流元件和电压元件	按相邻电力设备和线路末端金属性短路计算	1.2

5.4.5 变、配电所继电保护和自动装置的设计，尚应符合现行国家标准《电力装置的继电保护和自动装置设计规范》的要求。

附录 2

[摘自《铁路电力牵引供电设计规划》（TB10009，J452）]

继电保护及自动装置

4.7.1 牵引供电系统中的电力设备和线路，应装设短路故障和异常运行的保护装置。电力设备和线路的短路故障保护应有主保护和后备保护，必要时可再增设辅助保护。

4.7.2 继电保护装置应满足可靠性、选择性、灵敏性和速动性的要求。各类短路保护装置的灵敏系数不应低于表 4.7.2 所列的数值。

表 4.7.2 短路保护装置的最小灵敏系数

<table>
<tr><th>保护分类</th><th>保护类型</th><th colspan="2">组成元件</th><th>灵敏系数</th><th>备注</th></tr>
<tr><td rowspan="9">主保护</td><td rowspan="2">带方向和不带方向的电流保护或电压保护</td><td colspan="2">电流元件和电压元件</td><td>1.3～1.5</td><td rowspan="2">200 km 以上线路不小于 1.3；50～200 km 线路不小于 1.4；50 km 以下线路不小于 1.5；对 110 kV 及以上线路，整定时间不超过 1.5 s</td></tr>
<tr><td colspan="2">零序或负序方向元件</td><td>2.0</td></tr>
<tr><td rowspan="3">距离保护</td><td rowspan="2">启动元件</td><td>负序和零序增量或负序方向元件</td><td>4</td><td>距离保护第三段动作区末端故障灵敏系数大于 2</td></tr>
<tr><td>电流和阻抗元件</td><td>1.5</td><td rowspan="2">线路末端短路电流应为阻抗元件精确工作电流 2 倍以上，200 km 以上线路不小于 1.3；50～200 km 线路不小于 1.4；50 km 以下线路不小于 1.5。整定时间不超过 1.5 s</td></tr>
<tr><td colspan="2">距离元件（阻抗元件）</td><td>1.3～1.5</td></tr>
<tr><td>变压器、线路的纵联差动保护</td><td colspan="2">差电流元件</td><td>2.0</td><td></td></tr>
<tr><td>母线的完全电流差动保护</td><td colspan="2">差电流元件</td><td>2.0</td><td></td></tr>
<tr><td>母线的不完全电流差动保护</td><td colspan="2">差电流元件</td><td>1.5</td><td></td></tr>
<tr><td>变压器、线路的电流速断保护</td><td colspan="2">电流元件</td><td>2.0</td><td>按保护安装处短路计算</td></tr>
<tr><td rowspan="4">后备保护</td><td rowspan="2">远后备保护</td><td colspan="2">电流电压及阻抗元件</td><td>1.2</td><td rowspan="2">按相邻电力设备和线路末端短路计算（短路电流应为阻抗元件精确二作电流 2 倍以上）</td></tr>
<tr><td colspan="2">零序或负序方向元件</td><td>1.5</td></tr>
<tr><td rowspan="2">近后备保护</td><td colspan="2">电流电压及阻抗元件</td><td>1.3～1.5</td><td rowspan="2">按线路末端短路计算</td></tr>
<tr><td colspan="2">负序或零序方向元件</td><td>2.0</td></tr>
<tr><td>辅助保护</td><td>电流速断保护</td><td colspan="2"></td><td>>1.2</td><td>按正常运行方式下保护安装处短路计算</td></tr>
</table>

注：1. 主保护的灵敏系数除表中注出者外，均按保护区末端计算。

2. 保护装置如反应故障时增长的量，灵敏系数为金属性短路计算值与保护整定值之比，如反应故障时减少的量，则为保护整定值与金属性短路计算值与之比。

3. 本表内未包括的其他类型保护装置，灵敏系数另作规定。

4.7.3 各类保护装置的电流互感器（包括中间电流互感器）的稳态比误差不应大于 10%。对 35 kV 及以下线路，当技术上难以满足要求，且不致使保护装置不正确动作时，才允许较大的误差。

4.7.4 在牵引供电系统正常运行情况下，当电压互感器的二次回路断线或其他故障致使保护装置误动作时，应装设电压回路断线闭锁装置，将保护装置解除动作并发出信号；当保护装置不致误动作时，宜装设电压回路断线信号装置。

4.7.5 保护装置回路内应设置指示信号，除能满足分析和统计继电保护的工作情况外，并应符合下列要求：

1 在直流电压消失时不自动复归，或在直流电源恢复时，仍能维持原来的信号显示状态；

2 应分别显示各保护装置的动作情况；

3 在由若干部分组成的保护装置中，应能分别显示各部分及各段的动作情况；

4 对复杂的保护装置，宜设置反应装置内部异常的信号；

5 在条件许可时，宜在保护出口至断路器跳闸的回路内装设信号指示装置。

4.7.6 对于电力变压器的下列故障及异常运行方式，应装设相应的保护装置：

1 绕组及其引出线的相间短路和在中性点直接接地侧的单相接地短路；

2 绕组的匝间短路；

3 外部相间短路引起的过电流；

4 中性点直接接地电力网中外部接地短路引起的过电流及中性点过电压；

5 过负荷；

6 油面降低；

7 变压器温度升高和冷却系统故障。

4.7.7 800 kV · A 及以上的油浸式变压器，应装设瓦斯保护。当壳内故障产生轻微瓦斯或油面下降时应瞬时动作于信号；当产生大量瓦斯时应断开变压器各侧断路器。

4.7.8 对变压器引出线、套管及内部的短路故障，应按下列规定装设保护装置：

1 对 6 300 kV · A 以下并列运行的变压器以及 10 000 kV · A 以下单独运行的变压器，宜装设电流速断保护和过电流保护；

2 对 6 300 kV · A 及以上并列运行的变压器、10 000 kV · A 及以上单独运行的变压器应装设纵联差动保护；2 000 kV · A 及以上或电流速断保护灵敏系数不符合要求的变压器，亦可装设纵联差动保护；

3 各项保护装置应动作于断开变压器的各侧断路器。

4.7.9 纵联差动保护应符合下列要求：

1 应能躲开励磁涌流和外部短路产生的不平衡电流；

2 差动保护范围应包括变压器套管及其引出线。当不能包括引出线时，则应采取快速切除故障的辅助措施。

4.7.10 对由外部相间短路引起的变压器过电流，应按下列规定装设保护装置：

1 牵引变压器

在高压侧应装设带低电压闭锁的过电流保护装置，它同时作为变压器内部故障的近后备保护。保护动作后应延时断开变压器两侧的断路器。

在低压侧应装设带低电压闭锁的过电流保护装置，它同时作为 27.5 kV 母线的主保护和馈电线的远后备保护。保护动作后仅延时断开变压器低压侧断路器。

低压侧和高压侧的上述保护应选用不同的电压闭锁元件。

2　动力变压器

装设过电流保护装置，保护动作后应延时断开各侧断路器。

4.7.11　高压侧为单电源、低压侧无电源的降压变压器不宜装设专门的零序保护。

4.7.12　27.5 kV 和 2 × 27.5 kV 动力变压器除按本规范第 4.7.7 条、第 4.7.8 条和第 4.7.10 条规定装设相应的保护外，还应装设防止高压侧缺相运行的保护装置，动作于高压侧的断路器。

4.7.13　2 × 27.5 kV 自耦变压器宜装设瓦斯、放压和温度保护，可按具体条件动作于跳闸或信号。

4.7.14　对牵引变电所的并联电容补偿装置应按下列规定装设保护装置：

1　对电容器组和断路器之间连接线的短路，应装设带有短时限的电流保护，动作于跳闸。

2　电容器内部故障及其引出线的短路，宜按每台电容器分别装设专用的熔断器；熔丝的额定电流可为电容器额定电流的 1.5 ~ 2.0 倍。

3　对引起电容器端电压超过 110% 额定电压时的保护，宜装设电容器组的电压差动保护或电流不平衡保护，动作于跳闸。

4　对电容器组应装设过电压保护，带时限动作于信号或跳闸。

5　对电容器的单相接地故障，应装设单相接地保护，但安装在绝缘支持架上的电容器组，可不装设单相接地保护。

6　电容器组可装设高次谐波过电流保护，带时限动作于信号或跳闸。

7　电容器组应装设失压保护，当电源失压时，经延时动作于跳闸。

8　对电抗器应根据产品要求装设相应的保护装置。

4.7.15　110 ~ 220 kV 有效接地电力网线路，应按下列规定装设反应接地短路和相间短路的保护装置。

1　对于接地短路：

1）宜装设带方向或不带方向的阶段式零序电流保护；

2）零序电流保护不能满足要求时，可装设接地距离保护，并应装设一段或两段零序电流保护作为后备保护。

2　对于相间短路：

1）单侧电源单回线路，应装设三相多段式电流或电流电压保护，如不能满足要求，则应装设距离保护；

2）双侧电源线路宜装设阶段式距离保护。

4.7.16　牵引供电系统的馈电线保护应按下列原则配置：

1　变电所、开闭所、分区所的保护应相互配合，并应保证保护的选择性和灵敏性。

2　变电所、开闭所、分区所的保护应与电力机车内部保护相配合，其速断保护应有适当的延时，此延时宜为 0.1 s。

4.7.17　对牵引变电所馈电线的故障，应按下列规定装设保护装置：

1　单线区段单边供电的 27.5 kV 馈电线在灵敏系数满足要求时装设电流保护，否则装设距离保护；

2 双线区段单边供电（上、下行在分区所并联）的 27.5 kV 馈电线装设两段距离保护；

3 单线区段单边供电的 2 × 27.5 kV 馈电线装设两段距离保护；

4 双线区段上、下行经开闭所在分区所并联的 2 × 27.5 kV 馈电线装设三段距离保护；

5 双线区段上、下行由变电所馈出直至在分区所并联的 2 × 27.5 kV 馈电线装设两段距离保护。

4.7.18 对开闭所的各种故障，应按下列规定装设保护装置：

1 27.5 kV 单回路进线应装设过电流保护，作为开闭所母线故障的主保护，并兼作馈电线的远后备保护。

2 27.5 kV 双回路进线应装设方向电流速断保护，作为进线故障的主保护；应装设过电流保护，作为母线故障的主保护和馈电线的远后备保护，同时弥补进线方向保护的“死区”。

3 27.5 kV 馈电线应装设一套电流速断保护。

4 2 × 27.5 kV 进线方向（至变电所方向）宜装设一段距离保护。

5 2 × 27.5 kV 馈出方向（至分区所方向）宜装设两段或三段距离保护。

6 当进线方向上、下行馈电缆和馈出方向上、下行馈电线纽结供电时可装设 55 kV 母线保护。

4.7.19 对分区所的馈电线故障，应按下列规定装设保护装置：

1 27.5 kV 馈电线，在灵敏系数满足要求时装设电流速断保护，否则装设距离保护；

2 由变电所馈线经开闭所在分区所并联的 2 × 27.5 kV 馈电线，在上、下行各设两段距离保护；

3 由变电所馈出直至分区所并联的 2 × 27.5 kV 馈电线，在上、下行各设一段距离保护。

4.7.20 对 10 kV 馈电线的相间短路和单相接地故障应按下列规定装设保护装置：

1 对相间短路装设带时限的过电流保护，动作于断路器。

2 对单相接地故障，按下列规定装设接地保护装置：

1）在 10 kV 母线上应装设接地监视装置，动作于信号。

2）10 kV 线路上宜装设有选择性的接地保护，并动作于信号；当危及人身和设备安全时，保护装置应动作于跳闸。

3）在出线回路数不多，或难以装设有选择性单相接地保护时，可采用依次断开线路的方法寻找故障线路。

4.7.21 110 kV 和 220 kV 线路宜装设三相式一次自动重合闸装置。

4.7.22 牵引变电所、开闭所、分区所的馈线断路器应装设一次自动重合闸装置。

4.7.23 自动重合闸装置应符合下列要求：

1 当人为将断路器断开以及合闸于故障线路其保护动作随即断开时，自动重合闸均不应动作；

2 不应使断路器多次重合；

3 断路器处于不正常状态或不允许实现自动重合闸时，应能将自动重合闸装置闭锁或撤除。

4.7.24 对备用电源和备用设备的自动投入装置应按下列规定装设：

1 牵引变电所的两回电源进线上应装设备用电源自动投入装置；

2 当牵引变电所的牵引变压器采用固定备用方式时，两台牵引变压器应装设自动投入装置；

3　对有两回进线且正常时只投入一回的开闭所，两回进线上应装设自动投入装置，对有主电源和备用电源的开闭所，宜在备用电源回路上装设自动投入装置；

4　所内设有两台互为备用的所用变压器时，在其二次侧宜装设自动投入装置。

4.7.25　自动投入装置，应符合下列要求：

1　当备用回路有压、工作回路失压和断开后，应投入备用回路；

2　手动断开工作回路时，不应启动自动投入回路；

3　自动投入装置应只动作一次；

4　备用电源和设备的自动投入回路中，应设置自动投入装置的撤除或闭锁回路。

参考文献

[1] 谭秀炳. 铁路电力与牵引供电系统继电保护[M]. 2 版. 成都:西南交通大学出版社,2011.

[2] 许建安. 电力系统继电保护[M]. 2 版. 北京：中国水利水电出版社，2005.

[3] 张保会，尹项根. 电力系统继电保护[M]. 北京：中国电力出版社，2005.

[4] 陈生贵，卢继平，王维庆. 电力系统继电保护[M]. 重庆：重庆大学出版社，2003.

[5] 李付亮，周宏伟. 水电站继电保护[M]. 郑州：黄河水利出版社，2008.

[6] 苏文博，李鹏博，张高峰. 继电保护事故处理技术与实例[M]. 北京：中国电力出版社，2002.

[7] 马丽英. 供用电网络继电保护[M]. 2 版. 北京：中国电力出版社，2013.

[8] 王永康. 继电保护及自动装置[M]. 北京：中国铁道出版社，1998.

[9] 陈小川. 铁路供电继电保护与自动化[M]. 北京：中国铁道出版社，2010.

[10] 李丽娇，齐云秋. 电力系统继电保护[M]. 北京：中国电力出版社，2005.

[11] 尹项根，曾克娥. 电力系统继电保护原理与应用（上册）[M]. 武汉：华中科技大学出版社，2001.

[12] 高翔. 继电保护状态检修应用技术[M]. 北京：中国电力出版社，2010.